U0060232

落花繽紛

荏苒九十話此生

石銳／著

國家圖書館出版品預行編目資料

落花繽紛／石銳著.
--初版.--臺中市：白象文化，2020.11
　　面：　公分.
ISBN 978-986-5559-09-0（平裝）
1.石銳　2.回憶錄
783.3886　　　　　　　　　　109014495

落花繽紛

作　　者　石銳
校　　對　范瑾慧、石柏修、石康
專案主編　林榮威
內頁編排　白淑麗
出版經紀　吳適意、林榮威、林孟侃、陳逸儒、黃麗穎
設計創意　張禮南、何佳諠
經銷推廣　李莉吟、莊博亞、劉育姍、李如玉
經紀企劃　張輝潭、黃姿虹、徐錦淳、洪怡欣
營運管理　林金郎、曾千熏
發 行 人　張輝潭
出版發行　白象文化事業有限公司
　　　　　412台中市大里區科技路1號8樓之2（台中軟體園區）
　　　　　出版專線：（04）2496-5995　傳真：（04）2496-9901
　　　　　401台中市東區和平街228巷49號（經銷部）
　　　　　購書專線：（04）2220-8589　傳真：（04）2220-8505
　　　　　購書網址：https://www.pcstore.com.tw/elephantwhite/
印　　刷　基盛印刷工場
初版一刷　2020年11月
定　　價　560元

致謝

　　《落花繽紛》這本回憶錄性質的著作，期望能對各社會層面、各企業領域及各年齡層的朋友們，在生活品質的追求上、在克服求知困境上，甚至在職場拼搏上都能有所助益，而這種期望如果真能有效、深入、廣泛且確切地達成，當歸諸於兩位推薦序同好對本書透徹的了解，及撰寫序言前所提供的改進意見與建議。

　　首先要感謝的，是張幼恬總經理。他不但根據本書各篇章的特性，在大部分篇章的主題後面，提供了跟「花」有關的詩詞相應佳句，把讀者引領到該詩句的情境中，而且在我的書稿撰寫文體上，究竟應該採取「綱目」體例或「編年」體例，提出了中肯及適切的建議，讓我又投入了相當時間做了必要整理，把全書再做精緻化的編輯。尤其，張總經理針對著作內文中時間序列的一致性建議，使全書讀起來更加順暢。

　　張總經理的序言，彷彿在述說著一篇曲折而流暢的人生故事，讓我又回到了虎嘯營地、好像又跟他一起站在金門的馬山喊話站、又在炎夏的成功湖畔乘涼。他把我的境遇與宋朝辛棄疾的情況遙相呼應，讓我感到赧然之餘，更特別致上謝忱。

　　我跟人力資源同好莊仁山老師相識相知雖然已經很久，但是見面卻並不多。由於我們都是在職涯管理與發展職涯領域的同好，他能欣然幫我寫序，而且除了對我的書稿內容與方向提出寶貴意見外，在他授課的百忙中，更投入了相當時間檢查修正了不少文稿中的錯別字及文義模糊的字句，而且把修正稿發給我，讓我可以輕易地校

對及更正。對他這份情誼、專業以及重視品質的協助，特別致上多重感謝。

　　人資小週末的洪啟方同好，也是我必須要感謝的一位人資好友，因為他曾幫我把書中多篇純文藝的文稿，從報刊或雜誌的剪報，重新逐字逐句繕打，讓我省掉了可觀的時間。

　　記得，五年前就曾跟白象文化連繫過出書的事，去年五月在台期間又用電子郵件嘗試重提舊事，沒想到張輝潭總監不但立刻回覆，且親自從台中到台北見面詳談。尤其他的團隊發行徐錦淳小姐及編輯林榮威先生，每次收到我的郵件後，都會在第一時間回應並解決疑問，這個出版團隊的工作效能給我信心，特表示欽佩與感謝。

　　當然也要感謝兒子柏修及瑾慧夫婦，他們在出版前的每次校對都超乎尋常地仔細，甚至還幫我查證相關成語或典故出處及內容相關性，讓這本書的錯誤幾近於零。孫子康康，居然在暑假抽空幫我校對，尤其還幫我到網路上搜尋與確認我在書中提出的一些地理位置。而女兒柏齊及孫女恩恩，經常以長途電話的精神鼓勵，是能讓我安心撰寫的精神支柱，謝謝他們。

　　更要感謝的是，兩年前就開始關心及期待這本書問世的臉友、Line 友，及其他網路上的親友們，你們的關心與期待，都是對我的莫大鼓勵與鞭策。如果這本書能夠滿足你們的期待，將會是我出版下一本的最大信心。感激你們！

　　最後要感謝的是辭世即將兩年的太太，因為她是書中的主角之一，她更是這本著作大部分靈感的泉源。除了對她的感謝，甚至還要把這本書獻給她，真希望她能看到啊！

石銳 致上，2020 年 4 月 22 日

於加拿大 溫哥華 高貴林

推薦序

惜春長怕花開早　何況落紅無數

好合顧問股份有限公司總經理
張幼恬 2020/03/08 國際婦女節夜

更能消 幾番風雨 匆匆春又歸去
惜春長怕花開早 何況落紅無數
春且住
見說道 天涯芳草無歸路
怨春不語
算只有殷勤 畫簷蛛網 盡日惹飛絮

辛棄疾〈摸魚兒・更能消〉

　　在 2020 驚蟄節氣之後，一切都待春天的到來，可是 2020 年的春天，過得並不順利！新冠疫情自春節起，已經傳布了三個月了。在一聲春雷響後，大地的生命力才開始了欣欣向榮的光景！

　　此一時節，讀書固然是一大樂趣，但是讀將要出版的書，更是有先睹為快的興奮之情！石銳老師以八九高齡，完成了《落花繽紛》一書，這不是石前輩有關人資的專書巨著，是石前輩這一生的點滴與人生的回顧。自 1930 起，中國大地迎來了無比變動的大時代，經過明治維新之後的日本，啟動了東亞共榮圈的企圖，展開了一系列侵華的軍事行動，1931 年爆發了東北的九一八事變，同年，石銳老師也在北京（當時稱北平）降世人間，是什麼時代，就有什麼時代人的故事！

耄耋之年的石鋭前輩，走過的歲月，其實就是龍應台《大江大海》記述的真實歲月，而在石前輩的眼前，只是謙抑的自視平凡、就只為一片片的落花繽紛！

　　在書中，我們看到北平城下一個在鐵道上奔跑的少年，以及應和著「十萬青年十萬軍，一寸山河一寸血」的學子從軍，只是一次的火車站別離，就是與老家一世近四十年的相隔。讀著書中的記述，我們一路隨著國民黨軍隊一步步，南撤，轉進。這裡所謂的一步步，不是形容詞，而是這段歲月，幾乎都是以雙腳走過的日子！

　　至關國共兩軍勢力消長，安全撤退來台的「登步島戰役」，有許多的戰爭史書記錄，兩岸在各自的立場上，寫著各自認知的勝利與該場戰役的重要戰果。我們只有在書中，才能感受到一位18、19歲的青年，如何在槍林彈雨中，看著弟兄的軀體倒在血泊，自己一夜間的長大、成熟！戰爭是歷史殘酷的血淚與死亡的積累，卻是一位北平的孩子脫胎換骨被生命擠壓成熟的歷程！因為，本書作者石鋭先生，就在歷史的現場，親身回顧著那戰史的一幕幕！

　　九十年的人生是充滿傳奇的，需要讀者一一的品味，不消我每一章節的分享與說明。讀人自傳，猶如摻和他人的一生。這是讀者自己可以在這落花繽紛的每刻，自己去發現的。而我一展書頁就盡夜讀完，不能自已，感受強烈，又思潮起伏。想來這落花實在也太豐沛鮮美了！

　　落花，其實就是對石前輩這一代人的自況，不論漂到那裡，都要用力的活著，最終開出滿山遍野，殷實美麗的花朵。

　　繽紛，是對讀者的期待，因為生命本是豐厚多彩，但寫了出來，讀者能夠讀到其中的繽紛之味嗎？

　　落花繽紛——其實又有陶淵明《桃花源記》的暗喻，落英繽紛之前，正是「中無雜樹，芳草鮮美」，只要見到「落英繽紛」之後，

就會有「豁然開朗，怡然自樂」的美景。

　　愚真正與石銳前輩相識，是在 2019 人資小週末的約聚時光，好像也是石前輩在台灣停留之際。有回討論石前輩邀約人資小週末的好友相聚用餐，由石前輩在天成大飯店作東，有了一夜美好的享宴！可生命的奇緣是如此的奇妙，在此書中，我真正的理解到，我與石銳前輩，在生命中早有許多的交會，早已對石前輩無比的傾慕，竟能得一見，就是非常幸運，尊榮的事！

　　我們之間，交會的場合與地點很多：

・青年時期，我曾參加青年救國團暑期名為「虎嘯戰鬥營」營隊，自高中當學員開始起，到研究生時期，擔任營指揮官。幾乎是我青年時期，生命記憶最為活躍的時刻。1966 年，「虎嘯戰鬥營」的開拓者就是石銳前輩。

・現今的翡翠水庫，當年的鷺鷥潭，是高中假日與女校聯誼必到之地，自民國 65 年到民國 69 年大二止，只要是郊遊、烤肉，就是鷺鷥潭。這塊地區的開發也是石前輩參與的！

・大學時期，擔任國建會學生服務員，最開心的旅程就是隨團參訪金門，在莒光樓、大武山上、花崗岩醫院、擎天廳劇場、古寧頭戰場、馬山喊話站。各地金門的導覽行程與說明，原來有很多是當年石前輩進行外賓接待時，留下來的標準導覽行程。想到年少的我，站在馬山喊話站遠望對岸廈門市的激動，當年就在同地方，與石前輩曾站在相同的位置上，看著這歷史的地標！

・預官入伍在政治作戰學校服三個月的入伍訓，隊部就在成功湖旁，處處留有當時研究所畢業後的志氣飛揚，白天湖旁的操練，夜裡湖旁的站崗。成功湖的故事日日夜夜都是歲月中的記憶。而今讀到石前輩的書，才知道成功湖是石前輩年輕時開挖的！

・進入企管顧問業之後，我所開發的第一項課程「HEART 人際活力

研習計畫」，就是在飛利浦公司竹北廠進行，當時邀約我的人資專員，是一位台大農機系畢業的奚永明先生，我們一起發展並完成了有關經理人在「與人相處與自我認知上同理心團體研習」，為期六個月，建立雙方深厚的情誼。據瞭解奚永明先生，當年就是飛利浦的人資主管石銳前輩特別徵選聘用的。只是石前輩職務較高，我是無緣相識的！

· 而我生涯印象深刻的研習活動，也是在飛利浦台北站前大樓總公司進行的「管理系統四天研習」。因為，課程結業後，進行的課後學習滿意調查，不是以問卷型式進行，而是當面請學員表示：如果這是由你自己付費，請問願意自付多少費用，來反應這四天的研習課程。學員所表達的費用，與人資部門對每位學員投資金額幾乎相當。這可是一個深刻的體驗與驚嚇！可惜，當年石前輩已經退休，不能在同一時空中相遇！

　　之後，管理雜誌上常有石銳前輩發表有關人資的文章，因此，一直以為石銳前輩是這方面資深的行家。可是，石前輩在人資上的學問與專業，其實與他六十高齡讀管理碩士相關甚大。也是後來轉為人資專業顧問的人生轉捩點！

　　全書特為精采的除了前半部軍旅生涯的成長，淬鍊的生命故事，重要的還有兩部分：首先是進入外商企業後，所感悟的「管理智慧」，如果，讀者無暇展讀全書，可以直接進入「管理智慧」篇，對於自己在工作上，一定有許多啟悟，借鏡石前輩的整理，省卻了人生許多冤枉路。

　　其次，本書精采的還不只是石前輩一生的經歷與在人資界傑出貢獻與歷練，竊以為是下半部有關家庭記趣、田園之樂、子孝孫賢，還有與段老師姻緣結好，情深愛重的故事，更尤其感人熱淚。全書讀來，已不只是篇篇的回憶，而是生命淬鍊而出，綻放朵朵輝煌、亮麗

的智慧與結晶。這可以當做是石前輩的回憶錄，但也是自 1930 年到 2020 年大時代歷史的記述、更是人資專業領域中，成長的故事。

讓我們仔細的感受，戰亂中成長的上一代，是如何的飽受生活的挑戰與衝激，但人人都承受了這個結果，都面對了這個事實，最終選擇什麼樣的智慧與態度，勇敢的迎向生命，面對人生的淡定。

此書，其實是一本大時代中，必須一讀再讀的平凡人故事，就因由於他的平凡，更可見字裡行間的真實情感，一絲絲的流沁到心扉，充塞著胸間，久久不能自已。一如宋朝的辛棄疾處於當時的環境中，滿溢在心中塊壘，與石前輩全書旨趣，遙遙相應，辛棄疾寫下了調寄摸魚兒的更能消：

更能消 幾番風雨 匆匆春又歸去
惜春長怕花開早 何況落紅無數
春且住
見說道 天涯芳草無歸路
怨春不語
算只有殷勤 畫簷蛛網 盡日惹飛絮

相映書中各篇情景，幾番風雨過後，匆匆春來春去，2020 的春天啊！相映於 1948 年，北京火車站那年的火車鳴聲。聲在耳邊，景在眼前。心中為之一緊，匆匆啊匆匆⋯⋯

會不會「惜春長怕花開早，何況落紅無數」，歲月若只求繽紛，何奈，「見說道天涯芳草無歸路」。就在「高貴林」晴天白雲下，「怨春不語，算只有殷勤，畫簷蛛網，盡日惹飛絮」。

石銳前輩此書問世自有擲地之聲，愚承石前輩所邀，勉為之序，走筆於此，已覺才盡江南，讀者在此書中的所得，必定繽紛處處，滿溢低迴，久久不已。

推薦序

落花飛舞，繽紛一生

人資顧問暨職涯教練
莊仁山老師

　　《落花繽紛》這是一本什麼樣的書呢？如果您以為這是一本跟花卉有關的書，那您就……猜錯了，這是一本作者自己一生的回憶錄以及從生命歷程中所體悟出來的人生智慧。描述 1948 年國共內戰期間，一個住在北京近郊的十七歲少年，原本一開始只是想減輕家裡負擔，糊裡糊塗地加入了國民政府的青年軍，之後因大陸失守，隨部隊遷徙來台，展開作者的意外人生，之後在台灣娶妻生子落地生根，退休後又移民到加拿大，一生起起伏伏，就像「落花」一般隨風飛舞但卻都能隨遇而安，過程中雖面臨諸多挑戰，但仍能展現其堅毅的精神，努力克服挑戰「精彩繽紛」的一生。

　　本書內容包含從作者童年開始，少年、青年、中年到老年人生各個不同階段的許多酸甜苦辣的回憶，也涵蓋家庭、工作、人際關係、愛情、理財、健康、學習、心靈等許多面向，內容相當豐富精彩，本書與一般傳記類書籍不同，共有三大特色如下：

　　一、易讀有趣：本書篇幅雖多，但每一篇大多都只有 1-2 頁，而且作者過去長期寫作，文章刊登在許多報章雜誌，文筆相當流暢，並搭配許多珍藏已久的照片，圖文並茂，讀起來輕鬆有趣，就像看一篇篇短篇小說或故事，例如有一篇〈跟子彈賽跑的感覺〉，描述作者在青年軍擔任傳令兵，當時沒有無線電話機，命令的傳達都要靠傳令兵傳達，面對敵軍子彈四射，為了不耽誤軍機，只能硬著頭

皮跟子彈賽跑，當時想必險象環生，但作者卻也能以有趣的方式來敘述。

二、真實有感：本書不像一般傳記通常只有描述好的一面或者以歌功頌德為主，就像作者的耿直但樂觀的個性一樣，不論成功或失敗的經驗，作者都能真實且細膩地分享自己的心情、感受、想法、過程及結果，有喜、有悲、有慶幸、有後悔、有順利、有挫折、有得、有失，就像一個普通常人一樣，讓讀者讀來更有感覺。例如有一篇〈安寧病床旁的哭泣與冥想〉，談及作者的太太因中風送醫急救，從原本以為沒太大問題，到後來昏迷需要決定是否進行腦部手術，家人在焦急萬分又需冷靜反覆與醫生討論評估手術可能風險，最後在家人討論後決定放棄腦部手術並轉送安寧病房改用藥物治療，期待出現奇蹟的內心煎熬及反思自責過程，非常感人也令人鼻酸，自己在讀此篇時也被作者與太太的鶼鰈情深所感動落淚。

三、易學有得：作者幾乎在每篇文章之前後，都會反思檢討並分享他自己的心得感想，有助於讀者從中學習該篇文章的重點，尤其是第六章「職涯馳騁大半生」及第七章的「管理智慧」是分享作者從職業軍人退伍後轉戰企業職場，十八年來的企業職涯發展過程，從巧遇企業職涯貴人進入美商萬國公司開始、到荷商飛利浦中壢廠擔任人資經理協助建廠及飛利浦台北公司這三家跨國企業中，「從無到有，從有到熟」過程中所累積的管理歷練、人際溝通、職場潛規則、學習成長的實際經驗、心得或感觸，有詳細的實例說明，相信如有職場工作經驗的人，應該都會心有戚戚焉並有相見恨晚的感覺。

古云「三不朽：立德、立功、立言」，作者是台灣人資管理界的前輩，也是社團法人中華人力資源管理協會的發起人之一並曾任常務理事，在企業退休後亦擔任人力資源管理顧問協助輔導許多企業，對於提升台灣人力資源管理也有相當大的貢獻；另外值得一提

的是本書是作者以自費方式出版，主要目的是希望將過往的生涯與職場發展經驗分享給他人參考，尤其是希望可以對年輕人有所幫助或啟發，讓未來人生或職涯發展可以更順利成功，也減少碰到一些問題與遺憾。

　　最後，承蒙作者不棄邀請為新作寫序，除深感榮幸外，也期待本書可以提供更多有緣人在生涯與職涯發展上有所參考，讓「落花」的心靈種子能隨風飛舞，幫助更多心花朵朵盛開，開創「精彩繽紛」的人生。

莊仁山

企業講師／人資顧問／職涯教練

前中華人力資源管理協會副理事長

前國際教練聯盟台灣總會副理事長

自序 我與落花

　　雖然英文字的「我」字都是用大寫，可是「我」這本書中的我，並不以為自己有什麼算得上「大」的地方。相反地，起起伏伏的一生，大多都是在平凡、儉樸、平淡中度過。當然，在人生各階段的平凡中，倒也產生了不少的傳奇。

落花

　　我所說的落花，就像荒野山泉附近的野花，種籽不知飄自何方，在雨雪風霜中成長茁壯，花瓣在曠野綻放，讓那些願與其為鄰的花草蟲鳥，浸沐於平凡卻特殊的幽香。

　　花落時，隨風飄舞，讓花瓣、花粉、花種，或變塵泥，或隨水蕩漾，流向地球的任何溪流、湖海或江洋。

　　在貧瘠山巒中的苦難之花，除了感謝大自然的滋潤外，只有自我灌溉、珍惜、吸納，並依賴生存本能而成長，甚至還要受到環境的影響而長期困窘，最後若真能遍地開花，也許就是憑藉了那股韌性或者是造物者的賞賜吧。

繽紛

　　花落之後，是否會繽紛奪目，能否令人激賞，那就看賞花人的認知、了解及鑑賞尺度而異了。已經飄落的花朵，則只有抱持平常心，在生命中短暫的剎那，順其自然且怡然自得。

看到「落花」二字，常會使人想到「落花有意，流水無情」這句話。其實，只要有意，又何懼無情！

所謂「有意」，是指內心的涵意、情意、投入、專注、摯情、敬業或者是忠誠而言；所謂「無情」，似乎也只是在自我意識下的怨尤，既然有無怨無悔的態度、情意或摯情，他人的品評自當置諸度外，何況「有情或無情」，甚至「情意的濃淡」，自然沒有在意的必要。

「落花」的初心

下方手寫的黑色「落花」二字及其內容，大約是在 1971 年左右，四十幾歲時就想到的，而且是用黑色原子筆以自創的行書與草書兼具的風格描繪而成。幾十年前信手寫來的「落花」二字，以及爾後增加的文字說明，應該就是這本書標題的初心吧！

燦爛繽紛

走過三萬多個日子，經歷了風霜雨雪，品嘗過酸甜苦辣，此期間，曾欣賞過陽光滿月之美，也品味了霪雨下的朦朧殘月。

而今，內心充滿了對祖先、內人、家人、貴人及親友們的感恩與感謝，就像那三萬多個日子裡的花開花落，伴隨著歲月在晨曦或落霞翩翩起舞，任潺潺流水載送，任輕風吹拂，在雲彩的背景中，燦爛繽紛……

1971 年左右，信手寫下來的「落花」二字及爾後增加的文字說明：

日子，流水般地滾滾的流着，我

究竟做了些什麼呢？

只有在苦難和痛苦中掙札、奮鬥

時所發生的些些軼事、和對親人們

的懷想，以及對美好未來的憧憬，

伴着我、激勵我、儆醒我……

※

日子，流水般地滾滾的流着，將

來，我究竟應該去做些什麼？

只有在苦難和痛苦中更堅強的掙

札、奮鬥。去迎接擁在面前的、滾

滾而來的每一個日子，和理想的實

現‼

目錄

致謝 ⋯⋯⋯⋯⋯⋯⋯⋯⋯⋯⋯⋯⋯⋯⋯⋯⋯⋯⋯⋯⋯ 3

張序 ⋯⋯⋯⋯⋯⋯⋯⋯⋯⋯⋯⋯⋯⋯⋯⋯⋯⋯⋯⋯⋯ 5

莊序 ⋯⋯⋯⋯⋯⋯⋯⋯⋯⋯⋯⋯⋯⋯⋯⋯⋯⋯⋯⋯⋯ 10

自序 ⋯⋯⋯⋯⋯⋯⋯⋯⋯⋯⋯⋯⋯⋯⋯⋯⋯⋯⋯⋯⋯ 13

1 點點滴滴皆童年——遍插茱萸少一人（王維）⋯⋯ 25

1.1 我是個街頭小販　26

1.2 我曾被剝皮　29

1.3 無知無懼的日子　30

1.4 農忙糗事　32

1.5 童玩之樂　34

1.6 高梁橋下的野孩子　36

1.7 古城舊事——塞上長城空自許，鏡中衰鬢已先斑（陸游）　38

1.8 我是姐姐：角色混淆的童年　40

1.9 爺爺的扁擔：「十賭九輸」的名言　42

1.10 這也算初戀嗎：童年的摯情　44

1.11 近乎永別的抉擇——孰知不向邊庭苦，縱死猶聞俠骨香

　　（王維）　46

1.12 香椿香氣傳鄉情：對童年的追憶　50

1.13 發霉了幾十年的月餅：子欲養，而親不待　52

1.14 從十八到八十──少小離家老大回，鄉音無改鬢毛衰

　　　（賀知章）　　　　　　　　　　　　　　　　　　　55

2　槍林彈雨中的年華，大難倖存的懵懂大兵 ⋯⋯⋯⋯ **63**

2.1 曾經哭泣的夜晚　　　　　　　　　　　　　　　　 64

2.2 父親的懷錶　　　　　　　　　　　　　　　　　　 68

2.3 迷途中的瞎馬　　　　　　　　　　　　　　　　　 70

2.4 救命的一碗高粱米飯：穿了軍裝的乞丐　　　　　　 74

2.5 初嘗「槍林彈雨」的滋味──天寒旗彩壞，地暗鼓聲低

　　　（江總）　　　　　　　　　　　　　　　　　　 77

2.6 「紅樓戰役」：這才是「生離死別」啊　　　　　　 81

2.7 人人魂斷的「轉進」　　　　　　　　　　　　　　 86

2.8 思維模式的包袱與殘酷　　　　　　　　　　　　　 90

2.9 跟子彈賽跑的感覺 ：「九死一生」的體驗　　　　　 93

2.10 與海蜇共泳的日子　　　　　　　　　　　　　　 98

2.11 「登步島大捷」驚魂：奪島戰爭的劫難　　　　　 101

槍林彈雨中的年華　後記　　　　　　　　　　　　　 106

3　軍涯規劃的萌芽──卷盡殘花風未定（辛棄疾）⋯ **107**

3.1 淬鍊成鋼的大兵生活　　　　　　　　　　　　　 108

3.2 想哭、想家、想逃的迷惘　　　　　　　　　　　 110

3.3 競技、競賽、競生、競命：我知命，但卻不認命　 112

3.4 這就是很少人經歷過的「狙擊手」訓練　　　　　 116

3.5 超級馬拉松式的「強行軍」比賽　　　　　　　　 118

3.6 汗水淚水是投資，還是浪費：成果與代價的差別　 121

3.7 脫胎換骨的轉折點　　　　　　　　　　　　　　 124

3.8 轉折點上的「多樣性」 127

3.9 職涯規劃概念的萌芽：「我想當官，我要當官，一定要當
官！」 131

3.10 畢生的標竿，毅力的開端：學生服務隊的啟迪 135

3.11 「海防哨兵生活」的多元化 140

3.12 野柳山頭上的風雲變幻：遠山、近海、落霞，都是啟發 145

3.13 真的，「機會，是給有準備的人」 148

3.14 復興崗上的雀躍：欲速不達，卻又峰迴路轉 151

3.15 多元發展的契機 155

3.16 團隊意識與「能者多勞」 158

3.17 《今日世界》中，萬花筒般的筆友「視界」 161

3.18 鸞求凰的「故事」 166

4 雜牌文官二十年，以及……──位卑未敢忘憂國（陸游） ⋯⋯⋯⋯⋯ **169**

4.1 豁出去的感覺 170

4.2 苦澀「官味」中的激勵 172

4.3 驅力，更需要助力：無知「幼龍」淺塘游 175

4.4 我失去了什麼 180

4.5 體認、修練、實踐：苦讀英文 183

4.6 峰迴路又轉：微弱曙光也是光 187

4.7 進龍潭，入虎穴：幸遇軍涯第一貴人 192

4.8 「黎明」帶來黎明 196

4.9 松濤伴驟雨，漫夜宿崇山 201

4.10 我與〈綠扁帽之歌〉 206

4.11 鳥語峰上的飛彈之歌：韜光「養銳」 209

5 金門情懷：硝煙炙熱燃激情，嶙石隔海蹦火花 ···· 215

5.1 「戰地導遊」憶舊　216

5.2 懷念金門之友：繆勒大使　224

5.3 金門，高粱與我　228

5.4 吃糖醋排骨的日子：在金門　231

5.5 山河戀，古塔斜陽情　235

5.6 「好大的」小金門　237

5.7 單日砲擊：金門戰地的洗禮　240

5.8 古崗湖畔寄相思　243

5.9 巴博上校　245

6 馳騁職涯大半生：天命之年攀奇峰——月露誰教桂葉香（李商隱）················· 249

6.1 我的職涯探索：裁員聲中的果斷抉擇　251

6.2 幸遇職涯貴人　254

6.3 外行人，怎麼做內行事　258

6.4 追憶職涯貴人：我的終生恩人　263

6.5 她的九十歲生日　265

6.6 職涯轉折的迷惘與感悟　268

6.7 如煙似夢，盡情揮灑——望帝春心託杜鵑（李商隱）　271

6.8 職涯中的風暴　279

6.9 真刀實槍的「五年規畫」　283

6.10 平凡中的傳奇：「四級跳躍」的學位——花徑不曾緣客掃（杜甫）　290

6.11 「幾度夕陽紅」：又遇貴人與伯樂　296

6.12 人生規畫與「職涯階段」的「理還亂」　305

7 管理智慧：職場風雲記實──出師一表真名世，

千載誰堪伯仲間（陸游）................................ **309**

7.1 愛你所恨 311

7.2 年輕真好 314

7.3 跟對老闆 316

7.4 老闆絕對不會錯 318

7.5 職場中的「規矩」與「方圓」 321

7.6 哪裡出了問題 323

7.7 我怎麼會被稱為「石頭」 325

7.8 成功的背後 327

7.9 矩陣組織中的生存藝術 331

7.10 權變管理下的在職訓練 333

7.11 「重然諾」的工程師 336

7.12 如何面對企業的小圈圈 338

7.13 柳暗花明不見村 341

7.14 我曾「被責難」了十幾年 343

8 泉湧詩情──零落成泥碾作塵，只有香如故

（陸游）................................ **347**

8.1 凡人詩話湧詩情 348

8.2 如果 352

8.3 音樂 353

8.4 寂寞 354

8.5 也是寂寞 355

8.6 海之歌 356

8.7 誘惑 　　　　　　　　　　　　　　　357

8.8 深夜 　　　　　　　　　　　　　　　358

8.9 夢中 　　　　　　　　　　　　　　　359

8.10 在山谷 　　　　　　　　　　　　　　360

8.11 霧與淚 　　　　　　　　　　　　　　361

8.12 海 　　　　　　　　　　　　　　　　362

8.13 飄落，飄落，飄落 　　　　　　　　　363

8.14 燈與火 　　　　　　　　　　　　　　364

8.15 加、拿、大 　　　　　　　　　　　　365

8.16 人與根：聽，誰在呼喊（歌詞） 　　366

8.17 灰，灰，灰…… 　　　　　　　　　　367

9　我出嫁前後的半個世紀──稻花香裡說豐年

（辛棄疾）‥‥‥‥‥‥‥‥‥‥‥‥‥‥‥ **369**

9.1 女友情緣 　　　　　　　　　　　　　　370

9.2 傳奇性的戀曲：友情與愛情的連結點 　372

9.3 金門戀曲 　　　　　　　　　　　　　　375

9.4 從烏托邦到結婚：從不可能到可能的「結婚進行曲」 　379

9.5 淡江夕照中的家園 　　　　　　　　　　383

9.6 「三代同堂」的體認 　　　　　　　　　387

9.7 這就是「自己的家」：多樣化的五年 　390

9.8 芝蘭路飄芝蘭香 　　　　　　　　　　　394

9.9 芝蘭芳草無限好：充實而美好的五年 　397

9.10 天母「磐石樓」：亮麗十二年 　　　　401

9.11 老樹搬家 　　　　　　　　　　　　　　406

9.12 拈花惹草二十年的「長工」與「綠手指」 　409

9.13 回歸基本：換住公寓大樓　413

9.14 「石家小鋪」與舊家情懷　416

10 庭園之樂拾零 ⋯⋯⋯⋯⋯⋯⋯⋯⋯⋯ **421**

10.1 長工的成就感　422

10.2 我們的傻勁，怎能沒有她　424

10.3 櫻，我好愛你　428

10.4 搶救百合　431

10.5 常客黑熊　434

10.6 庭院野生動物園　438

11 楓華加國情——落花已作風前舞，又送黃昏雨

（葉夢得）　**443**

11.1 好體貼的老公　444

11.2 可憐與體貼　445

11.3 到底應該怎麼說　447

11.4 誰再來晚餐　448

11.5 空手「搶銀行」：「嘗試」無所不能　450

11.6 舊愛勝新歡　452

11.7 仲夏登峰祖孫情　455

11.8 遊樂場上的老玩伴　458

11.9 露營帳篷不露營　461

11.10 祖孫連心　463

11.11 最珍貴的父親節禮物　465

11.12 貓咪與輕煙　467

11.13 我的癌症「畢業」感言　469

11.14 義工我愛你 471

11.15 防癌募款義工的感受 473

11.16 我的八十歲生日 476

11.17 給我的一世情人：我們倆的節日 480

11.18 泳出青春，延緩衰老 483

11.19 友情、親情、鄉情、國族情，都是情 486

12 琴瑟餘音金石情──感時花濺淚，恨別鳥驚心

（杜甫） 495

12.1 誤入「劫徑」 496

12.2 「久病成良醫」的迷思與感悟 498

12.3 喝水都會胖的她：「久病成良醫」的困惑 501

12.4 不測風雲 507

12.5 安寧病床旁的哭泣與冥想──淚眼問花花不語，亂紅飛
過鞦韆去（歐陽脩） 512

12.6 迷信，迷思：病人的悲哀 518

12.7 面對死亡 521

12.8 生生動動 524

後記 526

1 點點滴滴皆童年
遍插茱萸少一人（王維）

童年昏噩，少不更事，怎麼說都是美，

往事何只是回味……

從來不知道什麼是過生日

只靠吃高粱米、雜和麵、白薯、花生的日子

水果攤上掛著的香蕉，只有遠遠地瞧著的份

雖然如此

可以抓魚的小河

用石塊或樹枝樹葉擦屁股的郊野

黏知了（蟬）、捕蜻蜓、玩蛐蛐兒（蟋蟀）、抖空竹（扯鈴）……

還是充滿了最真摯，最無邪，最難忘的日子

童年，雖然短暫，畢竟是人生中最珍貴的歲月，

即使未必全然美好，既然無可選擇，何妨欣然接受，

縱然充滿困窘與坎坷，卻有助於對青壯年的未來，奠定成長的

堅實基礎！

1.1 我是個街頭小販

童年，應該是個充滿了歡笑的日子，然而……
我童年裡的歡笑，卻隱含了不少苦澀與艱辛
人生本來短暫，如能撩得起一甲子前的記憶
肯定，那些記憶絕不尋常！

就在我的生日前夕，忽然收到來自天津的一封電子郵件，那是我在台南某公司擔任顧問期間的一位多年好友傳來的，他正在天津的一個台商企業集團工作。由於他想邀請我去天津玩幾天，才使我想起了童年時候對天津的記憶。

我從未去過天津，但卻對天津印象很深，尤其是「呂緯路扶輪中學」這個地方。

扶輪中學，是哥哥念中學的地方，那是一個在 1946 年之前就成立的鐵路員工子弟中學，因為北京當時還只有鐵路員工子弟小學，而沒有中學的緣故吧。

那時候，我家共有六人。父親在鐵路局的工務段工作，收入不多，母親則是鐵路員工宿舍的幫傭。哥哥比我大三歲，弟弟比我小十二歲，妹妹比我小十五歲。因為當時家境相當困難，我們家只能供一個人念中學，既然哥哥最大，家裡只好讓哥哥去念，我不得不輟學。

哥哥長期在外唸書，除了最需要的錢以外，自然要帶些生活用品；很自然的，哥哥在唸書這段時間內，凡是家中要給哥哥寄的東西，都讓我到郵局去寄。就這樣，「天津呂緯路扶輪中學」這個地址，就在我的腦海中留下了深刻的印象與記憶。

在我輟學期間，除了要幫助父母照顧弟弟妹妹外，還得抽空找工作，以增加家庭收入。不然，自己就覺得對不起這個家。記得當時我所能做的工作，就是在沿街叫賣著：「賣菸捲」（也就是現在所說的香菸）。爾後還加上賣洋火（就是火柴），因為當時還沒有打火機，抽菸的人還都用火柴點菸的。

香菸，都是整包賣，賣一包香菸，也都會搭配著一包火柴賣。我已經不記得，香菸跟火柴是從哪裡批發來的，只知道每一大包火柴中共有十包小盒包裝。

為了想多賺點錢，我曾把一大盒裡面的十小盒火柴，再分裝成十二個小盒。做法是把每小盒裡約四、五十根的火柴，各抽出六、七根來，這叫做「抽條」。原來的包裝本來是鼓鼓的、滿滿的、完整的，但是抽出來之後就立刻發現抽過的包裝有點寬鬆、不夠充足、好像不滿似的。這樣的火柴，客人肯定不會買，甚至自己也看不過去。

最後想到的辦法是，把每個「抽條」過的小盒裡面，用幾根盒內的火柴在火柴盒拉出來的開口處，橫著撐起來，讓客人一打開就可以看到裡面的火柴是鼓鼓的、滿滿的、足足的。這樣，原本是一大盒十包的火柴，經過重新抽條包裝之後，就能夠變成十二包。十包的價錢賣到十二包，當然高興不已，雖然當時也有點不好意思，可是為了多賺點錢，並沒有想那麼多，也談不到現在所謂的「品質」與「誠信」了，更想不到，下次客人會不會再來買我的火柴。

也許童年的記憶能力特別好，也許當時是出於不得已，也許當年是人窮志短，也許那時就已經感到所作所為確實有違良心，所以印象還保留著深刻的愧疚。

如果不是家境不好，如果不是哥哥去天津念中學，可能我根本不知道天津在哪裡。但是，即使天津的朋友不提到要我去天津玩，「賣菸捲洋火」的小販經驗，我還是會記得的。

如果時光倒流，即使仍然家境貧困，我也不會再那樣做了！

天津好友的邀請，勾起了我童年的記憶，現在看到哥哥這張 1979 年春節的全家福，讓我這不尋常的記憶更不尋常了。

前排中，就是哥哥。

1.2 我曾被剝皮

　　記得念小學時，我們全家就已經從北京的郊區房山縣（現在的房山區）搬到了市區的西直門外鐵路局宿舍區。

　　那時候的北京雖然還不像現在這樣繁華，可是靠近我家的西單商場及西四牌樓，在我們小孩的心目中，已經很夠吸引人了。但是由於家庭環境並不理想，穿衣吃飯幾乎都有窘境，去逛商場簡直是豪華奢侈。

　　好容易盼到了過年，一家人像是劉姥姥進了大觀園，便浩浩蕩蕩地去逛西單商場。父母怕我走丟了，於是把我交給大哥，讓大哥一面盯著父母的動向，一面囑咐大哥要彼此手拉著手，四處遊逛。

　　沒想到進入商場之後，每個人都看得眼花撩亂，東張西望之餘，各有各的興趣、各找各的喜好、各走各的方向，還沒買到什麼，很快就各奔東西了。最後，我終於走失了，哥哥找了很久也找不到，讓爸媽氣得直罵哥哥沒把我看好。

　　「你跑到哪裡去了？」過了一段尋尋覓覓的時間之後，我也不知道是他們發現了我，還是我遊逛到了他們的面前。哥哥看見我之後，就立刻大聲吼著：「你上哪兒去了？我剝了你！」

　　我好怕，但也無言以對，更不記得當時是怎樣「被剝」的了，倒是使圍觀的群眾，對我們這家子人，指指點點的。

　　在一個新年前夕，收到了哥哥孫女的電子賀卡及問候，讓我想起了哥哥。無論是什麼理由，真的很想再讓他「剝皮」，哪怕是一次，因為他已經離開我們好多年了。

點點滴滴皆童年

29

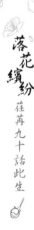

1.3 無知無懼的日子

童年，那些數不清的「不知道」，才最幸福。
「真的」想再回到童年，雖然「真的」不可能了！

追憶往事，未必就是沉溺於往事；活在當下，也不代表今朝有酒今朝醉；憧憬未來，更不意味著否定過去與忽視今天。

到中年以後，我才知道自己是出生在「兵荒馬亂」的時代，因為在童年的記憶裡，除了單純地在鄉野田陌間奔忙之外，就是交織在小學的學生生活與天真的遊樂嬉戲之中，直到因「自投羅網」投效軍旅而離家以後的征戰日子，才越來越懂得戰亂與殺擄的悲痛、可怖與無奈。

雖然我不可能再回到童年，可是在鄉間的童年記憶，卻讓我很懷念。其中最珍貴的記憶之一，就是那時的「因無所知而無所畏、因無所畏而無所懼。」當然，也因為這樣，而讓父母額外操心。

我出生於北京房山區的山腳下，距離鬧區開車約九十分鐘。大概是七、八歲吧，民國二十七、八年左右的一個夜晚，村子裡突然聽到了槍聲，好像全村的人都已經有了經驗，據說是有土匪來了，於是大家都趕緊逃離住家，躲藏到附近的山洞裡去。

「看你睡得這個死樣子，回到家裡沒看見你，只好再回來找你！」我在沉睡中，突然被老爸叫醒，原來他們知道土匪已經走了，全家又都回家。回到家才知道，在黑暗中把我留在山洞裡了，老爸拿著電棒（就是現在的手電筒），又回去找我，找到我之後，對我大聲吼著。

那時候：

・我不知道我們躲了多久，

・也不知道從家裡到山洞要走多遠，

・更不知道所謂的土匪搶劫了哪幾家的哪些東西，

・尤其不知道那些土匪究竟是當地的土匪，還是國共之間的小規模
　交戰，甚至是日本入侵盧溝橋後向外面擴張。

　　現在想起來才知道，當時那些數不清的不知道，才最幸福。

　　現在才想到老子所說的：「視之不見，聽之不聞」的道理。

　　「真的」想再回到童年，雖然「真的」不可能了！

1.4 農忙糗事

　　我們既無法、又不可能、更沒必要，讓現代的年輕人回歸久遠的過去。但是卻應該給他們知道的權利、認識的機會以及選擇的能力。

　　雖然往昔的生活、甘苦、興趣，都早已遠去，但卻仍然很值得記憶！

　　雖然過去的時代已經隨著時間而變遷，可是過去的純樸與樂趣，卻會在曾經擁有的人們心中，永續綿延。

　　我們既無法、又不可能、更沒必要，讓現代的年輕人回歸久遠的過去，但是卻應該給他們知道的權利、認識的機會以及選擇的能力。

　　我的童年，也許是五歲至八歲之間吧，是生活在大城市郊區的鄉下，家世務農，因此我也學會了一些簡單的農忙工作，不過，都是幫忙爺爺而已，那時父母好像都已經到北京去找工作了。我已不大記得，所做過的農田工作究竟是在暑假期間，還是在就學前做的。

　　我曾幫助爺爺拿工具，有一次爺爺讓我回家去拿「斧頭」，但是我卻拿來了「火抽」（攪動爐灶內燃火的鐵棒子），當時沒聽清楚，也不知道問。

　　「拿火抽來幹嘛？」爺爺氣得打了我一個耳光。

　　爺爺讓我用鐮刀削玉米桿，沒多久就不小心地把食指關節砍破，血流如注，只好把我趕回家。至今，右手食指的關節上，還能隱隱看出當年的疤痕，這大概就是令人永遠難忘的原因吧！雖然是糗事，但學會了做事要知道小心。

　　冬天，家裡燒飯時，燃料用的是樹枝、芝麻桿、蕎麥桿（當時連煤球都沒有），於是偶爾需要我幫忙拉風箱。由於拉風箱不只要

注重力道的大小，更要看著爐灶裡柴火的多寡與火焰的高低，而有不同的韻律。好像從那時候開始就喜歡有韻律的東西，於是後來凡走到鄉村或博物館，都想找找，有沒有古老的風箱展示出來。可見，童年時期對興趣的培養很有幫助——雖然那只是廚房內的拉風箱。

我的童年時期，鄉下根本還沒有冰箱，所以會把白菜、地瓜、蘿蔔等，放在地窖裡，到地窖裡去拿蔬菜，當然也少不了我。有時我還會覺得地窖裡面好暖和呢！暖和地在裡面玩起來，而忘記了要拿的蔬菜，不得不上來問一次要拿什麼，才再下去拿。可見，貪玩是孩子的天性啊！

推碾子，也是農忙收成時的笨重工作之一。只要是高粱、玉米、豆類、穀類成熟後，而且需要碾掉外殼時，都會用人力推著門外的石碾繞圈，直到把穀糠碾掉或碾成渣，才算完工。

後來因為家中有了驢子，於是就用驢子去拉碾子，當然驢子會比人碾得快，這時必須要隨時有人在旁邊看著，不要把碾碎的粉渣掉落地上。有一次，剛好在我收集碾好的玉米時，不小心碰到了驢子的後腿，因為驢子的眼睛是被矇起來的，當牠感覺到腿部受阻，就舉腿上踢，結果我的下巴就被踢傷，直到現在，左下顎的疤痕還很明顯。

還好，當時沒踢到眼睛，否則真不知道我是否還能有今天的視力，把這些糗事寫下來，以資回憶。

即使這些都是小小的糗事（除拉風箱外），如果把這些事情交給現在從未接觸過農務工作的青少年去做，說不定也會跟我一樣糗吧！

1.5 童玩之樂

童年，應該是人生中無憂無慮的階段
雖然偶有艱辛苦難，令人畢生難忘
可是童稚純真的趣事所帶來的歡笑，也會像海浪一樣
在人生的旅途中持續擴散，翻滾，蔓延……

小時候，固然我的童年經歷了不少苦難艱辛，可是後來我也漸漸覺得，這些艱辛都是單一的、短暫的、可以忍受的，而且剎那之間就過去了。有些童稚時期特有的玩法、玩伴與遊玩的環境，甚至可以讓童年不至於過分單調，反而還沾染上瑰麗的色彩，這也可能正是我童年無憂、無慮與無知的可愛之處吧！

我童年時期的玩法，在很多現代人的眼光裡，很可能是老舊、傳統、缺乏知識性或現代性的，然而，正因為它老舊及傳統，才更有它的獨特性、趣味性、深入性，並代表了當時的民俗與地方特質。

鬥蛐蛐兒與捉蜻蜓這兩種童玩之樂，目前在中國的某些鄉村，還有人熱衷於此，真的不亞於現在孩童們所沉浸的電玩遊戲。

鬥蛐蛐兒（蟋蟀）：
至今我仍記得，捉蛐蛐兒的地方最好是山丘附近的石頭縫裡，或者是乾鬆的土坡上。我仍然記得，捉到的蛐蛐兒一定要餵養新鮮的毛豆，甚至還要把養蛐蛐兒的陶土罐子（就像

罐內的蟋蟀。

現在有蓋的茶杯大小），埋在土裡面一段時間再拿出來，蛐蛐兒才更有鬥志，鬥贏的機會才更多。我更記得，用來激起蛐蛐兒的鬥鬚毛，要軟硬適度。讓我最難忘的就是，我養的蛐蛐兒，還經常鬥贏呢！這當然與生活境況的好壞沒有什麼直接關係。

捉蜻蜓：並不是所有的蜻蜓都可以捉來玩，必須是較大的一種。記得，捉到的第一隻蜻蜓最好是雌性的，然後把牠用細線輕綁起來，綁在一根約一公尺長的木棍上，讓牠在身旁飛舞，等看到雄性蜻蜓，就把雌性的蜻蜓對著雄蜻蜓繞著飛。繞不了幾圈，雄蜻蜓很快就咬著雌性蜻蜓不放。這時，就可輕易地用手把雄蜻蜓捉到。可見，捉蜻蜓也要用「美人計」呢！

另外，用膠去黏知了（蟬），用網罩捉蟈蟈養，就更不用說了。家裡的竹竿、樹枝、黏膠、細線、蟈蟈籠等材料，都一一齊備。

可惜，沒有（也無法）留下當時的照片，從網路上抓下來的，幾乎都是最近的，且不夠真實，更引不起當時的樂趣。

當時，哪裡還想得到我是在虐待動物！

1.6 高粱橋下的野孩子

　　說到童年時期的玩，高粱橋算是最難忘的一個地方了，它就在我家附近，走路只不過十幾分鐘。

　　對我、對我家院子裡劉大媽的兒子劉春生、孫大媽家的孫大福等我們幾個人來說，它可以說是個多功能的玩樂地點：

- 可以從橋拱下的水閘跳下去潛水
- 可以坐在橋柱上曬太陽
- 可以在橋旁的高粱河裡用手抓鯽魚及泥鰍
- 更可以在河面的浮萍上捉蜻蜓
- 尤其還可以游泳橫渡高粱河……

　　下圖是最接近童年回憶的高粱橋，除橋轆轤架與橋面景色依舊外，已經看不到有河水從橋下流過，更無法找到我在橋拱下跳水的木閘，背景的建築，更是近幾年才新建。

　　說到游泳橫渡高粱河，就更值得大提特提了（雖然河面只有三、五十公尺）。

　　童年時期的游泳，根本就不知道有游泳池，也沒有什麼姿勢，更不穿游泳衣，只要一時興起，就往水裡跳。有時，等游泳過後很久，衣服晾乾了才回家，但是也有時因為時間緊迫，乾脆就都脫光衣褲，光著身子去游。

童年的高粱橋。

　　在河裡面游泳，並不安全，既沒人管，也沒有豎立警告牌，更不可能有救生員了，因此，家長們都禁止自己的孩子去高粱河裡游泳。

我在高梁河游泳，當然也是偷偷去的。回到家時，母親問到有沒有去游泳？我當然都會說沒有。可是她只要用手指甲在身上劃一下，就知道我有沒有說謊。因為河水底是爛泥，只要有游泳過，肯定會把河底的汙泥攪起來，而不知不覺地沾在身上，用指甲一刮，就會有一條白印，謊言馬上被拆穿。

　　一面游泳，一面用手抓鯽魚，是極為尋常的事情。高梁河岸邊，水深及腰，只要彎下腰，在靠近岸邊水草較多的泥灣處，兩隻手慢慢的合攏，就會抓到鯽魚。不是蓋的，不用魚網，只用手去抓呢！現在想起來，我也不知道當時怎麼會知道那個地方有鯽魚。如果讓我再去抓，肯定每次都是空手而回。

　　在1988年第一次前往大陸探親時，高梁橋是我必須要去的地方。離家四十多年後再看到它，風貌依舊，屹立無恙。只是感覺到，河床變窄了，河水變少了，橋上盡是車水馬龍，橋墩飽受風霜，橋拱底下也不再有擋水閘。

　　當時曾跟哥哥在橋旁石頭做的搖櫓架拍照，橋後面的搖櫓石架，被哥哥擋住了一半，右邊只看到橋，卻看不到橋洞，更不用說橋下的水了。

　　令人驚訝的是，高梁橋居然是中國歷史上遼代的古城遺跡，根據記載，一千多年前，宋朝軍隊還曾與遼軍在高梁河畔激戰呢！

　　那個童年多功能的高梁橋，居然成了我家附近「迪士尼」一角的「水上樂園」了！

跟哥哥在高梁橋合影。

1.7 古城舊事

塞上長城空自許，鏡中衰鬢已先斑（陸游）

古城古事古童玩，消失如霧又似煙。

人生本來短暫，如能撩得起一甲子前的記憶，肯定那些記憶絕不尋常。

如果當年北京外城所有的城牆沒被拆掉，單單只是城牆、城門、箭樓、護城河等地方，其文化遺產的觀光價值，就足以傲視全球了。

即使都被拆光，自己的童年古趣古玩與舊事，卻永遠拆不光！

這篇文章的開頭，出現了三個「古」字，主要是因為我童年時期的遊戲或玩耍，不只是近一個甲子以來，跟我同樣年齡的人，甚至比我年長的人，很少有人曾經像我這樣玩過。它的特色就是：有錢的人未必有閒、有閒的人未必有這個興趣、年齡太小還不一定玩、個性太內向的人卻又不敢去玩。

說到這裡，很可能有朋友們要說：「你可別賣關子了！」

事實上，我才不賣關子，只想說這是我童年玩趣中最特別的一種：

「你曾否爬過北京的古老城牆？」

「你是否曾經像山羊一樣，沿著古城牆的磚頭往上爬？」

「你可曾緊貼城牆磚橫著走，斜著去摘城牆磚縫裡長出來的酸棗？」

如果你沒有，肯定你同年齡的朋友也沒有，也許只有你叔伯輩的人可能會有。

事情是這樣的：我在小學五、六年級的時候，大概是 1943 年左

右吧，有兩三年，就曾經幾乎每個禮拜都有這些機會。這是因為我家住在西直門，每天都要到南邊的阜成門「扶輪小學」（鐵路員工子弟小學）去念書，早晨上學時要趕時間，所以沿著城內的城根走，放學就走城外，沿著護城河或城牆，一面往回家走，一面登高攀爬地盡情跑跳。

西直門與阜成門之間，好像是五公里左右。也就是說，每天都是沿著古老的城牆根走個來回。

看到山羊，還會追著牠們跑；看到哪裡的棗樹上的酸棗紅了、熟了，就摸著牆磚，手腳並用地去摘著吃；摘到了酸棗，一面吃還會一面爬到寬敞的城牆頂上，最後到了西直門城門的箭樓，才走下來回家。所謂箭樓，顧名思義就是古時弓箭手防守城門的地方，箭樓是沒有城門的。

那時候，古城牆的磚縫裡，經常會看到長短不一的野草鑽出來，也隨處可以看到磚頭褪色、剝落、破碎等現象。當然，也沒碰到有「禁止攀登」的告示，更沒人來干涉，真好像是不收門票的「兒童樂園」。

1988 年初次回去探親時發現，北京城很多地方景物依舊，只是看不見住家附近西直門的城牆、城門與箭樓，使我感覺到有點怪怪的。聽說北京所有的城牆、城門、箭樓，都在一九五〇年代被拆掉了。

城門都看不見了，更不用說我曾經爬上爬下的城牆了。沒有了城牆，童年的玩趣與玩伴，像雲煙一樣地消失，再也找不回來了。

探親回台後的好多好多年，經常在夢中爬上童年的古老城牆。然而，古城已拆，真的永遠找不回來了。

1.8 我是姐姐：角色混淆的童年

人生的舞台上，有各式各樣的戲劇在上演。

我們的角色，也許剛生下來時，就在造物者的編導之下開始扮演了，讓你無法推諉，更不能拒絕，從童年就得開始⋯⋯

談起我的童年，對很多事情都記憶猶新，但是也有些事情，還是弄不清楚，畢竟是一甲子以前的事了：

・不記得是哪年從鄉下搬家到北京？

・記不得到底是幾歲開始唸小學？又到底唸了幾年？

既然都已時過境遷，就只好盡可能搜盡枯腸，或請教長輩親人，從各種來源，把自己的童年種種，確切地呈現出來——尤其是關於童年的角色。

我排行老二，大哥比我大三歲，弟弟比我小十二歲，母親、我與弟弟的屬相都屬羊，所以鄰居都說我們家是有福之家，因為是「三陽（羊）開泰」。

我跟父母及弟弟合影。

照片最右就是我，弟弟站在爸爸面前，這張照片的年代，剛好就是我充當姐姐的時候。這張照片，很有年代了，能把童年的照片保存這麼久遠，真不容易！

雖然鄰居認為我們是有福之家，事實上似乎並非完全如此。媽媽那一隻羊，為使家中生活條件不要總是捉襟見肘，除了扶養我們兄弟之外，更多的時間是去鐵路局幫傭。哥哥去天津唸書後，我念

完小學就閒在家裡，賣香菸及火柴又賺不了多少錢，弟弟這樣小，除了我以外，還有誰能幫母親照顧弟弟呢？我已經不記得，照顧弟弟的想法，到底是因為自己看到了家中人手不足的需要而出於自願，還是感覺到自己不能遊手好閒，還是基於父母的要求。

大約在我十五歲左右，我又多了個妹妹。這時，媽媽大部分時間要照顧妹妹，三歲大的弟弟，只好交給我。在家境與時間的兩種限制之下，使我根本不可能再去讀書，很明顯的，照顧弟弟的責任就落到我的肩膀上了。

就這樣，我當時的全職工作，就是照顧弟弟：

・有時候，抱著弟弟到相隔只有幾百公尺的二叔家，跟堂弟堂妹們玩
・有時也常在二叔家吃飯，甚至晚上也住在二叔家
・有時是揹著他到高梁橋北邊的大姑家
・也有時候是抱著弟弟去捉蜻蜓，蹚水⋯⋯

也正因為如此，我回去探親時重要的行程之一，就是去拜訪二叔家，以及陪我與弟弟一起玩的堂弟連和與堂妹春華。跟他們講起往事，大家都是口沫橫飛，手足舞蹈，幾十年隔絕的親情與童年記憶，突然間在幾分鐘之內就完全找了回來。

「你可能不記得了！」堂妹春華偷偷地跟我說：「那時候我們大家都暗地裡取笑你，說你是你弟弟的姐姐呢！」

是的，那時候，我真的像姐姐一樣地照顧弟弟，甚至要比姐姐都更親、更認真。

可是，當時年幼的弟弟卻未必能體會出我這個「冒充姐姐」會帶領他走過幼兒期。

這些都不重要，重要的是我當時所扮演的角色，我是否真的讓「造物者」這個編導感覺到滿意，似乎已經不值得我再牽掛了，倒是我這個「冒充姐姐」的角色，孕育了我喜歡小孩的個性。

1.9 爺爺的扁擔：「十賭九輸」的名言

童年時期的所聞、所見，以及學到、記到、用到和遭遇到的經驗，可以對自己、對子女都一生受用無窮⋯⋯

「孩子不打不成器」（Spare the rod, spoil the child.），這是聖經上的名句，曾經是普遍適用於中外的管教方式之一。

雖然如此，我在童年期間「被打」的機會似乎不多。

不記得是哪年，只記得有一天晚上，爺爺（祖父）從鄉下到北京，拿著扁擔到鄰居家去打爸爸，而且還是追著打。

聽說主要是因為他愛賭錢，當然我不知道爸爸跟誰賭，賭到什麼程度，也不知道去哪裡賭，更不清楚輸贏。只知道，當晚全家都雞犬不寧。像我這樣的小孩子，自然也只有停、聽、看了。

「十賭九輸！」爺爺大聲吼著說：「我跟你說了多少遍，你怎麼就是聽不進去？」這也是我從那時候起，所唯一記得關於賭博的一句話，更是讓我對「賭」絲毫不感興趣的理由。

「我們已經報名，參加拉斯維加斯的兩天旅遊，不但搭遊覽車免費，甚至每個人還發三十美元的賭城零用金。」鄰居打電話跟我說：「你們要不要去？」

「我們上週又去了賭城拉斯維加斯。」一對好友夫婦跟我們說：「我們已經去過三次了，真棒！你們有沒有興趣跟我們一起去？」

類似的這種邀請，幾乎每年都有，可是我與內人都是「既不心動，又不行動！」爾後，他們也就不再邀請我們了。

爺爺的「十賭九輸」這句話，也是童年時期聽到最難忘的「座右銘」。

可見，童年時期的所聞、所見，以及學到、記到、用到和遭遇到的經驗，可以對自己、對子女，都一生受用無窮！

1.10 這也算初戀嗎：童年的摯情

初戀，猶如一道閃電，雖然照亮，但卻稍縱即逝，

而且追不上，留不住。（蘇格拉底）

　　小學畢業前後，好像是十四、五歲吧，這個年齡，對學業的完成，似乎是懵懵懂懂，除了會想到各式各樣的玩樂之外，記憶最深的還有對女同學的好奇。

　　在好奇之下，不免會對女同學多看幾眼，也對比較接近的一兩位表示好感，甚至是偷偷地喜歡。

　　在介於童年與少年之間的年齡，對異性同學的喜歡，除了好感之外，似乎當時還找不出更合理的理由，如交往、約會、戀愛等……。

　　奇怪的是，我仍記得，當時我曾經先後給一兩個女同學寫過信——既記不得用什麼紙張寫的，也記不得在什麼情況下寫的，更記不清寫了多少字，尤其不記得寫了些什麼。

　　那也算得上是「情書」嗎？有趣的是我居然還記得，那兩位女生，一個是同班同學的妹妹，另一個是低一班同學的姐姐。但是，他們的容貌，卻已隨著時間而褪色、消失。

　　難道這就算是我的「初戀」嗎？更有趣的是，至今為止，經過了這麼多年，經歷了那麼多的事物，遭逢了那麼多的悲歡離合，我居然還能記得那兩位女生的名字。而且，除了我自己之外，還沒有第二個人知道，即使是我的另一半。

　　尤其有趣的是，除了她們是女生、除了她們都長得秀氣、除了感覺到她們有異性的吸引力之外，到現在為止我都想不出，我真正喜歡她們的地方在哪裡？我既不知道她們對我的印象，也不了解她

們收到我的信以後的感覺，更不知道……。

那豈不就是現在所說的「盲戀」嗎？

無論是上述的哪一種，童年對異性的情感與愛慕，既有點朦朧，又有點摯情，也有些許愛慕，更有點不由自主，當然也有不少盲目的成分。

無論算不算是初戀，但它至少是一種誘惑，也正像哲學家蘇格拉底所說：它猶如一道閃電，雖然照亮，但卻稍縱即逝，而且追不上，留不住。

1.11 近乎永別的抉擇

孰知不向邊庭苦，縱死猶聞俠骨香（王維）

　　我的少年時期，幾乎都是在坎坷與戰亂中度過，如果把一甲子以前的種種記憶都詳細地留下來，肯定那些記憶絕不尋常。

　　我不想寫 1949 以前國共內戰的功過，而且也沒資格寫，因為那是歷史學家的責任。

　　我想寫的，我所要寫的，只是想說出大時代裡，千千萬萬人顛沛流離的辛酸事。

　　人生中的任何決定，對未來都有某種程度的影響，而這種影響，絕不是當時所能臆測得到的，更不能以現在的好壞或成敗來論斷——本來，時光就是不可能倒流的。

　　就以我「少小離家老大回」的抉擇而言，離開家一轉眼就是幾十年，真是始料未及。在 1995 年的第二次探親與祭祖之旅，又成了跟晚輩們的熱烈討論話題。

　　「當年在家裡好好的，怎麼就離開家鄉了？」已經二十多歲的侄孫女在午餐中好奇地問我。於是，我就滔滔不絕地打開了話匣子。

　　「主要是解決家庭負擔，也有幾分糊裡糊塗。」我半認真半開玩笑地說：「那應該是 1948 年吧，我不想成為家庭的

我在開封講古，很不同於演講廳的氣氛。

負擔，也不想一直因照顧年幼的弟弟妹妹就這樣蹉跎下去。大約在那年的六、七月，剛好去北京近郊父親工作的西黃村火車站，收穫他在鐵路道班旁種植的番薯，同時也看到了駐防在月台上的青年軍們正在玩籃球。」

於是我跟爸爸說：「看他們的年齡跟我差不多，要不要參加他們？說不定可以學點東西，至少不愁吃喝。」

父親想了想說：「這倒是可以考慮，不過，等你覺得不適合時，就隨時回來！」

所謂的「隨時回來」，是因為父親跟他們的主管經常在一起，已經混得很熟了。尤其，這批年輕人，都是響應「十萬青年十萬軍」的號召，「志願投筆從戎」的，聽說一年前他們入伍時，幾乎要搶破頭才能加入呢！甚至還有人身高不夠，報考時把鞋底墊高，才能夠被錄取。

就這樣，說參加就參加了，雖然駐地離家不遠，可是天天住在車站月台的碉堡裡，確實讓我在午夜哭了好幾次。

不料，八月底剛加入，十二月初部隊就換防，那時候只聽到謠言滿天飛。有人說，是換防到唐山去；也有人說要去東北參加戰鬥；更有人說是要去台灣。由於父親在鐵路局工作，換防的火車是經過北京的西直門車站往北走，才放心地讓我去唐山。

父親在車站送我時，相當依依不捨，他偷偷地跟我說：「要不要別去了？回家吧！」

「反正沒離開過家，回家也沒事做，到外面去闖闖也可以呀！」我猶豫了一下，還是決定跟著部隊走，同時還補充說：「反正哥哥也要畢業了，萬一長時間回不來，至少有哥哥陪你們。」

「如果局勢惡化，就趕快回來吧！」父親半信半疑地答應了，順手把他胸前的一塊懷錶拿給我說：「看見這塊錶，就等於看見我了！」我已不記得當時我們倆的神情。

　　沒多久，團長發布命令全副武裝，攜帶所有行囊，準備長途行軍。我看，好像情勢是不對，於是就趁著整隊休息，把背包及槍枝放下，溜到火車站去，想立刻搭火車回家。

　　到了火車站，發現所有客貨車全部停開，我只好再回到部隊，同時發現，整個部隊也開始了行軍——不是往東北走，卻是往西南。從早晨九點，到下午一點，都一直不停地走，不但身上的背包與槍枝越來越重，全身濕透，也因為沒吃沒喝而飢腸轆轆。

　　不少人開始停了下來，東倒西歪地靠在鐵路旁的斜坡上，不想再走下去。

　　「如果你們不快點繼續行軍，再幾個小時，共產黨的部隊就要追上來了。不想被俘虜，就趕快走！」營長斬釘截鐵地說：「為了減輕重量，除了武器彈藥，其他東西都可以丟啦！」

　　聽了營長的話，趕緊把身上揹著的軍毯及棉大衣等都丟掉，跟著部隊快速地往南「轉進」（就是撤退），同時營長也告訴我們說，我們是「掩護部隊」，要阻止敵人追得太緊，我們的責任就是要牽制敵人，以便讓友軍順利撤退。

　　又走了三個多小時，已接近黃昏，不只是肚子餓，連水壺都空了，只好一面東倒西歪地走，一面偶爾到路邊的白菜田裡，撿起田裡剩下的白菜梆（白菜最外面最厚的那一層）吃幾口。找水喝，也只能從鐵路邊上燒焦的蘆葦旁，拿起幾塊冰碴放到嘴裡解渴。

　　天快黑了，剛好走到了一座鐵路鐵橋，名字好像是金溪橋，因為是專供火車行駛的，所以我們只好在夕陽西下時，腳踩著鐵路枕木走到了對岸，大約有五百多公尺遠。事後想起來，不知道當時是怎麼過來的，如果再讓我去走，肯定沒有那時的膽量。

　　「你們就守在橋頭，把機槍架好，只要看見敵人，立刻掃射！」等我們連滾帶爬地走過鐵橋時，突然聽見隆隆爆破聲，原來師長已經派人把橋炸毀了。我們也看到了師長王永樹將軍就在我們身旁，

他還幫我班上的機槍手曹衡玉扛著笨重的馬克芯機槍呢！

「北平已經吃緊！」營長沉重地告訴我們說：「等後方的部隊撤退到安全據點，我們就及時轉進！」

金溪橋被我們炸毀了，阻絕了敵人的追襲；北平吃緊了，也斷絕了我想回家的退路。

怎麼也沒想到，從那時候開始，短暫的抉擇，只有幾個月的離別，百餘公里的距離，居然「回家」這兩個字，就已經是多麼遙遠、空幻，甚至是絕望……。

1.12 香椿香氣傳鄉情：對童年的追憶

你知道什麼是「香椿」嗎？香椿，是個樹名，春天長出來的嫩芽可以吃，炒蛋、炒飯、香椿芽拌豆腐……都好好吃呢！

住在港台地區知道「香椿」的年輕人恐怕越來越少了，喜歡吃香椿的人，或者知道香椿怎麼吃的人，似乎更少。

當然，能在自己的庭院或陽台上種植香椿樹，到了春天摘著最嫩的香椿芽，吃香椿炒蛋、香椿黃瓜麻醬拌麵，或者是用香椿芽拌豆腐，更是很難得的享受了。

幾年前，朋友送給我們一棵香椿樹，所以每年春天我們都可以吃到最鮮最嫩的香椿芽。那是一位跟我同年同月同日出生的老鄉送給我的，由於我們都住在溫哥華，又是晨泳

香椿，我家後院的一棵香椿樹及樹頂上的嫩芽。

的好友，他太太跟我那一半都是山東人，所以「關係」十分密切。

我們除了經常一起出去旅遊外，每年我們這兩個超過八十的老壽星，都是兩家在一起過生日。就在四年前的生日晚餐上談到吃香椿時，他二話不說，就立刻把他家那顆香椿樹下鑽出的幼苗新枝分送給我們了，而且還幫我們培養到半公尺高。

從那年起，我們每年春天都可以摘著自己家裡的香椿芽吃，吃不完的，還可以先用開水泡一下，然後暫時放到冰箱，想吃的時候隨時拿出來吃，或者當作招待親友的特別小菜。尤其，泡過香椿的水，喝起來都覺得有一股獨特的香味，從舌尖經喉嚨直通到腸胃，

身心頓爽、通體舒暢，喝下去之後好像能治百病似的。

香椿樹，還可以接受整容手術呢！有一次，內人從網路上看到一篇關於「香椿蛋」的文章，告訴讀者可以在香椿發芽時，把蛋殼套到香椿的嫩枝上，讓嫩芽在蛋殼裡慢慢滋長，等生長得夠多、夠長、夠大、夠滿，把蛋殼整個採摘下來時，香椿的嫩芽會長得像個圓形的大蛋，不會讓枝枒直往上衝。

看過這篇報導後，我們也學會了這一招，在嫩芽還沒長出來很多以前，看起來反而像樹上長滿了雞蛋一樣，形成了前所未有的另一種景觀。

超市也可以買到進口的香椿，但都是經過處理而特別包裝的，去買的主要原因，還是因為想念家鄉的香椿，想念母親、嬸嬸或姑姑做的香椿炒飯、炒蛋，才偶爾買點嘗嘗。可是，經過處理及冷藏，吃起來很難找到香椿香嫩的原味，更難找回家鄉的味道了。

現在可好，每年春天我們都能吃好幾次新鮮的香椿了。

起初，到超市買進口的香椿時，是為了思鄉，紓解一下鄉愁。然而，隨時可以吃到家鄉味道的香椿，反而覺得越吃越想家，思鄉情更濃了。

我們也會做香椿蛋了。

1.13 發霉了幾十年的月餅：子欲養，而親不待

中秋節，是個闔家團聚的日子，吃月餅是團聚時的重頭戲。

記得兒時，在中秋節的闔家晚餐之後，都會吃自家做的月餅。除了製作很多碗狀大小的月餅外，也會做一個最大的月餅，全家每個人分一塊（角），就像切蛋糕一樣，全家有多少人，就切多少塊，如果有誰不在家，也會留下來，等他（她）回來再吃。

自從我十七歲離開家之後，每年爺爺跟爸爸都會給我留下一塊月餅，留了一、二十年，他們一直都沒有我的音信，留下來的幾十塊月餅早已發霉，但他們卻仍堅持繼續幫我留著，而且自信地說：「我相信他還活著，總有一天他會回來吃的。」

1988 年 3 月，當我第一次真的能回去的時候，他們卻都早已過世多年。這是當年妹妹留著眼淚，親口跟我說的。

2008 年我在台灣過中秋時，還想著當年祖父母及父母們給我留的月餅。這時，輪著我留著淚水，在網路上，跟妹妹述說著以前她曾用眼淚告訴我的那些「發霉了幾十年中秋月餅」的往事，以及「子欲養而親不待」的傷痛……。

中秋節，在我的心目中，早已不再僅僅是個節日而已，卻是一個令人倍感「思親」的日子。

我這樣說，不僅是因為「每逢佳節倍思親」這句話，也不是因為自己找不到過節的適當方式，而是因為小時候在家中過中秋的情景，讓我至今永生難忘。

至今我仍記得小時候在北京郊區過中秋的氣氛與方式，既溫馨，

又意義深遠。尤其是中秋節的月餅，根本不到糕餅店去買，而都是家裡自己做，不只月餅裡面的餡都是自家農田耕收碾製，最重要的還是，月餅尺寸有大有小。

大月餅，全家只做一個，而且做得很大，晚上全家團圓賞月吃月餅時，才開始切開，家裡有多少人，就切多少份。即使是有人出門在外，也必然會為離鄉背井的人留下來，而且不論等多久，都會一直留到遠行的人回家才吃。

由於小時候家境貧困，家裡只能供哥哥念中學，所以跟父母商量同意後，我就從小離開家鄉，隻身在外闖蕩，一方面減輕家庭負擔，另方面也可藉此尋求發展機會。沒想到，離家之後經過了四十寒暑，開放大陸探親之後，才又踏上歸途。

然而，當親人見面之後，才發現父母早已雙雙過世。

「你離家的這些年來，父母可想死你了！」在掃墓的途中，妹妹親近地靠在我身旁，告訴我：「每年中秋，爸媽都是含著眼淚告訴我說：『我們幫他算過命了，他還活著呢！』一定要把留給你的那一片月餅，好好地保存起來。」

她說到這裡，我們的眼淚都早已流到嘴邊。她接著又說：「他們把給你的那一份月餅，留了十幾年，甚至

偕內人及子女回鄉掃墓。

北京機場，探親離別前夕，親戚機場送機合影。

留到發霉，還捨不得扔掉。到了哥哥畢業後被分配到南方，我也出嫁之後，父母連中秋節都不過了。」

「既然月餅已經發霉，又何必一直還要為我留呢？」我泣不成聲地問。

「我也是這樣想啊！」妹妹哽咽著說：「爸媽覺得，等你回來，就是團圓的大日子，你看到的已經不再只是月餅，而是全家對你的思念。」

這時，「樹欲靜而風不止，子欲養而親不待」的感傷，完全流露在跟妹妹的擁抱中，以及我們泉湧般的淚水裡。

我每年都會用「思親」的方式，過我的中秋——遙望著遠方、凝視著天空、看著童年跟父母的合照。多少年來，月餅的式樣、內容、大小、包裝以及廠牌，對我都已經沒有意義。

1.14 從十八到八十
少小離家老大回，鄉音無改鬢毛衰（賀知章）

龍應台教授所寫的《大江大海》，很快地就打破銷售記錄，那是因為她寫出了戰亂與動盪時代的真實故事，觸動了千萬人的心房。這些人，就是在一甲子前，那些曾經走過大江南北，撤退到台灣的幾百萬人。

我，就是其中之一！

龍教授所寫的內容，除了文筆犀利流暢，顯露出橫溢的才氣外，在她父母親的傳述之餘，更收集了國內外典藏的文史資料，所以才特別珍貴。我呢，則只能平鋪直敘地說出這一甲子身歷其境的苦辣酸甜。

就以 2010 年中秋前後，北京及開封的「祭祖」之行來說，就又讓我回到了六十年前的時空。中秋前夕，兒女剛幫我過完八十生日，我就安排了祭祖的旅程，主要的理由就是要表示我對祖先的感恩與思念：

‧在他們的保佑下，讓我能平安地走過八十寒暑
‧在他們的庇蔭之下，才有今天的子孝妻賢
‧更是在他們的臨終遺言下，使未謀面的侄孫輩們，對我親如己生
‧當然，還有不少其他理由……

這次，已經是第五次回去了，以往，每次回去都會到每一家走走——一個親弟弟、二叔家兩個堂弟和三個堂妹、三叔家一個堂弟與四個堂妹、開封的大哥家有三個侄子、兩個侄女，還有大哥的表親。這次，健康上實在不允許，所以只以祭祖為主。

　　即使這次主要目的是祭祖，可是也希望能看到同輩及晚輩的親人們，於是以電子郵件發給親弟弟、二叔家堂弟的孫女、三叔家的侄子及開封大哥的孫女，請他們轉達。由於時間因素，我這次實在沒辦法到每一家去看望他們，如果他們的父兄們有空，就都到祖籍見面，如果他們沒空，就等將來有機會再見面。

　　同時，我也親自打電話給北京西郊房山區的堂弟，一則那是我出生的地方，二則是他多年來一直守護祖墳。當然，如果親戚們對我這次祭祖之旅有任何疑問，也請堂弟代表說明與連繫。

　　每次回北京及開封探親，總會聽到同輩兄弟、妹妹及侄輩們談起祖父當年跟他們叮嚀的話：「如果哪天你們的二哥能回來，我們一定要殺豬宰羊地大宴鄉親，讓全家老少的聚會，成為我們村子裡的大事！」

　　每次我回去，幾乎都有類似殺豬宰羊的親人歡宴，除了有幾次是由我主辦，分別在飯店及家鄉外，這次則由堂弟主辦。他安排了五桌，在我出生的「黃元井村」裡，甚至還在連串的鞭炮聲中開席。

　　也幾乎每次，都會在溫馨、親切、熱情的暢飲與暢敘中，有不同的侄孫輩會問：「你離家時，是不是祖父及父母們答應的？」

　　「當然是經過他們允許的啦！」每次我也會重複地說：「當時因為家境不好，只有大哥能讀高中，我只能輟學在家，大多時間都是在照顧小我十二歲的弟弟，也有時候會出去沿街當小販賣香煙、火柴。」

　　「據說，他們好像都後悔讓你走了。」跟隨爺爺多年的堂弟說：「也正因為如此，才對你特別思念，也才每年都給你留一角月餅呢！」（請參閱〈發霉了幾十年的月餅〉）

　　以往的祭祖都是全家前往，這次我是在中秋聚會的前一天，由侄子陪同，冒著小雨獨自致祭的。

祖父的墳，頂部已經塌
陷，父母及二叔的墳雖然完
好如初，但是卻荒草蔓徑，
碑文剝落得很嚴重，因為修
墳已經二十年。二十年前的
我跟現在的我，顯然已大不
同，何況經年累月暴露在風
吹雨打狀況下的祖墳。

2010 年侄子陪同我在祖墳前的感恩與悼念。

　　祖墳顯得有點荒蕪，雖然每年清明都會有人去清掃致祭，站在
這裡，覺得有點孤寂，雖然我的家鄉還有上百的同輩與侄孫。

　　這次的祭祖，顯然跟往年有截然不同的感受，因為離家時只有
十七、八，而今卻已經步入八十。在他們的墳前，除了懇請他們持
續地保佑全家外，也把目前在健康上及專業上的成就，默默地向他
們訴說，讓他們安心。畢竟，在離鄉背井的日子裡，沒有少年的輕
狂與猖狂，更沒讓他們失望。

「石賀中秋」，2010 年祭祖後，祖孫四代大合照。

事實上，2010 年的祭祖及探親，已經是第五次了，幾乎是每三至五年，就會回去看看。印象最深、最為感動與感傷的，還是離開老家四十年後的第一次探親，因為當時是抱著既興奮雀躍、又好奇、激動的一次。

至今我清楚地記得，1988 年第一次探親時，飛機降落後還沒出機場，我已經默默地流淚了，等出了機場跟哥哥、弟弟、妹妹及家人們見面時，都是緊緊地擁抱，痛哭流淚，在淚眼中說得最多的一句話就是：「你可回來了，我們做夢都常想著你呀！」而且談到每一個話題，也都是抱在一起，一面說一面流淚。我不想把每次痛哭傷感的理由與時、地都詳細描述，也沒有必要，因為像我這樣，由時代造成親人離散半個世紀的悲劇主角，在兩岸三地牽涉到了上百萬人。

當然，第一次回鄉探親過程中，很值得一提的就是，在北京房山區老家的祖墳前，親兄弟及妹妹幾個人備妥祭品，在祖父母及父母墳前致祭的情形。在他們的墓前，我在十幾分鐘哭不成聲的哽咽中，把自從 1948 年離

四兄妹及內人在祖墳前祭拜。右起弟弟，我，哥哥，妹妹及內人。

家之後，四十年來對他們的思念、經歷過的生活，以及沒能給他們送終的愧疚，一股腦兒的傾吐了出來。

由於祖墳是我在探親前幾年，輾轉郵寄美金請弟弟在祖父的田庄上建立起來的，而且一直都是二叔繼承了在黃元井村鄉下，祖父留下來的農村及農地，所以祖墳跟我二叔等於是畫上了等號。祭祖之前，當然先要到二叔家，跟二叔的長子「連和」相聚了，他是我

童年最親近的玩伴。他還
跟我提起小時候，我們在
他家門口那棵花椒樹下抖
空竹的情形。

說到三叔，我在 1948
年離開北京時，他還沒有
結婚，所以他的子女對我
的瞭解及印象，完全是基

第一次探親時，跟三叔家的堂弟及他們的子女
合照。

於我三叔、我父母、我哥哥及妹妹在他們面前提到的我，而且他們
最大的女兒，我的堂妹，出生的年月是 1958 年 2 月，是我離家後的
十年左右，然而他們對我小時候生活點滴的記憶，比我都清楚，所
以對待我就像是親兄弟一樣，這也是使我在每次探親時倍感親切的
原因。

也許是因為父親「成分」的原因，也許是國家對工作分配的政
策所致，我哥哥從東北的哈爾濱大學拖拉機系畢業之後，就分配到
河南的開封市，之後就在開封結婚生子，全家人都在開封定居了。
我的第一次探親，當然要在開封住幾天。

說實在的，大哥比我
大三歲，我們還曾同時在
北京的鐵路員工子弟小學
念書，他念中學後，等於
是我們永遠分離的開始。
雖然如此，我在第一次探
親時，他不但親自率領兒
子到北京的機場接我，甚
至全程陪同我在北京及西
安的行程，直到我前往開

初次探親時跟我哥哥的全家福，1988 年，站在
最前面的幾位，而今都已結婚生子。

封跟他的全家聚會。

　　我在 1948 年離開北京時，大哥還沒結婚，同樣地，哥哥家的三個兒子、兩個女兒以及他們的孫輩，對我的印象，也完全是根據大哥或者叔叔、姑姑們的口述或手邊最有年分的照片了。最讓我難忘的是，我在 1988 年初次探親時，大哥帶了兒女去北京陪我的一段日子裡，他居然還塞給我幾千人民幣，讓我們花用。在開封停留的一週，家裡的五個兄妹，輪流請我跟內人到不同的餐廳享受「宋都」的美食文化。搭火車臥鋪從開封回北京的當晚，全家都到月台上送行，直到火車離站前，幾個侄子、侄女還邊哭邊追著火車車廂送行，感覺好像在擔心將來不知道哪年哪月才能再見面，這樣的情景，畢生都難以忘懷。

　　鄉思與鄉情，永遠會緊緊地牽引著遊子的心扉，無論人在何處，走向何方，總會讓漂泊在外的人，隨時渴望著返鄉探視的機會。也因為如此，在 1991 年 7 月，人力資源管理協會初次訪問香港及大陸廈門與北京時，我特地抽空在北京國際飯店，邀約了北京、開封、西安的家鄉老小們歡聚一堂，目的是為祖父母及父母們「還願」，在我有幸返鄉之年，殺豬宰羊，告慰祖先們多年來的庇佑。

我在北京國際飯店宴請石家。

另一次有計畫且全面性的返鄉探望，是 1995 年的暑假，既是移民加國前夕，也剛好有兒女同行，讓他們藉此瞭解一下自己祖先生長的地方，體認一下自己的根不只是單一性的，更不是有限的區域性的。在這次的全家返

全面性的探親中，去西安探望妹妹家時，還特地祭拜皇帝陵。

鄉探親之旅中，讓兒女也跟他們同輩及不同輩分的親人們得以相識，可喜的是，他們至今都仍有連繫，可見，親情的紐帶，是不受時空限制的。

在 2001 年 3-5 月，剛好在北京中關村的一家高新企業擔任組織診斷顧問，由於公司提供食宿，藉此跟內人一起有了與親人相聚的機會。假日幾乎每週都會有堂弟、堂妹互相探訪外，我們也抽空去了開封，跟大嫂及幾位姪子、姪女們敘舊。當然，在六月二日回台前夕，更把全北京及部分開封的親人們，都邀約到了我的出生地「黃元井村」，匯集了石家上百親人，聚會的主題是「**姑孀率侄孫桑梓共享天倫樂，遊子繫親情遐邇同還先祖願**」，讓全石家的人共同尊崇老姑及老孀這兩位長輩，為這個離北京車程約兩小時的小村莊，增加了不少人氣。

以國際化的觀點來說，「尋根」的觀念正在逐漸變化中，一方面在科技時代的生活範圍中，已經不大受限於特定地區或國家，另方面在「地球村」的概念之下，「天涯若比鄰」的事實，可以讓我們把五湖四海都當作家。

即使如此，具有血緣關係的親人，仍然是維繫宗族的基礎，進

而以宗族觀念延伸到社會觀、民族觀及世界觀。而探親之旅，固然
是凝聚家族與宗族向心力的方法之一，未嘗不是交換世界觀與國際
觀的機會或平台之一啊！

06 02 '01

在北京擔任顧問時的即興親人大聚會。

2 槍林彈雨中的年華，大難倖存的懵懂大兵

一個還不滿十八歲的懵懵懂懂大孩子，

在剛穿上軍裝的四個多月戰亂生活中，

沒想到所經歷的槍林彈雨的日子，

要比人生的三十多年都多、都長，

而且在火海餘生中，幸運地躲過了好幾劫，

難道這也是造物主的刻意安排，還是自己的選擇?!

2.1 曾經哭泣的夜晚

「希望」我這些超乎尋常動亂的大時代中的記憶，

能對長期在穩定舒適環境中成長的少、中、青、老各族群，產生某些共鳴……雖然只是希望！

　　由於近年來看過中國大陸一個甲子以前那些關於「北漂」的淒慘故事，也因為自己在六〇年代台灣的職場上，親身體會到在企業內「打拼」的經歷，才經常會想到，那些故事與歷練，在我青春年少的時代，即使算不了什麼，至少可以相提並論而有餘吧！

　　就在 1948 年八月，我十七歲時，因父親在鐵路局道班的薪水及母親在外打雜的收入不多，讓我們兄弟妹妹六口人家的生活相當艱困，只有哥哥才能念中學、我平常在大街上當小販之餘，還要照顧小我十二歲的弟弟及小我十五歲的妹妹。

　　由於我不想過那樣的日子，在父親的提示下，懵懵懂懂地就「加入」了駐守在父親任職的西黃村火車站上的部隊。能有這個機會，主要還是因為父親在車站旁的空地上，種了一些番薯及白菜，有時跟父親去挖番薯，曾跟那些士兵們見過面，而且印象不錯，也因為父親覺得他們既年輕，又有活力，也都是十七、八歲。

　　當年加入那個部隊的前提是：

· 反正在家沒什麼正式工作，閒著也是閒著。

· 從來沒見過外面的世面，到外面看看也不錯。

· 至少有吃、有穿、有得住，而且跟他們的年齡相仿，大家都穿了英挺的美式軍服。

· 如果不習慣，隨時可以回來，反正父親跟部隊上的主管很熟。

我說是懵懵懂懂地加入了，是因為既不知道那是怎樣的部隊，也不知道自己的職稱（事後才知道是上等兵，部隊的番號是青年軍208師的四團第三營的八連），更不知道這個部隊會在這裡駐紮多久……。

　　當時，怎麼想都覺得這些想法及理由是權宜性的，可是現在想起來，誰也沒想到，那時的決定，已經是我人生轉折的開端。

　　事實上，車站上駐守的只有幾十個人，他們都是兩年前在「十萬青年十萬軍」的號召下，由河北省一些學校的老師或校長帶領他們集體參加的。他們有的正要高中畢業，有的還只是高一或高二，之所以集體離家，一方面是因為他們的家境也不理想，另方面也因為當時的時局混亂，很多人都已經無法回家，更斷絕了求學的經費，所以才集體入伍，甚至還經歷了約兩年的軍事基礎訓練。所以，他們應該是正牌、正統、正式的「第二期青年軍」，有別於抗戰期間的第一期青年軍。

　　駐守在西黃村車站上的部隊，有兩個排長，我的排長是葉裕光，連長名叫林增燧，大家都住在月台上的碉堡裡。我報到的當天，還受到了大家的歡迎，他們當天下午就帶我去石景山見營長。我還清楚地記得，我們是順著山坡走上石景山的，只見整個山坡上都是茂密的蘋果園。我們一面往前走，一面鑽進蘋果園採摘蘋果，同時還吃個不停。等到了山頂時，口袋裡已經裝滿了蘋果。

　　「你摘的蘋果，怎麼都那麼青啊！」同事看了我口袋裡的蘋果驚叫著：「這種蘋果還不能吃，吃起來也是酸的，趕快都丟掉吧！等有機會我們再來摘！」說實在的，在那以前，我根本就沒吃過蘋果，也無法判斷怎樣才是生的還是熟的，當然看見了蘋果就拼命地摘，撒開了吃。

　　以現在觀點來看，覺得當年的軍人，大多都是走到哪裡吃到哪裡、拿到哪裡、搶到哪裡，甚至殺擄到哪裡，包括世界上任何國家

的軍人，尤其是軍國主義的國家，那些入侵其他國家的軍人，「橫行霸道」的情景更可以想像得到。但使我想不通的是，世界上為什麼總是爭戰不已！

回到碉堡後，看到有幾位同事在打籃球，這是我從未看到過的運動，更不知道怎麼玩。他們耐心地教我，我連拍球都拍不了幾下。

「我該回家了吧！等明天再來！」新鮮的一整天過去了，我興奮地跟大家說。

「從今天起，你就是我們的同志，跟我們一樣當軍人了！」排長跟我說。我既好奇、又興奮，可以不用再回家去照顧弟弟、看妹妹了。

可是，在家裡睡慣了，碉堡裡根本沒有床，都是玉米桿子堆起來墊在水泥地上，而且蓋在身上的又是毛毯，盛夏的八月，蓋在身上覺得熱，拿掉不蓋又涼冰冰、硬梆梆的，怎麼也睡不著。倒是隔壁的同志們卻都呼呼大睡，這種情況一直拖到午夜，仍然無法入睡。

「難道這就是當兵的生活？」想到這裡，淚水已經流進了脖子。

「明天我能不能回家去看看家人？以後的日子怎麼過？」我越想越多，居然已經天亮了。

過了幾天之後，雖然還是想家，在門頭溝支線鐵路上的西黃村到西直門，雖只是一站路，卻像是隔了幾百里路。然而，過了幾天的忙碌訓練、打球和不愁吃穿的生活，反而習慣了。

印象更深的是，排長很年輕，待我們就像兄弟一樣的關心照顧；連長雖然是福建人，胡琴卻拉得很好，而且一面拉胡琴，一面唱京戲。

「他是福建人，居然會拉胡琴，京戲又唱得這麼好，我這個北京人什麼都不會，真有點丟人。」我不斷地這樣想著。也就因為他會唱京戲，讓我對他既尊敬又喜歡，因為我在幾年前帶著弟弟到二叔家去玩時，經常晚上住在二叔家，聽二嬸嬸打開話匣子（收音機），播放著各個名角演唱的戲碼：「我為什麼不跟他學幾段呢？」

出乎意外地，他居然答應了我的請求，兩、三個月下來，我已經可以跟著他的胡琴，能夠唱幾段了。當年學的那幾段，在爾後人生中的不同場合，居然還曾多次清唱，至今還可以字正腔圓地唱幾句。我現在仍能記得連長的名字，就是因為我已經把他跟京戲結合為一了，可見，年輕時培養的興趣，會讓人受惠一生。

漸漸地，我已經熟悉了離家在外的軍中生活，除了出操、戰技訓練、打球、唱歌、唱戲之外，也有假日。

我當然會趁著例假日回家，由於我家住在西直門車站旁的鐵路局宿舍，距離來往於門頭溝的貨運鐵道很近，有幾次居然火車還不到站，當車廂緩緩進站開進我家的巷口時，就「跳車」下來。同樣地，回營區時，也是估計好了車次及時間，等火車到巷口時，「抓車」上去，趕回駐地。湊巧的是，有一次我那跳車與抓車的危險動作，剛好被調動車廂的三叔看到了，在他的警告之下，也就沒有再像個野孩子那樣去冒險了。雖然心中仍覺得：「鐵路世家的孩子，這又算什麼！」現在想來，這種想法完全是「少年輕狂」啊！

2.2 父親的懷錶

永遠忘不了，在北平西直門車站，

父親送我去唐山時，他的叮嚀與贈品懷錶——身邊唯一的紀念。

初次住在軍營三個多月以來，暫離家門之後，幾十個人的軍中生活已經習慣了，至少我自己不再是家裡的負擔，當然也不記得五歲小弟弟及兩歲小妹妹在那幾個月是誰帶的，也想不到他們的生活情形。

有一天，連長、排長們讓我們全副武裝，整理好所有的衣物裝備，隨時做調防的準備。我也不記得等了多少天，有一天大家都集中到了一輛火車的貨車車廂，車廂頂上用帆布部分遮蓋，似乎可以防太陽曬。我下意識地看了一下前後的車廂，好像有很長的一列車，車內都是跟我一樣的軍人。這時連長才宣布，我們要跟營部集合，包括門頭溝及石景山附近的各營連，整個師團都要乘這列火車調防到唐山。

「唐山在哪裡呀？」我嘀咕著：「我該怎麼辦？」

事實上，父親似乎已經知道了部隊要換防的事，只是他還沒跟我說，他甚至想好，等火車開到我家旁的西直門火車站時，就讓我下車回家。火車從西黃村到西直門的時間也不過半個多小時，到了西直門車站，父親找到了我搭乘的車廂，因為去唐山就要在西直門轉車，所以需要比較長的時間等候。

「部隊就要換防到唐山了，你要不要下車回家？」父親小聲地跟我說：「我已經跟連長說好了，只看你了！」我要不要就此下車回家？還是要跟大家一起去唐山看看？從上車直到西直門車站，我

的內心從沒有想過，到底該怎麼辦？

「從小就一直在家，別的地方都沒去過，而且跟這些年齡相似的人在一起，不但學到了一些在家裡學不到的東西，而且彼此確實也算相處得不錯，我真的就這麼回家嗎？」內心始終猶豫不定。後來，不知道是什麼力量，也不知道父親是怎麼想的，鼓足了勇氣跟父親說：「既然我在家裡沒什麼正事做，而且從來沒離開過家，倒不如跟他們出去闖一闖。」

「既然你這樣想，而且你也熟悉了他們的環境，那你就先跟著他們去吧！不過一定要記住，一旦覺得不適合，想回家，你就隨時回來，家裡總還會有口飯吃的！」父親聽了我的話，他遲疑了一陣子，看到我似乎有了主意，只好緩慢而顫抖地這樣跟我說。說完後隨手把上衣口袋裡的一塊懷錶，從扣子上解下來交給我：「反正你身上沒有錶，就把這塊懷錶給你吧！帶在身邊，看時間比較方便，也可以藉此想到爸爸跟家人。」

懷錶，在那時相當流行，尤其在鐵路局工作的人們，都有一塊大小及式樣不同的懷錶，以便隨時掏出來看時間。

我接過了懷錶，還沒有放進口袋，整列火車就已經開始開動──沒有汽笛聲，也沒有轉轍員的指揮，只看到父親對我們搖著手，然後人影漸漸遠去。我呆呆地看著手中的懷錶，不知道火車開行了多久，也不知道經過了哪些地方，更沒有意識到停過幾站。

父親給我懷錶的那一天，就是 1948 年的十二月初，誰也沒有想到，那次的離別，居然成了跟父親的永別，而那塊懷錶，也成了父親給我的唯一紀念品。因為當我在 1988 年第一次回家探親時，他和母親都已經辭世多年，連他們的生日和忌日，一輩子都毫無所知。

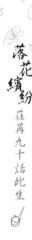

2.3 迷途中的瞎馬

唐山撤退前夕，歸無車的徬徨——好想就此把槍放下！

參加所謂的「青年軍」，雖然說是懵懵懂懂，其實也可以算是「自投羅網」地選擇了改變生活環境的一個轉折點！

想到離開北京前往唐山時的處境，除了沒有掌握到可能脫離軍隊的機會外，似乎也實在找不出更好的選擇。當然，更無法預料這樣的抉擇會有什麼樣的後果。

火車在前往唐山的途中，似乎聽到一些傳言，說本來我們的部隊要調去台灣，台灣的部隊去唐山，但不知道是什麼原因，居然我們去了唐山。我只是個上等兵，當然無法了解箇中謎團。

到了唐山，好像是駐守在市區內，大家照例是出操上課與操練。不知道在什麼情形下，居然還跟同事「高仲仁」在唐山拍了個合照，從照片可以看出當時所穿的軍裝：棉衣、皮帶、綁腿、膠鞋，還留著時髦的西裝頭，右胸前還掛著父親的懷錶呢！

左側我的土像。

在跟戰友的言談中，也偶爾間風聞到，我們預定要前往東北，增強東北部隊的戰力。沒多久，又聽說東北相當吃緊，讓我們在唐山按兵不動。像這樣的混沌狀況，並沒有維持多久。大約是 12 月中旬吧，

忽然有一天接到了命令，讓我們帶好所有的武器裝備，在上午九點前準備演習。其實，八點多一點大家就集合好了。

從大家的表情看來，似乎相當沉悶而嚴肅，並不像是演習。我也不知道是哪裡來的靈感，覺得不大對勁，於是在集合的隊伍中，把我的槍械放在背包上，不告而別地前往唐山火車站，準備搭火車回北平的家，不想再過這種既緊張又漫無目標的軍中生活。

好在，駐地離火車站不遠，很快就找到了。身為鐵路員工子弟，我對一般車站進出口的設計略有概念，所以很快地就進入車站，也找到了開往北平的火車。可是車上的人並不多，等了很久也看不到火車頭，更不知道是幾點鐘開車，同時發現，車站內外的氣氛相當詭異。經詢問站務員才知道，從昨晚開始，無論是從唐山往北或往南的客貨列車，已經全部停開，電信也全部中斷。

「天哪，怎麼辦？」愣了一陣子後，發覺到了事態的嚴重性，只好再回到我們集合的地方，以部隊的行動為行動了。

「部隊正要出發了，到處找不到你，你到哪裡去啦？趕緊全副武裝，部隊就要開始行軍！」我不記得我編造了什麼理由，只是默默地把裝滿軍毯與大衣的背包揹起來，把步槍搭在肩膀上。

身為大兵，除了軍中同事們的互動之外，國家局勢的變化、軍中的動態似乎都不清楚。到了唐山只有三個多月，沒想到大家都全身披掛，而且整個部隊的氣氛也相當凝重。整個部隊集合完畢之後，都處在待命狀態中。

終於，聽到了營長的命令，讓我們開始行軍。大家只好悶著頭，一步一步地、一小時一小時地往前行——不知道方向、不瞭解目的地、更不知道要走多久，跟著部隊，開始行軍。對我來說，既無目的，又沒有任何說明，更不知道要走去哪裡。

這時，感覺自己就像是一匹瞎馬，被牽著走，走得既快，又遠，漫無目的……

槍林彈雨中的年華，大難倖存的懂懂大兵

　　行軍了三個多小時後，已經接近中午，可是始終沒有接到「休息」的命令。每個人除了自己的大衣、軍毯以外，還穿了棉衣，帶了子彈、手榴彈等彈藥，連續幾個小時也沒有水喝，大家有點不耐煩了，有些人乾脆停下來，拒絕再往前走。

　　「我知道你們很累，又熱又餓。可是不得不告訴你們，我們行軍的目的地是塘沽，目前所有的交通都已經中斷，而且現在共軍已經占領了唐山！」營長劉匡復堅定而無奈地大聲宣布：「如果你們不想走了，再過三個小時，你們就會被俘。」

　　聽了營長的宣布，這才知道我們連續快速行軍三個小時的原因。大家又不得不打起精神，繼續趕路。我們沿著火車軌道往南走著，肚子餓了沒有東西吃，只能到鐵路旁收割後的菜園，撿拾園中散落的乾枯白菜葉；身邊水壺早已空空，口渴了只好挑幾塊路邊的冰磧在嘴裡融化，也不管它是否乾淨；身上的大衣越來越重，乾脆甩掉。就這樣，又疾行了三個小時，到達了一座跨越金溪河的鐵橋──「金溪橋」（現似已改稱金鐘橋），要想過橋，只能走在鐵橋中間的一條約三十公分寬的木條上。

　　「你們還等什麼？趕緊快速通過狹橋，反正已經不會有火車通過了！」正在我們猶豫不前時，營長從我們後面趕上來，一面督促我們，一面走在前面帶路：「我們的工兵已經在橋下安裝好了炸藥，只等你們都過橋，他們就開始炸橋！」

　　我走到橋面時，看到高高的橋底下那滾動的流水，實在不敢再往前走。可是看到大家都魚貫而行地快速通過，我只好硬著頭皮，跟著前面移動的身影，三步併兩步地跑過鐵橋。

　　剛走過鐵橋的引道，就發現我們的機槍手曹衡玉跌倒在引道旁的坑洞裡，正在用力往上面爬，於是我彎下腰，伸出左手，準備把他拉上來。

　　「我來幫你！」我側身一看，旁邊站了一位年約四十多歲的高

大軍官：「我是你們的師長，叫王永樹，你們是所有掩護部隊的最後一批。你們的營長、連長就在前面等著你們這一排。」

我雖然看不到他軍服上的階級，卻可以從他說話的語氣和迫切而熱誠的態度，感受到他是最後陪伴著我們的最高級長官。心想：「居然有師長陪著我們，幫助我們，我們還怕什麼！」不知不覺的，使信心與膽量提高了不少，渾身疲困也都消失了。

在我們繼續往南走，快接近這一天唯一可以休息的地方——「塘沽」東北部的「北塘」時，身後不遠處此起彼落的爆炸聲，好像在告訴我們：「金溪橋已經被我們炸壞了，讓敵人無法過河來追你們，你們可以安心地撤退。」

這才真是「過河拆橋」呢！如果說我們做人做事不應該「過河拆橋」，但這樣自衛性的拆橋，也是不得已呀！

約半小時左右，我們就走到了北塘小鎮，這個小鎮也好像只是個村落，進入村庄時，連長指著不遠處跟大家說：「你們看，伙伕已經在那邊起灶為大家燒飯，相信大家一定是又累又餓，趕快藉機會休息一下吧！」

大家都跟我一樣，怎麼會在飢腸轆轆的情形下休息得了。這時，我們都不約而同到街上的商店去找東西吃。出乎意料之外的，只見大街上所有的商店，不是關門，就是空蕩蕩的，大街小巷也寥無人煙，店鋪內的櫥櫃東倒西歪，雜物散落滿地，走遍整個村鎮，似乎大家都是一無所獲。

看來，若不是村民及店家早就躲遠了，就是被對方先做了「堅壁清野」，讓我們累死、餓死！

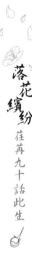

2.4 救命的一碗高粱米飯：穿了軍裝的乞丐

軍中生活，本來就跟平常的生活大相逕庭，

何況在戰亂時的生活，就更讓人超乎想像。

有時，人的求生意念，會讓處在艱困情境下的人，

無形中發揮出某種特殊的潛能。

　　在 1948 年的十二月初，跟隨部隊調防到河北省的唐山時，沒想到居然在無預警的情況下，突然要從唐山強行軍，甚至從上午走到接近黃昏，沒有後勤支援，身邊又沒有足夠的口糧及飲水。挨餓疲憊之後，好不容易到了個落腳紮營的地方可以稍事休息，卻還要等炊事人員把飯燒好才有得吃。可是，炊事人員也跟我們一樣，走了一天，停下來還必須要立刻起灶燒飯。

　　我們在等飯的時候，有的席地而坐，有的前仰後合地躺在地上，我跟我們那一幫弟兄則分別到四處去找吃的東西。看到街巷中的店鋪，幾乎都是關閉的，偶有幾家大門敞開，也是因為四壁皆空，好像剛經過搶劫擄掠一樣的狼狽空蕩。幾乎走遍了整個「北塘」小鎮的大街小巷，就是找不到任何吃的東西，更看不到任何人跡。既然一無所獲，只好回到紮營的地方，等著炊事人員的熟飯熱菜。

　　人，在失望的情形下，精神及體力都覺得更為虛弱，即使是走回距離幾百公尺的紮營地，也覺得更累更餓得寸步難行。

　　有時，人的求生意念，會讓處在艱困情境下的人，無形中發揮出某種特殊的潛能！

「難道我就甘心挨餓？既然在街上的商家找不到什麼，為什麼不到鄰近的百姓家去找找看呢？」我走了沒有多遠，覺得實在無法忍受整天沒東西吃的痛楚，於是捨棄市區內的商家，轉往小巷裡面的百姓住家。

走了好幾條小巷，看到每家都是大門緊閉，巷子內外也是冷冷清清。

但是，我還是不死心，居然異想天開地挨家挨戶地敲門，敲過幾家之後，沒有一家開門。當然，如果我是當地居民，在這個兵荒馬亂的時刻，很可能也不會輕易開門的，說不定大家早就躲起來了，想到這裡，真是完全絕望了。

「算了吧！這也是命啊！」想著想著，已經走到巷底，「再到最後一家試試看吧！如果還沒結果，就只好認命了。」在巷子最後這一家，我多敲了幾下，喘息停頓一下以後，又敲了幾下，不料，剛要轉身離開時，聽到了輕輕的伊呀開門聲。當我轉頭回望時，兩扇門又關上了，這樣看來，這家至少有人在。於是我又靠近門前，持續地又敲了幾下，等了一會兒，有一扇門半開半掩著，似乎有人藉著門縫往外看，我毫不猶豫地走近門口。

「請問，有沒有什麼可以吃的？我走了一天，實在餓得受不了！」從門縫裡，看到了一位年約五十歲的婦女，身後還有一個大約三十歲左右的婦人。她們對我上下打量了一下，看到我雖然身穿軍裝，但卻渾身髒亂，顯得疲憊不堪，既沒帶著武器，似乎又沒有敵意，她們彼此互相交換眼神之後問道：「只有你一個人嗎？」我說是的，而且補充說：「只要是吃的，什麼都可以，我可以拿走趕快去集合呢！」

她們沒說什麼，由年長的婦女向我做個手勢，讓我進去，接著立刻把門關上。那時，剛滿十七歲不久的我，既沒有較多的社會經

驗，不知道社會的險惡，又沒有經歷過戰亂而害怕，在這種情況下，穿了軍裝輕易地走進荒涼而陌生的老百姓家，根本想不到會有任何危險，更沒有預存任何戒心，只覺得她們還夠和善，跟我家鄰居的大媽一樣，於是就跟隨她們進入大廳。

「我們家現在也沒有什麼吃的東西，只有這碗中午剩下的高粱米飯，沒有什麼菜就是啦！要不要暫時墊個肚子？」我在客廳大約等了幾分鐘，婦人就端了一碗飯出來，把碗送到我面前慈祥地說。

我一面接過那碗飯，匆促地說了兩聲謝謝，狼吞虎嚥地一下子就把飯吃光了。吃完以後，一面跟她道謝，一面就趕緊轉身離開了。

進入她們的客廳前後，既沒心情查看大廳內的布置或裝潢，在吃高粱米飯時，更顧不了婦人是用什麼神情看著我吃，只覺得這碗沒有任何配菜的高粱米飯，比大魚大肉都香。尤其沒有想到，萬一進入大廳之後就被俘虜或者被殺害，恐怕也沒有今天了。

「哎呀！怎麼連她們姓什麼都沒問？」離開她家，快到營地前忽然想到，至少應該問一下她們的姓氏才對。

現在回想起來，當時自己居然那樣沒有禮貌，即使是個乞丐，獲得乞討之後，除了感謝，似乎也該客氣地問一下對方姓氏啊！

就那麼一碗高粱米飯，似乎讓我又恢復了生機！

也因為那一碗高粱米飯，讓我畢生難忘她們當年的恩慈！

更因為那一碗救命的高粱米飯，讓我始終記得那個地名就是河北省介於唐山及塘沽之間的「北塘」。

總有一天，我一定要再專程去那裡，作一次感恩之旅的！

2.5 初嘗「槍林彈雨」的滋味

天寒旗彩壞，地暗鼓聲低（江總）

十七歲以前，從未聽過「槍林彈雨」這四個字，而今不但聽到了槍林彈雨在身旁劈啪亂響，而且自己的身體和生命也任由槍砲摧殘。

雖然是初嘗這個滋味，可是總覺得自己好像「死了兩次」一樣，不會想再去回味類似的滋味了。

如果說「生活」像是一齣一齣的戲劇，那麼「戰爭」也是人生戲劇中的戲劇！

人在出生之前，誰也不知道會在哪裡出生，同樣地，我們在人生的舞台上演戲時，根本沒有機會讓我們事先看劇本。

沒想到，自己到了十七歲居然還沒機會上中學。

怎麼也沒想到，自己只能在街上當小販，並且抽空幫母親照顧弟弟及妹妹，而且混了好幾年。

更完全沒有想到的是，居然在父親的同意下，「自投羅網」地加入了一般人認為是學生花瓶軍隊的「青年軍」。

尤其出乎意料之外的是，穿上軍服只有三個多月，就碰到了戰亂，在一天的強行軍之下，沒吃沒喝地餓著肚子走了一天，居然還能乞討到一碗高粱米飯，補充了一天的體力。

當我急忙地吞下了那碗高粱米飯，走回營地的途中，忽然聽到了遠處傳來的隆隆砲聲，沒有多久，只見砲彈散落在我們的營地附近。

「現在金溪河兩岸都已經被敵人占領，而且還干擾我們對友軍

的掩護，營長命令我們，立刻向敵人進攻，以便牽制敵人對我軍的追擊，好讓友軍順利轉進（撤退）到塘沽！」

當我趕到營地時，只聽到連長在叫：「第三排的孫耀民排長，你要帶領全排，馬上向敵人展開進攻！第一排及第二排在後面掩護第三排！」

「塘沽」，就是當時俗稱的「大沽口」，是渤海灣內距離天津最近的一個海口。部隊從唐山撤退的目的地就是「塘沽」，唐山距離塘沽約九十公里，我們從唐山行軍走了一天才到北塘，距離塘沽還有大約二十公里路程。

北塘，顧名思義是在塘沽的北部，部隊在北塘遭遇到敵人緊緊的追擊，身為掩護部隊，阻止敵人的追擊當然是責無旁貸的。因為我是第三排孫排長那一排第九班的班兵，所以聽到了連長下達給排長的命令後，趕緊揹起我的步槍，在排長的帶領下，往郊外敵人的方向快步前進。

北塘，是濱海的一片荒地，而靠近北塘住宅區往東及往南的地方，則是像個大棋盤一樣的廣闊鹽田，我們開始展開攻擊的地方，距離金溪河大約有三、四千公尺。

「答答答，答答答……」我們剛從荒地往北前進沒有多遠，就聽到了敵人從金溪河附近連續發射的幾次「三發點放」機槍掃射，只有幾秒鐘，子彈就颼颼地散落在我們的四周。所謂「三發點放」，就是有經驗的機槍手，用機關槍每次發射三發子彈，停頓一下之後，再繼續發射。有時也會用五發點放，或只用一發點放，連續發射時，則叫做掃射。

「這就是打仗嗎？」從前雖然曾經受過射擊訓練，可是連打靶都沒打過，現在聽到機槍子彈在自己身邊呼嘯飛過的聲音，心裡感到無比的恐懼，心想：「萬一打在身上，不就完了嗎？」

「第九班，你們原地散開之後，跟著我往前衝！」我仍在驚魂

未定之際，孫排長下了命令：「目標，正前方，一千五百公尺處，各班從左至右，各個前進！機槍手對準目標準備支援！」

「小楊，我要前進了，你幫我掩護吧！」三個班，分成三個點，往正北及西北方向衝過去，並且持續聽到此起彼落的呼喊聲，就像是兩個月前的「戰鬥教練」一樣。說也奇怪，不但剛才那種恐懼完全消失了，而且覺得渾身是勁地把子彈裝滿，半彎著腰，右手握著槍，左手撐扶著地面，快步飛奔前去。

「答答答……答答答……答答答……」正在我們奮不顧身地往前衝時，敵人的機槍用更密集的「三發點放」掃射我們的進攻。有一發子彈把身旁小趙的鋼盔打了一個坑，把他嚇壞了，他在看著鋼盔發呆的剎那，我已經從右側超到他前面，讓他稍微緩解一下驚恐。

「答答答答……答答答答……答答答答……」敵人的掃射更密集了，因為我們的攻擊並沒有因此而停止，反而因為正好天空有戰鬥機在空中盤旋，而讓我們的反攻勇氣倍增。

「報告連長，我負傷了！」我們的孫排長大聲向連長喊著，因為子彈打傷了他的右腕，使指揮用的手槍也無法握持。

「孫排長立刻轉進，由梁副排長接替！」連長當即宣布：「各班繼續分頭前進，但特別注意戰鬥姿勢，並盡量找適當的掩體！」

我們的攻擊行動在交互前進中，大約持續了一個多小時之後，天色逐漸接近黃昏，而且空中的戰鬥機也不見了。

營長知道，其他撤退的部隊都已經安全撤離很遠，就命令連長帶著我們先停止攻擊，並清點人員，趁著天黑以前繼續後撤。

趁著黃昏再度開始撤退時，我們都沒看到小趙的身影，顯然，他知道了戰爭並不是好玩的而離開了。事實上，即使班長或連長們知道，也裝作不知，畢竟大家都是志願參加的，這已經是大家的共識。

至今想來，如果湊巧有一發子彈落在我的身上，我也就不可能有這個機會回憶這些往事了，這是否也算是幸運地撿到了一條命？

我跟小趙之間的命運，怎麼就「近在咫尺，天壤有別」？

在撤退的途中，我一直在想：從小趙鋼盔上的凹洞，到孫排長中彈的右手腕，都是在槍林彈雨下造成的，十七歲以前，從未聽過「槍林彈雨」這四個字，而今不但聽到了槍林彈雨在身旁劈啪亂響，而且自己的身體和生命也任由槍砲摧殘。

雖然是初嘗這個滋味，可是總覺得自己好像「死了兩次」一樣，不會想再去回味類似的滋味了。

2.6 「紅樓戰役」：這才是「生離死別」啊

> 把同胞當敵人，多麼可笑；用子彈射殺同胞，又多麼可悲！
> 自己隨時可能被同胞射殺，更覺得可怕！可是……

十二月中旬的天氣，白天雖然還算晴朗，可是入夜以後溫差較大。在陰暗的黑夜趕路，並不覺得冷，但是如果天色幽暗，加上地形又不熟時，只感覺是在阡陌縱橫的鹽田田埂上摸索著夜行軍。有時，田埂已斷，由走在前面的隊伍，把長條木板斜搭在田埂上下，讓我們摸著黑、順著木板爬上去。同時，更因為田溝裡還有水，大家經過時把爛泥踩在濕滑的木板上，好幾次因滑到溝底再爬上來，使棉衣都沾滿了濕泥。

大約從晚上七點開始，整夜都是在泥濘中、溝渠間、斜坡上，不停地後撤。沒有月光，更看不到星星，只盼望早一點撤到安全的地方，好好地睡一覺。

終於在凌晨四點左右抵達了塘沽，連長跟我們說，這個地方叫「紅樓」，只是塘沽郊外不遠處靠近鹽田的幾間簡陋的房舍之一。我們這個連現在已經轉為第二線了，第一線是在我們掩護之下，提前三小時到達的另一個連，我們終於可以喘口大氣了。

塘沽雖然是個海口，也有港灣，可是港口的周邊仍然都是鹽田。為了運送成鹽的方便，廣漠的鹽田中間，每隔一段距離，就修建了一條可以行駛車輛的通道，而且在每一條通道上，每隔約一千公尺還建築一棟房舍，以方便經常出入鹽田的人車暫時休憩。

　　我完全憑藉當年的記憶，把塘沽紅樓附近做這些描述，主要還是跟爾後的活動有關。

　　我們雖然是整夜未眠，在凌晨四點多才抵達，可是連長並不讓大家立刻休息，只能有一半人休息，其餘仍全副武裝地保持警戒，因為敵人距離我們並不很遠。

　　「大家都醒來，別再睡了！」我也不知道睡了多久，在睡夢中副排長急促地叫醒我們：「守衛在鹽田邊緣兩個連的前哨，都發現了可疑的聲響。前哨正在鹽田的圍牆旁開始挖掘戰壕，我們要隨時接應！」這時，不但天色陰暗，而且距離天亮還有一段時間。估計，我最多也不過只睡了一個小時，只好揉揉惺忪的睡眼，把槍枝裝好子彈，帶好彈夾，把兩顆手榴彈掛在腰帶上，望著陰暗的天空，心中開始胡思亂想。

　　時間一分一秒地過去，緊張的氣氛越來越凝重，除了聽到房舍周圍的人員走動聲外，也不斷聽到他們疾徐不定的竊竊私語，只是聽不清楚究竟在說什麼。

　　「現在，敵人就在鹽田外側不遠，營長已經下達命令，在沒有聽到營長的命令之前，任何人都不准開火！」黎明逐漸接近，在一陣寧靜之後，連長轉達了營長的命令：「營長下達的開始射擊命令，就是信號彈，當你看到天空中的信號彈時，你就要果敢地朝著你所看到的目標射擊！」

　　「不讓大家輕易開槍的主要目的，就是要實施『兩短集火』戰術，因為我們的子彈有限，一定要在『短時間、短距離』內消滅敵人！」正在大家摸不清營長為什麼要發這道命令時，連長又跟大家做了補充說明。這時大家才知道原委，可是還是想像不到發射的照明彈是什麼樣子，也難以想像，敵人怎麼會這麼快就離我們這麼近！

　　「報告排長，我前面不遠的地方，好像看到了走動的人影啊！」黎明越來越近了，天，也逐漸露出了曙光。守護在前線戰壕內，第

六班的王寶貴回頭跟第二排的排長問道：「我可以射擊嗎？」

「當然不能！」連長果斷地說：「營長還沒下命令啊！」他只好再按捺著敵人接近的緊張，以及隨時面臨的生命危險。

「我確定，就在我面前的幾十公尺處，有好幾個人爬過來了，有的蹲在圍牆外邊。我不能再等！我要開槍啦！」王寶貴又上氣不接下氣地問排長，接著就聽到他子彈上膛的聲音。

「不行！」連長斬釘截鐵地喊著：「在沒看到信號彈之前你要開火，你就是抗命，在前線抗命就是槍斃！」可怕的寧靜，使時間過得好漫長啊！

「咚咚咚……咚咚咚……」沒等多久，就聽到從左至右連續十多發的隆隆砲聲。我正在奇怪，我們還沒開火，怎麼敵人就先向我們射擊了呢？想到這裡，很快就看到砲彈在我們戰壕前方的上空爆炸，冒出的明亮火花，像燈籠一樣高掛在天空，把地面上的景物清楚地呈現在眼前。我們在即將天亮的時刻，所看到的居然是密密麻麻的、黑壓壓的、向我們蠕動的人群，沿著鹽田的外堤，只有十幾公尺遠。

這時，立刻聽到了步槍、衝鋒槍、輕機槍、重機槍、山砲彈、榴炮彈，萬箭齊發般地在戰壕四周震盪著、飛奔著，像開展在半天的閃亮光電，把晨曦照得如同白晝。這樣短時間、短距離的「兩短集火」，持續了約半個小時，直到天色完全明亮才陸續停止。

等各類火砲完全停止了一段時間，安靜得可怕，好像什麼都沒有發生一樣，又好像有什麼大事即將發生。

「現在，天亮了，向我們進攻的敵人已經被我們殲滅！其餘的敵人正在往後退。」連長跟副排長說：「你要派幾個班兵，立刻出擊，並清掃戰場！」

其實，我們這些只受過兩年軍訓的流亡學生「青年軍」，一直是其他部隊所公認的「花瓶部隊」，只能看，不能打仗。然而卻絲

毫沒有料到,我們在疲困中,仍然先一步占領了鹽田的要點,而且還讓敵軍的「拂曉攻擊」沒有得逞,並受到了嚴重的挫敗。

我們這一排的三個班,每一班派出一個班兵出去,我和另外兩位班兵,就擔任了這項任務。我們都把棉衣穿好、子彈上膛、裝好刺刀,穿過第一線的戰壕,貼著鹽田圍牆的外沿,低姿勢地走出去,而且從近而遠地仔細搜巡著周遭環境。我們走出去沒有幾步,就是一條又長又寬的運鹽道路,四周都是灌滿了海水的鹽田,大約還可以看到一千多公尺以外零零落落往西逃竄的敵軍。也許那些逃離的敵軍,都是一些丟掉了武器彈藥的傷殘者吧!

我們三個人,沿著道路旁邊搜索,看是否還有殘餘敵人躲藏。結果,只發現路旁一連串殘破的散兵坑,坑內坑外都是被我們「兩短集火」射殺的敵軍。那東倒西歪的情景、那衣衫破爛的穿著、那肢體殘缺的慘象,看了讓我驚呆了,幾乎沒有任何文字能夠充分形容「慘不忍睹」這四個字的涵義。

我們無心再看下去,分成三路繼續順著鹽田道路往前追擊,偶爾也順便檢視躺在地上的屍體,看是否還有生命跡象、是否有任何遺留的武器、是否有埋伏在左右的敵軍、是否……這時,我們早已忘記了「危險」是什麼、「恐懼」代表什麼、「生命」值多少?

走出去約四、五百公尺,路上已經看不到任何戰死的屍體,於是就繼續推進,希望能盡快到達約兩百公尺以外的那間鹽田休息站。忽然我感覺到腳下踢到了什麼東西,低頭一看,發現只是一個皮帽子,看起來還算完好。因為十二月中旬的清晨天氣很冷,便好奇地把它撿了起來,拿到手裡大致看了一下,無論材質或樣式上都覺得還可以,同時還發現在帽子裡面,用粗體毛筆寫著「楊樹功」三個字,顯然它就是這頂帽子的主人。

希望帽子的主人是在逃離火線時匆促掉落的,而不是因為死亡而遺留下來的,正像我離開北平西直門火車站時,父親送給我的那塊懷

錶一樣，或許這頂帽子也摻和了深厚的親情，是金錢無法衡量的。

「答答答答、答答答答……」緊密的槍聲打破了我的思緒，抬頭一看，原來槍聲就是來自兩、三百公尺以外的那間鹽田休息所。我覺得奇怪：「敵人怎麼還沒有完全撤離？而且我們怎麼都沒發現？」居然還有人堅守著這個孤獨但卻有利的據點。

「石兄，我中彈了……」忽然聽到了鄰兵小李有氣無力地講了這句話，等我往右後方看他時，他已經倒在地上。這時，我趕緊先臥倒在他旁邊，問他傷勢如何，只看他左手壓著鮮血濕透的腹部，不發一語。我一面立刻用對講機跟排長報告，等候上級指示，一面會同另外那位班兵把他移到路邊的掩體內。當排長命令我們趕緊回防，並且把他抬回陣地內時，小李已經停止了呼吸。是我們沒有及時察覺，還是他根本沒有機會用任何方式跟我們道別……？

看到他躺在擔架上被抬走，我呆呆地想：「這就是戰爭的悲哀，把同胞當敵人，多麼可笑！用子彈彼此殺戮，又多麼可悲！自己隨時可能被同胞射殺，更覺得可怕！」

這次戰勝敵人「拂曉攻擊」的主要原因，應該歸功於我們的營長劉匡復先生。他精明能幹，沉著勇敢，平常就一直把大家當成自己的弟兄。若不是他的敵情準確，我們早就被敵軍追上而被俘；若不是他對我們整個部隊「轉進」的掩護安排得當，提前轉進到塘沽的部隊也不可能有充分時間挖好戰壕；如果不是他在「兩短集火」戰術上的沉著指揮，我們就未必能夠把全部的火力集中，在最短時間、最短距離內，痛擊了敵人步步進逼的「人海戰術」！

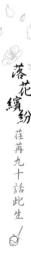

2.7 人人魂斷的「轉進」

> 殘雪、火海、肉搏戰⋯⋯
>
> 每個名詞都可以寫成一篇動人、悲壯而悽慘的故事或小說⋯⋯

　　在塘沽的這次「紅樓戰役」，其實只是國共內戰中「華北戰役」的一個小插曲。1948 年底那時，緊隨著東北的失陷之後，接著就是北平衛戍司令傅作義的投降。我們從唐山撤退到塘沽，無非只是希望能夠及早並長期占領塘沽這個進出天津的海口，作為華北內陸地區運補的港口。可是沒料到，我們到達塘沽不久，天津也被圍城。

　　我們在紅樓雖然挺住了，可是大局卻有每況愈下的趨勢。敵軍不但很快就切斷了天津至塘沽的通路，而且針對我們堅守塘沽周圍地區的防守圈，也收得越來越緊。敵軍雖然在拂曉攻擊失利了，但是在整個實力上還是遠超過我們的，所以他們用重型砲彈，每天都對我們的陣地攻擊兩、三次，讓我們守在第一線掩體內的同志們，幾乎整天無法休息，讓我們的輪班次數不得不頻繁實施。

　　我們退居第二線所停留的幾間倉庫，屋頂也被砲彈穿破，兼之又開始下大雪，只能停留在飄雪的斷垣殘壁中隨時待命。入夜，根本不可能有地方睡覺，唯有堆起屋中斷裂的梁柱烤火，甚至一天只能吃到一頓飯。沒有水喝，就用空罐頭盛了雪，放在火堆上燒熱。有一天，整天沒有東西送過來，破屋內的幾個人就趁著砲火暫歇時，輪流出去找東西吃，有一次找到了砲火下喪生的死馬，割下馬肉拿回來烤著吃——即使好幾天沒有洗過手、即使手指剛摳過腳趾縫、即使幾天無法刷牙漱口，還是味道津然⋯⋯。

　　已經不記得，在這樣砲擊中「苦守紅樓」的日子過了多久，終

於有一天，聽到了從港口外海發射的艦砲，向外圍的敵軍猛轟，偶爾也看到了空軍戰機呼嘯而過，這時候才略有安全感，因為敵軍從四周發射的火砲明顯地減少了很多。

到了晚上，艦砲的數量好像增加得更多，而且發射的角度也包括了我們四周每一個方向的敵軍，尤其是發射的頻率及密度，變得更高、更密了不少。我們反而變成了旁觀者，只見此起彼落的砲聲巨響之後引發的火光，好像慶祝節日施放的煙火。

「這到底是怎麼回事？」心想：「難道我們又要對他們展開反擊？」

「把裝備帶齊，準備轉進！」連長的命令傳了過來：「半小時內出發！」

半小時後，我們在暗夜中踏著路上濕滑的積雪，往艦砲發射的方向快速前進。這時發現，好像港口內所有的艦砲大有「萬箭齊發」的態勢，照亮了整個天空。很快地，我們就到達了港口，而且不明原委地魚貫登上艦艇，甚至看到了艦艇上黑壓壓的人群，都是我們這個營所屬的各連，唯獨缺少了防守在第一線的弟兄們。

「各連、各排趕緊把人數清點清楚，軍艦就要啟航！」我們都聽到了營長的命令：「最後一個排已經撤離過來，會馬上趕到！」這才知道，我們都要撤到軍艦上，只等最後一個排的到來了。

雖然雪早已停了，可是地面上的積雪仍能使暗夜中的路面反射出少許光源。我們在艦艇上，只見幾十個晃動的人影，快速地分批往軍艦移動著，同時還隱隱聽到零碎的槍聲，約隔數十公尺處，也看到了另一批隱約的人影，在後面緊追不捨，還伴隨著人們的叫喊聲。

「報告連長，敵人知道我們要撤退，所以追得很緊！」最後撤離前線的第二排排長走到軍艦旁，即將登艦時向連長報告說：「我們是分為兩個梯次撤退的，後面還有一個班，正在跟敵人周旋，好讓我們先順利登艦！」

「我們會請艦砲持續掩護他們的！」連長大聲喊著：「你們盡快順著艦邊的踏板上來吧！」

在第一批十多個人登上一半時，第二批也已經接近了艦艇。然而，敵人不顧猛烈艦砲的掃射，仍然緊緊追擊，同時還朝著第二批撤退人員不停地射擊，阻止他們登上艦艇。

「讓我來擋著他們！」只聽見第二批的一個機槍手在距離艦艇不遠處大喊一聲，突然停下來，轉回身去，背對著軍艦，朝著追來的敵軍不停地掃射：「你們趕緊上船，我要跟他們拼到底！」

近乎滿載的軍艦，無法再冒險停在港口，更難以再顧及剩下那幾位斷後的士兵，不得不趁機會啟航——即使還有幾位士兵剛剛爬上踏板的一半、即使另外幾位已經接近踏板……。

軍艦雖然快速地離開碼頭，可是我們還可以隱約地看到那個機槍手，聲嘶力竭地吶喊著，彎著身子、被射傷躺在地上，在敵人的砲火下，不斷地掃射追來的敵軍。

我、身旁的同志們、面對這一幕的艦上戰友們，在這生離死別的一幕，有的淚流滿面，有的嘆息唏噓，有的捶胸頓足，也有的轉過頭去，凝望著港口內外此起彼落的槍砲聲及黑茫茫的海面……。

想像著仍然在跟敵人垂死搏鬥的那幾個人、想像著他們中槍中彈後的浴血拼搏、想像著他們彈盡援絕倒地前剎那的痛楚、想像著他們氣絕前還在想些什麼，讓我的腦子一片空白、讓我的心近乎麻痺、讓我不知道我是誰、讓我不知道我該怎麼辦……。

約一個小時左右，軍艦把我們載送到了港口外面的一艘商船上，我發現，還有不同的軍艦和登陸艇，從不同的方向陸續載送著從不同地點撤離的友軍。我也發現，商船的甲板上早已擠滿了棉衣破爛、滿臉汙垢、渾身疲憊、面色茫然的同志們。

我們這個營，是被分配在船中央的甲板旁休息，主要是因為船艙及船底都已擠滿了我們整個師（團），以及一些後勤裝備彈藥。

這時我才看出這艘商船的名字是「景興輪」。

　　我們在船上待了一夜：

- 就在船甲板上睡。
- 就在甲板上吃用鹹海水煮的稀飯。
- 就在甲板上啃著軍用口糧。
- 就在甲板上看著有個弟兄拉著船邊繩索如廁時落海⋯⋯

　　而大船卻不得不繼續地在巨浪起伏的霧夜航行著，直到第二天凌晨，抵達了上海。

　　「景興輪」，把我們帶到上海，也幫我送走了畢生難忘的 1948 年底，糊裡糊塗地迎來了 1949，跟現在的跨年活動相比，簡直是天方夜譚！

　　「我一輩子都會記得這艘船的名字，有生之年絕不想再在這種情況下，再搭這艘船。」我嘴裡不斷地這樣嘟噥著⋯⋯。

2.8 思維模式的包袱與殘酷

　　人的思維模式，決定了行為模式，在企業內如此，人際關係上也是如此，當然在戰亂時期、戰爭中、戰場上更是如此。

　　這是我現在對當年軍中動向的感觸，因為我們在浙江嘉興繰絲廠幾個月的整補，實際上就是在「官場鬥爭的拉鋸戰」中度過的。

　　雖然在1949年就曾到過上海了，可是那是穿著軍裝、荷槍實彈、在逃命的過程中，被商船載送去的，既屬不得已，更談不上是旅遊了。因為到了上海，不但完全沒有看到上海的真面目，只是驚鴻一瞥地趁著夜晚又開始夜行軍，而且不分晝夜地靠著雙腿，走到了嘉興，因此對上海絲毫沒有任何印象。

　　駐進了嘉興的繰絲廠之後，我們都不知道那個繰絲廠是否還在運作，也不知道那個繰絲廠的規模，更不知道我們為什麼要駐進去，只還記得那是個「繰絲廠」，也只是服從命令罷了！

　　我還清楚地記得，住進去後的第一件事就是把既髒又破的軍棉襖脫下來，拿到廠外的河邊去刷洗，趁著刷洗完了，在河邊曬乾之際，跑到河流旁的水田採慈菇。因為當時田裡面有些人正在邊採邊吃，我們也就加入採慈菇的行列──那是我第一次知道那是慈菇，也是第一次知道慈菇可以生吃，既不知道是誰種的，更沒有徵得他們的同意，就任自採食。

　　在嘉興繰絲廠待了好幾個月，在這幾個月中，我們是處在「整補狀態」，很少操課，也不知道外界的任何信息，有時，還可以成群結隊地到附近遊逛。這時候，大家都開始想家了，而且心裡面都在想：「已經離家半年多了，北平失陷之後家裡有什麼變化呢？家

人會怎樣想念著我？」

　　有一次，大家居然還想到找個僻靜的山坡，請照相館的人幫我們這個排的同鄉拍一張合照，寄回家去。照片後面還寫了幾行字，簡單地說是逃到了嘉興，正準備回家，請父母們不要擔心。因為據說很快又要換到別的地方去住，所以信封上並沒有回信地址，至少讓家裡知道，自己還平安地活著。

　　人的思維模式，決定了行為模式，在企業內如此，人際關係上也是如此，當然在戰亂時期、戰爭中、戰場上亦然。這是我現在對當年軍中動向的感觸，因為我們在嘉興繅絲廠幾個月的整補，實際上就是在「官場鬥爭的拉鋸戰」中度過的。

　　事後才知道，那時的上海防衛司令湯恩伯將軍，希望我們這個軍及師留在上海，待共軍進襲時，就能擔任「上海保衛戰」的任務。可是我們青年軍的部隊，有「蔣先生子弟兵」的特性，高層又希望我們調去奉化的溪口。到底是因為局勢逐漸惡化，使中央不希望我們參加保衛戰，還是另有調度，這完全不是我們所能想像得到的。唯一知道的就是，我們確定要開始行軍，據說，若不參加上海保衛戰，湯恩伯將軍就不提供交通工具。

　　行軍，當然都只靠兩隻腳，還必須要帶著全副武裝及彈藥，沿著道路兩旁，晝行夜宿，至於要走多遠，就要看目的地是哪裡了。我只記得，我們從嘉興出發是沿著「滬杭甬鐵路」一路走下去的，至於實際上總共走了多久，現在想起來也沒有確切的概念，如果真的要記錄下來，只能概括性地按照先後順序，把深深刻畫在腦海裡的事物一一摘述如下：

- **扛著槍遊西湖**：經過杭州西湖的時候，知道那是著名的西湖勝景，居然約了幾個人，揹著背包作了短程的遊湖，當然既不記得遊了多久，更不記得是否給了船錢。我猜根本沒有付錢，我們的身上也根本沒什麼錢，事後想起來既好笑又可怕，沒被推入湖中已經夠幸運了。

- **用手捧著，偷喝紹興酒：**行軍到紹興時，夜間似乎是住在郊區村民的屋簷下，也許是在我們到達前，已經事先由打前站的「幹事」們安排好了，所以屋簷下的土地上還鋪好了一層稻草，身上則蓋著隨身攜帶的軍毯及軍衣。即使如此，夜間也難以入睡，於是就在屋簷四周踱步，在黑暗中，居然發現走廊另一端擺滿了大型的陶土罈子，罈口散發出酒香。當時我還不會喝酒，可是居然還是把罈子打開，用手捧到嘴裡喝了幾次。現在想來，那個時候根本想不到什麼是「擾民」，都只是興之所至的任所欲為，也許，這也是當年國軍失敗的原因之一吧！

- **滾滾退潮：**行經百官不遠，就得到了消息，說共軍已經過了長江，各軍種正快速地向我們追來。那時，整個部隊似乎只知道隨著大家退潮般地滾滾後退，除了連長以外，誰都無從知道，到底要去哪裡。

- **又繞到了海港：**到了寧波，好像又是從唐山撤退到塘沽過程的重演，不同的是，我們不再是最後一批的「掩護梯隊」，而是比較早跨過錢塘橋的一批。這時候我們才知道，我們行軍的終點是「鎮海」，而不是「溪口」，因為誰也沒提要去溪口，而且行軍的方向也跟奉化的溪口南轅北轍。事後想來才知道，鎮海，也是在浙江省內的一個港灣海口。

從這段路程來看，我們在步行中幾乎是走遍了滬杭甬鐵路線，在印象中只覺得江南的風景柔美秀麗，百姓生活富裕，除很少看到斷垣殘壁外，人們的衣著也都不像北方那麼簡陋。至於整個路程中，究竟哪裡的風景最具特色，就絲毫沒有任何印象了。

不過，在整個行軍過程中，並沒有所謂「累」的感覺，這算不算是因為當時「少不更事」呢？

而今想來，就因為將領們思維模式的不同所造成的觀點差異，居然毫不留情面地讓成千上萬二十郎噹歲的人，就那樣用雙腳走了千百里路，這又是多麼「殘酷的決策」！

2.9 跟子彈賽跑的感覺：「九死一生」的體驗

鎮海，遙遠的行軍目的地，

追兵，近在咫尺，

我這個戰地傳令兵，準備隨時吃子彈。

　　「設身處地」這句話的英文是：「Put your feet in others' shoes.」從字義看來好傳神！所以，若不是親身經歷，透過他人敘述的故事，總會有「隔靴搔癢」的感覺。

　　全副武裝的「長途戰備行軍」，讓我經歷了走過往日「滬杭甬鐵路」的坎坷十七歲。而且，也萬萬沒想到，我們居然像一群孤雁，在長途飛行中，可能隨時會碰到獵人的子彈而斷羽，我的十八歲初期，就是在這種情況下開始的。現在想來，我這條命真是從「九死一生」中撿回來的，可是那時候卻完全像瘋子一樣地狂奔，在子彈四射中當個盡職的「戰地傳令兵」。

　　我還清楚地記得，我們的長途行軍，幾乎完全是挑在鄉鎮城市的郊區，絕少經過市區或鬧市。因此，除了飲食經常是清晨吃過早餐之後，無法預料中餐會在哪裡吃，更不可能想到能吃到什麼。尤其，即使走得疲憊不堪，也必須要跟著大家拖著疲困的雙腿，毫無意識地走下去，不知道終點，不知道還要再走多久……。

　　直到過了寧波，才知道我們行軍的終點是「鎮海」，也因為確切地知道了敵人也已經到了寧波，於是就在有一天的下午，又輪到我們營擔任掩護任務，在撤退到「北侖區」時，沒有朝著鎮海走，

卻轉往南邊的郊野行進。大約又走了兩個小時，我們的連部及兩個排迅速進入了山麓的村舍，而我們這個排卻被派出去擔任前哨，從山麓經過開闊的稻田，占領了山坡的制高點，以便可以清楚地看到山坡下及平原上的任何動靜。

當時，我跟另外一位名叫錢慧卿的槍兵，擔任前哨山坡與連部之間的「連絡兵」，定期而輪流地把連長的命令傳送給山坡上的前哨排，同時把前哨排的動態回報給連部。當然，那時我們步兵連排之間的通信連絡，還沒有手提無線電機，都要靠人力。此時，營部早已繼續往山上退去，由營部的傳令兵對連部保持戰況連絡。

我們大約每隔一個小時，就要為前哨排傳達命令。江南的夏末秋初，白天的時間逐漸縮短，晝夜的溫差也逐漸變大。我們來回傳達命令兩、三次之後，天色開始暗下來。

「答答答答……答答答答……答答答答……」就在我第四次拿著連長的命令前往前哨時，剛離開山麓走上稻田的田埂，就聽到了前哨山坡右前方傳來了機關槍向我這邊掃射的聲音。因為稻子已經收割，立刻就看到了子彈在光亮的水面上，像打水漂一樣，紛紛落到田裡，距離我約只有幾十公尺。

「我到底要折回連部，報告情況，還是要把手裡的命令傳送給前哨排長？」這時，我開始猶豫，因為敵軍顯然想把前哨排孤立起來，切斷前哨排跟連部間的戰況連繫，我又不知道連長所下的命令是什麼。

「如果冒著危險去傳達命令，要怎麼躲避機關槍的掃射？」我開始躊躇不前地想：「萬一命令無法傳達，延誤了軍機，不是更糟！」想到這裡，趁著掃射暫時停歇，便不顧一切地跳上田埂，兩手端槍，彎著腰，採取最低姿勢，順著田埂的路徑直奔山坡上的前哨排陣地。

「答答答……答答答……答答答……」我剛跑到一半，槍聲又起了，似乎敵人占領的位置，剛好可以封鎖這個通往山坡的凹形空

曠稻田。整個稻田的長度距離，也不過兩、三百公尺，既然我已經穿越了一半，何不再跑快一點，盡早躲過砲火的攻擊？敵軍似乎也看破了我的企圖，接著又朝著我奔馳的稻田連續發射了幾次「三發點放」，向我不停地掃射。當時我只聽到子彈在耳邊颼颼地飛過，也看到稻田裡水花四濺，在我身旁此起彼落。

「來吧！看我們誰快！」我更加速了往前衝刺，同時想到了小時候跟鄰居們打雪仗時四處躲避的情景，好像在重拾兒時遊戲，卻沒意識到「跟子彈賽跑」的危險性。

在敵人的機槍正在停息時（也許是在換彈夾吧），我已經幸運地跑到了山坡下比較安全的地方，於是立即爬上山坡，把連長的命令交給排長。

「你來得正好，我們正在等命令呢！」排長看完了連長的命令跟我說：「我去召集大家，你就在這裡等我，等一下你跟著我們一起跟連部在山腳下會合。」原來排長就在等候這道撤退的命令，如果再不離開這個突出的小山坡，很可能這個排就會被切斷去路而被俘虜了。

這時，天色已晚，除四周沒有人煙、毫無燈火外，天上烏雲密布，也開始了綿綿細雨。我跟在排長後面，整排的人靠得很近，摸黑到了山邊集合，連長讓各排清點過人數之後，宣布開始登山。

剛開始登山時，坡度還算平緩，可是我們所選擇的山路，似乎只是狹窄的小徑，最多只能兩個人併行，而且都是高低不平的石子路。這樣的夜行軍約一個小時，不但山路越加陡峭，而且雨勢也越來越大，我們只能在伸手不見五指的情況下，摸黑前行。不知道又走了多久，才感覺到終於爬到了山頂而開始下山。

在暗夜的滂沱大雨中，往山下行軍的過程，除了有「往下滑」的感覺外，還有下面幾種感受是我畢生難忘的，也不希望在人生中的任何階段，再去體驗到的：

- 雨夜強行：山越高，雨勢越大，在滿天烏雲中，必須要咬牙往前走。
- 衣履泥濘：山路崎嶇之外，路上也很泥濘，即使穿著雨衣，還是渾身被浸濕，卻不可能讓你有機會換上乾的衣服。
- 日夜疲困：整天整夜都在行軍、撤退、傳令，又沒有進餐的機會，又餓又累。
- 摸索牽行：在上下山的過程中，每個班兵開始時是手牽著手，後來還要靠解開的綁腿拉著走，不然，不是不小心跌落山谷中，就是脫隊被遺落在後面，就此永遠消失。
- 邊睡邊行：日夜馬不停蹄地行軍，拖著極度疲憊的身軀，身上揹著槍彈，一面走一面偶爾還會睡著，不知不覺地跌倒了之後，又懵懂地被鄰兵拉起來繼續走，我就曾跌倒過兩次。
- 谷水山驚：在蜿蜒的山路中，只聽得到大雨敲擊著四周的樹叢，以及山谷兩側湍急的流水聲。

走到山另一邊的山腳下之前，已經是第二天的黎明，我們看到了海、看到了島、也看到了島嶼間的漁船，卻還看不到我們要去的地方。

而今搜尋地圖才知道，我們用了整晚才跨越的那座山，就位於現在北侖區三山鄉境內，大約只有二十公里，居然讓我們走了整晚。

當我們抵達山下，在岸邊的碼頭等船時，才知道我們要去近在咫尺的「梅山島」，這應該是「舟山群島」距離浙江海岸最近的一個小島了。

搭當地漁船住到梅山島上的時間，應該是 1949 年的秋天，那時我剛滿十八歲不久。

而今想來，那個時候的我，是「那個時代」把我造就得比現在更膽大、更勇敢、更成熟、更懂事、更像個大人——雖然未必像個「身經百戰」的老兵。因為，我還不知道，明天或過些日子之後，還會有哪些遭遇！

當時行軍路線的查證與追記：

從寧波往東，到鎮海，又往東轉北侖區，在北侖區南部昆亭郵電所的山區，往東南梅山港西北的觀海閣飯店或笠帽峙，再搭船到梅山島。

當時也許已經知道，共軍已經占領了大榭島，往東，是較大的六橫島（現稱為橫島），再往東北是桃花島，僅次於六橫島，再東北是登步島，較桃花島小，登步島正北，是沈家門，就是舟山本島的咽喉，移防至沈家門以前，還曾住在小干島，當時叫小干山。

2.10 與海蜇共泳的日子

「戰時」的軍中生活，只要不是在戰鬥中，大多都是在「以時間換取空間」。

我們在小小的梅山島上，表面上似乎過著平靜而悠閒的生活，對於撤退到「舟山群島」的軍部及師部來說，各級將領們卻在做密切的戰略策劃，只是我們當最基層的士兵，只有聽命行事的分了。

在梅山島平靜生活中的我（們）：

· 跟海蜇共泳：白天我們可以到岸邊游泳，碰到鋪天蓋地的海蜇從身旁漂游而過。分泌的黏液，把皮膚螫得一片紅一片黑的，甚至會痛得睡不著覺，因為我們根本不知道那是海蜇，更不知道海蜇分泌的黏液會讓人刺痛難受。

· 學會了搖櫓：我們日常吃的、用的，都是靠大型漁船運補過來，由於大船根本無法靠岸，所以要用漁民的單槳小船划過去接駁。最初，接駁小船是請漁民搖櫓往返，沒過多久，我自己也學會了搖櫓，甚至至今我還沒有忘記。穿上漁民的簑衣，搖著小船，我也快成為漁夫了。

· 吃乾炒海蜇皮：我們所需的物品雖然有定期運補，可是在種類上卻相當有限。有時我們沒主食可吃，能吃到地瓜就不錯了，副食方面，有時還會就地取材，拿島上醃漬的海蜇皮炒著吃。可以想像，炒過的海蜇皮，水分都被炒乾了，除了油鹽味道，真沒什麼吃頭。

· 不分「阿拉」還是「儂」：由於住在漁民家的走廊或庭院裡，所以跟漁民們的互動很多，同時也學會了幾句簡單的浙江話，除了「我、你」之外，也知道說「謝謝」。基本上，百姓們看到我們

這些十多歲的大孩子，都像是對自己的孩子一樣看待，因而使島上的生活，也說得上是「軍民一家」了。

這樣類似漁夫的生活，幾乎讓大家覺得戰爭已經離我而遠去，我們好像已經在島上落戶了。當然，事實卻並不然，大約住了一個多月，就又乘大型漁船移防到「六橫島」，再轉「登步島」。

從地圖上看，登步島是在「大榭島」、「六橫島」及「桃花島」的東外側。也許是因為登步島坐落在舟山本島「沈家門」東南方，成為舟山本島（原稱定海）的出入咽喉，所以我們約五百多人的整個營都調度到了登步島，扼守著「野豬塘山」的南北兩側。

另外，事後才知道，我們到達梅山島不久，共軍也已經占領了梅山島西北方的「大榭島」以及「桃花島」，如果登步島被共軍占領，很可能我們駐守在本島的軍部、師部及附屬部隊，就如甕中之鱉，既不能再重返浙江的內陸，又無法從沈家門出海。

我們在登步島大約住了一個月，表面上很有「磨練以需」的意味，實際上卻暗潮洶湧，只是在我們當時的年齡及職位，是無法想像與預料得到的。

在這一個月裡，有不少人生病了，一種病是生疥瘡，另一種則是患了瘧疾。那時候我們把瘧疾稱之為「打擺子」，因為我患瘧疾的時間不多，也沒影響到正常的操課及任務，所以不做詳細說明。

至於生疥瘡，是因為無法經常洗澡，尤其是我們從北方的唐山，經過江南走到舟山群島，三地的氣候都不相同，而我們的生活習慣根本無法隨著區域性的氣溫而調適，所以疥瘡皮膚病就普遍地在潮濕的島嶼上發作。

就我自己來說，從梅山島調至六橫島時我身上就開始長疥瘡了，到了登步島，則更為嚴重。至今我仍記得相當清楚，當時，我的雙手手腕、手肘、肩膀、臀部、膝蓋及腳踝，每個地方的四周，都長滿了水泡，接著化膿，不知道什麼時候膿包會破裂，所以接近手肘

及關節所流出的膿，都沾在衣服上，有時連衣服都脫不下來。當時既沒有醫生幫我們開藥，島上也沒有這種病的特效藥，我們只好把手榴彈裡面的硫磺倒出來，直接抹在膿瘡的傷口上去殺傷病毒，敷上硫磺的剎那，相當刺痛，但是似乎還真的有效。

正因為我的疥瘡病況比較嚴重，雙手拿不了槍，雙腿又走不了多遠，連長才特別派我擔任連上的「保管」。

所謂「保管」，就是現在企業內所稱的「總務」或「後勤支援」，主要工作有二：一是負責監督伙房炊事人員挖灶架鍋，按時準備伙食，並且按時開飯；二是密切地跟當地徵調蔬菜米糧或肉類的「村幹事」保持聯繫，確保在吃的方面不虞匱乏。

當然，擔任這兩項工作之後就無法參加出操、站崗、巡邏等勤務，一旦有情況，也不需要直接上火線了。

2.11 「登步島大捷」驚魂：奪島戰爭的劫難

　　要取得生命的存在與生存的權利，就必須做出某種犧牲來換取。

　　槍聲、砲聲、飛機聲、戰鬥教練的喊聲，都足以強化求生的意志力。

　　經過這次所謂的「登步島大捷」，看到跟好友們生死離別的不同世界，我只覺得除了生命之外，什麼都不重要了！

　　現在想起來，在登步島駐守的那段時間，接任後勤支援的「保管」職務，在我日後的生活中，感覺上好像是個生命中的「缺點」與「弱項」，因為只要是跟老兵們聚在一起「話家常」，總會覺得自己是戰地的孬種。因為正在我擔任「保管」期間的一個夜晚，應該是 1949 年的 11 月 3 日，連長突然召集各排緊急集合，除了炊事人員跟我之外，都要向山頂上的敵人展開攻擊。

　　登步島本來就不很大，約只有十五平方公里，我們這個營是駐紮在「野豬塘山」以南的山腳下，另外的兩個營則守護著港灣及預備隊。一直以來，都平安無事，也不會想到會有任何敵情顧慮，何況其他島嶼大多都在國軍的占領之下。

　　出乎意料之外的是，接到命令的夜晚，是因為當天共軍下午曾經砲擊登步島，晚上營長接獲的情報顯示，共軍的砲擊具有入侵登步島的企圖，所以讓我們這個連以最快的速度爬上山頭，搶先占據制高點。

　　也許很多人都認為奇怪，好像任何戰鬥、戰役、戰爭，似乎都

發生在天氣最惡劣的時候。事實上，只要是曾經服過兵役的人都會知道，無論是「灘頭登陸」或者是「拂曉攻擊」，也正是守軍最容易鬆懈的時候。這次也不例外，敵軍就是趁暗夜、天寒及冷雨，向登步島發動攻擊，進而初步占領了島上的山丘。

連長命令三個排，保持疏散距離，在黑暗的細雨及強勁的海風中，分三路沿著彎曲的山谷往「砲台山」及「流水岩」山頭挺進。野豬塘山的高度也不過一百五十公尺左右，從山谷到山頂，用不了半個小時，當第一線距離山頂只有十幾公尺遠時，忽然看到山頂上有人影晃動。

「口令！」走在最前面的第三排排長向山上的人影開始喊叫，讓對方回應，以辨別是否為友軍。口令，是作戰期間友軍部隊之間互相確認的「暗號」或「密語」，這種信號會每天變更。口令的內容，是由簡短的兩、三個字組成，戰場上每一個人都要知道，而且還要立刻說出。例如，今天的口令是「黃花魚」，當我軍喊出「口令！」時，對方若是友軍就應該立刻喊出：「黃花魚」，若我軍喊出三聲口令，對方還沒有回答，就立刻辨認出對方不是友軍，而即刻開槍。

排長喊出第一聲口令之後，沒聽到立即回覆，正要開口喊第二聲時，山頂上的手榴彈、機關槍、衝鋒槍，在山頭上同時向第三排發射，在火光四射與持續的槍聲中，最前面的第七班應聲倒地，當場死傷大半，其餘幾位則連滾帶爬地躲進石堆中、草叢裡，甚至屍體旁。

「機關槍手占領陣地，立刻還擊！」在中間的排長急忙臥倒，同時喊著：「第八班、第九班，跟我來，衝鋒前進！」沒想到回應排長命令的，又是山上另一波密集的火砲掃射，大半第八班的班兵，隨著敵人的射擊，先後中彈倒下。第三波、第四波的挺進，都是如此，排長傅恩普陣亡了、機槍手負傷了、第二排的兩次挺進也是潰不成軍。

這四波的逆向攻山，約延續了兩個小時。這時，連長已經清楚地知道，再多的強攻都將枉然，於是不得不停頓下來，因為我們所要占領的山頭制高點，早已經被共軍先我們一步牢固地占領著，任何持續的挺進，只會造成更多無辜的犧牲。於是向營長報告戰況及死傷情形，並請求營長派遣另外一個連從側翼進攻。

　　敵人的槍聲停了一段時間之後，看到山谷內一片平靜，就開始派人從山頂順著山谷往山下搜索。下面的對話，都是連上各排在山谷中負傷的戰友們，在第二天回到營地時的親口講述：

- 「敵人走到我身旁時，我是混在陣亡弟兄身旁裝死。」第八班受傷的「何欣才」跟我們說：「他們用槍托把每個屍體都重敲幾下，看是否有什麼反應，我肩膀挨了幾下，連呼吸都要停止，更不用說喊痛了！」

- 「敵人把我拉了兩下，翻個身，看我沒有動靜，又匆忙地繞到旁邊去了！」腿部受傷的「冷復生」激動地說。

- 「共軍把我們陣亡的弟兄堆在一起，好像在清點人數計算戰果呢！」左腿被手榴彈炸傷的「許志威」激動而感傷地說。

　　島上其他方向的戰況，一直持續到第二天早晨。雨，還在下著，海風也更寒冷淒厲。接近上午九、十點時，因為我看不到有回來的戰友，也沒有人帶來任何消息，在如死的平靜中，我穿了簑衣走出營區的庭院，好奇地仰望著山丘及山谷，也看不到任何動靜。這時我才意識到，他們生存的可能性已經很渺小，只好悻然而回。

　　中午時分，忽然聽到了戰機的聲音，我又走出庭院，尋找戰機的方向，剛走出沒有幾步，還沒看到飛機，突然有槍聲又從山頂朝著我射擊，子彈落在牆邊，我只好躲到較為隱蔽的牆角，繼續尋找飛機。幾分鐘之後，看到戰機又回來在上空盤旋，盤旋到第三次時就開始俯衝，對準山頭的敵軍掃射。

　　看到了從中午起戰鬥機群對山上敵軍的不斷掃射、聽到下午山

的另一端猛烈的槍砲聲、聽到山後軍艦艦砲間歇性的掃射、望見了海上船艦頻繁地往返著，好像這只有十五平方公里的登步島上，處處都是硝煙四起，直到夜幕降臨。

第三天上午，終於看到了營長，帶領了負傷了的連長以及不到一半渾身狼狽的戰友們，回到了駐地，也知道了我們這個營，有兩個連已經損傷大半，還是舟山本島的援軍消滅了來犯的敵軍。

在撰寫這篇「幾乎」是親身參與的戰史時，為使內容符合事實，除參考了手邊的《寸血山河——青年軍 208 師戰誌》第 30 頁外，還特別去 Google 上搜尋各方面對「登步大捷」的資訊。發現無論是從國軍的戰史記載，還是從百度披露的共軍戰爭紀實，甚至從維基百科的記錄，或者是當事者在微博上發表的回憶（台灣較多），都證明了下面幾項殘酷的事實：

・「登步大捷」是雙方所公認的國軍戰勝，共軍的失敗則歸諸於天候與海空軍的不足。

・登步大捷，是國軍撤守台灣前最後一次轉進成功的勝利，但是傷亡也相當慘重。

・即使雙方都認為自己的死傷多於對方，可是而今想來，即使敗方是六千人死傷，而勝方是兩千人死傷，那些死傷的人，都是有親有故的血肉之軀，站在人道的立場，以及都是「中國人」的立場，雙方都是「輸家」。

在 1949 年 11 月 5 日登步島的奪島生死戰結束之後，到 1950 年5 月這半年期間，都是一些為了掌握「戰略優勢」而發生的零星島嶼爭奪戰。我們在登步戰役後的殘餘部隊，就先後被調到重要港口沈家門，以及與沈家門緊鄰的小干山（島）駐守，同時，也藉機會整補，沒有再參加任何戰鬥，直到 1950 年 5 月，我們在友軍及海空軍的掩護下，從舟山群島撤退，抵達台灣的基隆港。

登步島大捷50周年紀念合影，1999.11.7台北國軍英雄館。

　　于右任的詩句，道盡了「登步大捷」的辛酸：

　　「登步復登步，踏進中原路，再造新中國，靈分其永護，香放自由花，圍繞英雄墓。」

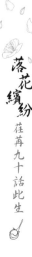

槍林彈雨中的年華　後記

生死劫難之後，一切都是賺到的！

　　從唐山撤退，經歷了塘沽戰役、北侖的稻田彈雨及登步島大捷等戰役，直到從舟山群島全軍撤退，這十八個月好像讓我體驗了十八年的閱歷，也像是讓我賺回了另一個十八歲，甚至是劫後的大半生。

　　我們的撤退行軍，超過了好多個馬拉松的距離：從唐山至北塘71公里、北塘至塘沽15公里、上海至嘉興110公里、嘉興至杭州87公里、杭州至紹興63公里、紹興至寧波108公里、寧波至北侖34公里、北侖至梅山港20公里、桃花島至登步島0.54海哩。野豬塘山的高度，標高約125公尺。

　　這個「戰場人生」的馬拉松，讓數不清的人跌倒、受傷、死亡……。

3 軍涯規劃的萌芽
卷盡殘花風未定（辛棄疾）

世界上的事情，是沒有不勞而獲的，

正像仕途，不可能會「平步青雲」一樣。

從上等大兵，經過下士、中士，這都不是我想要的生活方式。

要想改變，就必須要做「超乎尋常」的付出。

3.1 淬鍊成鋼的大兵生活

　　小時候，好像從上小學才開始住在北平，也因為父親在鐵路局工作，才有機會念「鐵路員工子弟學校」（當時稱為扶輪小學）。

　　我有個大我三歲的哥哥、一個小我十二歲的弟弟、一個小我十五歲的妹妹，全家的開支只靠父親完全不夠，還要再加上母親的幫傭才勉強過得去。所以我除了曾在西直門外的街上當小販貼補家用之外，並且幫忙照顧弟弟、妹妹，以增加母親幫傭的時間。在當小販的過程中，經常看到博物院路十字路口的水果攤上掛著一串串的香蕉，那時，只知道那是香蕉，卻從來沒機會買過一根、嘗過一口，當然也不可能知道香蕉的味道。

　　1950 年 5 月，登步島戰役後，搭乘登陸艇從定海的沈家門撤退到台灣時，是停泊在基隆港，在沒有下船以前，也許需要辦理一些手續，或者是連繫一些駐守地點的細節，所以好像在船上等了一段時間。在等候中，就有小販把香蕉拿到船邊賣。我，跟大家一樣，好像如獲珍寶一樣，一口氣不知道吃了多少根。也許是從未吃過香蕉，吃得再多也沒有吃飽的感覺。小販看著我們好笑，自己更覺得好笑。

　　至今為止，每天吃一根香蕉，仍然是這麼多年來的習慣。起初，當然是因為好奇與飢餓，而今卻為了營養與健康。

　　從十九歲至二十三歲的四年四個月的時間裡，1950-1954，幾乎每一年的每一天都在編織著不同的故事，故事的情節充滿了：
- 惶然與迷惘、悲與喜的交織。
- 血與淚中的悲泣、情與妒間的徘徊。
- 愛與恨中的轉換、傳奇與平凡之間的創造。

・艱困與喜樂兩者的平衡、希望與失望後的重整。

・理想與夢想間差距的驚訝、目標與現實間冷酷的無助。

・失望與絕望前後的振奮與激勵的迴旋。

・漂泊與鄉思的迴盪……。

　　例如：十七歲就離家四處流浪，對未來人生的迷惘、多次在槍林彈雨中失去好友的傷痛與倖存後的感懷、想要做的事情偏偏事與願違的挫折、在枯燥而冷酷的現實生活中自求振作的轉換歷程、初次進入學校生活的雀躍與潛心學習的激動……。

　　總之，在人生中，沒有經過艱辛痛苦的人，不會體驗到真正的人生，我體會到了，而且我的體會很深，尤其體認到「怎樣在平凡中開創傳奇」，以及什麼是「平凡中有傳奇」的真實意義。

3.2 想哭、想家、想逃的迷惘

　　從基隆港下船後，隨即搭車到了當時的彰化縣田中國小，我還記得，那是個周圍長滿了檳榔樹的農村小學，也記得那些樸素而設備簡陋的教室。

　　我們這個以營為單位的部隊，晚上就駐在這所國校的教室中，早晨起床後，出操上課前，先要把課桌椅擺好，笨重的槍枝彈藥則另行儲存妥當，才開始到郊外操練，直到日落西山才回到教室。

　　晚上大家擠在空蕩的教室內睡覺，夏天不需要棉被，但半夜卻必須起來趕蚊子。那時既不再打仗，又沒有強行軍，內心感到無比的空洞與惶然。

　　尤其，在一次山上的夜行軍，回到學校駐地時發現，有一位戰友「王俊」沒有回來，於是大家分頭沿著行軍路線到處尋找，找到凌晨仍然一無所獲。可是到了中午，卻有農民告知，山上的池塘裡發現了一具漂浮的屍體，請連長去鑑識是不是我們的同伴。

　　原來，他在當晚就已經溺斃在池塘裡，也許是天雨天黑路又滑，不小心跌落塘中，也許是真的不想再回到營區，誰知道呢！

　　王俊這個小伙子，個子高、皮膚細嫩、個性溫順，平常本就沉默寡言，只愛獨自吹簫，那麼英俊瀟灑十九歲的年輕人，就這樣匆促地不告而別，離我們遠去。當晚，我除了茫然，就是想哭；除了難過，就是想家；除了失眠，就是想辦法離開這樣的環境。畢竟，在唐山及北塘附近，就已經因為感受到生死攸關的槍彈中的生活，並不屬於我們，而有好幾位離開了。離開的種子，已經開始在我腦海裡萌芽。

　　在調離田中一、兩年之後，當我們的部隊駐防生活較為固定且

正常時，趁著自由活動的假日，我還曾邀約班裡的戰友「李雲亭」，重回田中山上王俊的墓地去掃墓，因為我們都在一個班，也曾親自為他安葬。

想想看，那麼長的時間從未再回去過田中，更不用說要去那荒野山頂的墓地了。我們憑著模糊的印象，在墓地中找了很久，只見四處蔓草叢生，我們逐個墓碑去找，一兩個小時過去了，仍然無法尋獲。由於假日的時間有限，還要在晚上收假之前趕回營地，只好悻悻而歸，不甘心地離開墓地。

在回程的路上不遠處，忽然遇到了一位老農迎面而來，我們抱著最後一線希望，鼓足勇氣向老農請教，並且把幾年前發生的事故告訴了他。讓我們驚訝的是，他居然就是那位去軍營中報信的農人！當時我們還懷疑，到底他就是王俊本人的化身？還是在王俊靈魂的導引下，指點我們找到他的墓地？我們都不迷信，但是我們卻寧願相信這個事情的戲劇性與神祕性。

我跟李雲亭都覺得，王俊會永遠地安息了！即使是魂斷他鄉……。

當時，我們倆都堅定地說：有那麼一天，我們會把他的骨灰帶回他的家鄉，可是……。

3.3 競技、競賽、競生、競命： 我知命，但卻不認命

在企業任職的二十多年中，讓我能夠生存下去的唯一座右銘就是「適者生存」。對我的職涯發展最有價值的一本書就是《追求卓越》（In Search for Excellence）。

因為我確切地知道，如果自己不能適應企業的文化及老闆的作風，肯定是死路一條。同樣，如果工作品質有瑕疵，再努力也是事倍功半。軍中的大兵生活，又何嘗不是如此！

自 1950 年 5 月部隊在基隆下船後，到台灣最初的一年多，我絲毫不瞭解「適者生存」及「追求卓越」的真義，只是因為當時年少無知，總覺得那些「軍技競賽」的作用無非是鍛鍊、新鮮、好玩，就像是參加各種體育運動的競賽一樣。尤其，鍛練方式不斷地推陳出新，不只是在技術層面的深化，更增加了不少耐力方面的磨練，確實對我退伍後就業的能力、體力、精力、毅力及韌性都有相當的幫助。

然而日子久了，天天練習，隨時比賽，甚至當作生活的全部，就逐漸開始厭煩了。戰技鍛練和耐力的無限度增加，雖說可以發揮某些潛能，可是超乎尋常的練習及激烈的競賽，往往也會出現一些意想不到的危險，甚至在身體或心理上造成致命的傷害，雖然這些是為了要達成軍人保國衛民的任務所必然的要求。

就以下面這些競賽來說，即使在成績方面有了大幅進步，但對我而言，也確實造成了某些負面影響，而且在心中留下了陰影：

・爬吊桿比賽

　　每一根吊桿的高度大約是七、八公尺，哨音響起時，就開始計算時間，從底下往上爬，爬到最上面能夠用手拍到頂部橫桿的時間，才停止計時。有時候，比賽規則還會把落地的時間合併計算，這樣一來，不但爬上去要盡量快，而且下來時幾乎得完全用自動垂降的方式滑下來，而不是「爬下來」，也只有這樣，才能達到最快的速度，而且還要在團體接力時，讓下一位能順利接著爬上去。

　　這樣比賽的後遺症就是，只要是身體略顯孱弱，爬上去都很困難，而較為臃腫的體型，則不只是上去較慢，滑下來還會經常受傷。連長、排長們，無不以團體「成績的高低」為重，對那些因身體狀態有限制而無法達到標準的人，不免會冷言冷語相向，有時還會受罰。記得當時爬完一次的平均標準是 5.3 秒，我就從來沒達到過那個標準，所以，至少我不是連上的優秀戰士。

・單槓技巧花式比賽

　　單槓技巧花樣的鍛鍊，在於增進身體的靈活度和手臂與腹部肌肉的均衡發展，所以，剛開始把引體向上、單腿掛鉤、雙腿掛鉤學會之後，很快又要學正面上，最後演進至綁著手腕的大車輪。

　　就以引體向上來說，規定每個人至少要做三十次，可是我最多卻只能做二十五次。大車輪至少要在單槓上轉五次，我卻拼了命才只能轉三次。雖然我的成績並不是最差的，可是凡是達不到平均成績的人，輪到出公差、站衛兵、打雜的次數就會增加。我並不是不努力，可是在體型的限制下達不到平均成績，就只有吃虧的分。我經常自問：「這就是我參加部隊的初衷嗎？難道我就要這樣過一輩子？」

・嚴酷的跳箱練習——埋下了「改變」的種子

　　在軍中鍛鍊跳箱的器材，大多都是跟學校裡借用，可是每個排、連、營的千百個人都要準備比賽，練習用的跳箱需求量遠遠超過了

既有數量。這時，每個排或連都會在自己的駐地操場、寢室前或者餐廳空地上，用主管自己創造出來的方式，建構簡單的跳箱代用品，以供練習。

就以我們的排長「趙志中」來說，他讓我們練習的方式，就是用繩子把三根竹子編成兩個三角架，把兩個三角架的距離之間留下約兩公尺遠，在兩頭橫著搭上一根長竹竿，竹竿離地的高度分為低、中、高，可以調整的三層，最高一層略高於普通跳箱的標準高度，目的是要提高練習標準，以便爭取到更好的成績。

在練習的過程中，先從低層練起，接著把高度提高到第二層，最後提高到第三層。最低的第一層，大家很快地就都跳過了。可是到了第二層，卻有三分之一的士兵跳不過去，即使練習整個上午，仍然有少數人怎麼也跳不過，有些人還會因為跳不過去，把腿或膝蓋碰撞得青一塊紫一塊的。

「再過半小時就要吃午飯了！」這時，排長疾言厲色地說：「從現在起，跳過第二層的人就可以先休息，準備去餐廳吃飯，跳不過的，就要繼續練習，直到跳過才能去吃飯。」

第二層及第三層的獎勵與處罰方式都是一樣的，跳不過去，就別想去吃飯。

「看你，別人都跳過第三層了，你才勉強跳過第二層！」趙排長一面兇巴巴地用手指著我，一面聲色俱厲地衝到我面前喊著，嘴裡口沫橫飛，恨不得把他的手指插入我的胸膛：「你不嫌丟人，我這個排還要成績呢！如果因為你讓我們拿不到名次，你等著瞧吧！」

．我不記得我跳了多少次，才連跌帶爬地終於跳過了第三層。

．我也不記得，我究竟有多少次是最後才吃到飯。

．更不記得，我內心淌了多少次血，晚上有多少次讓淚水把枕頭浸濕……。

「在敵人的槍林彈雨下，我都沒這樣傷心過，至少那時我還有

我的尊嚴。而今，我又算什麼？」我傷感地想著。這件事情讓我畢生難忘，而且至今，只要是想到他這個名字，腦子裡就很自然地浮現出那幅他痛斥我的畫面──即使聽說他已經在幾年前過世了。

　　我對訓練內容及訓練的目的毫無怨言地接受，只是訓練的方式及態度讓我體認到：這絕不是我將來要走的路，而且要在適當的時機做適當的改變。

3.4 這就是很少人經歷過的「狙擊手」訓練

　　「養兵千日，用兵一時」這句話，無非在告訴我們，成立軍隊的目的，當然是要能打仗，而打仗前的射擊訓練，則既要靠各種方式的體能練習，又必須對射擊技術與精準度做必要要求。

　　我所經歷的射擊訓練，除了每位槍兵必須熟練的步槍射擊命中率訓練外，也因為我在射擊的精準度上較高，所以更接受了較高層次的「狙擊手訓練」。也就是說，必須要百發百中，而且還要正中靶心，這，無形中就是戰鬥制勝的先決條件。

　　狙擊手的角色，我們都曾在槍戰影片中看到過，也曾在電影中看過狙擊手暗殺特定人物時，如何展現命中技巧。更曾看過偵探故事裡，狙擊高手如何使用先進武器瞄準敵人的動作。不過，六十年代陸軍步兵狙擊手所使用的槍枝，還都只是使用傳統而簡單的七九步槍而已，所以在訓練上全靠蠻力、耐力、臂力及眼力。

　　我還清楚地記得，我們的部隊經過一般射擊比賽完成後，從中選出表現成績較好的約五分之一人數，經過幾個月的集訓，再參加營部及團部的狙擊手射擊比賽。在集訓過程中，大約可以分為下列幾項培訓重點或步驟：

　　首先，選擇精確度較高的槍枝：因為槍枝經過使用後，在瞄準器及準星上都會有不同程度的磨損或碰撞傷害，凡是這樣的槍枝，即使射手具備了正確的瞄準姿勢與動作，仍會因為槍枝本身的偏差，而無法精確地命中目標。

　　其次，就是要訓練正確的握槍姿勢：這時所強調的就是，如何

把槍托擺在肩窩中，以及找出雙手緊握槍把的位置，這樣，槍枝在手中才更穩當，射擊時槍托才不會被子彈射出剎那的後座力脫離肩窩，甚至使肩窩受傷。

第三，必須要苦練臂力及停止呼吸的耐力：這樣，在射擊時才能把槍把握緊，使瞄準的目標不至於因為雙手握得不夠緊而變更了子彈射出時的彈道方向。練習的方法，起初先臥倒，練習握槍的持久性，為更強化持槍握槍的臂力，訓練完持久性之後，還要在準星至槍身之間，綁上兩顆手榴彈，與地面垂直，而且槍枝不能晃動，增加槍身的壓力與平衡，直到手臂拿得夠穩，堅持的時間更長，才進行下一步驟的實彈射擊。

第四，打靶：在每一個訓練步驟之後，找一座靶場，經常做實彈射擊，並且每次都做射擊積分的統計，以及做班、排、連、營的分析比較，直到選出各階層的優勝代表，參加更高層級的比賽。

射擊比賽及狙擊手比賽的瞄準練習，似乎也增強了我對社會事務以及未來目標的瞄準精度。我記得這麼清楚，是因為我確實學到了東西——不只是硬梆梆的槍械子彈，而是那些柔性與細化了的握槍、瞄準、停止呼吸、射擊等動作，奠定了我謀靜而後動的特質。

以上這些關於射擊和狙擊手方面的訓練，雖然都是擔任大兵必須要接受的，而且距離一般社會青年的生活與工作有相當的距離。可是，我們生活在現代的社會裡，對於不同社會階層的工作型態或內容，最好還是略有涉獵，才能在適當的場合或談話過程中，既能「看熱鬧」，又能「看門道」，也不至於在電影院的槍戰鏡頭中，只有瞠目結舌的哈哈一笑而已。

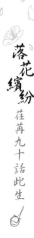
3.5 超級馬拉松式的「強行軍」
比賽

　　軍人的偉大、可貴、可敬，是因為他們無條件地接受了國家及長官賦予他們的天職，而且都不辱使命地達到了任務！

　　而我，則是在堅持到底的心態下沒有倒下去而已。當然，也因此而培養了我日後在企業任職過程中「馬拉松式強行軍」的做事風格——如果那也算得上是個優點的話。

　　在平時的軍中生活中，除了營區內的出操上課外，就是營區外的行軍、戰鬥教練及實兵演習。

　　關於行軍方面，包括了鍛鍊體魄的一般性行軍和具有戰鬥性質且全副武裝的急行軍或強行軍。無論是哪一種，都需要保持定期的訓練，甚至舉辦單位內的比賽，以增進行軍的速度，有效地應對戰情的需要。

　　我所參加過的各項行軍中，以當時從彰化縣二林鎮開始的二十公里「團際武裝行軍比賽」印象最為深刻，因為那是一次既急又強的行軍比賽，更必須全副武裝，尤其每個營及每個連都把自己的比賽成績看得很重，所以競爭起來相當激烈。

　　那次的行軍比賽，讓我親身體驗到了軍人的偉大、軍人服從精神的可貴，以及軍人忍辱負重精神的可敬：

・我所感覺到的「軍人偉大」，是因為即使職位最低的士兵，也必須要認真地去學各種與作戰有關的知識、學問與技巧，而且那些知識學問與技巧，未必在離開軍職後還能應用得到。

- 軍人「服從精神的可貴」，不只是因為「服從為軍人的天職」這教條式的口號，而是基於對團隊精神的重視，以及對團隊成效的尊崇。
- 在「可敬的忍辱負重精神」方面，我只覺得當了兵，什麼都不是自己的了——時間運用上的奉獻、自由空間的放棄、身體的極限發揮及個人生命的犧牲等等，都在那次的行軍比賽中發揮得淋漓盡致！

讓我們看看，給我印象最深的那次強行軍比賽，特色到底是什麼吧：

- 那次行軍比賽的標準時間是要在兩個小時內走完「20公里」，可是各連的要求是「越快越好」，當然大家都沒話說，拼命地快步走個不停。
- 身上攜帶的東西全團一致——槍枝、子彈夾、手榴彈、背包，一樣不能少。
- 個子高的、跑得快的走在最前面；塊頭大的，有重量的走在最後，以便發現有人無法趕上時，在他們的後面推著走。不走不行，慢了當然也由不得你。
- 為要減輕重量，不准帶水，也不能帶吃的，但是路途中間設置了幾處飲水站。
- 有的東倒西歪地半跑、半走、半停，也有一些真的就是被推著、抬著抵達終點的。全連的總成績計算方式，是最快的加上最慢的除以二。
- 在沒有到達終點站時，我們連上有一位倒下去了，就永遠沒有再起來。
- 到達終點站後，有一位名叫「錢慧卿」的戰友，因為口渴到路旁的小店買水喝時，順便也買了一瓶米酒，喝沒幾口就中毒了，造成喉嚨傷害而變成了啞巴。行軍結束後，他便被調職到台南盲啞

學校去工作了。

他們偉大、他們可貴、他們可敬，是因為他們都無條件地接受了國家及長官賦予他們的天職，而且他們都不辱使命地達到了，而我，只是在堅持到底的心態下沒有倒下去而已。當然，也因此而培養了我日後在企業任職過程中「馬拉松式強行軍」的做事風格──如果那也算得上是個優點的話。

3.6 汗水淚水是投資，還是浪費：
成果與代價的差別

如果把從 1950 年在田中開始的出操上課、戰鬥教練、各種演習、各式各樣的比賽，用文學的筆觸表達出來，每一個主題都可以單獨成為一部獨特而感人的著作。

可是，我不想寫那麼多的故事，也不願意把大兵生活做過多的渲染，更不會把任何發生的事情做突兀的描述，因為前面單獨描述的爬竿技術、單槓比賽、跳箱練習、狙擊手訓練、強行軍等，雖然都足以讓我追憶終生，可是，還有好多好多說不完、道不盡、寫不清的類似觸動心弦的故事，而且我也不是這些故事的唯一主角。

為了要鼓勵更多年輕人在職場上有淬礪奮發的精神、為了要讓這些故事當作社會上某些受挫折的年輕人的借鏡、為了要使生活在優渥社會中的各階層朋友們知道，幾十年前那些少小離家者是怎樣度過那些艱困的日子，而且開創了廣闊的生命視野，我不得不用最簡要的筆觸，勾勒幾段關鍵性、但卻永生難忘懷的「某個時段、某個瞬間、某個剎那、某個事件」的「心靈悸動」如下：

* **短褲、赤背、草鞋中的希望：**在田中國小住了幾個月之後，又調動到員林國小，駐在教室的走廊上，當時最響亮的口號就是：「一年準備，兩年反攻，三年掃蕩，五年成功」。那時候，大家都沒有在台灣久留的打算，總有一天還要回去，於是，大家都很起勁地經常在員林或彰化附近的山區操練。穿著短褲，打著赤背，有時候還穿著從大陸帶來的草鞋，草鞋破了，自己還能再編新的。那時，我們都活在希望中，有了希望，就什麼都不重要了。誰知道，

希望變成了絕望⋯⋯。

- **我要去哪裡、又能去哪裡、憑什麼**：有一段時間，我們的訓練是在北斗鎮、溪湖鎮與花壇鄉之間，走到哪裡就駐在哪裡，當我們離開北斗鎮往溪湖鎮的那天早晨，猛然發現有一位名叫劉玉珍的班長消失在隊伍中，原來他是當我們駐在北斗鎮時離開的。

「既然是志願入伍，當然仍可自願離去！」這是那個時期仍然存在的默契，看到了他的離開，無形中也激起了我離開的動機。然而我卻只有心動了一陣子，卻沒有行動。因為心動之後，接下來自問了幾個問題：「我要去哪裡？我能去哪裡？我能做什麼？」

心想，在台灣沒親沒故，既沒有熟人，也不具備學歷，頭腦更不那麼靈光，於是暫時打消了離開的念頭。但是，我當即下定決心，既然沒有離開的本領，就只好設法累積實力待機而動了。過了幾年後才知道，劉玉珍已經在北斗鎮當了小學老師，那是因為他在河北省的井陘就念過幾年的大學，不像我只是半路加入而且連初中都沒念過。

- **只要學，總會有機會用**：記得駐在海邊大城鄉的時候，訓練的課程是「兵要地誌」調查，這是讓我們每到一處，一定先要了解當地的地理概況，而且從實地測量著手，把當地的重要地標、地物標在地圖上。要能做得合格，最初先要練習認識地圖的構成、比例尺的換算、山地曲線的計算、夜間如何尋找北極星的位置，以辨別方向⋯⋯等。除了尋找北極星的方位外，當時對其他訓練項目並不覺得有什麼用途，而今想來，這項課程對於爾後生活中在尋找地址看地圖時，確實很有幫助，這才領悟到「開卷有益」這句話的真切意義。如果當時不用心，或者排斥，肯定什麼都學不到。

- **鹿港小鎮的風花雪月**：從駐在鹿港的海邊碉堡開始，近乎動態的演習或比賽總算告一個段落，主要任務就是「駐守海防」。記得當時，整個營部隊都是沿著鹿港南北海岸線駐防，由各連及各排輪流派兵駐守到海邊每一個碉堡。凡是守衛海防的官兵，大多都

落花繽紛

荏苒九十話此生

是晚上排班站崗，每兩個小時換班一次，因此，總是有一部分人在白天輪流休息。在休息的時間中，有的人是在碉堡裡補眠、有的人則到海邊玩水、也有的人到漁村閒逛、更有的人去海邊挖牡蠣。

海邊居民以打魚為生，當地也有相當多的漁民養殖牡蠣，漁家婦女們則定期到海邊挖牡蠣。我似乎還模糊地記得，大多時間我都是到海邊遙望著無際的大海，哼著離開北京後跟戰友們學的〈少年的我〉、〈夜半歌聲〉、〈恨不相逢未嫁時〉、〈漁光曲〉及〈流亡三部曲〉（後來才知道這首曲子是禁唱的）等歌曲，因為唱歌是我那時唯一的興趣，後來甚至還把這個興趣當作未來的「發展志願」呢！

當我們調防離開鹿港後，由於在大家的日常談話中常常提到「鹿港紅帽」這句話，才漸漸發現，原來跟我同一個班的「陳竹鳴」，在駐紮鹿港期間，認識了當時經常戴著用紅布包著斗笠的「蚵女」鄰居，而且多年來一直都經常保持聯繫，最後他們也步上了結婚的殿堂。時至今日，他們夫婦一直都住在嘉義的大林，甚至早已兒孫成群。這段佳話，幾十年來都仍如昨日，而且他也是現在唯一能夠跟我用網路連繫的老兵戰友。

就在那段時間，就在不知不覺的夜晚，又有幾位好友從海邊的營房溜走了。當時再一次給我極大的震撼，並自問：「我要不要開溜？我要去哪裡？我又能去哪裡？脫下了軍裝，我又能做什麼？」

針對這些問號，我根本找不到一個答案，所以還是乖乖地繼續留下來，等到上述問題找出解決的方法與答案再說！那時候，我既不後悔，也不怨天尤人，更不氣餒，畢竟，「路」，還是要自己開，自己走，沒辦法靠別人。

以上那些偏向於「苦其心智，勞其筋骨」的戰技競賽與體能訓練，其所造成的疲困與汗水，雖然在當年算是強迫性的鍛鍊，而今想來，也未嘗不是為「今日的健康所做的投資與回報」。

3.7 脫胎換骨的轉折點

　　人生在世，任何事情不大可能都是一帆風順的，生活上如此、工作上如此、軍中生活尤其是如此！

　　不過，如果能從逆境中找出竅門，讓生命活得更好，除了機緣之外，就都得靠自己了。能不能創造出自己生命中的「轉折」，更是「非我莫屬」！

　　從 1950 年的五月至 1952 年初這段時間，雖然已經從上等兵升為「下士」，可是仍然是在步兵單位，在任務上並沒有什麼改變，在駐防的地點上，也幾乎只能用「居無定所」來形容，因為不是隔幾個月就換防一次，就是因為訓練性質的不同而隔幾個月就改變訓練基地，特別是在每次駐守海岸線的時候。只有到了台中的烏日營房，才算是住得比較久的一個大營區。

　　現在，只要提到「烏日」，幾乎每個年輕人或中年人都知道，因為那裡曾經是新兵訓練基地，有時用來培養軍中幹部，也就是大家最熟悉的「成功嶺營區」。

　　可是當我們在 1952 年初駐進去時，那裡只是個日據時代的「養馬場」，房舍的窗戶都是由幾片木板組成的拉動式木窗，晚上睡覺的地方則是在原來置放馬槽的地方，用木板搭成上下兩層的通鋪，這是爾後進入成功嶺營區的人完全無法相信的。

　　在訓練方面，除了在規模上以「團」為單位的戰術、戰鬥、戰技操演外，在形態上也有集中與分散兩種操演。集中的操練包括了經常持續五、六天的「團教練」及「營教練」，而且在那五至六天當中，無分晝夜地翻山越嶺，風雨無阻、輕裝快速地跟「假想敵」

做攻防戰。

這種教練在我心中留下相當深刻印象的，大約有下面幾點：

- **不分晝夜**：經常在清晨四、五點就從營地出發，在暗夜的星光下連續走幾個小時，直到天亮。

- **變了味的早午餐**：吃早餐的時間也許是凌晨三點，吃午餐的時候也許要到下午兩點，直到演習的「情況」告一段落。那時，身邊攜帶的飯盒，裡面吃的東西大多都變了味道，可是還是要填肚子。

- **香茅草叢當窩**：有一次，在擔任夜間搜索完成任務後，還要就地擔任哨兵，那次居然是在大肚山上的香茅草堆中過夜。當時還下著雨，只好把雨衣用香茅草撐起來當傘用，整夜坐在香茅草根部，還要監視著四周的動靜，並且把「敵情」隨時向上級報告。

- **包在雨衣裡的三溫暖**：雖然是穿了雨衣，可是還要用雨衣保護槍枝不被雨淋到，所以經常渾身被雨濕透之後，又在演習的途中穿乾。

- **厭煩的開始**：重複性的演習，已經逐漸開始產生不得已、麻木、厭煩的感覺，而不再像以前一樣那麼好奇、好玩、刺激、有趣。

- **自我意識逐漸萌芽**：開始常常會想到「自我成長或自我發展」這個概念，例如：「除了會拿槍桿之外，我似乎應該會點別的吧！我該學什麼呢？」

- **放空自己，什麼都學，而且要學得好**：演習與訓練之餘，也會穿插不少軍中的專業知識及政治教育，如步兵操典、大陸概況、國父遺教、三民主義等課程。尤其在政治教育方面，曾經展開人人參加的比賽，但又從各單位選拔成績優異者，參加上級單位的競賽，我就曾經當選為團級的「優秀政治戰士」第一名，可惜到了師部就沒再獲獎。

　　整個烏日營房，很多操練或活動，大多都是以「團、營」為主體的，在人數上，大約從五百多人至兩千人。也許是因為士官兵的組成分子既單純，又相對年輕，上級長官已經考慮到了部隊的未來

長期發展問題，所以在操演及活動的內容上，也有了相當的變化，尤其增加了多樣性、前瞻性、知識性與社會性等方面的活動。至今想來，這種變化應該是高級長官們發揮了高度的領導智慧。

優秀政治戰士，跟團長「顏宣」合影，1952 年 2 月 21 日。

3.8 轉折點上的「多樣性」

在軍中的出操、上課、打野外生活，磨練中有變化，對我來說，這些變化具有下列各種特色：

- **多樣性的生活趣味：**軍歌教唱之外，也帶動了一般歌曲和音樂的氣氛，使軍隊中充滿了輕鬆與活力。

為了調劑枯燥的操練生活，還經常舉辦各種康樂比賽及話劇比賽。我還清楚地記得，自己曾經入選為話劇演員，且有過上台演唱流行歌曲的機會。

尤其，團部更邀請紹興戲團到營房巡迴表演，甚至紹興戲的團長「喇叭花」還定期帶團展開「勞軍之旅」，使生活中的趣味性，沖淡了無休止的體力勞頓、精神上的匱乏、甚至是鄉愁。想家的時候，還曾在營房屋簷下，拍了一張生活照，並題了「海隅留蹤」四個字，抒發情緒。

台中烏日營房的留影，1952 年，當時烏日軍營駐紮的地方，曾經是木製的養馬廄。

在營區內定期放映電影，是最受大家歡迎的活動，除了宣導影片之外，當然以老片為主，偶爾也會看到一些國外的片子。

- **知識方面的文武並重：**在部隊中，除了政治教育為主外，也增加了諸如國父遺教、三民主義、國際現勢等科目。現在回想起來，雖然這三個科目比較枯燥，至少已經跳脫了過於專業但單調的「步兵操典」之類的「操演標準」，也知道了孫中山先生的那些學術

理論與計畫，對我而言確實相當具有知識性。尤其，因為當時只是二十二、三歲，對新知識的吸收能力與記憶能力都還是很強的。

時至今日，我仍清楚地記得三民主義中「民權主義」的內容，甚至當初對「民權初步」中，有關「會議程序」所掌握的要點，退役後在社會工作時，運用起來仍然得心應手。如果哪個媒體願意針對大學畢業三年以內的職場新鮮人，做一次有關「會議程序」的「問卷調查」，也許獲得及格的人數未必超過半數。

同時，在軍中也開始舉辦「隨營補習教育」，在營區內推行了一般科目的學習課程，因為未來的發展都已經開始跟政府當時的教育體系相結合，如果要報考軍事院校，「最好」要具備高中程度的同等學歷。

另方面則因為我們這個部隊的大部分成員，雖然彼此的教育程度參差不齊，大學肄業、高中畢業、高中肄業的都有，畢竟在入伍時都視為「知識青年」，所以一般知識的學習所開啟的讀書風氣，無形中讓軍中的知識生活充實了很多，也在生命中展現了對未來「發展的希望」。

- **社會性的假日外出**：星期日或國定假日，營區也開始放假。雖然要從山上走路下山搭車，可是搭車到彰化或台中，親眼看到了市區裡的人來人往、店鋪林立、男男女女，就已經心花怒放了。在大街上逛著，像「土包子」一樣地東瞧西看，什麼都跟營區大相逕庭，所以收假的時候總有點不捨。那時候，跟當地的百姓絲毫沒有接觸，因為既沒有接觸的理由或藉口，又沒有經濟能力，更不用說東買西買的了。

- **「文武一家」的開始**：在台中烏日營房中，有幾次是由學校派遣了高中學生到軍中跟我們生活一段時間，學生到軍中生活的主題是「軍中服務隊」。我們雖然也只是二十幾歲，可是跟那些高中學生們在一起出操、上課、用餐、休閒，談論的話題就遠離了僵

硬的槍砲操典，給生活中增加了不少新鮮感。所謂的「惺惺相惜」
這句成語，當時還根本無法體會到它的含意，多年以後才知道，
當時的「學生服務隊」，為我們這些年輕的「丘八」開啟了心靈
的另一扇門。

- **前瞻性的激勵因素：** 俗語說「人往高處走」，眾所周知，在企業
  中所謂的高處，無非就是在職位上有成長發展的機會，而在軍中
  當然也不例外。沒有任何一位大兵願意幹一輩子的上等兵，同樣，
  一開始的職稱是士兵，總希望有一天能晉升為士官，甚至軍官。
  基於這個事實，國防部考慮到在大陸自願從軍的知識分子，來到
  台灣兩三年，總該幫他們找個發展的出路。可是，鑒於政府的正
  規制度，總要有個章法，絕不能「任意升遷派任」。於是，在
  1951 年 1 月，為「十萬青年十萬軍」的那批學子們頒發了「預備
  軍官適任證書」，表示大家都具備了「預備」軍官的「資格」，卻
  意味著還不是「正式」的軍官，必須等到考取了軍事院校才算數。

有了「預備軍官適任證書」雖然還不能升任為軍官，至少也「默
認」了大家軍中的資格程度或苦勞。對很多人而言，他們便躊躇滿
志，得意忘形地無所事事，整天混日子，既不尋求獲得軍官資格的
途徑，也不積極充實自己，最後等到別人考取了官校或其他專業學
校先後離開時，反而怨天尤人地抱怨上級沒有照顧到他們的前途。

對我來說，當時的預備軍官適任證書，剛好是對我的警惕。當
我收到這份證書時，第一時間當然是高興，可是高興只是剎那的事，
很快地就煙消霧散，因為我自己知道，我根本不具備這個資格，這
個證書反而深深地把我刺痛了，因為我還需要做很多準備，才具備
「預備軍官」的「部分」條件或標準。

那時候，預備軍官適任證書只不過是我的「激勵因素」
（Motivator），而不是垂手可得的職位，有了它，我不再徬徨。

1951 年取得的「預備軍官適任證書」。

3.9 職涯規劃概念的萌芽：「我想當官，我要當官，一定要當官！」

在 1952 年初駐進台中的烏日營房時，我們這些基層士官兵都已經二十幾歲了，當初曾經以「十萬青年十萬軍」為號召，吸引而來的大孩子們，既然在台灣已經度過了兩三年，又看不到立即再回大陸的可能，總不能讓大家當一輩子的士官、士兵，所以政府看到了這個現實問題，而開始鼓勵大家投考陸軍官校。

不過，這種考試並不是人人都可以「自由報名」的，而需要事先經過團部內的「初試合格」後，由團部統一報名參加考試，並不是完全開放地讓大家直接前往報考。

記得，當時團部能夠錄取的人數相當有限，也許是基於兩種考量：其一，甄選學科及術科都比較優良的士官、士兵前往應考，而且在報名冊中伴隨著「思想品德考核」，以維持官校的素質。其二，很可能是因為當時還沒有在台灣實施兵役制度，顧慮到兵源的遞補困難，唯恐流失大批具有戰鬥經驗的知識青年，無法應付未來可能的戰爭挑戰。

無論是哪種可能，至少開啟了在軍中持續發展的途徑，因為那時已經不再認同可以在部隊中「自由離開」的默契，一旦離開，就會當作「逃兵」處理，接受軍法懲處。那時，才印證了我在唐山撤退有家歸不得時「自投羅網」的感覺。既然自投羅網已經是「志願役」的事實，如果要改變這種事實，必然要以合法的方式脫離軍職，不然，只有畢生都在「職業軍人」的途徑上發展下去。

投考官校，應該算是前瞻性的激勵來源，對大家有很大的吸引力。自從在台中開始實施以來，每年都有好幾位考取了官校，而且在大型的歡送會上，那些被錄取的寵兒，更是意氣風發，不但可以「光明正大」地離開部隊，甚至還受到光彩的歡送。

在烏日營房最初考取官校 25 期的班長「侯新宅」，在歡送會上興奮與滿意的神情，對我來說，更是一種莫名的激勵。

就從那時候起，我已經知道「我將來所要的究竟是什麼」——當官！而且朝著這個方向開始努力，用現在「職涯規劃」的觀點來說，應該就是「職涯目標選定」的啟蒙期了。

歡送侯新宅班長最先考取官校二十五期時的歡送合影，1952 年 3 月 29 日，他在第二排左起 6，我在第一排左起 3。

事實上，想要「當官」的這條路並不容易，因為一方面既不能耽誤平時正常的操課演習，另方面又必須要保持最基本的休息。所以在知識的吸收及考試的準備上，一定要犧牲部分休息時間。尤其，晚上在九點鐘吹了「熄燈號」之後，寢室內的燈光完全熄滅，雖然偶爾間偷偷地在被窩裡藉著手電筒看書，可是由於睡覺的姿勢不同，

被「巡查」的值日官發現後，不是被訓斥，就是被警告，因而可以利用的時間相當有限。

既然晚上無法利用時間，只好在白天出操上課及演習過程中打主意了。讓我永遠難忘的就是，每當出操上課的休息時間，別人小睡或玩鬧時，我都會掌握時間，把口袋裡裝著的書本拿出來看，哪怕只是半小時或者是十分鐘。

另外，當實施較長的戰術演習時，我就會把兩三本書捲起來放在我的背包裡，等到用餐時間或演習暫時告一段落的晚上，拿出來看幾頁。

想要走向「當官計畫」的另一個挫折就是，自己的進修時間，不可能總是偷偷摸摸地進行，只要被長官發現你是在做與軍中操演無關的事，就必然會受到上級異樣眼光的看待，即使你沒有耽誤工作，也可能隨時會被扣上「不專心」的帽子，在考績上給你記上一筆。所以，我在當士官兵那段期間的考績，從沒有超過乙等以上。

我在軍中操練時，實施進修計畫的過程中，對我看得最清楚的人，就是最接近我的班長及排長。他們都知道我在看書，也都知道我為什麼要這麼勤奮地看書，看個沒完沒了。

最初幾年，什麼書我都看，包括了羅家倫的《新人生觀》、《古文觀止》等，因為我根本不知道將來會考什麼學校，也不了解究竟會考哪些科目，班長或排長即使知道，也不會跟我說。那時候我已經發現，他們對我的自修抱持了「看笑話」的態度，如果有誰像在北平西黃村車站時的「林增燧」連長那樣，肯定會告訴我要看哪些書、怎麼去準備！

也就因為他們的不支持、不鼓勵、不引導，讓我求知的意念反而更加堅定。我想：「自己的前途，反正要靠自己，即使我念過的書十本只有兩本有用，總比不讀好，何況還可以藉此多涉獵一些自己從來不知道的知識世界！」想到這裡，倒是覺得沒有他們的幫助

反而更舒坦了，至少對長官們沒有什麼虧欠。

　　說來奇怪，從那時起，在人生往後的歲月中，我在各方面所表現出的「不信邪」態度，以及堅毅不拔的意志力量，很可能就是從那時候塑造出來的。

3.10 畢生的標竿，毅力的開端：
學生服務隊的啟迪

二十年前，美國企業曾引進「學習標竿」（Role Model）理論及實務，六十年前的我，就親身體認到了它的重要性。也正因為 1952 年，我在台中烏日營房中，「巧遇」了「我的標竿」，才指引了我大半生的努力方向，更成就了我今天的種種。

感謝你，我的人生標竿！

如果說在台中烏日營房那陣「考官校的旋風」，播下了我對未來職涯短期目標的種籽，那麼在烏日營房那段時間裡，結識了台中市舉辦的「學生軍中服務隊」，更激發了我邁向人生長期目標的羅盤，因為當時我把其中一位服務隊員，當作我「畢生的標竿」（Role Model of My Life）。

也許是整個營區的團隊較大，除了固定的操演、訓練、上課之外，部隊長跟當地教育機構合作，安排了不同學校的學生，組織成「學生服務隊」，分發到每個連，而且出操上課及日常生活都跟我們在一起。

就在這段期間，分配到我們連上有一位名叫「余序江」的同學，剛好跟我在一起，我們在一起相處了兩個禮拜，居然成了好朋友。他不但很快就熟悉了我們的軍中生活，而且很容易融入，在服務期間的假日，我還曾是他家唯一穿軍裝的小客人。尤其，服務結束後的幾年當中，我跟他以及他的父母都保持了好幾年的連絡，後來因為他們全家移居美國，才在不知不覺中斷了音訊，直到 2015 年，他

軍涯規劃的萌芽

才透過網路找到了我，而又恢復了連繫。

　　從 1952 年認識起，直到 2015 年恢復連繫，這中斷了五十多年的期間，是什麼又把我們連結在一起了呢？深信，用重點的方式、小說的手法、細膩的故事，做下列敘述，應該是最適合不過的了：

- **他，讓我驚奇：**跟他相處的開始，對我而言就是一個很大的驚奇，因為那時他只有十四歲，就已經是台中二中的「資優生」而破格保送上高一。我在十四歲時，還在北平西直門外當賣香菸的小販，這是多麼不搭調的對比！

　　「我雖然不可能像他，總可以學他吧！」我暗暗地想。

- **他，讓我佩服：**他那成熟的個性、斯文的態度、井然有序的談吐、豐富的知識，都讓我覺得他好像要比我大十歲，雖然實際上他還比我小八歲。就這樣，他警醒了我：「我雖然學不像他，總可以把他當個學習的榜樣吧！」我下定了決心，將來什麼都跟他看齊！從那時起，我似乎什麼都不缺了──只缺時間！

- **他，我的哥們：**「哥們」這個名詞，在六十年前還不存在，可是我跟他之間只共同生活了兩週，居然就可以稱兄道弟了。他對軍中的飲食甘之如飴，跟我們一起出操時，渾身濕透都不擦一下。當年沒有浴室設備，晚上就一起到營房中間的灌溉渠水中洗澡。他對我們的現況及軍人生活有意見，但更有共識，吹了熄燈號之後還隔著被窩聊個不停……。

　　「既然這是彼此交流，也互相學習，我總該把握這個切磋砥礪的機會呀！」我經常這樣想。

- **他家的溫暖：**由於他跟我的相處相當投契，所以他在營區服務結束後，仍經常在假日邀約我去他家，讓我對他的父母也有了較深的了解。

　　從他父母對我親切的招呼方式與態度，可以看出他們有良好的教育素養，同時也在台中二中教書。

此外，也跟他慈祥的外婆見過好幾次，甚至還能有些跟她談得來的話題。當我調離台中多年後，還曾因想念他的外婆，而寫了一篇思念外婆的文章，在報章上發表。

余序江排行老大，下面還有妹妹及弟弟，在假日，甚至我還曾帶他弟弟出去玩。「他們雖然不是我的家人，可是這時候我所感受到的溫馨，不亞於來自家人啊！」我深深地感受到離家後「家」的溫暖。

我帶余序江的弟弟去台中公園划船。

- **他，容忍我的糗事**：記得那是一個炎熱的週末假日，當我在他家看到他在庭院玩耍時，頭上流下不少汗珠，於是我就從後褲袋中掏出了手帕幫他擦拭。沒想到他聞到我那塊又皺又充滿汗臭味道的手帕時，剛開始皺了一下眉頭，接著就笑著說：「這個味道，剛好又讓我回想到我們打野外時汗流浹背的情景呢！」那是我出過汗好幾次，連續好幾天都沒洗過的手帕，我自己當然照用不誤，沒想到還拿去給別人擦臉。好糗！

以上這些，在某種程度上都是一些芝麻綠豆的小事，可是箇中的好奇、驚訝、欽佩、兄弟情、家的溫暖，甚至是糗事，都是基於真摯、緣分、情誼、信任。可是，更重要的還是，讓我無意間接觸到了與我自己的教育背景、家世、氣質等截然不同的環境，啟發了我改變現狀的意念，而且遇到了終身的學習標竿。

自從 1964 年我開始在龍潭擔任外事連絡官起，在工作上超乎尋常地忙碌，接著又在 1967 年調職到了楊梅神箭單位，1969 年則輪調金門一年多，而後 1970 年結婚、子女相繼出生、退伍後又幸運地進

入美商工廠、再轉換跑道至台灣飛利浦公司，我們不知不覺地中斷了聯絡。

令人驚喜的是，在 2015 年春天的一個下午，忽然接到了余序江從美國舊金山發來的電子郵件和他的電話號碼，向我確認彼此的身分。因為他從網路上，忽然看到了我的名字以及一篇跟他有關的文章，而透過電子郵件找到了我，甚至還緊接著在八月初，專程飛到溫哥華來看我。

余序江的禮品，當年偶像來訪，贈我蘋果手錶。

我與余序江及他弟弟，在美國舊金山合影，2016 年五月，我們去拜訪他們兄弟時拍攝，右：余序江，左：余序洋。

在認識之後我們只交往了兩、三年，接著是靠書信往來約十年之久，終於因為彼此各奔前程而失去聯絡達五十多年，沒想到居然藉著網路而重逢，這是多麼具「傳奇性」的「真實故事」啊！如果當年彼此沒有建立起誠摯且深厚的友誼基礎，這種重逢根本就不大可能！

為了答謝他的拜訪，我迫不及待地於 2016 年五月去舊金山看望他，他除了開車帶我跟內人遊覽他畢業的史丹福大學，也帶我們參觀博物館及附近景區，還見到了他的弟弟余序洋。

跟他弟弟見面時，他弟弟感到格外高興，甚至還提起了十幾歲時，我在假日帶他去台中公園四處遊玩的印象。

相隔六十年後，居然能在國外找到、見到、互相拜訪，足證一個甲子以前建立起來的情誼，實在稱得上是「歷久彌堅」了。

尤其，至今他仍是我「畢生學習的標竿」，因為他取得了博士學位多年，且仍在美國的大學任教。而我，卻在 1991 年，拿到碩士學位後，報考過三次博士班，其中兩次備取，看來我似乎已經與博士無緣。

3.11「海防哨兵生活」的多元化

　　1952 年的夏天，在台中的烏日營房以「團」（附註 1）為單位，集中訓練了一年半左右，就又轉到了具有「戰備性」的海防任務。

　　這次的海防駐地，就是當時苗栗縣竹南鎮的崎頂和新竹縣的香山鄉海邊，這是繼鹿港海防後的另一次有荷槍實彈意義的任務。我們所知道的最明確目的就是「保衛台灣」，防禦任何可能的敵方襲擊。

　　與鹿港海防性質上不同之處在於，前者著重於「休養生息，重振旗鼓」的部隊整編，而後者則強調「防禦能力」的強化。

　　在戰備情形下的海防任務，具有「兩極化」的性質，戰備中有輕鬆的休閒，休閒中不忘戰備。防禦性的海岸防守，在生活上比較有彈性，而且在沒有擔任崗哨任務時，生活起居上有相當程度的「多樣性」。

　　至今我仍清楚地記得，開始移防到竹南崎頂時，我們是利用崎頂漁村距離海灘不遠的一個荒廢校舍當作營區，營區裡面可以容納整個的「營」，總共約五百人。除了一個連是駐守在海邊的碉堡擔任海哨外，其餘單位利用部分時間展開「連教練」，另一部分時間則舉辦籃球比賽及進行自由活動。

　　我的投籃命中率：使我最難忘的要算「連與連」之間的籃球比賽了，大約在比賽前半年左右，「連際籃球賽」的四個球隊，就用了大半時間及各種招數，搶時間去練球，甚至私下舉辦熱身賽，到了正式比賽時更是高潮迭起。我覺得，那時的練習與熱身賽的過程，要比正式比賽更精彩，因為求勝心理把大伙的情緒提升到了最高點，而團隊合作精神，尤其是「必勝的信念」，更凝聚了團隊的向心力，

無形中也增進了彼此的感情，這是過去幾年來，心理狀態最好的一段時間。

我尤其記得，我們第八連第三排的籃球健將，除了在北平時就與我一起的「吳存考」及「梁福星」之外，後來整編過來的「李壽康」還充當我們的教練。舉凡拍球、運球、罰球、帶球上籃、切入籃下等動作，都曾經多番練習，甚至每天至少有兩個小時的練習時間。基本上，晚飯後與假日，幾乎都在練球，也就在那個時候，我的投籃命中率及前鋒切入上籃的動作，都奠定了相當好的基礎。

在爾後的歲月中，也經常有出色的發揮，直到七十多歲才逐漸減少而退出，我在罰球線上的投籃，仍然有九成左右的命中率。

漁農摯友：在竹南崎頂的集訓期間，可以說得到了「三重收穫」。當然是以軍訓為主，其次是對籃球技術與體力的建構，還有就是在崎頂認識了第一個「本省籍朋友」，也可以說是第一個本省籍家庭，因為我認識了他們全家老小，而不只是家庭成員中的某一、兩位而已。

說起來也是緣分吧，由於我們的駐地靠海邊不遠，當然也是附近農民與漁民的近鄰。操課之餘或假日，總會三五成群地到海邊散步、至山邊散心、跟碰到的人偶爾打個招呼。也許是因為已經離家五年多，所接觸的也都是穿軍裝、拿槍桿、說軍語的軍人，所以看到跟自己年齡相仿的年輕人，感覺上沒有距離。

就這樣，在晚間散步時認識了正在讀新竹師範學校的「林福龍」及就讀基隆水產學校的「林福順」兄弟倆，經過幾次的招呼和聊天，大家顯得滿投契，於是受邀到他們家，而認識了他的父母、弟弟及堂弟妹等。星期假日，有時跟他們一起去山坡上的田裡殺西瓜蟲、烤地瓜、挖花生，或者到崁頭上看著落日，跟他們講著自己離家後在戰場上打仗的故事。偶爾也在假日跟他們家一起吃飯，感覺上好像我並沒穿軍裝一樣。

跟林家兄弟相處期間，讓我感到最溫馨的印象就是：在弟弟林

福順結婚迎娶新娘的前一晚，我跟一位名叫「陳慶明」的同事，還特別受邀睡在新房的床上。根據他們的說法，這樣將來才會生出「壯丁」，可見，當時鄉下重男

林福順結婚照。

輕女的觀念仍然很強。我們當然欣然允諾了，甚至第二天還幫他們在四合房前面拍攝結婚團體照。

說實在的，在那段時間裡，已經感受到了少許「家的感覺」，因而沖淡了某種程度的思鄉情懷，但是當重回軍營時，鄉情反而更深。也正因為如此，自從我們認識至今，還經常保持聯繫，就在 2019 年的六月，我還特地跟他們幾個兄弟姊妹，回到崎頂重聚。在談話中了解，崎頂這個老宅第，因為持有人過多，再加上堂兄弟們

崎頂兄弟們一甲子之後的重聚，2019 年 6 月，背後中堂及西廂房已經塌陷。

的處理意見不一，尤其這個地方經濟開發的價值並不高，所以早已荒廢，我們都觸景生情，感嘆不已。

　　緊張的海哨勤務：以上這段經歷，我把它稱為「極端輕鬆」的一面，等輪到我們防守碉堡時，卻是「極端緊張」的幾個月。

我們駐守的海防，是在崎頂至香山的海邊，擔任日夜崗哨任務。直覺上，守海防就是不要讓海邊有敵人入侵的漏洞，因此班長以下的士兵們，在夜間就要輪流排班站崗守哨。每兩個小時換哨一次，在守哨的那兩個小時之內，隨時都要睜大眼睛，沿著海岸監視，一旦有任何反常的動靜，就要立刻報備，因為當時漁民出海也都有規定的時間，以及在不同日期出入海岸線的特殊信號。

　　最感到痛苦的就是輪到午夜二點到四點的夜哨，因為晚上睡得正甜，就被搖醒，帶著惺忪的睡眼起來著裝，配戴好槍彈、哨子，聽好並記住口令，以便隨時辨識敵我。有時候，在接班後不久，難以立即適應，偶爾還會打瞌睡。因為上級都會安排「不定時的查哨」，一旦不小心被查到打瞌睡時，真的會被申誡或處罰，那時，確實有「如臨大敵」之感。

　　現在想來，即使當時兩岸的敵對狀態相當明顯，可是敵軍摸到台灣西海岸的可能卻仍然是微乎其微，所以戰備與訓練的意義高於敵情意識。

　　在極端緊張的戰備、站崗、守哨、查哨之餘，第二天白天，卻又可以享受部分「極端輕鬆」的時刻。除少數人仍需要在日間值班外，其餘的人不是倒頭大睡，就是海邊玩沙、游泳、打籃球。

　　在海邊碉堡附近的籃球場雖然簡陋，倒是練習基本動作和鬥牛的最好場所，因為人少，沒有人搶場地，練起來很有實效。記得當時的班長兼籃球教練李壽康，把我們訓練成了球隊的「鐵三角」——他打中鋒，另一位「劉啟星」打後衛，我打前鋒。每逢比賽時，我們這組鐵三角都會依照客隊中鋒及後衛的高矮與強弱，由李壽康中鋒或劉啟星後衛，打暗號給我，讓我「搶」或「卡」在最佳位置上，趁著球賽開始的跳球哨音剛剛一響，我這個前鋒經常會接到從中鋒或後衛撥給我的球，然後運球三步上籃，就能立刻得分。我們的默契，幾乎是十拿九穩，除非對方球隊的實力比我們強很多。

從那時起，不只是我們鐵三角在比賽中將「默契」發揮得淋漓盡致，也讓籃球成為我除了音樂與唱歌以外的第二種嗜好。

附註1

所謂「團」這個字，就是軍事組織架構中的一個單位，團的上級單位是「師、旅、軍」，團的下屬單位是「營」，依次往下是「連、排、班、兵」。從未在軍中服務過的人，尤其是女性，如果有興趣可從網路上瀏覽。

現在才把這個軍中組織結構的概況提出來，主要目的在於表示，「士兵」這個職位，在軍中是最最底層的人員，直接上司是班長，然後是排長。任何一位士兵有問題，只能反應給班長，即使非正式地跟排長或連長提起，也算是越級報告。可見，士兵或士官的地位，就像剛從學校進入企業的「新鮮人」，在職務上最多是個「專員」。

3.12 野柳山頭上的風雲變幻：遠山、近海、落霞，都是啟發

在軍中，常聽到「鐵打的營房，流水的兵」這句話，意思是說，營房是固定的，裡面的軍人則是時常流動的。

對我而言，這句話有兩個意義，第一個意義是：營房是固定的，裡面的士兵卻換來換去；第二個意義則是：營房裡都住滿了士兵，可是未必能關得住他們的身心。這兩個意義都可以適用在我的身上，我隨著部隊的任務，到處調動換防，同時，雖然自己是因為家境貧苦才「自投羅網」的「志願役」，可是那只是當年緩解家庭生活壓力的權宜之計，而不見得就是當一輩子軍人的理由，所以，營房關不住我用合法手段「改變現狀」的心。

出軍操、上政治課、強行軍、狙擊手訓練、爬竿比賽、午夜站崗，以及出公差扛幾十斤重的麻袋等，除了讓我的體魄更健康之外，都不是「我要當官」的必要途徑。但在「別無選擇」的情況下，卻藉以孕育了我吸收新知，找尋改變現狀的任何方式與努力。而且，所有的努力，也伴隨了心智的成長和社會知識的普遍吸納，經過大約四年的知識累積，讓我的思路更清晰，努力求知的意志更積極。

野柳山巔的曙光：在竹南崎頂及新竹香山的海邊駐守了半年之後，我們的部隊又調防至北部的金山鄉及萬里鄉，而我們這個排則被分配為駐守野柳。除了負責漁船進出港口的登記或必要的檢查外，主要還是防守「野柳鼻」附近海域的安全，駐地則是野柳鼻的鼻梁──一個小山頭。

這時，我已經從原來的中士「火箭筒手」，調為「通信士官」，

兩者最大的差別就是，前者還要站衛兵、出公差、做些雜活，而後者則屬於通信業務，可以不再輪流站崗，因為所操作的通信器材，隨時要保持對外的暢通。就因為這種變化，才讓我自修的時間更加充裕，學習的科目也更能掌握自如。此外，在生活上幾乎也超越了一般軍人的呆板模式，例如：

· 上午，可以打著赤背在籃球場上耗它兩個小時。

· 打完籃球稍事休息，檢查過通信消息後，就跑到野柳港的漁船上，跳入港口游泳出海。

· 午餐後的午睡讓海風吹醒。

· 下午做完通訊設備的保養之後，可以遙望遠海的漁帆點點。

· 入夜則浴在滿天閃爍的星群中，持續我的讀書、寫作，直到午夜……。

　　這種日子雖說並不是天天如此，可是即使有所變化，也是更充滿了色彩、更有詩意、更加豐富地變幻著。在這種多變而充實的生活中，我好像看到了生命的另一線曙光，讓生活充滿了自信與希望。

　　當然，野柳生活中的下面幾個焦點，就是點燃曙光的火種：

　　先總統　蔣公的突然造訪：在沒有預警的情況下，蔣公中正及經國先生突然到了山下，上級指示要我們這個排，接他們到山上遠眺、便餐，並且還在山頂上的宿舍前跟大家合影留念，事後居然還把照片分贈給每一位戰友。照片的後面，蓋上了蔣公的

駐防同事們跟先總統　蔣公的合照，攝於1954年7月，我在最後一排的中間。

攝影官「勵志社胡崇賢攝」的印章。我覺得，激勵的意義絕對大於紀念的意義，因為平凡的士官兵們能跟總統合影，機會相當難得。

對異性的遐想：在野柳駐防期間，已經二十二歲，即使生活再緊張忙碌，內心對異性的遐想還是經常出現的，只不過都稍縱即逝而已。有一天下午，正在小山頭上操作通信器材，忽然看到一位少女從山下的小徑穿過，在距離上大約有一、兩百公尺遠，只覺得她身材修長，長髮飄逸，遠遠看去讓我似乎著魔，居然莫名其妙地狂奔下山。等我跑下山，快要接近她時才發現，那只是個十來歲的小女孩，事後一直都想不通，那算是什麼情懷呢？

「直覺」且「多重」的職涯目標：雖然幾年來都在過著軍中生活，然而輕鬆、自由、多變、求知等多樣性的日常生活，剛好也藉此在「我要當官」的勤學過程中，逐漸找到了一些構想。將來一旦我有機會考取軍事院校，在直覺上已經勾勒出了幾個可能的方向：

- 我熱愛唱歌，所以將來我可以考「音樂系」。
- 我的籃球技巧，說不定可以有機會考「體育系」。
- 我曾多次在文康活動的話劇中飾演主角，應該也能考「戲劇系」吧。
- ……

那時的直覺就是：「所喜歡的，也是我的興趣，就可能是我未來發展的方向之一。」這種直覺，直到退休前夕，撰寫碩士論文時才發現，當時的「各種興趣」，其實就是爾後在職場上「職涯規劃的基礎與動力」。

3.13 真的，「機會，是給有準備的人」

　　隨著年齡的日增、企業生活的淬鍊、社會生活的磨難以及職場上難以預期的浮沉，越來越讓我認同「機會，是給有準備的人」這句話的正確性。

　　甚至越來越相信：「自己的前途好壞，完全取決於自己專注投入的程度。」

　　就在 1954 年的夏天，在野柳駐防約一年之際，看到了一則軍事院校招生的消息，而這則消息激發了我報名考試的勇氣。尤其到台灣後，四年以來軍中士官的各種磨練、操課及教育，似乎都已經定型了，內心「求新求變」的急迫感，更堅定了我轉換環境的決心，強化了我投考軍事院校「勇往直前」及「義無反顧」的意志。

　　也許是軍中高層意識到，當年以「十萬青年十萬軍」為號召而湧入軍中的這一大批所謂的「知識青年」，確實已經面臨了前途抉擇的時刻，更不可能一直被壓抑在基層士官的層次，於是當時的政策就是：只要是正統的軍事院校招生、只要是士兵們有意願去投考、而且平時的考績及品德沒有不良紀錄，都可以透過行政程序報考。

　　在當官心切及自己在文科上確實已經自修了幾年的自信心，感覺到實在不想再在同樣的環境拖延下去了。所以 1954 年夏天的招生，雖然是「譯電人員養成班」、雖然受訓期間只有六個月、雖然不清楚為什麼受訓地點是在當時的「政治作戰學校」，卻仍然鼓足了勇氣，憑藉著當時參謀總長頒發的「陸軍預備軍官適任證書」這唯一

的資格,完成了報名手續——

- 即使不知道這個「養成班」並不算是「養成訓練」;
- 即使根本不知道「譯電人員」到底做些什麼;
- 即使已經知道,只需六個月就能快速地完成訓練、開始當官,這就夠了!

應該算是幸運吧!報名成功了,也收到了准考證。事後我才知道,我是這數百位士官兵單位當中,獲得准考證的四個人之一,而且我的階級還是最低的。七月分收到准考證,八月初要去台北參加考試,八月底才放榜。

在將近一個月的準備之中,我放棄了打球、取消了游泳、不再唱歌、更很少有心去欣賞晚霞,全力以赴地準備考試科目:國文、國父遺教、三民主義、英文、歷史地理,但我不記得是否有考數學。

「年輕真好」這句話,也可以適用於軍中生活,我平常喜歡寫作,覺得考國文根本不需要準備,兩年前曾經榮獲團級「政治戰士」的第一名,至今我還能把國父遺教及三民主義的精要出口成章,所以在考前的一個月,主要時間都是用於準備英文考題。

這次的考試,雖然是第一次,我甚至把它當作最後一次,更有志在必得的決心。就在這樣的決心之下,經歷了人生第一個轉折點中,讓我畢生最堅忍、最難忘、超乎尋常的幾件事:

- 搭車轉車,沒吃沒喝:一大早就摸著黑下山,空著肚子走到公路上的車站等車,搭公車到基隆,再轉車去台北。
- 大雨中的倉皇趕考:在傾盆大雨中趕到了考場,剛找到座號,就已經聽到了進入考場的鈴聲。
- 無味的午餐飯盒:中午的科目考完,就地順手買了個飯盒,一面吃著飯盒,一面盤算著上午考過的三門課,根本吃不出飯盒的味道,一直在想著:「考不取,不是很丟人嗎?」
- 給自己找到的台階:下午考完之後,反正是考完了,就用放鬆的

心情，順著考場繞了一下。沒想到居然發現總共有 40 多個考場，每一個考場約五十至六十人，這不是等於有近三千人報考嗎？在好奇的心情下，又返回走，再清查一下每個考場有幾位缺席，這樣才能估算總共有多少人報名？又有多少人完成了考試？以便了解自己有多少位競爭者。大約計算過考生人數之後，內心舒坦了不少，而且自己給自己找到了台階：「反正是第一次牛刀小試，在兩千多位考生中，只錄取兩百人，被錄取是運氣，落榜了，很自然！」

- 我挺住了：離開考場時，大雨仍然沒停，好像就在考驗我們：「看你能不能挺得住！」我內心大聲呼喊著說：「我挺住了！」

- 夜宿公車內的經歷：從台北回到基隆時，公車已經停班，口袋裡既沒錢搭計程車，基隆又沒有朋友可以寄宿，在車站附近徘徊了好一陣子，最後還是挑了一輛沒有完全上鎖的公車。在公車裡儘管燠熱、疲憊、飢餓、渾身臭汗、蚊子叮咬，我仍然不知不覺地渾然入睡了。

- 對運煤車司機的感謝：第二天為了要趕回去上班，在公車還沒開車前，就快步走到公路上攔了運煤車，才在早餐前回到了野柳營區。因為當年到處在推行「軍民一家」，我還清楚地記得「軍愛民，民敬軍，軍民都是一家人」的口號，所以軍民關係親近，至今想來，恐怕再也無法穿著軍裝在公路上攔車了。因此，我還是很喜歡那時軍民之間的和諧氣氛，當然，我在心中始終還懷著對那運煤司機的感謝。

　　一個月後，我收到了錄取及報到通知！

　　「將近三千名報考者，我居然被錄取了！」

　　我幾乎驚呆了，內心呼喊著：「我真的要當官了！」

3.14 復興崗上的雀躍：欲速不達，卻又峰迴路轉

職位高低固然重要，

自己究竟能做什麼、是否比別人做得更好，更為重要！

面對即將結束的六年士官兵生涯（1948 年八月至 1954 年九月），一則以喜，一則以憂。喜的是跳脫了枯燥艱苦的大兵生活與桎梏，實現了使用「正當途徑」改變環境成為軍官的理想，憂的則是要離開曾經在戰場上出生入死的戰友，難掩割捨的離情，以及對不可知的未來，感到惶恐。

報到前夕，對於即將參加軍官培訓感到興奮與好奇之餘，在歡送的餐會上，跟單位內職位比我高，卻沒有被錄取的幾位互相敬酒時，頗有百味雜陳的感覺，同時也已經體認出「真材實料」的重要性。職位高低固然重要，自己究竟能做什麼、是否比別人做得更好，甚至更重要！

當然，錄取給我帶來的「百味雜陳」還有下面這些：

- **百裡挑一**：報到後才知道，在報考的近三千人中，只錄取了兩百一十個人，編成兩個隊。掩不住內心的喜悅、顯現了努力的成果、終於有了當官的機會。
- **其實就是密碼官**：報到後才知道，所謂「譯電班」，就是「譯電人員養成訓練班」，是培養軍中通信部隊中的「密碼官」，培訓結業後，是分發到各軍種擔任密碼電報的加密、解密工作。
- **適逢急需**：受訓時才知道，我們是第三期，因為第一期與第二期

的人數，距離實際需要人數相差太遠，所以才一次招收了兩百多人。我們的運氣趕上了！

- **敏感的身分：** 受訓地點是在北投復興崗的「政治作戰學校」，因為這些譯電人員的任務比較敏感，且受到國防部第二廳的管轄。

- **不文不武：** 在受訓過程中才知道，受訓六個月結業後的官階是「通信准尉」。更因為六個月的訓練不算是「養成訓練」，所以職稱是「同」准尉譯電官，也就是「軍中文官」性質、「視同軍官」的「准尉」。這剛好符合了當兵打仗時記得的一句歇後語：「刺刀上抹大便，聞（文）不得，搗（武）不得」。

　　知道這些以後，心裡面就涼了一半，因為上面這些事實不但是「軍官」中的異類，而且還有「誤入歧途」之感。想再回部隊，可是卻已經在新單位報到，而且原來的長官一再交代：「至少你們已經考取了軍官，今後的機會就留給別人吧！」想到這裡，心中又重燃起閃耀的光輝，鼓足了勇氣，抱持著「既來之，則安之」的態度，認真地面對嶄新的環境。

　　在學校裡，我們雖然只是六個月的短期訓練養成班，可是學校對待我們跟四年制的本科班完全相同，甚至還更加呵護，總怕我們會有「系出旁門」的感覺。無論在課程安排上、體育活動上、音樂教學上、各種競賽上，學校對我們都一視同仁，不分彼此。這也無形中增加了我們對學校的向心力。

　　從 1954 年九月至 1955 年三月，在北投復興崗的半年訓練期間，雖然結識了「左宏元」音樂小老師，但卻還是跟自己酷愛的嗜好——音樂擦肩而過。雖然跟當年的梁福星排副都在幹校同時受訓，可是他是正科班三期，我卻是雜牌文官三期。即使這樣，我們之間仍有共通點：一起幫助學校開挖成功湖、鋪建橄欖球場、跑到北投的山上去挖野草，為球場鋪草皮。

還好，不知道什麼原因居然被選為第六隊的第六分隊長，乖乖地盡責任把功課學好之外，也要兼任一些行政工作。結業前夕還在康樂活動及領導才能上受到獎賞，也擔任了編撰同學錄的主幹。離校時，居然也開開心心地回到原單位跟老同事們秀一秀肩章領章上的官階，表示「我當官了！」

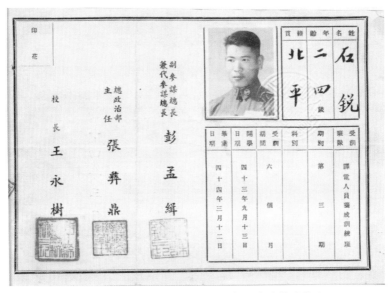

譯電班的「結業」證書，因不是兩年以上的養成教育。

　　我們的受訓時間雖然只有六個月，可是受訓期間所建立起來的深厚情感，卻維持至今，超過了一個甲子，而我居然也在不知不覺中，擔任了結業後六十多年的「同學會召集人」，而且幾乎每年都舉辦同學聚會。聚會的方式包括了用餐、郊遊、參觀等活動，在聚會的地點上，也涵蓋了台灣的北、中、南各地，例如1981年的結業二十六周年，就是在苗栗的明德水庫舉辦的，也有不少同學是從高雄、台南遠道而來。而這次同學會的策劃人，則是同學中唯一晉升為少將的陳漢昌學長，他因為興趣及敬業精神，結業不久又接受了養成教育，才掌握了晉升的機緣。

政工幹校譯訓班三期畢業廿六週年紀念攝於明德水庫 70.3.15

譯電班同學會在苗栗的聚會，結業 26 周年，1981 年 3 月。

　　譯電班第三期這個雜牌性質的軍中文官，即使只有六個月的培訓，可是對於學校的向心力卻不亞於一些接受養成教育的正規班。對我們而言，學校固然是人生轉折點的搖籃，除了心智的成長外，我們也付出了汗水挖成功湖、建橄欖球場、鋪設草皮等，美化了校園，讓我們留戀。

　　至今，同學會雖然照常舉行，可是參加的人數已經只有三分之一左右，隨著時間而逐漸凋零。

3.15 多元發展的契機

只要你想，沒有不可能的事！

左宏元老師對我在音樂興趣方面的啟發，應該就是那種「我想、我要、我做」的動力泉源吧！

在那六個月的受訓期間，對我自己而言，無論在知識的增進上、體能的強化上、興趣的多元發展上、心智的拓展上，以及為人處事的視野上，跟以前在士官兵期間相比，確實有相當的差異。

至今想來，被錄取的雀躍，還是遠遠超過了百味雜陳的那些不成熟的感受，因而也就從那時起，逐漸涵育了「積極學習」與「充分發揮潛能」的態度，奠定了爾後謙恭有禮、與人為善、逆來順受等特質的基礎。這些種種，概括來說，可以歸納出下面幾個重點：

- **分隊長的滋味：**我的個子不高，也說不上英俊，報到沒幾天，就被選為分隊長／班長。在全隊 110 位學員中，共分為九個分隊，不自覺的，我好像嘗到了少許領導別人的滋味。

- **演講比賽獲真知：**當士官兵的時候，除了只知道遵從指揮「一個命令，一個動作」之外，只有抽空埋頭苦讀，或者偶爾哼唱幾句，可是在學校訓練過程中的演講比賽，卻讓自己從不同層面的知識寶庫中，去尋找跟演講主題有關的資料。那個時候才更發現，自己的知識領域還是相當貧乏的，我最大的感想就是：要想出人頭地，必須要有真知識。

- **辯論比賽學口才：**辯論比賽，也是平生初次，例如「服從」與「領導」本來是兩個很清楚易懂的名詞，可是當我們要辯論出「何者更重要？」時，正方與辯方所提出的理由、事實、論證等具體內容，

讓我開始學到了「從不同角度看問題」的能力，尤其增加了我的思辨邏輯。這方面的成長，與以往根據「步兵操典」而操練的技巧，可謂大相逕庭！

- **馬廄裡的馬兒生活**：入學時是 1954 年，學校成立不久，校內環境也比較簡陋，我們所住的宿舍還是由原來的馬廄修改而成；除了沿用原本房屋的格局、空蕩的屋頂、用兩層木片拉動的木窗以外，兩旁都是木板通鋪，而且還是上下兩層。我還清楚地記得，大家從起床到早餐，或者中午休息前後的短暫時刻，狹窄的通道讓我們不得不側身而過，而且還不能撞到別人。早餐後至上課前，還要把棉被折疊得比豆腐乾還要有稜有角，晚上九點吹過熄燈號之後，每個人都必須要躺在自己的被窩裡，什麼都不准做，每天清晨也是在酣睡中被起床號叫醒，就像馬兒一樣：操練、奔跑、跳躍、吃草、睡覺，日復一日！

- **成功湖畔的成功**：學員宿舍前面，是長滿了蔓草的小池塘，學校裡的環境改善，全靠住在附近宿舍內的學員們負責整理。「我們要把這個臭水塘，變成屬於我們自己的荷塘！」就在大隊長的這項號召下，我們兩個中隊，每天固定抽出兩個小時，再加上星期假日，大家都脫掉了鞋襪、挽起衣袖、拿起圓鍬、提著水桶、腰間圍著擦汗的毛巾，只用了兩個星期，居然挖出了比原來池塘大三倍的小湖，湖畔還栽種了樹苗，也用水泥圍著湖的四周，做了幾個水泥座椅。

  完工之日，大隊長為了嘉勉大家的努力，除了特別加菜慶功之外，還特別把它命名為「成功湖」。「挖泥開湖，並不是你們的責任。」大隊長慰勉大家說：「如果你想要做什麼，只要有決心，就會成功！很高興，你們嘗到了成功的滋味！」是的，我確實嘗到了成功的滋味，也讓我分辨出「想要」與「決心」之間的關聯。

- **「能吃就能幹」的笨想法**：二十三、四歲的年齡，飯量相當大，

尤其是在課程的安排上，還安排了不少體育活動或勞動服務，而使大家的飯量特別大。吃飯比快，最為平常，有好幾次，晚餐是吃饅頭，饅頭的大小就像小茶杯那麼大，剛好隊上有好幾位是山東人，看見饅頭眼都紅了，於是拼命地搶著吃。他連續吃了七個，看了看我們說：「有誰想比比看誰吃得多嗎？」說完，立刻就有好幾位參加了「吃饅頭比賽」。我當然也不落人後，結果我吃了十三個，還只是第二名，雖然晚上感覺有點撐，可是小時候曾聽我爺爺說過「能吃才能幹」這句話，因為在鄉下幹活，只有肯幹活的人才能吃。比賽完了，也印證了爺爺的話。

• **左宏元老師的啟發**：譯電專業課程的培訓之外，也有不少所謂的「文康活動」，其中，最感興趣的當然是音樂課。那時的音樂課程名稱雖然是「軍歌教唱」，可是當時的音樂老師左宏元，在課堂上也順便提示了一些音樂常識及樂理知識。

左老師的年齡跟我們相近，上課的方式相當靈活，下課以後，我曾多次跟他請教一些關於怎樣才能考進音樂系的想法，他也毫不保留地讓我先看看「和聲學」，如果真的有興趣，等結業後隨時可以報考。

就在那個時期，我不但在課餘看過了和聲學，甚至還參考了跟作曲有關的「曲式學」及「對位法」，我也不知道當年怎麼會有那麼大的興趣，更說不清哪裡來的那麼多時間。可見，只要你想，沒有不可能的事。而左宏元老師對我在音樂興趣方面的關鍵啟發，應該就是種「我想、我要、我做」的動力泉源吧！

3.16 團隊意識與「能者多勞」

在野戰部隊裡打仗與訓練時，最重視的就是「團體成績」，個人的一切表現，最終的結果都顯現在排、連、營、團、師等不同單位的團體。

到了學校，小小團體的成敗已不具意義了！

在學校六個月訓練的各種活動中，讓我印象很深的一件展現團隊意識的實例就是全校「勞動服務」。那次勞動服務的目的，就是在校區的西北角空地上，建造一個橄欖球場，從除雜草開始，接著就平地、挖地，最後是鋪設草坪。在這個大目標之下，全校每個大隊都要參加，而且還不特別分配工作量。尤其是鋪設草坪，學員們都要到北投山邊去找適當的綠草，然後完全用人工挖起來，抬回學校，一塊一塊地鋪在預定的球場上。

我已經不記得到底花了多少時間，只模糊地記得，幾乎每次晚餐之後，都是列隊扛著圓鍬，提著麻袋，去山上挖草皮，然後把草皮抬回學校。當時沒人偷懶，也沒有任何一個隊缺席，大家的心中只有一個目標：「自立自強，自己鋪個橄欖球場！」不到一個月時間，居然橄欖球場就開始啟用了。

校長在啟用典禮致詞時說：「看著每一個隊裡的每位學員，都在搶著做，才讓這個球場提前完成，這完全靠大家的團隊意識！」接著又補充一句：「大家離開學校之後，凡事只要齊心協力地去做，肯定你們都會成功的！」事後想來，校長讓大家自己建造橄欖球場，目的是要藉此提升大家的「團隊意識」。

就在 1995 年，我們這批一般人認為的「雜牌短期培訓譯電班」

第三期第六隊，在舉辦「結業四十周年聚會」時，還特別把地點選在北投復興崗的學校舉行，同時也在餐敘中，提到了大家開闢成功湖及挖草皮的往事，更參觀了已經是美輪美奐的橄欖球場。

　　「將來你們結業到了部隊之後，也一定要抱持著『能者多勞』的態度去投入工作，以取得崗位上的最大勝利！」校長對我們的成就肯定之餘，也提出了未來努力的方向。

譯電班結業四十周年復興崗聚會大合照，1995 年 3 月。

　　「能者多勞」這句話，在我的字典裡應該具有兩種意義：先天的特質，與後天的環境使然。我自己當然是傾向於後者的成分居多，因為我知道，像我這樣出身的農家孩子，除了思維憨厚、頭腦簡單之外，在生活環境中最多只曾做過街頭小販，沒想到在軍中也能「唯命是從」地擔任一些「一板一眼」且屬例行而粗重的任務。

　　可是到了軍事院校，即使我們不屬於正規班系，但學校對每一位學員在各方面都一視同仁，讓我們接觸了不少新鮮的課程、吸收了不少新的觀念、學到了一些與從前大不相同的做事方法。尤其，

擔任了半年的分隊長，任何事情還要考慮到成員的分工、團體間的協調、同學間的互助合作，當然也少不了做一些「三不管」的工作。有些事情，自己若不搶著做，除了覺得對不起良心之外，也很有「捨我其誰」的想法。

正因為如此，不但在工作能力上無形中提升了不少，甚至有些根本是「不可能的任務」，也都順利完成了。其中一個感到滿意且具成就感的，就是在結業前夕，成為負責編輯「同學錄」的成員之一，舉凡版面設計、照片挑選、插圖繪製、甚至印刷校對等，都從毫無經驗而摸索完成。

當時在同學們的眼中，也許是「多才多藝」，然而我自己卻覺得，什麼都是剛剛起步、什麼都不拒絕、什麼都要有意願去做，而且從那時開始，也就更加「什麼都不怕了」！

至今我都不知道這到底是好事還是壞事，但是讓我最確定的是：「勞者多能」，而不僅僅是消極的、推諉的「能者多勞」啊！

懵懵懂懂地、幸運地、順利地考取了「不文、不武」的譯電班「文官」訓練，最初曾有出乎意料的感受，可是半年的學校訓練之後，我自己都感到驚訝，居然在短短的六個月學習時間，把自己培養得「略具」了「文武全才」的本領，這真是當初入學時完全沒想到的結果！

這算不算是我們在生活中與企業裡常聽到的「既來之，則安之」與「山不轉水轉」這兩句話所蘊含的道理呢？

3.17 《今日世界》中，萬花筒般的筆友「視界」

　　離校兩、三年之後，有的同學已經結婚，想想自己也二十五、六歲，過了近八年的軍中單調生活，心中免不了偶爾會對異性產生了好奇與憧憬。

　　不知道是什麼機會，也不記得從什麼時間開始，在駐紮海防的時候發現了一本香港出版的《今日世界》雜誌。由於軍中生活對外接觸較少，對當時社會上的見聞也比較狹隘，所以看到了這本雜誌之後，只覺得它的內容應有盡有，而且看了之後大有琳瑯滿目之感。尤其在封底兩頁所刊載的國內外「筆友信箱」，更吸引了我的注意力，甚至看了讓我著迷。因為裡面刊登著台灣、香港、澳門、新加坡、菲律賓，甚至馬來西亞等地區人士的姓名、年齡、興趣與地址，也因此開拓了我想要追求異性的視野，而且大多都是用「筆名」，更增加了不少神祕感。

　　最初，是對這種徵友信箱充滿了好奇與興趣，接下來想到，軍中生活經常換防，居無定所，而且當時軍中對外的私人溝通只能用「郵政信箱」，於是就很自然地打消了徵友的念頭。後來，因為認識了竹南崎頂的朋友，就徵求他們的同意，使用他們家的地址收轉我的「筆友」信件，於是就開始在徵求筆友廣告中，「漫天撒網」式地寫信給台灣、香港、菲律賓等地的人士，發出渴求筆友的信件。

　　也許是因為寫出去的「徵友信件」內容未必符合對方的需求與條件；也許因為自己是軍人，對方根本沒有興趣；也許是因為內容與興趣不具吸引力，因此，不知道發過多少信，每次都是石沉大海，

得不到回覆。

　　經過檢討之後，決定把徵筆友的地址鎖定在台灣、香港、菲律賓，信件對象也改為男性多於女性。當時找男性筆友的理由是：只要有了男性筆友，就不難經由男性認識女性。現在想起來，覺得自己好天真，因為即使是在六十年前，這種邏輯或可能性也未必存在，這充分證明了當時自己社會經驗的膚淺。

　　也許是皇天不負苦心人吧！又經過了一年左右，徵求筆友的信件逐漸開始有了回應。在雀躍中、驚喜裡、好奇下、想從結交筆友而結識異性朋友的期待下，居然有了下列各種性質的筆友，而且有的還交往了好幾年：

　　以球會友的台北張田：其實，從 1950 年就開始有了第一位台灣筆友，他是個高中男生，名叫黃中成，只是沒有連絡過幾次就失聯了，所以目前雖然還保留著他的照片，但卻沒有任何具體印象了。因此，只能從第二位筆友說起。他叫張田，也是個高中生，因為彼此都愛打籃球，才談得很投契。他，個子高高的，個性也很開朗，跟我一樣，熱愛交朋友。我們

筆友張田。

好像交往了好幾年，我也曾受邀去台北市他家作客，他也曾從台北來野柳看我，一起在野柳港旁的籃球場打籃球之後，就在野柳港內游泳。但不知道什麼時候起、也不知道什麼理由、更忘記了從哪裡開始，我們中斷了連繫。雖然多次想到他，也很想重拾往日純正的友誼，卻始終因為自從 1954 年，考取了軍官

後開始東奔西跑，再也沒有機會連繫，更不用說見面了，只能把這份友誼永遠深藏心底。

現在想起來，還是覺得有點可惜，這就是人生中，因追求自己的前途、學業、事業的情況下所造成的「不得已」之一！然而，我總是想著：只要將來有機會，還是很想再見面，重續當年那段純正、坦誠、「以球會友」的友情。

香港筆友石棉：這位筆友名叫石棉，香港人，不記得在念高中還是大學，我們是用中文寫信連絡的，他的家庭環境比較清苦，他曾在信裡跟我說，一天的生活費只有五角港幣，如果他用航空郵簡發一封信給我，會有一餐餓著肚子。我們開始交往的時間是 1957 年左右，當時我的單位在中壢的龍岡，他的信是經由我在中壢街上的朋友轉寄的。我們的筆友關係，似乎沒有維繫多久，就不知不覺中斷了。

菲律賓筆友陳尼道：這位筆友是菲律賓人，也是一位男學生，他是在中文學校唸書，我們通信的時間比較長，從 1964 年我在宜蘭的通信學校受訓開始，後來調職至龍潭的虎嘯營區擔任外事翻譯，直到 1968 年我調職到神箭單位。我們溝通都是用英文，但他偶爾也用明信片寫中文。

我們的通信內容，大多都侷限在彼此不同的生活環境及各自的生活方式而已，並沒有什麼深入交談的內涵。這也充分證明，為了生活而奔波的年代，如果沒有特殊理由、缺乏特定目的、欠缺特別默契、沒有深厚情感的基礎，任何方式的友誼都無法維持久遠，更不用說是筆友了，何況他還是個中學生。

現在想起來才了解到，既然選擇筆友的目的是找異性朋友，怎麼不找女性筆友呢？如果結交筆友的最終目的是要找結婚對象，但卻又都在跟男性筆友打交道，這不僅是錯誤的開始，也是在浪費時間！

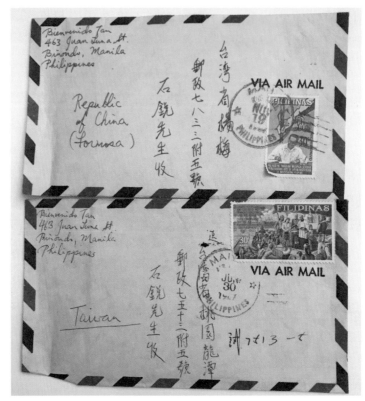

筆友陳尼道的航空信。

　　台南的殘障筆友：這位筆友是住在台南的陳雲超，我們是因為彼此都正在積極向上的自修而熱絡地交往了好幾年。我說「熱絡」，是因為我們都沒有正式的學歷、都過著孤獨的日子、都是年齡相近的獨身男生，互相傾吐寂寞的情愫。尤其特別的是，交往了一段時間之後，才知道他是個只有半隻手臂的殘障少年。

　　也許是出於同情心，也許是因為我當時一直在準備高普考，於是好幾年以來，都在討論如何準備高普考的事。他認為，像他那樣的重度殘障，生活已經沒有絲毫意義，可是我卻始終有一種信念：「**只要人殘心不殘，生命還是很有意義的！**」於是，我也不斷地鼓勵他準備高普考，總以為，只要考取，政府及社會總會給他機會的。

同樣地，也因為自己在工作上的不斷輪調，服務地點的經常變動，不知道從什麼時候，就失去了連絡。讓我最感到錯愕的是，無意間從報章上看到了一篇令人震驚的報導，大意是：台南陳姓殘障人，為了準備參加高普考，費了十幾年的精力，當高考錄取時，居然因身體殘障而被政府拒絕擔任公職，而後自殺身亡……。

　　讓我錯愕的是，為什麼他偏偏姓陳？怎麼會是台南的殘障人？如果他就是我不斷鼓勵去報考高普考的筆友，我不是害了他？

　　我沒有勇氣對這篇報導做更深入的了解，這篇報導，至今仍在我的內心深處敲打著我的心房，而且經常警惕自己：「千萬不要輕易地給別人建議，適合自己的興趣或事物，未必也會適合別人！」

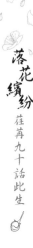

3.18 鸞求凰的「故事」

　　想結交筆友的幻想、夢想、理想，距離現實都那麼遙遠，主要還是因為自己在結交民間筆友的選擇上沒有任何經驗，也沒有做適切的選擇，完全憑藉著想找異性朋友的期待，盲目地花費了好幾年的時間。

　　既然從筆友的交往中學到了經驗，接下來就開始設定目標——「結交筆友要找異性、選擇適當的異性當作結婚的對象」。這樣，才不會漫天撒網地去浪費時間，在這個目標之下，確實有了進展。

　　藍色迷惘的筆友變女友：在持續跟男性筆友的交往過程中，當然仍然不斷向女性筆友盲目地發出信件。終於有一天，收到了筆名「藍瑋」的女筆友回信。記得，當時她剛從高職畢業，我好像是二十三歲，經過了一、兩年的來往之後，我們在書信中對彼此有了相當的了解，於是想找機會見面，她也同意了。

　　苦讀英文時，曾讀過一篇《永不太遲》（Better Late）的短篇英文小說，內容中把第一次的「盲目約會」（Blind Date）描述得相當迷人而且富傳奇性，以至讓我對第一次約會既充滿了期待，更特別緊張。因為在沒見面前，先要做好在哪裡見面、怎麼相認、穿戴辨別等準備。

　　見面之後，再經過交談發現，她雖然容貌一般，談吐及儀態上卻還不錯，尤其在幾次見面之後感覺到，她那羞澀的表情、文靜的個性以及沉靜的儀態，每次見面都使我感到既興奮、又迷惘，甚至是有點不知所措。

　　她家住在高雄，而我卻始終都是住在北部的桃園中壢一帶，交往了一、兩年之後，我也多次去南部看她。可是，畢竟我是第一次跟異性交往，說真的，每次見面所談的話題，還不如在寫信時更能表達彼

此的好感，所以，好感也只是好感而已。在我有限的收入情況下，除了搭乘當時縱貫線的普通火車去看她、見面當天簡便用餐外，晚上只能住在英雄館，第二天再搭約十二個小時的火車趕回北部。

也許她覺得我在情感方面不夠積極，也許我的各種條件還無法滿足她的需要，也許她有別的考慮，就在幾次見面之後，她來信跟我說：「我就要結婚了！」看到她的來信，我的迷惘更深了——深得有說不出的憂鬱。

日後檢討之後覺得：只顧把自己的理想、進取、目標等，一股腦兒的從內心深處往外掏給她，可是對她來說卻未必需要。我對異性的憧憬還停留在理想、幻想或夢想的階段，甚至我不能確切地知道，我究竟能給她什麼？她突如其來的喜訊，卻是對我的震撼！

我在她的結婚前夕，曾以信件傳送給她無限誠摯的祝福，我自己卻有一段相當長的時間，陷入了更深的「藍色迷惘」（Blue In Blue）。

反對嫁外省人的她：大約一年之後，我又在《今日世界》的徵友欄中開始搜尋。根據上次的經驗，這次我選擇的對象鎖定了年齡跟我比較接近的女性，而且以職業女性為主。還好，這次認識了一位在桃園紡織廠工作的女職員，當然，最初還是以書信往來為主，而且在交換生活經驗的過程中，也發現了不少共同點，尤其在閱讀興趣及積極進取的想法上，更十分接近，所以書信往來的過程大約只有一年左右，就開始相約見面。

而今想來，直接的面對面溝通，是彼此了解的最佳途徑，這也是日後在企業中最實際的經驗。正因如此，我們的直接溝通，交換及討論了很多話題，諸如生活習慣、對社會事物的看法、對情感的交流方式等，無所不談，甚至討論到將來具體的發展課題。

經過幾次的公園約會，以及餐廳的會面，彼此逐漸對某些話題出現分歧，有時我們還會用掉大部分的時間，反覆討論某個特定主題，甚至到了爭辯的情況。其實說穿了，我們爭辯的焦點就是她的

父母不希望她結交外省人，更不用說嫁給外省人了。她家人反對的主要理由就是，一旦嫁給軍人，反攻大陸後就跟著去大陸，而永遠見不到面了。我無論怎樣解釋，最初她總是不接受，而且把她家人對外省人的反感一股腦兒地說給我聽，等我們的意見交換到想法一致的時候，約會的時間也到了，因為我不得不按時趕回營區。

她跟我意見分歧的癥結，也歸諸於剛好那時候發生過幾件轟動社會的悲劇，因軍人無法忍受女友家庭反對交往，有些情侶竟然用軍中的手榴彈雙雙殉情自殺，或者是軍人槍殺了女友家屬之後，而自盡身亡的不幸事件。我知道，當年那些悲劇確實引起了本省人對外省軍人的反感，但不敢確定是否那就是造成今日仍然撕裂台灣社會團結的「省籍情結」原因之一。

漸漸地，我們見面的機會越來越少，思想與觀念上的爭議與分歧，讓我們從疏遠而分開。

經過了又一次的打擊，我對異性的渴求逐漸冷卻，同時我也更明確地找到了我對異性追求的目標：追求異性，就是要找結婚的對象，要能找到適合的對象，先要具備物質上、學識上、地位上起碼的結婚條件。顯然，上述的條件我都不具備，也就不再在筆友上揮霍生命中寶貴的時間了。畢竟，我不具備適切的生活環境、社會背景以及符合當時相關的個人條件，更不可能奢望莎士比亞筆下像羅密歐與茱麗葉式的戀愛環境。

從 1948 年 8 月誤打誤撞地加入青年軍，至 1950 年 5 月從舟山群島抵達台灣，在基隆港下船的這段一年九個月的經歷，等於是我生命中的「淬鍊階段」。

從 1950 年 5 月至 1954 年 9 月，在考上軍官前這四年多的大兵生活期間，應該是人生中淬鍊之後的「鍛冶階段」。

正像鋼鐵一樣，如果只有淬鍊而不經過鍛冶，還是難以成材的。短短六年所展現的這段生命篇章，為未來的生命奠定了堅實的基礎。

4 雜牌文官二十年，以及……
位卑未敢忘憂國（陸游）

「十年有成」，要「成什麼」？「怎麼成」？

人，最可貴的地方，莫過於隨時受著「理想」與「希望」的驅動，才不至於受到環境的桎梏。

人，也正因為內心深處始終有一個接一個的「理想」與「希望」，才能夠盡最大的力量，克服任何艱辛，為理想與希望而勇敢的活下去。

——我，似乎永遠活在不同的理想與希望之中……

4.1 豁出去的感覺

人，只有在利害關係的關鍵時刻，才能看出真情！

而且，凡事不抱奢望，也不過分期望，就不會失望。

在北投復興崗六個月的「譯電人員養成訓練班」很快就結束了。在離開學校之前，大家最關切的就是會被「分發（派任）」到什麼地方，也就是說，我們這批兩百多名譯電官的生力軍，哪些單位最需要。

由於 1955 年三月結業的時候，兩岸還處在敵對狀態，金門、馬祖、烏坵、澎湖等地都有相當多的三軍駐守，而陸軍的需求也最多，眾所周知，我們這兩個隊的成員都是相當優秀的譯電人員，因為搶先考取了軍官，而且受訓期間也都有相當優異的表現，所以在結業前夕，很多單位都搶著要人。

就這樣，在結業前的半個月左右，很多人都擔心被分配到外島的金馬地區，即使大家還都是二十三、四歲年輕力壯的單身漢，對戰火不斷的前線，還是心存恐懼的。例如，有些人猜想，學業成績較好的同學、操行成績優良的同學、受到中隊長和大隊長喜愛的同學，甚至在國防部有關係的同學，很有可能會被分配到台灣本島內較大的單位，否則就會被分配到外島。基於這樣錯誤的猜想，有些人因為過於擔心被分配到外島地區，所產生的恐懼、猜忌、懷疑等心態，使彼此間形成了幾種反常的心理反應，幾乎破壞了六個月以來既純又熱的感情。

雖然上述這些觀念站在某些個人的立場來說略有道理，可是對我而言，卻似是而非，且近乎無稽之談。在這些不安與猜忌的情形

下，有些平常很要好的同學，不只是彼此打探消息，甚至也會懷疑
在結業後的單位分配上，擔心隊長或上級長官會徵詢我們這些分隊
長的意見，而使本來很純潔而深厚的情誼，也起了變化。有幾位同
學，還因此而忽然間形同陌路，這讓我第一次感到：「人，只有在
利害關係的關鍵時刻，才能看出真情啊！」

　　也許是因為自己太單純，或許是因為在我的認知裡，分發單位
完全是基於國防部針對需求的迫切程度，而不可能靠什麼特殊關係。
我不敢說我不擔心去外島，但至少我不會因為不願意去既艱苦又危
險的外島，而有所懼怕。相反的，我對分發到哪裡的問題，卻感到
更為坦然，我的想法是：「總會有人被分配到外島，即使被分配到
外島，最多也只是兩年就會被輪調回台灣，有什麼可擔心的呢？」

　　「管它被分配到哪裡！」除了坦然以對之外，甚至還有一種「豁
出去」的意念和意志：「隨它去吧！」

　　看到了我對分配地點無動於衷的態度，有些同學跟我相似，大
有「聽天由命」的氣概，可是也有些同學不以為然，認為我們是在「故
作鎮靜」。很可惜的是，跟我同時報考且錄取的同一個單位同事，
居然因此而跟我不再往來，自從離開學校之後，永遠沒有再聯繫過，
使我傷感與痛心不已。

　　「用聽天由命的心態，對某些事情能抱持『豁出去』的決心，
居然也會這麼難容於人？」至今我都百思不解！

　　說也奇怪，越是怕被分配到外島的人，偏偏還是被分配到了外
島，我們第六隊居然有一半的人被分配到了北部地區的通信指揮
部——桃園中壢的龍岡營區。

　　「凡事，不抱奢望，也不過分期望，就不會失望。」

　　這就是我當時的感受，這種感受，至今記憶猶新，甚至大有終
生受用之感。

4.2 苦澀「官味」中的激勵

人,就是如此,在興高采烈的剎那,誰都不願意聽不順耳的話。

　　在學校受訓期間,已經知道我們這個「譯電人員養成班」並不算是軍中正式的「養成教育」,而且也只是軍中文官。雖然如此,「當官」的感覺還是有點興奮,畢竟脫離了單純又枯燥的士官兵生活環境。

　　我還清楚地記得,我們在 1955 年 3 月分發到桃園中壢的龍岡時,是屬於「通信兵科」,官階是「同」准尉。所謂同准尉,就是「視同准尉」,只是臨時的軍中文官罷了,根本不算軍官。尤其特別的是,掛在冬季軍裝肩帶上的「肩章」,雖然是大家都熟知的通信兵科那兩面小旗子,可是放在衣領上的「領章」,所代表的卻是傳統無線電手搖機。當時除了好奇、除了穿著的也算是軍官的軍服、除了得到了初期的滿足之外,就是先「安於現狀」,再「順勢而為」了。

譯電通信肩領章,最右:正統的通信兵科領章,左及中:1960 年代前專屬於譯電官的肩領章。

　　現在回想起來,在一種「把握現在」的態度之下,雖然把當時

的工作全力以赴，可是因為初嘗當官的滋味，確實也積極地做出了幾件「自我表現」的舉動，例如：

- **飲水思源**：既然當官了，總不能忘記當年激發自己成長發展的老部隊，於是穿了新發的軍裝，回到隨軍來台的服務單位，一方面探視並感謝老長官的教導啟發，另方面跟老戰友敘舊。當時獲得了不少讚許與羨慕的眼光，當然也包括了一些妒忌的神情。

- **老排長的二次激勵**：我剛加入部隊時，「趙輔廷」已經是排長了，我記得，他相當同情我們的處境，也經常給我鼓勵。他對我的最大激勵就是「要想改變環境，在各方面都要做額外的投入」這句話，我既然已經當官了，當然要盡快告訴他：「你當年的激勵，才讓我有今天！」當我去他家拜訪時，萬萬沒有想到，他給我的二次激勵居然是「找機會報考軍事院校吧！」我聽了心裡感到冷冷的，悻悻然地離開他家，不知道是怎麼回到龍岡營區的……。

　　歷經不同階段的磨練之後，而今想來，他的激勵是對的。人心就是如此，在興高采烈的剎那，誰都不願意聽不順耳的話。

　　在他的激勵之下，我更找機會加倍努力做各方面的進修，也把重點放在英文上，沒想到我在 1964 年考取了翻譯官之後，他已經又從翻譯官轉到了美商的雅聞電子公司擔任人資經理。當我於 1976 年從美商萬國公司轉職至荷

拜訪趙輔廷午餐後合影，左前，老排長趙輔庭，左後 2，美國老友張固藩，溫哥華共聚。

商飛利浦公司的中壢廠報到時，還特地去拜訪他。甚至我移民到溫哥華時，和他居然也成了鄰居，可見，只要是有志一同，世界也會變得更小。

• **老鄉的啟示：**在離開部隊前段時間，相處比較親近的是一位名叫「柴克耕」的老鄉，他比我早離開了部隊，在台北市的一個公家機關上班。由於我並不清楚他的工作性質，我們是在他下班以後見面的，已經不記得我們在外面吃了些什麼，只記得晚上曾經跟他一起住在一個鋪了厚厚乾草的宿舍地上，沒有床鋪，更不用說有什麼家具了。我們一直談到半夜才各自入睡。

第二天一大早，他要去上班前跟我說的一句話像個響雷，重擊了我的腦海。他說：「你已經當官了，還是要恭喜你，不過，千萬別像我一樣，沒準備好就離開部隊！」

事後我才知道，他雖然比我們都更早離開了軍旅生活的環境，然而因為沒有特殊專長，更沒有社會關係，混得並不理想。他的話，真像給我的一句警語，讓我在爾後的日子裡，做任何事情之前，都要準備好了再去做。

這幾種「自我表現」的舉動，雖然實現了短暫的滿足感、成就感與自信，可是那些滋味都顯得好苦澀，不過卻更有激勵感呢！

4.3 驅力，更需要助力：無知「幼龍」淺塘游

　　我們被分發到中壢龍崗上班的這一批幾十個人，辦公地點是龍崗圓環旁「通信中心」裡面的譯電組，組裡面除了有兩位相當資深的組長外，還有三個小組長，以及譯電班第一期和第二期的學長各二至三人。他們都已經工作了好幾年，經驗也相當豐富。

　　他們跟我們都是先後期結業，對這個工作的前景，要比我們更清楚。工作之餘跟他們相處時最大的特點就是，他們會把我們看成小老弟一樣地照顧。在工作與生活的相處期間，讓我們感受最深的就是，他們在上班前及下班後，每個人都十分專注於有計畫的自修，有的人研讀法律條文，有的人在編詩刊，有的人苦讀英文，有的人專研美術，也有的人準備高普考。

　　當我們問為什麼要這麼認真地拼著自修時，他們一致的說法就是：「當初投考譯電班時，並不知道到底做些什麼，事後才知道這個專長沒有什麼發展。我們就像無知的小龍，被困在淺水河塘中……。」

　　至今想來，他們的說法好貼切，因為我們在 1955 年分發到中壢龍崗時，營區附近的商家正在修建中，甚至通往中壢市區狹窄的道路，也都還是黃土路，假日休閒時，只有到附近用於灌溉的水塘邊散步或游泳。資深學長們既然自己形容為「困在淺塘中的小龍」，我們不就是更小的「幼龍」嗎？

　　也許有人會覺得，把自己及同事們形容為「龍」，有點不自量力，可是如果從心理學的觀點來看，每個人心中都有一個頗具分量的「自

我」（Ego），也因為「自我意識」在生命中與生活中的充分顯現，才能夠在社會的不同層次，塑造出每個人獨特的角色，不是嗎？我們是從三千人中獲得錄取的兩百一十人，憑藉著密碼專長及忠誠可靠地把烽火連天的前線戰報，及時且確切地翻譯出來送給指揮官，我們的才智並不輸人啊！

學長們的比喻，對我們很有啟發性，也彌補了不少我們到學校報到不久後，所感受到的「迷惘中的失望」。其實，他們的啟發對我們來說，更是一種助力，在他們的影響之下，我們也都各自找到了自己更加明確的自修計畫。用現在的「職涯管理」用語來說，我們都不但訂定了「職涯目標」，尤其更訂出了「職涯規劃」的「路徑」，這些路徑則包括了：

- **司法官：**第一期有一位名叫李延品的學長，就正在準備考司法官，而且兩年後被錄取，事後又曾被徵詢為立法委員，並在南部辦學校。

- **書記官：**第一期及第二期各有兩位準備考法院書記官，而且爾後都被錄取。甚至第一期的邱玉民學長，在台中還晉升為司法官，一直做到退休。

- **再去深造：**有兩位願意再報考陸軍官校或幹校去深造，一位是準備考政治作戰學校藝術系的袁志道，另一位則考取了陸軍官校，爾後節節晉升直至少將職位。還有一位跟我同屆的周海珊，考取了政治作戰學校的藝術系，畢業後曾在內湖區成立畫室從事教學，幾年前還曾開畫展，並且把畫冊贈給要好的同學們。

- **詩人：**第一期有一位錢四維學長，筆名叫「沙漠」，他在文藝界及詩壇上已經略有名氣。當年他主編的新詩月刊《野楓》，風靡了不少年輕人，甚至他還把寫詩當作畢生目標，後來則轉至基隆教書。我開始接觸新詩，也歸功於他的啟迪。

- **作家：**我們這一期的同學中，在文藝寫作上提前嶄露頭角的是盧訓章，一開始就在文藝寫作上頗有成就，而且在全國文藝競賽中

獲得小說獎第一名。他，後來終其一生專門致力於《資治通鑑》的白話文編著，還曾有意跟史學家柏楊挑戰。

- **翻譯官：**自修英文，是我們第三期同學們普遍的努力目標，目的是要在美軍顧問團當英文翻譯官，而我就是其中之一。尤其，在龍岡的「顧問組」，有一位沈永倫少校英文翻譯官（連絡官），剛好是我在擔任士官時的副營長。我不但參加了顧問組主辦的英文補習班，而且還結識了英文造詣很深的雇員王元亨老師，也就在那段時間，使我的英文打下了基礎，甚至對英文產生了更濃厚的興趣。我在 1969 年 12 月由「驚聲文物供應公司」出版的第一本英翻中譯作《父母與子女》（Between Parent & Child），就是為了感謝王老師給我的長期指導，而把這本書獻給了他。

　　以上各個實例，在在都是因為看清了目前在軍中職涯的窘境，以正面積極的態度與行動，尋求改變，以便藉此脫離非正統的文官，而終於達到了自我發展的目標。

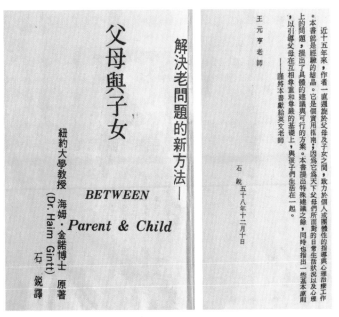

譯作書名及部分序言。

當然，還有約一半的同學，則以找對象為第一優先，而且很快地找到了對象、結婚、生子。那時候的我，似乎連「結交女友」這件事想都沒想過，因為我想得太多：「萬一結婚生子，憑什麼養家？我不想自己吃苦受罪，也讓妻子兒女跟著受苦。」事後覺得，當時根本沒有想到「船到橋頭自然直」的古人名言，即使如此，我並不後悔。那時候的我，除了把學英文當作自修的第一優先外，還同時用唱歌、吹口琴、練吉他、練小提琴等與音樂有關的興趣，朝著「音樂系」努力。不久，我也參加了當年文藝作家蔡文甫先生主辦的「中華文藝函授班」，開始欣賞並學寫新詩及散文，更投入了不少精力用在準備高普考，記得最初選考的科目是「外交行政」，從那時開始，對國際法也有了少許認識。

在 1957 年左右，開始學寫新詩時，還曾經過當時的現代詩人「墨人」前輩，以近似「手把手的方法」給我指導。因為他用自己的詩作當作實例，把表達新詩應該使用的情感、表達方式與筆觸，放在自己的作品上，逐行逐句加以解說。至今，我仍保留著那份原稿。

為要達到未來的目標，在知識培養方面固然是不遺餘力，在體格鍛鍊上也沒疏忽，例

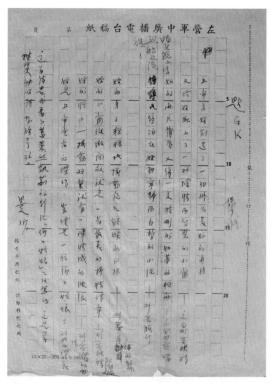

現代詩人「墨人」的詩作〈題 GK〉，GK 指女星葛麗絲凱莉（Grace Kelly），她曾主演《鄉下姑娘》。

如，除了團體活動上的體能訓練外，自己在當士兵時學過的單槓、雙槓、跑步等也從未間斷。甚至還有一個週末假日的清晨，約了好幾位同事，從龍岡沿著當年還沒鋪柏油路面的黃土路，跑到中壢市區，然後再搭公共汽車回營區吃早餐。還曾每週兩次到附近的蓄水塘去游泳，跟農家的水牛共浮沉。現在想起來，那時也夠瘋狂的，但在那種生活條件下，未嘗不是多方的自我鍛鍊之道。

就在上述的進修目標、讀書風氣、文藝情境與氣氛下，我們有不少人都積極地邁向了各自的職涯路徑，就像是一群小龍帶了幼龍，在龍岡的淺塘中四方游走，但也都「游各有方」。只見曙光中的操場上，每天都可以聽到朗朗書聲，運動場邊總可以看到蹦跳長跑的身影，假日黃昏田埂上的漫步，手邊也都少不了書卷，即使午夜來臨，還會有暗暗的燈光在閃亮著，照亮了我從 1955 年至 1959 年在龍岡譯電組充實的生活。

任何學習，都不可能是速成的，在勤快積極的進修之下，三年之內就有好幾位第一期及第二期的學長，考取了書記官或司法官，那固然都是他們的努力成果，又何嘗不是給我們的鼓勵，讓我們邁向職涯發展路徑的另一種助力！

4.4 我失去了什麼

　　人生，在奮鬥的過程中，肯定會失去某些美好的事物。

　　可是在爾後的生命旅程中，不知何時，又可能會找到、獲得某些更美好的……

　　經過了四年積極努力自修的過程，心中充滿了希望，對未來目標的達成也越來越有信心。同時，也因為接受了短期的「軍文轉職」訓練，結業四年後終於晉升為少尉。

　　「一種米養百種人」這句台灣俗話，看來也適用於團體生活或社會生活中的軍職、公職以及企業職務，因為在團體社會的組織結構上，必然呈現金字塔狀。也就是說，幾乎任何組織都一樣，基層人員最多，越是往上，高階層的職位越少。

　　在「人往高處走，水往低處流」的現實社會狀態之下，每個人都想往上爬，甚至想盡辦法踩著別人的肩膀，追求並且掌握自己往上爬的任何機會。在龍岡的四年多，我體會到了這種「現實」，但是我並不在意！

　　在龍岡，我一面專注於工作，一面傾全力於自修，某一天，忽然收到了「調職新竹」的人事命令，而且就在一個月之內報到。既沒人跟我解釋任何理由，也沒有太多的緩衝期，只有無條件的「服從」──也許這就是軍中生活典型的特質吧！

　　龍岡，是北部軍團的一級單位，而新竹則屬龍岡營區的二級單位。調動，本來就是無法變更的軍令，即使表面看來有點「下放」的意味，可是當時我只覺得奇怪，卻不願意也不想要去澄清什麼，就只好按時去報到了。

由於幾年來，跟龍岡譯電組的大部分同事和上司相處得還都不錯，調職至新竹的通信中心之後，從龍岡的好友口中得知，原來是因為我平時待人「有點傻勁」、做事「有點不信邪」、上級交代的任務「有點來者不拒」，所以在某些有心人看來，我有點「鋒芒畢露」。因而組裡面未來有限的升級機會，很有可能就是我，這樣，當然擋住了「有心人」的機會。讓我最不解的倒是，這種事居然能那麼有效，那麼不動聲色，更無任何徵兆。

　　經過事後的自我檢討，發現自己確實不自覺地略顯勤於主動且樂於出頭，但卻不承認是「鋒芒畢露」，例如：

- **兼任了體育老師**：在整個北部軍團舉辦的體育幹部訓練班中，除了名列前茅之外，結訓後在通信單位的體能訓練中，被派任為體育老師。這有助於我在體質、體能、體力上的增進，為我未來的健康奠定了良好的基礎，也讓我現在撰寫這篇追憶文稿時感到自豪。

- **代表陸軍參加合唱團**：在國防部舉辦的三軍合唱比賽過程中，被遴選為「陸軍合唱團」的代表，集訓之後，陸軍居然獲得冠軍，而必須到台灣的北中南巡迴演唱。重要的是，藉著合唱團的培訓，使我在音樂素養上提升了不少，甚至在讀樂譜方面，讓我有能力協助兒孫復習他們的鋼琴樂曲。同時，兒孫也遺傳了我愛唱歌的特質，兒子在成大合唱團時期帶隊訪問香港，孫女也參加了學校的合唱團演唱。

- **譯電與電報電子結合的實驗者**：國防部為要嘗試把「國語推行委員會」編訂的「國語注音第二式」應用在電報上，特別在軍官外語學校舉辦了培訓班，目的是要使用「電傳打字機」收發電文。我被單位指派參加，這不但讓我在注音符號的讀寫上幾乎完全接近標準，而且還熟諳了台灣當年政府及社會所使用的「麥氏拼音法」及「王雲五拼音法」，甚至多少年來，還經常協助朋友們分辨、

解釋、修正他們的英文拼音。尤其，在陸海空三軍近四十位參訓人員中，還拿到了第一名，得到的獎品是派克六十一型金筆一對，至今仍保管良好。而今想來，那已經是 1958 年的事了。

派克 61 型金筆。

如果我不被調職到新竹，很可能會在一年內晉升為中尉！

如果用「反向思考」的角度去檢討我被無理由突然調職的原因，是不是直接主管認為我的「外務太多」？還是確實因為我參加了較多與本身工作「無關」的任務，增加了其他同仁的工作負擔呢？我還是百思不解。不過，至少我還是要自我檢討人生中、工作上、學習上，任何預期以外所發生的事情。

雖然短期內我失去了晉升的機會，可是我在體能上、音樂素養上、特殊專業上、心智上、知識上、品性修為上的進展與收穫，卻遠遠超過一個小小的官階晉任！

這，也該算是「職涯規劃」階段中所面臨的「職涯轉換」必然過程吧！

4.5 體認、修練、實踐：苦讀英文

做任何事情，如果沒有恆心與毅力，很可能會一曝十寒。自修英文尤其如此，只要是少記一個單字或片語，少背誦一篇文章，少涉獵到某一個領域，即使是靠僥倖地猜到，也算不上是真正的知識學問。

人生就是這樣，像我這種平凡的人，很難有「先見之明」，而總是「不經一事，不長一智」，遭遇過同事的妒忌，才想到要學習收斂。

也許「換環境」真的就是「換心情」的最佳方法，所以調職到新竹之後，無論在工作上及待人處事上，就開始抱持著「養辯於訥，藏鋒於鈍」的態度，同時，也更對自己的目標做了進一步的確認、盤點、釐清與決定。就像生涯規劃中的「規畫技巧」一樣，找出並確認我的目標，而且訂出實施的「優先順序」。

在廣結善緣的態度下，很快就受到了新環境譯電組同仁的歡迎，獲得了第一期資深學長的呵護，取得了譯電組長的信賴，結識了同樣對學英文有興趣的通信官梁兆敏及熊志誠，獲取了排長高震谷及連長陳世均的信任。更沒想到的是，一年之後，居然還因譯電組長葉宗福晉升為排長，而建議我接任組長，也因此而晉升為中尉。雖然「隊

新竹譯電組成員們，含當年的充員士官。

職官（帶兵官）」不是我的第一志趣，可是只有一年多的耕耘就能夠既升官又升級，未嘗不是雙喜臨門的好事。我想，若仍留在中壢龍崗，也許根本不可能，究竟是天意，還是努力與敬業的結果呢？

我的第一志趣既然不是隊職官，當然還是在龍岡時初次設定的目標——要把英文學好，準備投考「軍官外語學校」。這樣，收入又多，更可以跟美軍顧問在一起，把英文的專長當成將來的飯碗。

做任何事情，如果沒有恆心與毅力，很可能會一曝十寒，自修英文尤其如此，只要是少記一個單字或片語，少背誦一篇文章，少涉獵到某一個領域，即使是靠僥倖地猜到，也算不上是真正的知識學問。基於這種認知與體認，讓我在學英文上更加投入了。時至今日，我仍覺得當年自學英文時，那種不遺餘力且特別積極的「傻勁」，雖不敢說是空前絕後，至少是「難能可貴」的。也許下面的幾個實例，足以給有志於專精英文的年輕人做為參考：

- **清晨必聽的英語教學廣播**：每天在上班之前，都會聆聽曾被稱為「鵝媽媽」的趙麗蓮博士的英語教學，而且在聽廣播的前一晚，已經先查過了課程教材——《學生英語文摘》上生疏的英文單字及片語，甚至做過了一些練習。爾後幾年則收聽張澍或吳炳鍾等老師的廣播，多少年來，幾乎都沒中斷過。

- **英文函授查經**：也許現在的年輕人們沒聽過，也不知道目前是否還有。在 1960 年代初期，因為當時社會大眾對學習英文的需求廣泛而迫切，軍人微薄的薪水，對英文補習班的費用又難以負擔，所以才有很多軍人使用函授方式進修英文。我也曾選擇這種免費的英文查經函授途徑，也因為如此，幾年下來學到了不少聖經故事、古典英文詞彙及聖經上的名言佳句，如 Spare the rod and spoil the child. 等。

- **摩門教會活動**：發源於美國猶他州的摩門教，也是我進修英文的環境之一。由於摩門教徒都很年輕，他們除了英文查經之外，還

舉辦不少活動，真算得上是很有朝氣的一個教會，讓參加者感到活力十足。雖然當時每月支付摩門聖經條文中的「十一捐」（把收入的 1/10 捐給教會）有點拮据，也只好把它當作學費，內心就舒坦多了。

- **牧師家中練會話：**好像是經由「微遠英文補習班」同學的推薦，認識了新竹市區的牧師，並且每週一次，晚上到牧師家參加英文會話練習。至今我還清楚的記得，我們都稱他們為「安牧師」夫婦，英文拼音是 Aandal。

安牧師夫婦。

他們是挪威人，但是曾經在中國的河南當過很多年的牧師，還能說流利的河南話。在兩個小時的過程中，最初是牧師引導我們查英文版新舊約聖經的經文，其次是輪流閱讀一篇中英文對照的雜誌，最後讓每個人選雜誌中的一個片語或句子，用自己熟習的生活事物另行造句，那時候，我在聽力及口語上的進步最快。自從 1960 年起，我就跟牧師夫婦一直保持著密切的聯繫，我也是在那個時候，在新竹的關東橋教會浸信會受洗成為基督徒，甚至他們在 1970 年還參加了我的婚禮。

- **用掉大部分薪水參加英文補習班：**自修英文最大的缺點，就是在近乎封閉式的學習環境中，自己無法鑑定真正的學習效果。尤其是在文法上，即便手邊買過好幾本不同版本的英文文法，在文法的應用上，總覺得有些地方還是似懂非懂。於是決定花錢去參加當時在新竹頗負盛名的「微遠英文補習班」，所選的課程是「英文文法圖解」，大約為時三個月，每週晚上請假外出，騎了跟同事羅慶祥借來的腳踏車，去新竹市區上補習班。下課時已經晚上

九點，從市區回關東橋營區時剛好是上坡，每次騎到一半就想放棄，然而又感覺到確實很有收穫，為達到真正學習的目的，還是堅持學到結束。更值得一提的是，跟補習班的負責人顧公修結為好友，甚至我還參加了他的婚禮。

顧公修夫婦。

把工作之餘的時間，集中用在自修英文上的最主要目的，就是要投考當時的「軍官外語學校」，受訓兩年之後就可以當翻譯官了。從1955年在中壢龍岡開始，至1959年調職到新竹又持續苦讀了四年，共約八年的時間，自己對於預見的考試越來越有信心。

終於得到了外語學校招生的消息，當然迫不及待地收集各種文件準備報考，可是沒想到，報名簡章中，在「報考條件」上有明確的規定，必須要具備「養成教育資格」。所謂養成教育，當然是指軍事院校正科班「畢業」而非「結業」。

「難道我這八年的準備白費了？」我感到痛苦、挫折與失望，有十多天都食不知味、徹夜難眠。「難道我不該專攻英文？如果不學英文，又能學什麼？對什麼有興趣？」我更困惑了！

不知道頹廢了多久，也不知道什麼時候，忽然聽到了一個消息：即使沒進外語學校，還有機會參加資格考試，只要考試錄取，就可以不需要外語學校的訓練，而直接派任為翻譯官。

這時，好像老天爺在天空又幫我開了一扇窗，在茫茫的漫夜中看到了一線曙光，這一線曙光，又點燃了我持續苦讀英文的決心、耐心與毅力。

4.6 峰迴路又轉：微弱曙光也是光

「有志竟成語非假，鐵杵磨成繡花針」的第一個轉捩點。

　　人，如果能夠在逆境的絕望中不會跌倒，將來再度跌倒的機會就不會太大，不過，這還是要靠個人意志，是否能堅強地在黑暗中去摸索而定。怎樣才能夠找到奔向順境的台階，又全憑自己的目標是否明確而定了。

　　用了約八年的時間，為了要把英文學好、學精，真可謂是「全力以赴」了。針對沒有資格報考翻譯官，卻又偶然間發現了「資格考試」這個機會，無疑地是又顯露了一線希望，即使這個希望十分微小，還是要設法去抓住的！

　　同時我也在想，如果真能抓得住這「若無似有」的希望，必須具備好幾個條件，例如：

- 一定要在英文的綜合程度上，達到或接近外語學校兩年的學習成果。
- 一定要在聽力與口語上再特別加強。
- 一定要增加語文實際應用的機會。
- 一定要在資格考試的競爭者中，抓住被錄取的機會。

　　就是在這「四個一定」的決心之下，我毅然決然地開始了下列的學習計畫及行動：

- **自費裝配收音機：**平時使用的手提收音機，效果及使用時間上都有限制，於是特別請通信官「張敬魁」及「賀良」幫我裝配，所需要的真空管與機殼等零件，請他們開列出來由我出錢購買。這樣，我可以利用假日，隨時收聽美國之音或 BBC 的英文廣播。

- **存錢買好的留聲機（唱盤）**：有鑑於新聞廣播的範圍有限，又用了三個月的薪水買了一部德國進口的幸福牌留聲機，搭配著收音機放大器，播放英語教學的唱片。

- **增添語文教學唱片**：在 1960 年代，社會上很流行聽唱片，所以我也選購了英文教材與演講的唱片。從堅硬的刻盤開始買，接著又從硬式的唱盤換成了軟式唱盤，最後又轉變為軟式的塑膠唱盤。學習口語英文時，跟隨著唱片反覆地聽、反覆地念、朗誦，以便盡量跟得上唱片的速度，而且還要念得準確。

- **添購課本**：隨著唱片的不斷推陳出新，只要有新的課程出版，就會立刻去買，甚至把零用錢都花光，口袋空空，還要借支薪水去買。記得當時軍中曾經核准軍官可以預借兩、三個月的薪水。

- **注重背誦**：當時所訂下的目標是，每週至少背誦一篇一頁長短的文章，因為我始終認同「Practice makes perfect.」（熟能生巧）這句諺語。

　　機會終於出現了，我信心滿滿地參加了翻譯官的「資格考試」，在心理上的緊張與患得患失的情緒下考完，感覺上似乎考得並不理想，等看到發榜的結果，真的沒有被錄取。這時，確實是很失望，也感到無助，更感到絕望。當時所想到的只有一件事：「將來萬一不再舉辦資格考試，我該怎麼辦？」因為事後我發現，在二十多位報考人中，只錄取一名，可見，當時對翻譯官迫切需求的名額並不常見。

　　想到這裡，心裡才明白，凡事越是「患得患失」，失望的可能越大，因為緊張的情緒會影響到考場的正常發揮。既然沒考取，既然念了這麼多年的英文，既然既定的目標很難改變，只好認真地檢討，加緊努力，再度建立堅定的信心，耐心地等候下次機會的來臨——如果還有機會的話。

　　還好，時隔一年，資格考試在 1963 年秋天又舉辦了，而且也知

道約有二十多人報名，只錄取一位。我吸取了上次考試失敗的經驗，這次我不再緊張，且更謹慎、更認真、更細心地作答，因為我似乎沒有再失敗的本錢。若再不能考取，幾乎無法跟連長及營長交代，或者說是沒有面子再報名其他任何考試了，更不用說長官們心理上會不會想：「這個人怎麼回事，既不安於現狀，又沒本領，總是東考西考的？」

在生命中，還是第一次難耐地處於等候放榜的焦慮中。

「你考取了！」行政官拿著錄取通知書，興奮地跑來跟我說，他的表情好像比我都激動。他補充說：「不過，錄取通知書上卻另外提到，要『待命派職』。」

是的，我考取了夢寐以求的「翻譯官」，終於收到了通知，可是這個「待命派職」卻又讓我覺得等於拿到了一張空頭支票。既然考取了，而且只錄取一名，卻還沒有工作給你，誰知道哪年哪月才能「理想成真」呢？

我反而感到更茫然了……。

任何企業內的員額增加，都是根據實際的「職位需求」，翻譯官的派職，當然要看實際需要而定了。在六〇年代初期，美軍顧問團（MAAG, Military Assistance Advisory Group）剛成立不久，對軍中翻譯人員的需求還是很高的。即使有軍官外語學校專門培養各種語言的翻譯人員，可是需要培訓兩年，畢業之後才能派職，顯得有緩不濟急之感，所以才偶爾以資格考試的方式，招考急迫需要的聯絡編譯人員。

當年，美軍顧問團的相對單位是國防部，國防部設有「聯絡局」（廣播電台英語教學講師之一的吳炳鍾先生，就曾擔任過聯絡局長），轄下的陸海空三軍總部，各設有「聯絡組」。因此，如果我能有機會派職，最具權威的派職單位就是陸軍總部的聯絡室。

在茫然中，忽然想到了在龍岡擔任譯電官時的組長「胡福堂」

先生，他已經先我而調職到陸軍供應司令部擔任司令官的祕書。

我跟胡組長在龍岡共事時的關係還算不錯，而且我調職新竹後，仍然跟他保持著密切的聯繫，甚至還經常趁假日去他家玩，帶他們的三個兒子到處玩耍、拍照，過年過節時，也都會給他的孩子們買個小禮物。

心想，「何不請他打聽一下，看看怎麼樣？」想到這裡，才鼓足了勇氣，把我錄取了翻譯官，正在待命派職的情形跟他說了一下，他也立刻豪爽地跟我說，他會幫我打聽一下。

在等候好友打聽消息時，幾個月後，部隊接到了輪調外島的命令，而且在一個月內就搭登陸艇移防到了金門。我隨著部隊開始了戰地生活，在茫然中和等待中，更增加了一些戰地的陌生與惶恐。

部隊的「換防」，都是極端保密的，換防的日期和地點，對外絕對不能透露，換防前夕，所有官兵都禁止外出，而且一律停止對外通信。因此，我到了金門約一個月之後，才又跟台北的好友胡福堂寫信，告訴他我已經跟隨部隊輪調到了金門，也把我在金門的郵政信箱號碼告訴了他。

「你的連絡官派職已經下來了！你要在五月一日去陸軍總部聯絡室報到，工作地點是桃園龍潭的特種部隊聯絡組。」在一個風和日麗沒有炮擊的下午，行政官把派職的「任官令」拿給我，順便以羨慕的口氣說：「恭喜你呀！這麼快又要回台灣了！」

當時，我真有「百味雜陳」的感覺，這到底算是「峰迴路轉」，還是「柳暗花明」呢？從茫然中，深深體驗出，原本是那麼微弱的曙光，居然也能在最黑暗的時刻照亮前路啊！

在部隊同志們的歡送聲中，幾位好友開車陪我匆匆地瀏覽了金門的莒光樓、太武山、金門城，並且購買了金門的紫菜及貢糖，配合船期，又搭乘登陸艇踏上了返台報到的歸途。從 1963 年底輪調到金門，到 1964 年四月中，原訂兩年的外島生活，短短幾個月內就因

為忽然出現了翻譯官任官的職缺，又要回到台灣而結束。

　　到底是因為翻譯官確實有了職缺，還是因為好友胡福堂的「關係效應」呢？我並不知道，也沒去想。

　　我按時報到了，在 1964 年五月一日，那是苦讀英文八年之後初次得到的結果，也是「有志竟成語非假，鐵杵磨成繡花針」的寫照，更是人生的第一個轉捩點。

4.7 進龍潭，入虎穴：幸遇軍涯第一貴人

凡是有人的地方，就會有各式各樣的問題。

要想生存得好，就得看每個人克服困難及解決問題的本領，而且最好能遇到給你機會，對你啟迪的貴人。

按時到達陸軍總部聯絡室時，最先是向主任張剛禹上校報到，在張主任的辦公室，同時也看到了好友胡福堂。這時才知道，這次的派職，主要還是因為他的人脈關係而從中協助的，當然用人單位可能也確實需要人，只是迫切的程度我不知道而已。我除了對他們表示由衷感謝之外，也讓我初次體認到了「與人為善」及平時助人的重要性，而且也印證了「種瓜得瓜」這句諺語在「人際關係」上的因果關係。

到了桃園龍潭的「聯絡組」開始工作之後才知道，所謂翻譯官，嚴格地說，就是軍中「外事編譯聯絡人員」的通稱，確切的名稱則劃分為「編譯官」及「連絡官」兩種。前者的工作職掌主要是負責中英文文件、計畫、行政事務的「筆譯」，偶爾才從事少許的「口譯」。編譯官在當年的「編譯官加給」是每月新台幣四百元，而我當時中尉的薪水也不過兩百五十元。而連絡官的主要工作職掌著重於「口譯」，跟著美軍顧問到處跑，很類似現在我們所熟知的「同步翻譯」，其次才是在辦公室內，翻譯跟自己專長有關的文件或各種演習計畫的擬定等，連絡官的加給是每月六百元。據說，外事編譯連絡官的工作對象是美軍顧問團，所以加給都是由美軍顧問團的

軍援支付。

在熟習業務過程中才逐漸了解，美軍特戰部隊派駐台灣的特戰顧問，主要職責是為國軍特戰部隊提供相關的專業以及特殊技術訓練。翻譯官的工作，除了要知道各軍種及各兵科的專業名詞外，也更偏重於特戰技能相關名詞的應用，如山地訓練、野外求生、敵後潛伏及跳傘訓練等，於是要求翻譯官們最好也能夠接受跳傘訓練，以便陪同顧問登山、下海與升空。但是，跳傘並不是強迫性的，因為翻譯官的任期也有定時的地區輪調規定，而不是永遠固定任職在某個軍種或某個特定單位，既然連絡官們的跳傘訓練不是強迫的，真正願意參加跳傘訓練的連絡官也不多，所以我就沒有主動參加跳傘訓練。

對於我這個不是外語學校本科班畢業的菜鳥而言，自己絲毫沒有實際經驗，我的職稱當然是「編譯官」。聯絡組長冷開昱中校跟我面談之後，交給我的主要工作有三種，其一是加緊著手熟悉一般文件翻譯的標準及重點，其二要盡快熟悉特種部隊的各種專業名詞，其三則讓我接手辦公室的行政工作，包括了三位有眷同仁的眷糧申請等。對於這份嶄新的工作領域，既充滿了好奇與興奮，又產生了不少緊張與惶恐。

也許同事們都已知道，我是經由資格考試錄取的「行伍出身」。幸運的是，組內八、九位同事在各方面對我都十分協助，舉凡他們在外語學校學過的課本、各軍種的專用術語辭典、標準的英文公文格式、特種部隊的專用術語等，都熱心地提供給我，希望我早點踏入正軌。

現在想起來很值得回憶的是，譯電班剛結業時，意想不到地是被分配到文官棲息的「龍岡淺塘」，有志難伸，四年後則因工作上遭忌而調職到新竹的「關東橋」山崗上修行，又過了四年的苦讀好不容易達到了長期設定的目標，卻進入了上山下海都要硬幹的「龍

潭」特種部隊。感覺上似乎有點像「天降大任於斯人也」的意味，非得到「龍潭虎穴」走一遭不可！

凡是有人的地方，就會有各式各樣的問題，要想生存得好，就得看每個人克服困難及解決問題的本領。在龍潭實際的工作上，也確實如此，即使在軍中而不是在企業，居然也面臨了下面幾個企業中常見的問題：

- **被正科生歧視**：在聯絡組裡，無論是編譯官還是連絡官，每一位都是從軍官外語學校（爾後變更為「國防語文學校」）畢業的，我這個半路出家的編譯官，居然沒接受過兩年訓練也被派來跟他們同起同坐，有些人心理免不了有點不平衡。當時就有那麼一、兩位擺明了看我「不順眼」，於是在生活中和工作上，總是以老大自居，不是冷不防地問我幾個單字，就是突然間冒出兩句諺語，當我正張口結舌地想問個清楚時，他又不屑一顧地轉頭走開了。我除了和顏悅色以對之外，也只能怪自己的出身不如他們，這種歧視，反而更堅定了我加緊學習的意志，以便儘早在工作上自立自強，也因為如此，更強化了我跟其他同事廣結善緣的意念與行動。

- **被資深者欺負**：這種現象也只出現在同樣一、兩個人的行為，他會刻意把自己不會的東西塞給我，還風涼地說：「你是通信兵科，這份文件你應該最清楚，就請你負責翻譯吧！」我又能說什麼？只好硬著頭皮接過來，同時心裡暗想：「來吧！反正有字典詞彙，又有那麼多人可以請教，就算是被難倒了，也是個學習更上層樓的機會。」

- **被排擠**：我第一次發覺團體中有小圈圈，還是從龍潭剛擔任翻譯官開始的。在聯絡組中，包括了從軍官外語學校畢業的有好幾個期別，也有的來自大陸不同的省籍，他們都自成一體，且具有排他性。而我，既無法「選邊站」，也不可能完全「獨樹一格」地

自行其是，只好偶爾虛與委蛇。我最不習慣的就是，組內有兩位廣東人，他們毫無忌憚地把一些敏感狀況或工作上的祕密，在辦公室內，公開用方言不斷溝通。還好，我們的冷組長十分開明，對我們的工作分配也比較公平。尤其，他根據每個人的專長、個性、優缺點做為工作安排的依據。

對我而言，他經常在關鍵時刻提醒我要注意的地方，更能循序漸進地分配不同層次的工作給我。雖然我的行政工作比較多，可是行政工作的內涵、所牽涉到的中美各方、處理上的儀節以及可能碰到的陷阱等，他都會不慍不火地給我指點。他的引導與教導，不只讓我在工作上的翻譯能力快速地成長，而且在做事的準備、有條不紊的規劃、要點的掌握、時間點的捕捉，甚至優先程序的拿捏，都讓我學到了不少。在這樣風格的長官領導之下，我反而覺得奇怪：「為什麼那幾位對我不很友善的同事，學不到組長的長處？難道是他們感受不到？還是沒有這種慧根？」我想不通！

那時候，我開始體驗到什麼是「我行我素」；那時候，我也開始感覺到，我遇到的不只是一位有智慧、有才能的主管，更是一位軍旅職涯中的貴人！

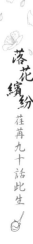

4.8 「黎明」帶來黎明

　　整個聯絡組中，共有十三位成員，一位中校組長、五位少校（陳化民、鄧國光、楊衛民、張潤紳、宋定亞）、三位上尉（馬國棟、龍耀中、趙雄）、兩位中尉（我及盛志宏）、一位少尉預官、一位準尉打字官及一位勤務士官。

　　把組內的官階及人數都一一列出來，主要在於說明，全組編制中的編譯官及連絡官裡面，我的職位最低，年資也最淺。

龍潭聯絡組的部分連絡官，我在最左。

　　就在我剛任滿一年時的隔年五月，特戰司令部要舉辦一年一度為期一個月的「中美特戰部隊聯合演習」，名稱是「黎明演習」。中方的演習指揮官已確定是特戰總隊的楊上校，美方的演習指揮官則是 Cole 少校，聯絡組的相對「主任翻譯官」似乎應該指派一位少校或者至少一位上尉擔任。

然而，除了一位資深少校鄧國光要擔任整個辦公室內，所有翻譯文件的審核，確實無法離開外，其餘同事居然都說：「各有任務，無法分身！」這種工作任務的指派權責，當然落在組長的身上。既然他已經大致了解大家都無法抽身的確切理由，很自然地，就不便再指派已經提出了「理由」的人，於是便以堅決的口吻跟我說：「你已經到職一年，對內外的業務內容與性質也有了相當認識，這次，就把演習的整個責任交給你了！我相信你能夠勝任的！」

　　組長既然當面跟大家說了，我似乎也不可能有拒絕的理由，雖然有點惶恐與緊張，還是硬著頭皮，故作鎮靜，欣然接受了。而且我也客氣地說：「我自己知道這個任務十分艱鉅，而且我是剛來的新手，如果各位不介意，一旦遭遇任何困難，我還是會向各位求救的！」

　　「這是個相當艱困的挑戰，也是個真刀實槍的磨練機會，我要怎樣把它圓滿完成呢？」演習開始前一個星期，我都在這樣思考著，甚至有好幾個晚上都無法成眠。

　　從演習開始那一天起，我採取了下列方式、措施、活動、態度，投入了演習：

- **常駐戰情室**：演習中心設有戰情室，裡面又劃分為戰情資料區、沙盤區、簡報區等。演習一開始，我就攜帶自己所有的字典、辭典、參考資料及相關的工具，搬到戰情室內的辦公桌，

「黎明演習」司令官視察演習戰情中心，我擔任翻譯，右。

隨時掌握演習的各種情況和演習的進展，以及假想敵的狀況。凡

是在專業術語上有不清楚的地方，隨時查看參考資料，盡最大努力，完全掌握演習的過程，有時午夜時分還在戰情室內絞盡腦汁，且隨時準備迎接演習高階主管的來訪。

- **有備無患：** 由於每天上午九點都有一個「戰情簡報」，而簡報的內容是根據昨天戰況的總結，由美軍指揮官及中方指揮官隔日輪流提出。我的責任就是負責為他們翻譯，因此，我必須在前一天的晚上，先把昨天的戰情細節整理出來，然後再用英文寫一遍，最後還要念一、兩遍，以免翻譯當時詞不達意，或者丟三落四。我總覺得，如果不事先準備一下，第二天簡報時就會沒有信心，這應該就是我在做事風格上「有備無患」的開始吧！

- **戰情報告中的應變：** 戰情報告，大多都是條文式的，比較呆板且沒有多大變化，而報告中雙方對戰情的研討互動，則完全無法預先準備。在這種情況下，只有在彼此發問時，聚精會神地把自己的耳朵都越豎越高，唯恐沒聽清楚而翻譯不下去。有時，確實有些話沒完全聽懂，而半猜半推測地應付過去了。如果確實有些地方根本不懂，只好說一兩次 I beg your pardon? 或 Would you say it again? 不懂就是不懂，總不能騙自己，更不能騙別人吧！

- **對臨時參演部隊的關懷：** 參加演習的中方特戰部隊，都已按照演習的進度，分散在全島的各個戰區，可是也有一些從琉球及其他地區派來的美軍特戰部隊，卻駐紮在龍潭營區內。他們大部分時間都會在戰情中心的不同角落，跟龍潭顧問小組的顧問們在一起，有時他們也參與每天固定的簡報，而且提出討論，所以對他們也逐漸熟識。當簡報結束後，他們經常會留下來找我詢問一些生活上、當地習俗上、文化上應該了解的地方，我除了立即回覆外，有時也會因當時的時間所限，而在晚間分別幫他們解決。類似問題所用的時間雖然不長，可是他們的人數較多，確實也花了不少時間。當然，這對我的會話能力，也有相當提升。

- **融入美軍的休閒生活：**在演習的戰情室附近，設有一個休閒中心，裡面包括了專供外地美軍使用的餐廳、福利社、咖啡及飲料台等，凡是參加演習告一段落返回基地的美軍，都會集中在這個休閒中心吃吃喝喝，聊天遊戲。

至今讓我仍然印象極深的就是，餐廳裡有一部收音機及留聲機，整天都在播放著西洋音樂，而且播放最多的歌曲，就是〈綠扁帽之歌〉（BALLAD OF THE GREEN BERET），描述著美軍特戰部隊的英勇無敵，以及在越戰時的英勇故事。在整個演習期間，每天二十四小時中，除了睡覺及戰情準備與簡報外，幾乎其餘時間都在休閒中心跟他們混在一起談天說地、吃喝唱跳，也用自己的相機幫他們拍攝生活照，我還把自己的英文歌曲唱片跟他們分享，同時把那首〈綠扁帽之歌〉唱得滾瓜爛熟。甚至還在 2015 年，把這首歌的中英文歌詞，連同我當時的故事，撰寫為文發表在《世界日報》的副刊上。

我做了以上種種投入的目的，無非是怕自己在演習中跟美軍接觸的工作上出糗，也怕辜負了組長的期待，更重要的是，怕自己在演習中因無法達成任務而被換掉。

演習結束後，我獲得了演習指揮官 Cole 少校的獎賞，令我驚訝的是，在離別的晚會上，因為我用自己的相機為他們拍攝了很多照片，演習人員居然贈給我一部 Canon 相機。值得自我肯定的是，除獲得顧問組首席顧問 Mr. Peabody 的「嘉獎函」（Letter of Commendation）外，更獲得了此次演習中美雙方指揮官的獎狀。

如此種種，在在都證明了組長指派給我的任務，有超乎想像的難度，最初自己也確實曾擔心能否勝任，可是自己也沒想到，最後終於圓滿地達成了任務。在這次的磨練中，我究竟出現過多少缺點，別人從來不會跟我說，但是我自己還是會銘記在心的。在外語知識的增加及翻譯能力的成長方面，也覺得有相當的進展。我覺得，這都應該歸諸於冷組長對我的鼓勵、協助與信任。

　　總括來說，冷組長適時適切地給了我一次表現的機會，所以他也是我在外語翻譯中唯一的貴人。他讓我運用了這次的「黎明演習」之鑰，開啟了我在「翻譯職涯」的門鎖，也算是投射給我的一線黎明曙光，點燃了我未來在翻譯職涯中的「黎明之光」。

　　在黎明之光的照耀下，在撰寫這篇回憶時，讓我從往事中感悟到了兩件事：

- **所謂「十年有成」：** 從 1955 年四月的幹校譯電班結業，分發到龍岡擔任「同准尉譯電官」開始，到 1965 年五月擔任黎明演習的翻譯官，整整十年來，在官階上只是從准尉晉升到中尉，算不上什麼發展，然而在知識的吸收與應用上、在英文造詣的深度上及在工作環境的認知與視野上，確實可以說達到了「十年有成」的初步境界，因而也奠定了我邁向另一個十年計畫的基礎與信心。

- **所謂職涯轉換：**「從譯電官開始拼命地苦讀英文，目的是要當翻譯官，十年後確實已經達到了夢寐以求的目的，難道這就是我的人生最終目標嗎？」那時候我就在想。

　　至今我更透澈地體認到：「人生有限的幾十年，在興趣、環境、朋友、能力、機會等很多有形與無形的限制中，第一個選擇絕對會影響到未來的生涯動態，即使你有足夠的毅力，去做勉強的變更或人為的轉換，不但所付出的代價難以衡量，而且轉換的結果很可能也會事倍功半！」

4.9 松濤伴驟雨，漫夜宿崇山

「虎嘯戰鬥營」創建者，在長嘯中胼手胝足地「踏破了賀蘭山缺」。

在鴛鴦潭及鯉魚潭上游的「小格頭」披荊斬棘，為「未來精英」的年輕人，建立了鍛鍊體魄的山訓基地。

經過了一個月中美特戰部隊聯合作戰「黎明演習」，這壓縮式的考驗與洗禮，或者說是機會教育，我的英文說寫能力確實有了進步，同時辦公室內的同事們似乎對我也較為友善了，至少不會再像以前一樣有冷言冷語的嘲諷現象。

雖然如此，我仍然覺得，即使自己用了各種途徑「自修英文」八年之久，仍未必像他們在外語學校的「兩年專攻」那麼有系統、那麼全面、那麼精準，因此反而讓我不得不更為謙虛地多跟他們請教。

也許是我的努力與謙虛得到了回饋，也許是他們有一半已經結婚、有了子女受到家務的羈絆，也許是……，黎明演習之後，我的工作在難度、深度與廣度上都有了相當的增加。

又過了半年，1966 年春天，聯絡組接到了一項名為「神鷹訓練」的任務，任務的主要內容是在人跡罕見的窮鄉僻壤，建立一個特戰部隊的訓練基地，舉辦美國式的特戰戰技訓練。訓練內容大致上包括了野戰求生、高崖垂吊、敵後通訊、谷索滑行、森林跳傘、目標搜索等科目，有些其他的科目已經不記得了。

這個訓練基地的地點，美軍顧問小組選擇了「小格頭鯉魚潭」旁邊那片山巒起伏的荒野林地，位置就在翡翠水庫興建前的鴛鴦潭北部。在決定這個地點之前，他們甚至已經勘查過好幾次，等把所有細節都確定了之後，才開始帶領我們三位連絡官做第一次勘查，

並且希望我們勘查的同時就立刻開始進駐。

當年，要去鯉魚潭，是從北宜公路先到小格頭的公路車站，下車後要沿著蜿蜒的山路，往下步行約需一個小時。當時我們會同顧問組的進出，全靠四輪傳動的越野吉普車當做運補及交通工具。到了最底下靠近溪邊才是鯉魚潭。

說到鯉魚潭的「虎嘯戰鬥營」，對很多七〇年代就讀大專的年輕人來說應該並不陌生，因為那是當時被救國團選定的熱門營隊，參加者都會體驗到上述的那些訓練項目。可是後來，鷺鷥潭和鯉魚潭都成為水庫的蓄水區而被淹沒，似乎就很少人知道那個曾經圓過很多年輕人「戰鬥訓練」夢想的地方了。如果你不知道，不是有點可惜嗎？

我在鯉魚潭的鯉魚洞，1966 年，現在早已被翡翠水庫淹沒。

我們選定的訓練基地，還要沿著溪邊走約十多分鐘，然後轉入山谷斜坡再走半小時左右，就在茂密的松林中看到了一塊矮林坡地，坡地上長滿了相思樹，樹下夾雜著荒草，其他所能看到的，則是飛

舞的彩蝶，聽到的則是四處傳來的鳥鳴以及谷風在山林中吹送，讓枝葉擺動的沙沙聲。

「我們就在這裡準備建造營地了！」我們幾個連絡官正在遲疑著怎麼還看不見營地，顧問打破了四周的沉寂：「我們運來了一些必要的工具，請跟著我們一起開始動手吧！」

天哪！十年來還是第一次做這種苦工！既然這樣，我們怎能袖手旁觀！於是在顧問的指導與協助之下：

- **選擇營地**：既然沒有營地，只好自己建造，顧問組自己挑了一塊地，目測了一下四周環境，告訴我們怎樣挑選能避風雨的地方，然後教我們如何用樹枝或石塊標定出來。同時，也幫聯絡組找了一塊距離他們不遠的地方，當作我們的營地。

- **剷平野草**：接著，顧問交給我們幾把鐮刀及斧頭，讓我們按照他們的方式，把選定的營地及周圍的雜草割掉，把樹叢剪除，再用圓鍬把地面剷成略有斜坡狀的平地，以便雨天排水。我們根本沒有在野外生活過，當然不知道要保留少許斜坡。顧問也提醒我們，要把割下來的草放在旁邊，不要丟掉。

- **砍粗樹幹**：根據顧問的經驗，要搭建一個入夜可以停留的營地，一定要砍伐較粗的樹幹，當作營地的梁柱，於是我們去四周尋找高度約在兩公尺左右，十多公分粗細，而且不會太彎曲的相思樹幹做為營地的支柱。顧問們用的是斧頭，我們砍不動，所以用鋸子，而且也費了九牛二虎之力，才連砍帶鋸地弄到了足夠搭建營地的矮樹枝幹。

- **挖掘地基**：有了樹幹梁柱，就在標定好了的位置，再挖四個約五十公分深的洞穴，我們三個連絡官揮動著圓鍬及鋤頭，揮汗如雨地輪流挖掘了兩個小時才完成，因為山坡上布滿了粗細不等的樹根。等埋好樹幹，已經是午餐時刻，我們怎麼也沒想到，午餐居然吃他們帶來的戰備口糧，喝各自水壺裡的水。

- **搭建草棚**：四根支柱豎立起來之後，接下來就是利用其餘較小的樹枝搭成一個棚頂，並往下延伸，最後再把上午割下來的長草理順，鋪在棚頂上，居然就搭好了一個能遮陽擋雨的營棚。
- **鋪灑石灰**：只有經常露營的人才會想到，露營時要在營帳四周灑一圈石灰，據說可以防止蟲蛇爬進來。我們就要住在這個荒野營地，顧問居然也想到了，而且也幫我們準備好了石灰。

　　營地是建好了，時間也進入了黃昏，忙累了一天下來，相當疲憊。在晚上睡覺時，平常本來應該是倒頭就入睡的，可是住在深林裡卻始終無法成眠。

- 一方面一直在想著：再過兩天，我們要迎接第一批參加「神鷹訓練」的學員進駐基地，除了要把建造營地的所有經驗傳授給他們之外，而且要準備必要的訓練課程。
- 草棚邊上掛了一盞煤油燈，好刺眼，讓我們無法成眠。
- 炎熱的夏夜在深山曠野睡覺，蓋上毛毯會熱，不蓋又涼，只好坐起來望著暗夜發呆。
- 同事們也同樣睡不著，乾脆不睡了，用外套蓋在頭上玩撲克牌，儘管飛蛾及蚊蟲圍繞著煤油燈亂竄。

　　其實，這些搭建營地的每一個步驟，幾乎都可以單獨為文，成為一個讓人難忘的篇章，可是，在艱困生活中所發生的這些數不清的、大大小小的、起起伏伏的篇章，似乎不可能都把它們記錄下來呢！

　　顧問帶領我們在崇山峻嶺中搭建營地的目的，是要培訓接受部分美援的國軍特戰部隊，而且分成三個梯次：第一梯次由顧問們擔任講師，我們提供翻譯；第二個梯次，則由第一梯次結訓的學員擔任助教；輪到第三個梯次時，則由第一梯次結訓者擔任講師，第二梯次的學員擔任助教，顧問及連絡官們都以觀察員的身分隨堂指導，必要時偶爾會提供一些補充。當然，每一梯次的每一個課程，也幾乎都可以寫成精彩、刺激、艱險、血汗或淚水的不同篇章。

就這樣，在三個梯次都培訓完成後，顧問及翻譯官們完全離開基地，除了一些特殊戰技或者表演給高階指揮官參觀外，整個的基地就完全移交給特戰部隊。他們也把我們的原始草

露天的通信課程之一，我在翻譯顧問的講授。

棚，改建為更精緻的茅舍，不再受風雨及蚊蟲的襲擊，基地四周也開闢了大道及小徑，幾乎成為一個世外桃源。這也在爾後成為救國團所經常舉辦的「虎嘯戰鬥營」的營地。

這個營地雖然已經消失在翡翠水庫的上游，但是我們在崇山峻嶺中胼手胝足地開闢營地的記憶，卻會深深地永銘於心，尤其是闢建之初，在松濤驟雨午夜難眠的

已經頗具規模的「虎嘯戰鬥營」，右側的我。

幾個夜晚，既具備了野戰求生的能力與技巧，也有幾分「踏破賀蘭山缺」的成就感呢！

4.10 我與〈綠扁帽之歌〉

　　幾年前，剛好看到了台灣的一篇報導，提到了一位名叫余靖的台灣移民第二代，出版一本名為《特戰綠扁帽：成為美軍反恐部隊指揮官的華裔小子》的新書，敘述他從西點到綠扁帽的 12 年軍旅生涯，以及他在特種部隊多次在伊拉克與海外反恐任務的親身經歷。

　　看到這篇報導，讓我想起了我跟美國特種部隊相處三年中，對綠扁帽的深刻印象。尤其，更體驗到了特種部隊上山、下海、跳傘、深入敵後、爆破等嚴格的訓練，因此把這些記憶寫出來，發表在《世界日報》的副刊。

　　1964 年五月起，我在桃園的龍潭虎嘯營擔任美軍特種部隊顧問組連絡官時，剛好趕上了一年一度的中美特種部隊聯合「黎明演習」，當時我曾被指派擔任主任連絡官。

　　那時因為我還單身，所以在約一個月的演習過程中，除了要準備每天一次的演習簡報之外，其餘時間都是跟從外地調來參加演習的美軍官兵們生活在一起——解決他們生活上的疑問、幫他們介紹台灣的文化民俗、幫他們拍照留念傳回美國、為他們提供自己的收音機收聽美國新聞，用我的電唱機及唱片播放他們喜歡的音樂或歌曲。（當時叫電唱機，所使用的還是塑膠製的唱盤。）

　　他們在餐廳內，幾乎每天都周而復始地播放著同一首歌，大家都唱得很起勁、很投入，更重要的是很好聽。詢問之下，才知道那是當時風靡一時的〈綠扁帽之歌〉（BALLAD OF THE GREEN BERET），演習指揮官 Cole 少校看我也很喜歡這首歌，為了滿足我的好奇，還特別請人從台北買了這張唱片送給我。

　　拿到唱片之後，看到了唱片封套上面的說明（當時還無法用

網路查詢），才知道〈綠扁帽之歌〉原來是美軍特種部隊參謀士官SSgt. Sadler 的成名歌曲，Sadler 士官以其個人在特種部隊的生活、訓練及在越南的實戰經驗譜成詞曲，美國無線電公司曾幫他灌製了一張十二吋的唱片專輯，共收錄了十二支歌曲。這些歌曲，確切地描述了一個身經百戰的士兵，在各種情況下的感觸，其中有輕鬆的歡愉、有艱苦的訓練、也有苦澀的回憶、更有生離死別的哀慟。這支〈綠扁帽之歌〉，就是專輯中的第一首，也是這張專輯的主題曲。

這張唱片曾於 1965 年在美國風行一時，這位軍人歌星也因此而聲名大噪。據說，唱片的銷售所得扣除一切開支、稅捐及捐贈，還淨賺兩百多萬美元，成為當時美國特種部隊中最富有的軍人。

可惜，當時的唱片還是用硬蠟灌製的，經過多年的漂泊生活，那張富有紀念性的唱片早已不知去向。

現在特別把這首歌曲的歌詞，以及於 1966 年四月，自己試譯的中文跟讀者分享。當然，在 YouTube 上也可以找到這首歌。

BALLAD OF THE GREEN BERET 綠扁帽之歌

Fighting soldiers from the sky 戰鬥勇士天上來

Fearless men who jump and die 無畏生死降天涯

Men who mean just what they say 此等扁帽英烈士

The brave men of the Green Beret 言出必行亙古才

（Chorus）合唱

Silver wings upon their chest 白銀飛鷹胸前佩

These are men, America's best 叱吒國內難匹對

100 men will test today 今朝百人試身手

But only three win the Green Beret 能獲扁帽僅三位

Trained to live off nature's land 艱辛訓練大自然

Trained in combat hand to hand 實戰磨練肩並肩

Men who fight by night and day 鬥士晝夜不停歇

Courage takes from the Green Beret 毅勇源於綠貝瑞

Silver wings upon their chest 白銀飛鷹胸前佩

These are men, America's best 叱吒國內難匹對

100 men will test today 今朝百人試身手

But only three win the Green Beret 能獲扁帽僅三位

Trained to live off nature's land 艱辛訓練大自然

Trained in combat hand to hand 實戰磨練肩並肩

Men who fight by night and day 鬥士晝夜不停歇

Courage takes from the Green Beret 毅勇源於綠貝瑞

（Chorus） 合唱

Back at home a young wife waits 故鄉嬌妻待空閨

Her Green Beret met his fate 扁帽賢夫黃泉歸

He has died for those oppressed 馬革裹屍為正義

Leaving her this last request 永別遺言日月輝

Put silver wings on my son's chest 且將銀鷹兒胸佩

Make him one of America's best 叱吒國內難匹對

He will be a man they will test one day 來日競技試身手

Have him win the Green Beret 讓他再贏綠貝瑞

　（1966 年 4 月 21 日石銳翻譯於龍潭虎嘯營）

4.11 鳥語峰上的飛彈之歌：韜光「養銳」

　　這篇的標題定為「飛彈之歌」，難道飛彈也會唱歌嗎？

　　這只是我在 1967 年調職到「桃園楊梅」飛彈基地，擔任翻譯官兩年半期間在工作上的「感受」，以及對生活在大自然環境中的「想像」。飛彈當然不會唱歌，可是飛彈基地附近的百靈鳥鳴、蟲聲、騰霧，就像是隨著我那躍動的脈搏歡唱著。把那個生活在山頭上的地方稱為「鳥語峰」，我記得，還曾以此為名，在《中央日報》副刊發表過一篇散文呢！

　　在龍潭擔任了四年的翻譯官，雖然被調動到飛彈部隊，但卻仍然是直屬陸軍總部聯絡室，只是換了配屬單位而已。軍隊裡的職務調動，也跟企業的運作相似，都有它的理由或原因。至於我的調職，是自己早有預感的兩個原因：

- **職涯貴人調升**：原任的冷組長調職升級了，接任的人剛好就是開始時經常給我出難題、給我難堪、讓我出糗的兩個人之一。呵護著我的人他調，我當然不會有好日子過，即使再賣力。
- **調適不當**：對新組長的處事風格，自己調適的不是很理想，工作分配上的欠公允倒不值得計較，而是在對人的尊重上，讓我無法接受。兼之，他只重視私利，使我及另外兩位同事無法容忍，甚至向配屬單位的風紀部門檢舉。

　　如果在私人企業，上述這兩個原因，不是員工被打入冷宮，就是自己另謀高就，身為軍職，只要不違法犯紀，於心無愧，調職算不了什麼。

　　新單位是飛指部下屬的一個基地，地點在桃園的楊梅，射控雷達區與飛彈區分別在兩個山頂上。連絡官的工作地點是一個名叫「秀才窩」的射控區，區域內只有操控雷達的技術人員及他們的宿舍，每天的三餐都是由對面山上的行政部門專車送過來。

　　秀才窩的宿舍，距離市鎮開車大約二十多分鐘。從楊梅開往新埔的公車，在山腳下不遠處設有站牌，最後一班車是下午五點多。如果在休假日，住在山上的人員可以搭乘送餐的交通車，一旦趕不上交通車，從楊梅市區回到山上住處，需要一個多小時。

　　「飛彈之歌」這個名詞，也等於是我因為換了環境而開始「轉換心情」的契機，雖然這次的「被調」不是出於自願，雖然「被調」有點不甘心而感到沮喪，但是卻沒有理由因此而消沉。

　　就在新環境的下列各種優勢之下，啟迪、激發、孕育了我更堅強的鬥志，對未來的人生開展了更廣闊且多樣化的調適：

- **獨立自主的辦公室：**由於工作對象只有飛彈顧問，所以特別把我的辦公室安排在顧問辦公室旁，既可以不受外界任何干擾，又能輕易地跟射控專技人員及隊職官接近，只有顧問上班或接待外賓時，才跟雷達站技術人員及隊職官有較多的互動。

- **充裕運用的自主時間：**顧問大約每週約一至兩次才從台北到楊梅，所以我的主要工作也只是在顧問到來後，跟相關人員有討論的主題或查檢設備需要翻譯時，我才參與。很明顯的，自我運用的時間十分充裕，甚至還不受固定和有限作息時間的限制。

- **建立了鐵三角般的好友：**射控技術操作人員、設備保養人員及隊職官們都很年輕，而且也都是理工學院及官校畢業生，在年齡上，我比他們年長約八至十歲，所以他們對我十分尊敬，而且經常來跟我討論語文應用上的問題。更特別的是，大家都是單身，對於新事物的學習與投入相當認真且專注，日子久了，都變成了好朋

友，甚至還跟很談得來的兩位結成了一個「鐵三角」、「四金剛」，工作之餘，經常在一起唱歌、打球、跳舞及郊遊。

韓國飛彈將領訪問鳥語峰，由顧問陪同，鐵三角之一的王筑銘接待，我擔任必要的翻譯。

・**定期翻譯國外專欄**：我還清楚地記得，當年派至楊梅射控單位的顧問是來自美國馬里蘭州的Robinson，他每次到山上的辦公室時，都會帶來當地的報紙雜誌等刊物，離開時就都留給我看。從那

四金剛假日遊獅頭山，1969年，我在最右。

時開始，我不只是接觸到了美國的新聞，甚至也發現了幾個有興趣的專欄，如越戰報導、醫學珍聞及家庭週刊等。其中的「醫學珍聞」引起了我的興趣，我還曾翻譯成中文，每週發表在《中國時報》的「家庭生活」。我也曾把當時美國剛出版的暢銷書《父

母與子女》（Between Parent & Child）在英文報紙《家庭週刊》中連載的專欄，除在《中國時報》每週英譯中連載外，最後也在「驚聲出版公司」正式出版，尤其在序言中，更提出了在中壢龍岡期間，對英文老師王元亨的感謝。

- **籃球桌球的調劑**：在能自主運用時間的情況下，總不能都是關在辦公室裡埋頭苦寫、苦讀，山上的籃球場和桌球檯，我也隨時都去光顧，還時常參加單位內的比賽與對外比賽，我也成為這個配屬單位的主力球員之一。

- **初嘗交際舞的滋味**：軍中單身年輕朋友們的話題，當然無所不談，更少不了對異性朋友的渴求。當時想到唯一能接觸異性的機會就是跳舞，於是鐵三角便發起了學跳舞的建議。音樂從我的電唱機中緩緩播放，鐵三角的三個人，從基本步學起，大家都抱著椅子，隨著唱盤的音樂，練個不停。學了一些時日之後，就輪流找熟識的朋友，去「三官俱樂部」及「新生社」跳舞，就因為這樣的機會，我們的鐵三角之一居然還「一舞鍾情」地「喜獲佳偶」。

- **持續撰寫詩文投稿國內報刊**：自從在龍岡曾經參加了「中華文藝函授班」之後，對於新詩及散文的創作依然保持著濃厚的興趣，舉凡山巔景物、原野草木、飛騰的雲霧、午夜的星空、清晨清脆的百靈鳥鳴……等，在在都能引發我的靈感。那時候幾乎每週都至少會有一篇詩文或譯文在《中華日報》、《新生報》、《中國時報》、《聯合報》、《軍中文藝》等不同的報刊上，以本名或「詩蕊」的筆名發表。

- **急性肝炎的轉折**：人的血肉之軀，畢竟不是鐵打的，每天、每週、每月，不分晝夜地寫、譯、跑、跳，一年下來，我終於病倒了。檢查發現是因為過度勞累患染了急性肝炎，在住院一週的治療和恢復中，讓我領悟到了健康的重要性。也因為這樣，我決心要把

工作、生活、寫作等的投入時間，在不影響健康的前提下，重新做相當的調整，也因為這次的警惕，使我的人生規劃產生了轉折。

- **女友情緣**：在桃園楊梅兩年的這段日子裡，除了在生活上、文藝寫作上、唱歌跳舞上、打球交友等方面都有了多樣化且深入的變化外，在偶然的機會，透過經常連繫的老朋友介紹，結識了各種條件都還接近的女友。當時我自己也覺得，應該是抓住機會準備成家的時候了，於是就認真地開始了交往。

總括來說，在楊梅「鳥語峰」這兩年多的時間，算是一種涵蓋了「深度與廣度」的綜合性培養與鍛鍊。這短短的兩年多，居然無形中在中英文翻譯、運動健身、唱歌跳舞、結交女友、文藝寫作等各方面都打下了某種程度的基礎。所結識的三劍客及四金剛，大家雖然都已結婚，而且也都已經是三代同堂，至今仍隨時保持著聯繫，甚至還透過不同管道，安排了一次包含眷屬的大聚會。

照片後排左起第三的童永鈞、第五的王筑鳴和我，就是當年的鐵三角，目前我們幾乎仍可以每天在臉書上碰面。

1967 年至 1969 年秋天在鳥語峰上的日子，因外事聯絡編譯人員的定期輪調而調至金門，讓我無法再聽得見山上的鳥鳴，跟剛認識不久的女友僅有少數幾次的約會，還沒建立起深厚的情誼，就不得不在這未來充滿不確定性的情況下，暫時分離。

當年的鐵三角及鳥語峰同仁攜眷屬在新店小碧潭的聚會，2008 年四月。

5 金門情懷：硝煙炙熱燃激情，嶙石隔海蹦火花

　　生活在金門戰地，能夠有時間、有心情、有興致寫作，似乎很不容易，如能寫出感性的散文，似乎更不容易。

　　而我，不但用輕靈的筆觸，細膩的思緒寫了一些相當感性的散文，甚至還通過了《中央日報》副刊嚴格的審稿標準，撰寫且刊登了我在金門戰地的心情、神情、友情，甚至不同心緒下愛情的感受。

　　在金門情懷中，多一分對往事的記憶，就更能多醞釀出幾分對未來的驅力；多一分戰地金門的生活記憶，多一分在戰地金門每天等信寄信的記憶，就多了一分在戰地金門珍惜生命、為生命拼搏的記憶。戰地的硝煙，讓人們時刻都活在砲聲的驚恐與危難中。

　　是什麼，還能為戰地軍民在精神上、心靈上、實質上填補空虛、茫然與期待呢？

　　——只有純摯的友情、親情與愛情！

5.1 「戰地導遊」憶舊

　　記得在 1950 年代期間，金門一直是戰地，一般民眾是無法前往參觀的，只有住在當地的居民才可以搭船往返台灣與金門之間。但是，經過政府安排的外賓參訪卻絡繹不絕。

　　自從 1958 年的「八二三」砲戰以後，金門受到了全球各地的矚目，很多國家的使節、新聞記者、政要、軍事將領等，都爭相參訪。因此，金門防衛司令部特別根據外賓的性質或需求，安排了幾套標準行程。金門的名氣更大了，能有機會踏上金門戰地，不只是難能可貴，甚至更引以為榮。

　　我是在 1969 年的軍中輪調計畫下輪調到金門，服務了一年半時間，除了擔任美軍顧問組的翻譯工作外，大部分時間都是陪同金防部高階主管，帶領前往金門的各國外賓到處參觀訪問，因此對金門的風土民情，以及觀光景點，都有相當深刻的印象。

　　根據自己的陪訪經驗以及金門開放觀光之後的了解，值得去看的地方是：莒光樓、海印寺、延平郡王祠、太湖、榕園、明朝的魯王墓、古崗湖、文台古塔、吳稚暉亭、金門陶瓷廠以及慈湖等十景，但是陪訪一天的行程，大約只能參訪約三分之二。至於外賓以前經常到訪的金門酒廠、馬山喊話站、太武山擎天廳、古寧頭戰場以及其他軍事據點，則在後來才陸續對外開放。

　　每次有外賓到訪，翻譯官就要全程陪同。在一年多的陪訪過程中，平均每週至少有三天是跟隨主陪者擔任翻譯與簡報，於是「翻譯官」就變成了「戰地導遊」。

　　雖然參訪的行程有一天、兩天及三天之別，然而為顧及外賓的

安全，大多都是一天的當日往返——早晨搭專機抵達，下午離開。陪訪翻譯的任務，除了要用英文介紹參訪地點的特色外，也要為主陪者與外賓之間塑造良好的氣氛，尤其，更要使來訪者有「不虛此行」之感。

當年，我帶領外賓的「訪問程序表」封面是這樣的，至於背面的內容，只好在這篇裡面做選擇性的重點介紹了。

外賓訪問的第一站，必然是莒光樓，這是金門的象徵，從莒光樓可以瞭望整個金門城及遠處海岸線。一般來說，莒

金防部的訪問程序表，封面。

光樓的簡報時間會比較詳盡，甚至還設置了專人擔任中文簡報，我們外事翻譯人員則根據簡報內容做立即翻譯。

金門的莒光樓。

　　外賓參訪金門必去的地方之一，就是古寧頭古戰場，外賓們聽完了古寧頭指揮官對古戰場的簡報之後，最感敬佩的就是當年死守據點的英雄們，他們浴血奮戰的奮鬥犧牲精神，才能以少勝眾，讓台灣居民能夠安居樂業。簡報過後，大多會參觀迷宮般的坑道。

　　「我已經迷路了，你到任時需要多少時間才能熟悉這個坑道？」有些迷路的外賓會問指揮官。

　　「至少要兩三天吧！」指揮官笑笑說。

　　「那我要多住兩天，等把坑道弄熟，我可以幫你當助理！」外賓的一番話，引起全團的人哄堂大笑。

　　「早知道金門這樣美好，我們應該在這裡停留三天呢！」只參觀了兩個小時，有的人就對主陪者表示了希望久留的想法。

　　看完古寧頭戰場，外賓們都會在門口合影留念。我相信你不容易找到我。

金門古寧頭，2010 年 2 月偕內人三度前往時，背景建築已經改變。

　　另外一個外賓最有興趣的據點就是「馬山喊話站」。顧名思義，

喊話站，就是金門向
對岸廣播的一個坑道
碉堡，裡面有專人定
時向大陸廣播台灣的
狀況。喊話站裡面也
設置了望遠鏡觀測站，
供外賓瞭望對岸動向。
右邊這張照片，就是
我當年在馬山喊話站，

我在馬山喊話站簡報，不過在小三通後，這張以前專
供簡報用的地圖已經被替換掉了。

為外賓做簡報時的情形，從地圖上可以看出喊話站所能涵蓋的距離。

　　為外賓簡報完之後，大多都會通過坑道前往瞭望台，盡量讓外
賓了解這個喊話站在金門的特色。

我與外賓用馬山喊話站的望遠鏡觀測對岸的情形。

Dr. Senese 跟我岳父母及家人合影。

　　在眾多接待的外賓中，親自接待次數最多的是一位美國的國會議員 Dr. Senese。他每次去金門訪問，都會在國內及美國的報刊雜誌上發表感想，也會去拜訪政府的相關部門，久而久之，我們也成為經常連繫的朋友。我從金門輪調回台後，有一次他還藉訪台機會，偕同女友到我淡水的住處作客。

　　到金門參訪的外賓中，有軍事將領、有國會議員、有駐外使節、有新聞記者，更有不同領域的教授。印象最深的，是接待了一對羅曼蒂克的新婚夫婦，他們

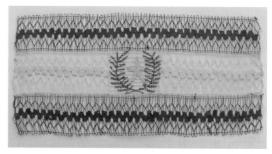

巴拉圭手編國旗。

在金門安排了三天的蜜月深度之旅。新郎是中美洲巴拉圭交通部長

之子，我雖然已經不記得他們的名
字，可是至今我仍好好地保存著他們
贈送給我的紀念品，那是用手編織的
該國國旗。

外賓參訪結束時，通常會以司令
官的名義送給外賓一份紀念品，就是
「單日砲擊」期間，對岸打過來的砲
彈碎片。我因為經常陪同外賓參訪，
所以在調回台灣時，也榮幸地獲得了
這份珍貴的紀念品。

外賓口中的金門，大多是讚嘆與
驚奇，沒到金門前，他們認為金門只

金門防衛司令贈給外賓的紀念
牌，中間的金屬塊就是砲彈碎片。

是個軍事據點，到處都是碉堡、陣地，一片荒涼，沒想到還有這麼
多的綠樹、建設及湖光山色。

這時，主陪者總會讓我補充一句：「這才是『百聞不如一見
啊』！」（Seeing is believing.）令人出乎意外的是，外賓居然回答說：
**「如果任何事情，都要等看到了才相信，有時所付出的代價就未免
太高了。」**

真的，這真是一句發人深省的話呀！

在金門對外賓導遊的過程中，是苦樂參半的，而且既興奮又刺
激。從早晨在機場的等候與歡迎，到下午向他們揮手再見，一整天
下來，雖然是滿身疲憊，但所得到的知識、見聞與收穫，卻是無法
衡量的。

陪訪之樂，確有「其樂無窮」之感：

經常會突然間收到曾經訪問過金門的外賓來信，他們除了在字
裡行間充分表達感謝之餘，也會把當時的照片送給我留念。

　　第二，每次陪訪之後，約一星期之內就會收到女友的來信，告訴我她看到我在電視上的鏡頭及表現。還好，她沒挑剔我在陪訪中的毛病。

　　尤其讓我印象最深的是，她在信裡說：「今天又在電視上看到你了，這次你在畫面上出現的比較多，好高興！真想把你從銀幕上拉下來呢！」

　　說真的，就只是這封信、這封信裡的幾句話，就足以讓我所有的勞頓都消失無蹤了。

　　當然，更重要的還是，每次陪訪的電視畫面，居然都成為我跟當時女友傳情的媒介，經由電視畫面，她至少可以看到我的言談表情，即使畫面主角是外賓，也可以使她有不少親切感。

　　至今仍記憶猶新的是，當時金門與台灣的民間電話還沒開通，郵件傳遞也需要一個禮拜。雖然如此，我幾乎每天都會寫一封信或者明信片，寄給台灣的她，說不定正因為如此，讓我們奠定了更深的感情，也因此而提早且順利地踏上紅毯呢！

　　儘管這種外賓導遊工作是「苦樂參半」，總體而言還是「樂勝過苦」的。「苦」是因為經常在冬季凜冽的寒風之下，在濃霧漫天之際，因天候不佳而在機場「久等沒人」，有時也會因為貴賓們要求參訪兩天，其中一天必然會碰到「單日砲擊」，而必須要在砲彈四射、煙硝瀰漫之下，把外賓安全地送到住處。

　　正因如此，我也更喜歡這份既刺激，又能增加見識，更具成就感的「戰地導遊」陪訪工作了。

　　在金門的一年半，雖然是處在煙硝瀰漫的氣氛中，可是在我的人生旅程中，算得上是多采多姿、相當重要、有特別成就感的一年半。例如：

‧在工作的挑戰上，得到了不少啟示。

‧在陪訪過程中，體認了不同國家的文化。

‧認識了幾位可敬的戰地記者。

‧結識了好幾位國外知音。

‧在英文的即時口譯上，有了很大的進步等。

　　而今，儘管往日的景物依舊，但金門在軟硬體各方面的發展，卻早已完全改觀。

　　戰地，也只是個過時的名詞而已，往日任務性的「戰地導遊」，也早已轉型為全方位的「觀光導遊」了。

5.2 懷念金門之友：繆勒大使

　　和藹、親切與關懷，是人類感情中最普通、最常見，但也是最難以文字做適當描述的幾種感情。

　　在表現的程度上固然因人而異，然而在第三者或對方的感受上，更會因個人背景與情境而有深淺之別。

　　1971 年的 10 月 20 日，一架飛往香港的華航班機失事，使飛機上全部乘客罹難；不幸的是，當時巴西駐中華民國大使繆勒也在罹難的乘客名單中。

　　由於他曾訪問過金門，而且我曾在接待中跟他有深入的互動，所以看到這突如其來的噩耗，讓我既意外，又傷感。

　　我跟巴西大使雖然只相處了一天，但是那一天當中他給我的印象，卻十分深刻，甚至至今難忘。尤其，他待人態度的和藹、親切、關懷，更使我銘記在心。

　　和藹、親切與關懷，是人類感情中最普通、最常見，但也是最難以文字做適當描述的幾種感情。在表現的程度上固然因人而異，在第三者或對方的感受上，更會因個人背景與情境而

巴西大使繆勒班機失事的報導。

有深淺之別。而繆勒大使，所表現出來的和藹與親切，可以從他剛由台灣到金門下飛機時的言談說起。

記得他訪問金門那天，當地的天氣晴朗，飛機也準時抵達。他走下專機，跟主陪官員見面的第一句話，就是先對接待者表示歉意，因為原定他與夫人同行，卻因夫人臨時身體感到不適，而無法前來。表面看來這似乎是一件小事，然而他卻在第一時間虔誠地向主陪者致歉。

四十年前的金門尚義機場，還只是軍用機場，迎送外賓，我們接待人員都要走到飛機的扶梯前去歡迎與送別。

在一天的訪問行程中，繆勒大使除了專注於傾聽每一處的簡報外，他也使「迎賓號」接待車內的氣氛格外輕鬆、融洽、親切有加。他無所不問，也無所不談，問的當然是以金門的戰地生活為主，談的卻是到任以來對台灣文化習俗的了解與認同。

在他與主陪者的話題暫時告一段落時，他居然跟我話起家常。按照習慣，在正式的場合，翻譯人員只是雙方溝通的橋梁，既不能加油添醋，更不便涉及工作以外的私事。可是他，卻偏偏主動地跟我談起了私事。

「你幾歲了？」沒想到他竟然問到這個西方人忌諱的問題：「結婚了嗎？」

「三十七歲。」我向主陪者瞄了一眼，深恐自己閒話太多，只簡單地回答說：「還沒有。」

「似乎稍晚了點，難道你想當了將軍才結婚？」他關懷地笑著說完，逗得全車的人都笑了。

「哪裡，只是還沒有準備好而已，我一向不做沒有準備的事，正像軍人不打沒把握的仗一樣。在知識上、經濟能力上有了充分準備再結婚不遲。」我不由自主地多說了兩句。

「從軍人的觀點而言，你的想法絕對正確，可是若以一般的處事原則來說，倒是值得探討。畢竟主客觀的環境及個人的條件與欲望隨時在改變，等你一切都準備好了才結婚，也許很難有這種可能。

尤其在學識及經濟方面，絕不會有滿足的一天。那你又要等到什麼時候呢？」沒想到他居然滔滔不絕起來。如果不是到了另外一個參觀據點，很可能他還會繼續講下去。

因為他的這番話，改變了我多年來對結婚的保守觀念，若不是他的啟示，說不定至今我仍然是個單身漢。並不是因為他談到了我的切身問題，我才說他是個「和藹可親」的人，而是因為他身為大使，竟對一個只認識一天的陌生人，誠懇地提出了由衷之言。

在我們的生活與工作職場中，每個人都會有一些多年好友、共事同仁，甚至是久居芳鄰，可是能彼此這樣深入傾談的，又有幾人？最多也不過是形式上的招呼「你好！」、「最近忙吧！」、「你早！」等禮貌上的寒暄而已。

繆勒大使的風趣，給我的印象也很深刻，多年之後仍記憶猶新。

經過一整天緊湊的參訪之後，離開前夕，他在候機室跟主陪者致謝說：「你們對參訪的程序安排很有經驗，既緊湊又充實，似乎把你們中國的烹飪藝術，也融合進去了！」

他喝了一口咖啡，又接著說：「你看，古寧頭戰場、砲陣地、馬山喊話站最為突出，可以算是世界上最突出的據點了，這該算是三道主菜；而莒光樓、擎天廳及發電廠，都代表了金門的建設及精神，可以說是三道特製餐點；太湖水庫及榕園，應該是高湯與飯後的茗茶，等於西方的甜品與咖啡。您說是不是，將軍？」

「大使先生比喻得很恰當，我們的主菜只能給貴賓欣賞，卻是專供敵人吃的。」主陪者似乎也因他的比喻而觸發了靈感。說完，引得大家哄堂大笑。

關於大使所提到的擎天廳，那是在金門的太武山花崗岩下，由駐軍弟兄們冒著危險，親手挖掘及爆破而成的一個大型表演場地，不但位於坑道的核心，防衛司令部的各一級單位也都必須穿過分歧的坑道才能進入。當年，即使是軍人，能進入參觀的人也相當不容易。

飛機的引擎聲，打斷了大家的笑聲。我們都依依不捨地，在專機的停機坪旁，揮舞著軍帽，目送他步上扶梯，向他招手送行。

　　沒想到，那次的揮手送別，竟成了永別。飛機失事時，對他而言，無論是痛苦還是驚恐，都只是剎那之間的事，但是從那一刻起，所留給我們的卻是無限的悵然與遺憾。這種遺憾，是因為我失去了一位推心置腹的朋友——雖然只有一天的緣分。

　　想到這裡，抬頭望著後院，夕陽餘暉逐漸在樹叢中消失，本來還想再寫下去，但是卻什麼都寫不出來。

太武山的「擎天廳」劇院，在南坑道中。

5.3 金門，高粱與我

　　高粱，是金門的農產品之一，尤其在 1970 年代，金門的高粱，是名聞遐邇的高粱酒主要原料。

　　在記憶裡，我對高粱的印象並不陌生，甚至每想到高粱，都會聯想起我的童年生活，可是對高粱卻沒有認真地去觀察過。直到在金門陪訪期間，因為要以頂級的金門大麴酒招待外賓，才開始對高粱有了濃厚的興趣及深刻的認識。

　　在金門陪訪了一年多，也喝了不少高粱酒，可是剛到金門時，在田裡卻看不到高粱，因調職到金門時是在十月分，高粱已經收割。因此，到了第二年的七、八月收割期，還特別找機會跑到高粱田裡去，仔細地看高粱，聞高粱穗的香味，跟高粱桿比高矮。一方面是想對高粱做更深入的認識，另方面也是想找回種植高粱的童年。

　　根據金門農業試驗所的資料顯示，七〇年代金門的高粱產量是一千八百公噸。這才讓我知

金門酒廠所陳列的各種紀念酒，瓶內所裝都是大麴酒。

道，何以一年到頭，金門的高粱酒廠總是相當忙碌，除了來訪的外賓每餐都必須有喝不完的大麴外，很多從金門退伍或者調回台灣的阿兵哥們，更會成打地帶回去。

金門的高粱，幾乎跟玉米同時播種，生長的速度也十分接近，在成長初期沒有結穗以前，幾乎使人難以分辨，到底哪一塊地是高粱，哪一塊是玉米。可是，對我這個小時候種過高粱、割過高粱、吃過高粱麵的人來說，卻都可以清楚地分辨出來。

據我所知，金門的高粱是白高粱，而不是那種能夠做窩窩頭的紅高粱。當我走到高粱田裡，很想向農人們買一些，把它磨成粉，自己做幾個高粱麵的窩窩頭，看看能否找回我童年啃高粱麵窩頭與貼餅子的滋味。

事後，我只好放棄，因為即使我能買到高粱，也難找到傳統的磨坊。因為我知道，就像品茶時的「茶道」一樣，不同的水、不同的火候、不同的容器，即使是同樣的茶，也會泡出不同的味道。當然，我也確信，不論是電磨、石磨或碾子磨製的高粱麵，做出來的窩窩頭，也必然找不到當年家鄉窩頭的味道。

或許有人會懷疑，現在的生活水準早已提高很多，吃窩頭的日子已經離我們而遠去。然而，信不信由你，如果你把蓬萊米飯跟窩窩頭放在一起讓我選，我寧願選窩頭，倘若你也是吃窩頭長大的，肯定會了解我的心情。

每當我漫無目的在高粱田裡穿行時，總會呆呆地望著高粱出神，心靈也隨著高粱桿的舞動而起伏不已。尤其當高粱要成熟時，我甚至還會傻傻地希望農夫們晚些日子收割，好讓我盡情地、痛痛快快地嗅嗅高粱穗上的香味，觸摸高粱桿上的枯葉，拾起高粱地上飄落的穗芒，以及抓一把高粱成熟後的泥土。因為，等到高粱製成高粱酒，就會消失一切屬於自然的純樸氣息。

有一次，美國教授訪問團到金門參觀，他們沒看過高粱。當我在路邊摘了兩個高粱穗給他們時，他們除了感到新鮮之外，也聯想到了用餐時剛喝過的高粱酒，卻無法想像到「高粱肥，大豆香，遍地黃金少災殃……」的景象。

　　不知道那些教授們是真的喜歡高粱，還是出於禮貌，訪問結束臨上飛機前，居然把我給他們的高粱穗，收到手提包裡去了，讓我心裡面湧現出無盡的暖意。

　　直到現在，每逢到了七、八月間高粱成熟的季節，都會讓我憶起當年陪訪時，我總會刻意在接待車上多準備幾個高粱穗。凡是對高粱有興趣的國內外訪客，我都會送給他們做紀念，讓他們看個夠，就像我一樣。讓他們勾起訪問的記憶，讓他們看到高粱而想到高粱的產地，更想到在金門種植高粱的人們。

　　也許只有在農村長大的孩子，才會對高粱這麼仔細地端詳。可是，未必每一個曾經做過農忙的人，都會用感性的筆觸，把他們對高粱的熱愛這樣洋洋灑灑地流露在字裡行間吧！

5.4 吃糖醋排骨的日子：在金門

小張剛到美國就寄信來了，若不是他信封上的地址是奧勒岡大學，我還以為他又變卦不去美國了。

他信裡說，噴射機在太平洋上空飛行時就開始在想家了，到了美國更顯得處處不習慣，白天感到累，晚上偏偏又睡不著。若不是怕辜負了父母師友的期望，真想立刻回臺灣。他想念往日在臺灣時的一切，尤其想念我們在金門時那一大堆吃糖醋排骨的日子。

真的，我也覺得在金門那段日子是人生中最難忘的一段記憶。我們曾在砲火下到處跑，我們曾放棄午飯一起到金門城去做禮拜，我們曾每天清晨都在早飯前爬一次太武山，我們也曾開車到最偏僻的鄉野去拾麥子、採高粱、逗小孩子們玩，獵取台灣找不到的珍貴鏡頭，我們更曾在籃球場上狂奔疾馳……。

總之無論幹什麼，幾乎都與糖醋排骨有關，因為我們誰都不想做時間的奴隸，都想利用餘暇，想做什麼就做什麼，而且做到盡情盡興為止。最後覺得肚子餓了，便在歡笑聲中和高談闊論裡嚼它兩盤糖醋排骨，最多再加上一碗陽春麵。

由於軍中的福利社只在晚上才供應飲食，於是我們盡可能把活動都集中在下午。倘若是假日臨時有工作而飲食正常時，我們就等到晚上九點鐘以後再去——當然還是以談天為主、消夜次之。用糖醋排骨來刺激我們的談興，為我們帶來智慧的靈泉。

我們都喜歡「情趣」這兩個字，而且把這兩個字隨時都摻在生活中的每一個片段中。正像品茶、飲酒或吸菸一樣，真正懂得其中情趣的人，品茶時不會把肚子灌滿為止，飲酒時未必每飲必醉，吸菸時更無需支支相連地不離口。

　　我們吃糖醋排骨也是如此。固然是排骨的味道好、量也多，但是我們不一定等到餓了才去吃。去吃時，也未必一定要吃得直不起身子彎不下腰。就這樣，我們經常去吃，而且越吃越想吃。

　　起初，我並沒有吃消夜的習慣，後來幾乎每隔一兩天就去吃一次。最初只有兩三個人，不久之後，幾乎整個辦公室都參加我們這個吃糖醋排骨的陣容了。

　　住在金門的坑道裡，往往回音很大。只要一個人喊一聲：「吃糖醋排骨的走哇！」五、六間小寢室裡的人都聽得見。

　　「小張，等等我，兩分鐘就好了！」

　　「老劉，穿拖鞋去行不行？」應答之聲，此起彼落。

　　當朋友間有誤會時，在吃糖醋排骨的小餐桌上就能夠盡釋前嫌；一旦彼此有重要事情商量時，吃糖醋排骨的餐敘會變成不拘形式的會議；有人晉升加薪時，免不了就自動掏出腰包來請客。無論任何人，只要發現了好消息，都會迫不及待地拿出來分享，若剛好有人調職返台，糖醋排骨餐就剛好是個歡送晚宴。

　　固然，那間小小福利社做出來的糖醋排骨味道只是還能接受，可是我們最喜歡的還是那種暫時忘掉「單日砲擊」的隆隆砲聲，享受吃喝談笑間和諧歡欣的氣氛。我們很多人都不吸菸，但是幾乎每個人都可以叼著一支，既不管它是什麼牌子，更根本不點燃也是常事；我們有不少人都不大會喝酒，然而卻往往帶了一個小扁瓶的大麴酒，即使每個人只沾沾嘴唇，聞一聞酒香，也大有樂在其中的感受。

　　吃糖醋排骨時，我們都喜歡挑在屋外的斜坡上，因為我們覺得在露天吃喝會更有豪情。天候晴朗時，可以望著明月，在一片片又細又薄的雲層裡穿越；在沒有月亮的暗夜，我們可以瞧見星星一閃一閃地向我們眨眼，甚至傳遞著神祕的摩斯密碼；若趕上單日砲擊，更可以聽到遠處砲彈出口的聲音以及爆炸時閃亮的火光，儘管有時砲彈就在附近不遠處爆炸，即使爆炸後帶來飛沙走石，但卻沒有人

會有絲毫躲藏的徵兆，反而嚼著排骨嚼得更香，偶爾也有人會說笑：「這幾發比較近，好像對岸的砲兵看了我們的吃相，他們的嘴也饞了。」

最使人難忘的，倒是過中秋節那晚，我們的晚餐吃得都很飽，唯有小張仍然吃興不減：「今年這個中秋節與往年不同，為了讓我們今年的這一夜留下更不一樣、更美好、更有意義、永遠留在我們腦海的記憶，走！我們再去吃一次糖醋排骨！」

他一面說一面把剝下來的整塊柚子皮，蓋在頭頂上，當作一個瓜皮小帽來戴。我覺得這個樣子很可愛，於是一面舉手贊成，一面把自己手上的柚子皮也戴在頭上，這時，頓時感到一陣清涼，心中卻漾滿了歡欣。在別人看來，這個樣子也許像個小丑，但是我卻感覺到，我們似乎又都回到了可貴的童年——雖然我的童年根本吃不到柚子。我們像是兩個頑皮的孩子，我們相視而笑，真不知道我們的微笑中含蘊著多少快慰，也不知道柔和了多少童年無憂的摯情。

「如果你們敢戴著這個柚子皮帽子到福利社去，吃完了糖醋排骨再戴回來，每個人就可以得到月餅兩個。」小黃認為我們不敢，他以為這是孩子們惡作劇的嬉戲。對成年人來說，這是可笑的，尤其是正處在戰地的軍人。然而，我們都做到了，什麼都不在乎地戴到福利社，又從福利社戴回寢室，甚至走進寢室前還捨不得拿下來。我們並不覺得好笑，反而感到樂趣無窮，我們固然贏得了月餅，但是更重要的是：我們贏得了成年人們所失去的童心。

今年的中秋節又快到了，可是那些好友們卻有的遠在美國，也有的久居加拿大，在那邊讀書畢業後就很少回來，感覺到有好多年無法重溫戴柚子皮小帽的往事了。更重要的是，讓我憶起了多年前給他們送行時，小黃那副沉重的心情。

記得小黃還說：「我剛買金門土產回來，手提包裡除了有幾套金門的風景明信片外，還有不少各種面值的硬幣，從五元到一角都

有。一角的至少可以分贈給國外朋友及小朋友們，即使他們拿著玩，也會知道這一角是誰送的，我是從哪裡來的，這種硬幣出自何處。另外，我也帶了一面小國旗，準備掛在學校宿舍的寢室裡，其實，我們彼此都帶了大小不同的國旗，準備在適當的時間掛出來。好像大家都有個共同的感受：還沒有離開，就先計畫怎樣懷念這個地方了！」

當時，我們都變得默默無言，如果讓我們再吃一次糖醋排骨，應該也找不回當年的味道了。

想到這裡，使我含淚欲滴。收到小黃的信已經半個多月了，直到過了中秋，才給他回覆，希望他收到這封信時，有嚐到往日吃糖醋排骨的味道。

5.5 山河戀，古塔斜陽情

　　人們都願意用「海枯石爛」去形容摯情的堅貞，滿以為這就能代表愛的永恆。

　　其實在我看來，用「塔」來當作愛情堅貞與永恆的象徵倒是更好些。

　　我愛彩霞，更愛海上黃昏幻動的彩霞，尤其喜歡暮色淹沒金門對岸故國河山前的那一抹斜陽。

　　到金門沒多久，我就知道金西的落日斜陽，堪稱奇景。因此，為了貪看斜陽在遠山近海造成的色彩效果，為想探求究竟它能在心靈上產生什麼反應，我曾數度放棄晚餐，從金東搭乘公共汽車到金城再轉金西，時間趕不及時，就在莒光樓上擇地遠眺；如果時間充裕，乾脆就漫步到舊金城，讓斜陽飄落下來的霞羽，輕輕地留佇在髮上、臉上，迎著那瞬息萬變的瑰麗景色，走到島的盡頭，爬在岩頂上靜坐，像入定的高僧，把自己幻化成霞光一片。

　　當然，最後總是去欣賞那最具風情、鄉情和愛情，混搭著各種情愫的「文台古塔」斜陽。

　　據說，所有的塔都有「鎮邪降魔」的作用。金門的「文台古塔」是倚舊金城而建，自明代抗倭名將俞大猷的時代即巍然矗立。塔旁的「虛江嘯臥」石碑和「柢柱亭」，更增添了塔的威穆。我坐在磐石上，諦聽海浪撲向岩岸的衝擊聲，使我彷彿又聽到了往古寶塔「鎮邪降魔」的故事。

　　其實，若以現代科學的觀點來看，「鎮邪降魔」只是消極的措施，我真希望海上的落日斜陽能改變古塔的神威，使他具有某種積極作

用，把「鎮邪降魔」變成「振志降福」。那麼，我不斷坐在塔前的凝望與躑躅，就更有詩情畫意了。

人們都願意用「海枯石爛」去形容摯情的堅貞，滿以為這就能代表了愛的永恆。其實在我看來，用「塔」來當作愛情堅貞與永恆的象徵倒是更好些。

金門的「文台古塔」，是六百多年前用花崗石興建而成。興建的年代大約在明洪武二十年（1387年）。這座古塔，起初是個航海的標誌，與現在的燈塔無異。而今，不知它經歷了多少興亡盛衰，也不知道它計數了多少風雪雨霜，卻能依然屹立無恙。

儘管知道它歷史的人並不多，即使它不像瓊樓玉宇那樣燦爛輝煌，但是它並不因別人對它的忽視而遜色，更不會因此而自感孤獨與寂寞。相反地，它的造型及結構反而更顯得蕭穆、祥和、令人追懷——正像千百萬年以前就已存在的愛情故事。

這座古塔位於金門的舊金城，當我們倚塔而立，遙望南太武山的落霞，浴在清沁的晚風中，數著海上的帆影時，雖說不上是「羽化登仙」，但確有置身詩畫佳境之感。說它本身就是一首詩固然恰當，把它看成一幅古塔斜陽的「夕照圖」更是貼切。

人人都說「酒保存得越久就越濃、越醇」，那麼愛情的酒更該如此了。我喜歡用「塔」來代表愛情，因為「塔」要比「海枯石爛」更具體，更能代表出愛情的恆久與偉大。

我更喜歡「塔」的那種直入雲霄的氣派和歷久彌堅、傲然屹立的神采——尤其是古塔，尤其是金門的「文台古塔」。

金門的「文台古塔」，我用幻燈片拍攝的，曾刊登於《中央日報》副刊。

5.6 「好大的」小金門

一般人認為不可能的事情，在軍人的毅力與決心之下變得可能了。

常人以為做不到的事，在軍人的堅忍與刻苦的努力之下做到了。

普通人夢想中的事情，戰士們用雙手和血汗無條件地把它變成了事實。

小金門，是金門島群中的第二大島，也是金門本島的姐妹島。她的名字雖然是「小」金門，但是在我的心目中，我總是覺得它很「大」。

小金門的原名叫「烈嶼」。我去過四次，覺得小金門有許多可愛的地方，有不少值得回味的事情。

綠，是金門的特徵，小金門的綠則又與大金門不同。大金門的綠，綠中有蒼勁、雄渾、突兀奇幻的美，那是因為大金門有巍巍的太武山和廣漠的金中丘陵；至於小金門的綠，卻是蒼翠欲滴的，秀雅且有幾分嫵媚的，因為島上不很高的麒麟山，頂上罩了一抹濃綠時，那圓頂格外像一顆極大的翡翠，再加上延伸出去的幾個玲瓏的小峰和高地，更顯得完整一致，絲毫沒有分割的感覺，看上去頗顯得雍容華貴。站在山上遠望，村落和野戰工事完全掩映在綠樹青稼中了，只有島上廟宇的紅牆綠瓦以及一角飛簷，和那矗立在林蔭道上的八達樓子，從翠綠中脫穎而出。

在四次小金門之行中，一次是私事訪友，一次是接洽公務，兩次是陪訪。剛到金門不久，我就決心找機會去小金門一遊。去過一次之後，又嫌時間太短而盼望得暇再去。

使我最難忘的是第三次。那次是工作之餘，抽空把小金門對面

的廈門島，做了一次有系統的眺望。除了對岸的軍事設施之外，我也能看出地面上的一切。那零星的村落、廣闊的沙灘、聳然的山巒、河口附近隱約的帆影、那突兀的白石炮台……，都歷歷在目。我不斷地凝神佇望，很想找到一些什麼，然而久久一無所獲。只有喊話站的喊話，傳到了對岸時折返的陣陣回聲。我感到悵然──那悵然的剎那，至今仍深深地烙印在腦海中。

使我最感動的還是第四次的小金門之行。那一次，我們陪同著外賓，參觀了新竣工的「濱海大道」以及沿途的據點設施與道路工程。我們的車隊跟隨在引導車後面，行駛在新鋪平的沙路、碎石路與山隘中的陡路上坡時，使我再度體驗到了平凡與偉大的差異。

一般人認為不可能的事情，在軍人的毅力與決心之下變得可能了；常人以為做不到的事，在軍人的堅忍與刻苦的努力之下做到了；普通人夢想中的事情，戰士們用雙手和血汗無條件地把它變成了事實。「濱海大道」的完成，就是最好的證明。

濱海大道，是沿小金門全島而興建的環島公路；這條公路可以通到島上最偏僻的村落，可以達到島上最險峻的地形，可以支援最突出的據點。每一條支路、每一段路面，都是戰士們用雙手鋪成的。我深信，凡是曾經親身參與這項工程的人，無論他現在仍在小金門或者已經退伍（役）返鄉，他一定會永遠記得，他曾在某年某月的幾點幾分挖過哪一段路，與誰抬過一擔最重的沙，炸藥爆破後的碎石打傷了哪一位同伴。當我們在據點內聽取指揮官的簡報時，尤其證明了我上述的話，因為他對據點內外的大小設施、輕重武器、壕溝的寬度與長度、距友軍與對岸的距離等，都報告得如數家珍，根本不像是簡報。

從四次往訪小金門中，我有一個很特殊的發現：在地圖上看，小金門比大金門小得多，而其地位卻比大金門更重要。尤其，小金門的地名大多都有一個「大」字，例如濱海「大」道、蒼松「大」

道……，我不想把名字一一寫出來，就只是這幾個就足以使我覺得她比大金門大很多了。

我常把小金門與大金門（或者金門與臺灣）的比較拿嬰兒與成人做比喻，嬰兒雖小，但卻吸引了家庭內外親友們的一致關注，也是家庭、家族、社會乃至國家的希望。

同樣，小金門雖然小，但卻是大金門與其他各島間連鎖上的一環，是邁向大陸的跳板──一如大金門之於臺灣、臺灣之於中華民國以及整個自由世界。

所以我說，小金門是「大」的。

5.7 單日砲擊：金門戰地的洗禮

如果當年金門沒有「單日砲擊」，就不大會使人相信金門是戰地！

在我個人看來，「單日砲擊」這個名詞也只不過是剛到金門的人或訪金人士的專用語，因為只要在金門住上一個月，就不再會把砲擊當一回事。

記得沒調派到金門以前，親友曾一再叮囑：「要隨時小心，單日別亂跑！」剛到金門不久時，也曾被那轟轟的砲聲震得有如臨大敵之感。但是一個星期後，覺得也不過如此。到第二週時，竟好奇地跑到坑道口外面的涼台上，看看砲彈究竟是落在哪裡，看著它劃過夜空，看著它爆炸。

到金門後約一個月左右，有一次必須要在一個「單日」的晚上到山外街上去。出發前，心中曾經嘀咕：「『單日』出去做什麼呢？難道改天就不行嗎？何況還正有『隆隆』的砲聲！」然而到了街上一看，竟使人大感驚訝，原來街上燈火通明，商店照常營業：

- 唱片行的大喇叭正播送著熱門音樂。
- 冰果店內座無虛席。
- 照相館裡的顧客川流不息。
- 彈子房內，幾乎每個檯子都有人打球。
- 大街上來來往往的人，更是一如常態。

這時，我心中的不安反而變成多餘的了。

軍人固然沒把「單日砲擊」放在眼裡，老百姓也更不放在心上。記得在 1970 年的八月三十一日那天，正好是農曆的七月，金門城普渡拜拜的最後一天，一位住在金城的朋友曾打電話約我去吃拜拜。我說：「今天不是單日嗎？我……」還沒等我說完，他就搶著說：「我

們根本就不管它單日不單日，你怎麼還來這一套呢？我等你，六點半見，還有幾位你認識的人也都請他們過來吃拜拜。」真的，老百姓都絲毫不以為意，我又有什麼可擔心的，於是按時前往了。

那一天晚上，也正是我最難忘的「單日砲擊」之夜。

吃完拜拜，暮色已經悄悄地淹沒了金門城。在無風無月的寧靜暗夜，被夜吸引得竟想步行兩站，到郊外後再搭公共汽車。

走完了第一站，夜色更濃，也更靜了，雖然才六點五十分左右，田野裡已蟲鳴四起，周圍黑漆一片。抬頭看時，只能隱隱看到樹縫中透出來的神祕夜空。

突然間遠處一閃，幾秒鐘後就是「轟」的一聲。接著，頭頂上「嘶嘶」作響，有一發從對岸發射過來的砲宣彈劃空而過，距離我約兩百公尺爆炸。三、五分鐘後第二發又來了，感覺上這一發似乎離我更遠一點。

這時讓我想到了司令官最近跟我們講的話：「只要是第一發砲彈沒有造成傷亡，而是在第二發以後受到傷害，那表示你自己不知道珍惜自己的生命，因為你應該從第一發砲彈的彈著點，知道後面幾發砲彈可能會落在哪裡，而做必要的隱蔽。這樣做，我們絕不是害怕，而是要好好地保護自己的有用之身……。」

心想：「今天既然是碰上了砲擊，到底要等砲擊結束後才走回去，還是在砲火中繼續走呢？今晚砲擊的地點既然是在這附近，我若加快腳步，說不定幾分鐘之後我就可以脫離這個區域。」於是決定繼續快步前行，萬一距離落彈太近，就不妨暫時躲避一下，等躲過三、五發砲彈之後，我已經走遠，剛好藉此體驗一下砲火下的感受。

當第三發砲彈從砲膛出口的火花照亮夜空時，我反而一面沉著地計算著砲彈飛行的時間，而且估計從看到爆炸的火光至聽見聲音的距離，一面還聽著頭頂上不斷呼嘯而過的砲彈，以判斷砲彈的方向、多寡、遠近。意外地，這次竟看到了砲彈爆炸前拖曳的火光，

等我看到第四發及第五發砲彈爆炸的火光時，我幾乎可以預測下一發砲彈什麼時候發射。

我開始向前走時，內心感覺到好像砲彈就要落在自己的頭上，後來就感覺爆炸聲離我越來越遠。有時，我居然頻頻地回頭，注視著身後不遠處此起彼落的爆炸火光，我的腳步不知不覺中緩慢了下來，已經記不清是第幾發砲彈了，甚至錯過了公車站。等我走到下一站趕上最後一班車，回到營區時已經接近午夜時分。

「單日砲擊」使金門更像戰地，然而對岸用這種方法，把砲彈掏空，裝上宣傳彈，代價未免太高了，甚至還產生反效果，因為砲彈大多是落在農田，把農地燒得片片焦黑，也有時在公路上留下坑洞，更有時射殺了農牛，打穿了房舍。

對我自己而言，在違反外出規定之下，算是受到了一次砲火的洗禮。

5.8 古崗湖畔寄相思

在金門住久了，覺得金門的一切都很特殊，尤其是金門的古崗湖。

就拿古崗湖的相思樹來說吧，花開得大，在枝葉的頂端一堆一堆的簇擁在一起，遠遠看去，讓你分不出是番石榴還是芙蓉花。初看時，確實像芙蓉上面的花團團；仔細看時，卻有像鳳凰木上的小鬍鬚。

其實，古崗湖旁相思樹上的花並不是花（至少我看到的這一種並不像花），而是千百個直挺挺、細嫩嫩的淺黃色小萼，萼頂上是個小圓點，只比針尖大兩、三倍，如果這種小萼算是相思樹的花，那個小圓點應該是花蕊了。

古崗湖相思樹的葉子似乎也比臺灣的寬，在大枝與小枝的分枝處，還長出了一串東西，看起來像是童年時代在北方吃的小糖葫蘆。我對植物和花卉的名稱知道得有限，如果它也有個名稱的話，我猜它的名字該叫做「相思子」，或者是那常綠樹上的小松塔。

也許以前我並沒有留意到島上的相思樹，所以只覺得到處都是木麻黃。在印象中，這裡的相思樹是野生野長的，在數量上少，沒人修剪，不能成林。直到最近，才發現古崗湖畔開小花的相思樹叢。湖畔和公園內，除了幾行桃樹之外，幾乎都是相思樹，而且還經過了園藝技巧把它們修剪得很整齊，雖不像松柏那樣見稜見角，卻也枝葉繁茂，有幾分雍容意態。再加上那一團團的黃花和一串串的相思子，更顯得可愛多了。

在偶然的情況下，我發現了這一片相思林，湊巧我又從茂密的花簇間折了兩枝，這才使我有機會仔細觀察。只覺得越看越想看，它本身平凡地像空氣，無所不在，但是它卻有著「相思樹」這個迷

人的名字。我敢說，這個樹名若不是因戀人而起，至少也與愛情有關，相思中少不了愛，愛裡更含蘊了各式各樣的相思。

當我晚上寫信時，我告訴了她我發現金門相思樹時的興奮，也告訴了她關於相思樹的種種，在字裡行間更流露出三天沒收到信的相思。

寫著寫著，不知不覺地使心湖中凝聚了濃濃的、深深的相思之情——正像秋風吹拂下古崗湖上的綠波粼粼。

我順便為她寄上一束相思花、一串相思子，讓她把花插在我寄回去的金門陶瓷廠燒製的花盆裡，把相思子播種在庭院中，等我明年調回去後，說不定就可以在自己的院子裡，看到古崗湖畔相思樹的嫩芽。

古崗湖的右側就是那些迷人的相思樹。照片來源：金門縣政府好友李衛修提供。

5.9 巴博上校

巴博上校，是美軍顧問團派駐金門的首席顧問，他在金門的軍民心目中，留下了深刻的印象。雖然是因為職務所在，金門島群的每個地方，他都到過，距廈門最近的大膽、二膽和遠離金門島群的東碇島，他去的次數比誰都多。此外，金門的學生，從高中到國校到育幼院，也都知道巴博這個美國人，因為他和他組裡的同事，在學校裡都擔任有英語課。上課時，他和藹可親；下課後，幽默風趣地有問必答。開學前，他親自到臺北去為學生選購課本；開學後又發動顧問團為學校贈鋼琴。他已經把自己看成金門的一員、學校的一分子了。

對金門的老百姓，巴博更是家喻戶曉，老少皆知，即使叫不出他的名字，儘管他們無法直接跟他交談，都會生硬地說一聲「哈囉」——無論是在田間、在路上或在村子裡。

在他調職返美的前一天，《金門日報》的採訪主任曾親自到招待所訪問他。當問到他，為什麼金門有那麼多人都認識他時，他笑著說：「那很簡單，我認為金門的居民是世界上最善良、最純樸、最守法、也最堅強的人，因此，無論我到哪裡，都會主動地向每個人招手，說一聲『哈囉』。也許他們不知道我的名字，更不知道我是做什麼的，但是，那又有什麼區別呢？」說到這裡，他喝了一口咖啡，採訪主任正要開口發問，他立刻又接下去說：「我猜，你是想要問我，離開金門以前的感受吧？那我就先說好了，我只有一句話：**『我深深感到，我不是離開一個地方，而是暫時地告別另一個家。』**」

事實上，不只是金門，有不少台灣的老百姓也熟悉巴博上校這個名字。記得在 1970 年九月底，當芙勞西颱風來襲時，使台北的忠孝東路、中山北路及南京東路一帶都曾淹水，當時剛巧他去台北開會住在飯店，他不但自己涉水而行，還挽起衣袖褲腿，光著雙腳，幫助旅社服務人員抬沙袋，堵絕向大門湧入的汙水。他也曾陪同顧問團人員，駕駛著橡皮艇，往返於南京東路的災區，更曾隨同直升機勘察水勢、運送食物、發放救濟品。

這些，都不是他責任範圍以內的事，他大可以像別人一樣，躲在旅館的高處樓層看熱鬧，然而他就是與眾不同，正因為如此，他獲得了國防部頒贈的「愛民模範」獎狀，更重要的是，他結交了成千上萬的台灣朋友。

巴博上校在金門的任期只有一年，在這一年中，我跟他接觸的時間很多，尤其是每次有外賓參訪金門時，他幾乎都會陪同連絡官共同接待。在工作上，我對他印象比較深刻的就是，他總會在連絡官的翻譯過程中略有遲疑時，主動給我們提示或補充。

在我跟他相處的一年以來，除了在英文發音上特別強調咬字清晰外，也都會在工作之餘邀請我去他的辦公室，跟他討論一些關於外國人如何入境隨俗的做法，以盡量避免因為文化差異造成誤會。就憑這一點，就足以讓我感到佩服，因為不少美國人都會自以為是，無論到哪裡自己都是老大，尤其，他在所有的文件上，除了英文簽名外，必然都會蓋上我們給他雕刻的中文印章，更讓看到文件的國人倍感親切與溫馨。

當然，上面所說的，都是巴博上校的個人特質及魅力，對我個人來說，他也算是一個值得感謝的恩人。就在我跟女友談得火熱時，剛好也是他即將任滿回台時，由於他完全了解，凡是未婚軍官，在金門服務期間是沒有探親假的，只有已婚者才能夠每三個月返台探親一次。於是他在返台前，特別向聯絡組申請需有人陪同他回去，

處理一下在台期間的相關手續，而且暗示由我陪同。也正因為如此，我利用了陪同他返台的機會，做好了跟女友結婚的準備。

　　巴博上校正式調離台灣後，我跟他始終保持著聯繫，自從 1971 年起直到 1985 年，即使我多次搬家，從淡水到新莊、從新莊到士林，再搬到天母，我們幾乎經常寫信。

　　每次他的來信都會用手寫兩三頁，甚至正面、反面和側面都寫得密密麻麻，每逢聖誕及新年的祝賀自然也從不間斷。更讓人懷念的是，他每次的來信中，簽名之後總還是把他在台灣任職時所用過的中文印章蓋上去。在遠離台灣的美國，在書信中蓋個印章雖然是小事，可是所代表的意義除了親切之外，更重要的是對當地文化的一種尊重。願意這樣做的外國人，似乎是鳳毛麟角。

　　巴博上校，就是這樣一個人，而所說的這些事情也只是我們相處一年來見到的一鱗半爪，我相信，文內的每一段都可以單獨地寫成一篇小說。他那誠懇、熱情、樂於助人、亦師亦友的態度，也幫我編織了令人難忘的感激、感恩與感人篇章。

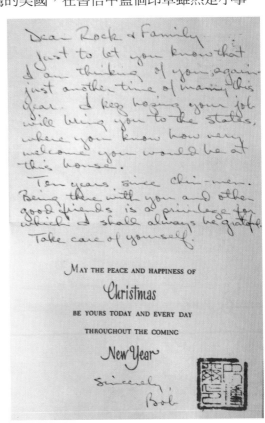

巴博上校蓋了中文印章的賀卡。

6 馳騁職涯大半生：天命之年攀奇峰

月露誰教桂葉香（李商隱）

　　「管理好自己的職涯規劃」才不會因「認命」而一事無成，且有計畫的創命，就能走出一片天空！

　　我在企業內的「馳騁職涯」，共分為四個階段：三年半的美商萬國工業不鏽鋼餐具製造業、十年的荷商飛利浦工廠、五年的飛利浦台北公司及二十餘年與人力資源管理相關的企業診斷自由顧問。

　　「職涯規劃」的觀念及實務，是 1980 年代由美國人力資源管理專家們發展出來的。對我來說，「概念」二字與「觀念」不同，因為回想過去在倥傯的軍旅生涯中，連人事管理的一般「概念」都沒有，更不用說至少要具備少許知識的「觀念」了，尤其談不上對「人力資源管理」的「專業觀念」。

　　強調概念與觀念的差別，完全基於我們個人在生命中面對挫折或阻難時，到底要採取消極退縮的態度，還是要藉此建立積極向上的行動，進而找出自己「真正想要的究竟是什麼」，然後因受到某種激勵，進而把它變成一個「目標」，甚至還要適應不同環境的變遷，把既定目標加以調整，才不會毫無主見地隨波逐流。所以我才說，要「管理好自己的職涯規劃」才不會因「認命」而一事無成，有計畫的創命，就能走出一片天空！

　　生活上如此，工作上更是如此！好像我從「自投羅網」地加入

了軍職起，在屢經硝煙烽火的戰亂之後，很自然地塑造出了「不信邪」與「不退縮」的正向觀念及態度。

　　自從在「軍涯」中幸遇貴人，成為我人生的「轉捩點」之後，在「馳騁職涯」的企業生涯中遇到的貴人，更成為我企業人生中的重要「轉捩點」。若要把近二十年，在不同公司的企業人力資源管理實戰歷練，都做詳盡的說明，並非易事，且《落花繽紛》的篇幅已經夠多，因此在這裡只做摘要性、編年式且簡短的幾篇描述。

　　「滾石不生苔」（Rolling stone won't get moss.），在近二十年擔任企業人事主管的過程中，以及爾後二十年的自由顧問期間，幾乎都是處在「即學即用」及「學用合一」的道路上，跌跌撞撞、坎坎坷坷地滾動著，如果是略有所成，也許是因為受到了上司的寬容，也許是得到了同事們太多的諒解，才能讓我在主管管理上稍獲一席之地。

　　然而，畢竟企業重視的是產品或服務效能以及成長和發展，一個年屆中年的退伍軍人，在各種基本條件上就已經先天不足地站在較晚的起跑點，所以一定要加倍付出，才能使彼此的代溝降低到最小。因此我這塊滾石，也不得不用更多的能量、更大的耐心，在更多變的企業環境中，更要滾動得格外快速，滾過企業各階段中的千山萬水……。

6.1 我的職涯探索：裁員聲中的果斷抉擇

　　沒有開始，就永遠原地踏步；沒有貴人及時相助，就可能沒有這個機會。自己不具備相關的條件，有機會也未必就是你的！

　　1971年，兒子出生不久，服務單位為要配合林森南路改建為「中正紀念堂」，整個營區必須遷至龍潭的「大漢營區」，所有在總部上班的人員都必須提前從眷舍出門，搭交通車從台北各眷區前往桃園的龍潭，我也只好清晨從淡水的淡江新村上車，日落西山才能回到家。

　　這時，剛好發生了所謂的「中美斷交」事件，駐台美軍顧問大量裁減，相對的使各總部配置的聯絡編譯人員開始縮編。很多翻譯官大多都有家室、子女，有些人在進修或攻讀學位，聽到了裁員的消息，大多惶恐不安，唯恐被裁減之後沒有信心能很快找到適合的工作，在生活及經濟上會立即受到衝擊。所以即使是台北桃園之間長期通勤，也甘之如飴，在沒有確定真的被裁掉之前，都兢兢業業地堅守崗位，內心裡面嘀咕著：「千萬別裁到我！」

　　從金門調回台北還不到一年，工作上居然產生了這樣大的變化，有點意外，且令人難以置信。

　　「難道我就這樣混下去嗎？」每天在交通車上的勞頓，再加上沒有工作內容的混時間，讓我有點無法忍受。我開始感到不安：「我該怎麼辦？」

　　當時，自己覺得英文學了十多年，也用了十來年，而且也做過

不少中英文翻譯，甚至也出版過英文著作的翻譯，所以自信，靠英文吃飯應該不難。翻譯書報雜誌，或者做個英文祕書總可以餬口吧！於是把自己的想法跟太太討論，太太當然尊重我的意見。

在美軍顧問團裁減的同時，各司令部也展開了類似近年來企業中的「內部創業」制度，稱為「編餘軍官」。凡是在編制上被裁掉或者是自動申請「編餘」者，都會被批准，編餘軍官的待遇是只領底薪，不再發給任何津貼及職務加給，且被批准「編餘」的當事人，從批准開始就可以不去上班，在外面自行找工作。

經過認真考慮之後，就抱持著破釜沉舟的態度，自動申請編餘，自求發展。當然，在大家都徬徨不定的情形下，我的申請很快就被批准了。

在軍中服務了二十四年之後，在一種莫名的衝勁下，居然又主動向單位提出「自動編餘」的請求獲准，如果將來不能再領到職務加給，我怎樣才能克服這個轉職「過渡時期」的困境呢？於是我又重新盤點最初決定申請編餘時的幾個主要想法及理由：

・趁著剛剛四十歲出頭，何不藉此早點到社會上去開創新的工作環境。

・依賴自學的深厚英文基礎，且任職近十年的外事翻譯，總可以靠英文養家活口吧！

・二十年前就曾在各種報刊上寫作或翻譯，且有著作，靠筆桿養家應該沒問題呀！

現在想起來，當年的這幾個想法或理由，雖然有點理想化，且近乎過於自信與衝動，但是基於上述幾種考慮與評估，「既然決定了，就是決定。」（Decision is decision.）

當決心受到了自我肯定之後，就積極地準備履歷表，而且選擇了不少行業，投送了數不清的履歷表，可是卻都石沉大海般地毫無音訊。也曾拜託朋友介紹或推薦至某航空公司面試，因為自己除了英文條件以外，對航空業務完全空白，而辜負了推薦人的好心。更

因為想當英文祕書，而參加晚間的中英文速記補習班，結果發現，參加補習的人都是二十幾歲的年輕女性，只有我這個還穿著軍裝的中年男士來上這種課。

還好，政府為了要提倡馬術運動，且回應外僑與美僑商會的建議，剛巧要成立一個「騎馬俱樂部」，需要一位英文翻譯，也剛好「陸供連絡室」主任張剛禹知道我已經被編餘，而推薦我去擔任這份工作，我當然毫不猶豫、不加考慮地接受了，因為只靠自己橫衝直闖，似乎不會有任何結果。

如果當時政府沒有成立馬術俱樂部的措施，就不可能有這個職缺；如果最初自己沒有果斷地去主動申請編餘，也不可能有資格及機會掌握到這個職缺；如果沒有張剛禹主任這位值得感恩的主管對我的信任與推薦，也不可能有這個機會。所以，「沒有開始，就永遠原地踏步；沒有貴人及時相助，就可能沒有這個機會。自己不具備相關的條件，有機會也未必就是你的！」

這時，再度體認到「平時受肯定的工作表現及良好人際互動」的重要性！

6.2 幸遇職涯貴人

騎馬俱樂部是 1971 年成立的，地點設立在青年公園外面的河床上，那時候，馬場、馬匹、騎士、溜馬場等設施都已經齊備。

報到之後才知道，我的職稱是「英文祕書」，工作的主要職掌

我在騎馬俱樂部大門口，現早已拆除。

是接聽外賓騎馬需求的電話、與馬廄聯繫調配馬匹、安排前來騎馬的時段、為騎馬者與馬術教練做當場翻譯等。當騎馬者已經坐在馬背上，甚至在馬場上開始奔馳時，除要隨時注意馬場內的動態，還要隨時回答馬場外家屬們所提出關於馬場、馬匹、訓練等問題。工作時間是每週七天，上午九點至下午五點。

有了這份工作，雖然一週要上七天班，而且假日更忙，工作地點又大多暴露在大太陽下，而且從淡水住家搭車要轉兩次車，可是至少有了工作，而且接觸的也都是社會上不同的對象。

來騎馬的人除了駐外使節、武官、外商企業負責人之外，還有他們的子女，國人則多為歸國華僑，或者少數對騎馬有濃厚興趣的人士。在台灣來說，這是個嶄新的工作，能擔任這個職務，既高興，又新奇，更覺得是一個重要的轉機。

為了把工作做好，還沒上班就先買了幾本關於馬術與馬匹的英文著作，以便跟外僑溝通時不至於外行。當一切工作都準備就緒，

馬背上及馬場上的訓練或騎行活動不再需要我的翻譯時，仍然會在附近四處巡視，隨時應變，或坐下來跟馬場外等候的騎士親友們話家常。

　　經過一段時間的熟悉，接待與翻譯的工作很快就駕輕就熟了。在多次跟外賓聯繫與接待過程中，在各方面跟他們都有了相互的了解與默契，甚至還認識了一位 Mr. Bruns。他們夫婦幾乎每週都會帶兒子 John Bruns 來騎馬，當孩子開始騎，他們就經常來找我聊天。起初只是討論一些關於馬匹狀況、騎師們的特質、他們孩子的學習進度等話題，後來就漸漸地無所不談了。

1971 年 John Bruns 準備去騎馬，現在他已經結婚生子，且於 2008 年左右擔任美國波音公司駐北京的行銷副總裁。

　　跟 Mr. Bruns 夫婦聊得越來越熟悉，也因為我父親在鐵路局工作，而知道不少鐵路常識，剛好他們的兒子特別喜歡火車，於是我們在三個半月的聊天過程中，建立了比翻譯工作更為深切的友誼關係。此外，他也會偶爾提到一些工廠管理方面的事情。

有一天，在談話過程中他問了我一個問題：「我們工廠，有個人事主任的工作機會，你是否有興趣？」

聽了他的話，既驚訝又高興，但是總要衡量一下自己的能力與專業呀！於是我順口回答：「我對工廠管理的事情毫不了解，人事管理方面的各種法令規章完全不懂，恐怕不能勝任。」同時我也想到：「人事主管實在不是個普通的職務，一下子就當主管，真的沒把握！」可是又不好回絕，只好先對他客氣一番，並懇切地問他：

「能不能讓我考慮幾天？」

「當然可以，但是不要等太久！」他客氣地告訴我說。

沒過幾天，家裡因為要整修房屋，再加上一些其他因素，便辭職離開了馬術俱樂部。在整修房屋期間，早已經把 Mr. Bruns 的話拋到九霄雲外了。

沒想到，有一天他帶了副總經理，親自到我家來，當時我滿身都是油漆，感到十分尷尬，因為我對他的邀請還沒回覆，我也真沒想到他是這樣認真的。

「我們公司人事主管的空缺，仍然在等著你，聽馬場的人說，你已經離職，所以我們特別來找你，看你是否還有興趣？」還沒等我邀請他們到家裡面坐，Mr. Bruns 就先開口了。這次，他的口氣還是那樣誠懇，而且帶有幾分堅定。

我有點不知所措，但是並沒有表現出來，認真地想了一下之後，我就懇切地跟他們說：

「實在感謝總經理的抬愛，您所提供的這個職位我也很有興趣，不過我只怕沒有實務經驗，恐怕辜負兩位的好意與期望，所以上次才沒給您答覆就離開了，真的很抱歉！」

我看到他們倆正在交換眼色，於是立刻又好奇地問了一句：「我能否提出一個問題？」

「什麼問題，請說說看！」這時是副總經理回答的。

「既然你們知道我剛從軍中退下來，對工廠管理一竅不通，又沒有實際經驗，能不能告訴我，為什麼總經理會認為我可以勝任這個工作？」

　　「其實很簡單。」總經理回答說：「只有兩個理由：第一，你的英文很好，而且善於溝通；第二，你的最大優點就是負責認真的工作態度。」

　　副總經理又補充說：「語文能力好，又有溝通技巧，處理工廠的事情十分重要。」他看了看總經理，接著又說：「工作經驗可以學，但是工作態度卻不容易學得到。」

　　在這種情形下，我就當場答應，而且第二天就去上班，連薪水都沒問，一直工作了三年半，直到他調回美國，我才有機會換到另一家更大的外商企業。

　　如果沒有 Mr. Bruns 最初對我的信任，把重要的人事主管工作交給我，也不會在三年半就能把人事管理的每一個功能，都能夠真刀實槍地做到、學到、學通。

　　同樣，如果沒有在美商萬國公司將近四年的工作歷練，也不會有機會轉職到另一家更具規模的外商，所以我把 Mr. Warren Bruns 視為我在民間外商企業的「職涯貴人」。

6.3 外行人，怎麼做內行事

Mr. Bruns 的這家外商公司，名稱是「萬國工業股份有限公司」（International Tableware Corporation Ltd.），簡稱 ITIC，是一家專做西餐用餐具外銷的公司，訂單來自美國，也只銷到美國，它的原料是從日本進口的特製鋼板。

公司的生產流程最先用沖床設備把鋼板切割之後，再用壓床機壓製出餐具的凹凸大模，最後用研磨機把餐具磨平拋亮，經過品管檢查合格才按照不同的件數裝盒出貨。

嚴格地說，這是一家鋼鐵工廠，我報到時已經有六百多位員工，所雇用的員工 85% 都是年輕力壯的男性，員工的組成分子比較複雜，工廠的管理制度也不完善。進入公司之後才知道，不但公司內部的勞資關係劍拔弩張，而且當時縣政府對公司也有不少誤解。記得已經離職的人事主管好像是孫立。

由於自己剛進公司，舉凡組織運作、部門分工、工廠管理制度等，就像劉姥姥進了大觀園。一開始就擔任了「人事主任」，部門內除了有兩位職員外，一般的總務、行政、廠護、警衛、安全等功能及人員，我都要負責。

身為一個帶職帶薪的軍人，剛坐到辦公桌前，立刻就有公文給你看、讓你批，甚至連公文格式以前都沒看過，一切都要從頭開始了解。兼之，也沒有人幫你做「公司及工作簡介」，更不用說「在職訓練」了。針對文件的處理，除了參看前任人事主任曾經處理過的文件外，一切都靠自己摸索。

近四年的工作情形及所體驗的閱歷，只能把幾項「極為關鍵的工作」，在「方法、技巧、態度及成果」方面，根據記憶做以下綜

合摘要說明：

- **積極學習相關法規，即學即用：** 在這方面，首先閱讀公司過去的公文檔案處理情形，了解以前處理的來龍去脈及處理結果，接著就有系統且持續地研讀勞動法規。為要早點讓工作上手，每週至少有兩次住在公司的臨時宿舍，一面研讀勞工法，一面了解一下工廠內晚班的工作狀況，順便查看住宿員工的生活起居。對我來說，所有的發現都是既新奇，又好奇，更覺得迫切需要做的事情太多。

- **熟悉、強化，並建立管理制度：** 趕緊了解一下，現在有哪些制度，其內容、根據與目前的執行情形怎樣？在強化與建立管理制度方面，盡量抽空參加廠外的相關課程，藉此也跟其他學員保持聯繫，必要時把他們當做導師。至今仍然記得，當時的「工廠管理規則」似乎都沒有正式向縣政府報備核准，所以在違紀或違反工作規則的處理上，會遭遇到相當大的困擾。兼之，有些問題，工廠的生產總監與人事主管的看法不一，僅僅在上下班的遲到早退管理上，就相當鬆散，擔任大小夜班的員工，經常會躲到宿舍睡覺，因為工廠與宿舍是連在一起的，而且夜間在宿舍經常有飲酒鬧事的情形發生，甚至員工私下把公司產品拿出自用的情形也時有所聞。因此我發現，制度的執行更重於規章制度的修訂與建立。以上這些問題，都是我這個新手處理管理問題時的燙手山芋。

經過了一年多，規章制度逐步建立，工廠管理規則也已經過縣政府核准實施，使公司在紀律上、在保障及維護公司與員工的權益上，開始顯現某種程度的改善。當然，也曾因為處理產品偷竊及廠內酗酒滋事案件時，自己面臨到被解雇員工酒後攜帶兇器來廠尋仇的安全顧慮。當時，無論是處理程序上，或事前事後的溝通上，甚至在法規的引用上，盡可能是站在「尊重、誠懇、公平、堅定」的態度來處理。尤其有幾位嚴重違規者，還曾經過屢次規勸才得到圓

滿處理，即使面臨威脅，也心平氣和地多次跟對方討論溝通，甚至還曾於事件處理後，邀請對方在餐廳小酌。類似事件只要完善地處理過一次，爾後再犯的機率幾乎少之又少，因為這才是「一勞永逸」的處理方法。

- **勞雇關係之外**：也許是因為勞動條件及安全衛生方面有需要改善的地方，而沒有獲得合理解決，所以即使成立了工會，公司跟工會之間的關係仍不融洽，福利會與工會之間也不斷發生摩擦。讓我最為手忙腳亂的是，報到還不到半年，工會幹部居然把福利會的主委以貪汙嫌疑告到法院，人事主管要代表公司出庭。總經理要求我負責處理，同時認為，涉嫌貪汙的主委必須立刻解僱。事實上，在法院審理中的案件，還沒正式判決有罪之前，是不能逕予解僱的，否則一旦公司判決敗訴，除員工復職外還要給予解僱期間的賠償。法院審理期間，律師的出庭、書狀等費用，在 1972 年時就已經是每小時一百美元，所以總經理堅持不再聘請律師，也不想打這場官司，但是為要保護公司不至因放棄訴訟而敗訴造成公司損失，我只好根據最初幾次跟律師接觸的經驗，並評估訴訟勝訴的可能性，在跟總經理報備後，開始自己寫訴狀，親自出庭，當庭答辯，因為不能半途而廢。

  這個代表公司獨力負責的「刑事」案件，從最初地方法院的勝訴，經過高等法院的再度勝訴，到最高法院的最後勝訴，已經用了一年多時間，然而被貪污的款項曾經提出「假扣押」，公司要拿回被貪汙的金額，必須又要從「刑事法庭」轉到「民事法庭」重新開始。結果，從新竹的民事庭，經桃園的高院，到台北的最高法院，最終都還是勝訴。整個訴訟案件耗費了四年，等最高法院通失領回貪汙款項時，我已經在新的公司任職了半年多。我這個人事主管，因此而接受了刑事及民事「出庭律師」的「在職訓練」。

- **緊密的建教合作與福利活動**：公司的員工人數，從報到時的六百

260

餘人，到兩年後的九百餘人，顯示了公司業績的成長。由於 1970 年代剛好各行各業都在蓬勃發展，所以到處都缺工。當時基層操作員最普遍的招聘模式，就是跟學校展開「建教合作」，到鄰近的學校招募國中學生到公司就業，白天上班，晚上及假日則補習功課。當時我曾會同生產總監去不同鄉鎮貼招聘廣告，去學校跟同學演講，跟老師討論合作條件，跟校長簽訂合作合約，才勉強找到了所需的員工。

學校招聘員工的實況。

1970 年代的公司福利活動，主要還是以年終會餐及團體郊遊旅行比較普遍，其他選擇不多。員工們唯恐放棄僅有的福利活動十分可惜，所以都十分踴躍地參加。因此，規劃九百多名員工的郊遊日期及地點，就成了人事部門配合福委會的年度大事，而出遊的遊覽車隊更是浩蕩驚人。

另外，人事主管也要安排並陪同公司負責人參加一些入境隨俗的活動，例如在新建的鍍銀工廠開工之日，就得由廠長親自拈香拜拜。

萬國新廠開工，陪同澳洲籍廠長在供桌前拜拜。

　　任職將近四年的萬國公司，雖然有職涯貴人的全力支持，從外行開始學起，經歷了企業內的驚濤駭浪，可是，由於廠內在安全與管理上的無法配合，造成每年至少約兩次的因公重傷或殘廢事件，以及至少兩次代表公司處理公傷或意外死亡的善後事宜。終於在「能做的，都已經完成；不能做的，不得不放下」的心情下，轉換了跑道。

　　對我那企業啟蒙的職涯貴人而言，他及他的家人，固然是我終生感恩的對象，可是揮淚離開他們，也是不得已的選擇。

6.4 追憶職涯貴人：我的終生恩人

相識三個半月，

共事三年半，

知交三十五年，

現代的職場人恐怕很少能有這樣的傳奇吧！

對於收到聖誕卡的喜悅，似乎也有經濟學上的邊際效應，收到最早的，感覺到高興與雀躍的程度也最大，爾後收到的賀卡，興奮的程度就逐漸減少。

高興的原因之一，是因為每年最早收到的聖誕卡，都是從美國加州寄來的，寄卡片的人就是我生命中所謂的「職涯貴人」—— Warren Bruns。

然而在 2007 年，這種興奮的感覺改變了，主要是因為當年最早收到的兩張聖誕卡雖然也是從美國加州寄來的，但其中一封是 Bruns 太太寄來的，另一封則寄自 Bruns 的兒子 John Bruns。最讓我震驚的是，Bruns 太太告訴我，她先生已經於今年三月因病去世；John Bruns 則在賀卡中除了提起他父親去世的消息外，也隨卡寄來了兩張照片——他剛出生十個月大的兒子，以及他跟太太與兒子的合影。

僅僅在我跟 Bruns 相識了三個半月，就讓我們成為三年半的工作夥伴，由於我們隨時保持聯繫，更建立了爾後三十五年的情誼。

每年的聖誕節，他的聖誕卡都會最早寄到，每次，他也都會附上一封信，以及一張最新的全家福照片。

2005 年夏天，我與內人還曾特地開車去參加 John 的結婚喜宴，看著這張全家福，怎麼也沒想到，我的生涯貴人卻已經離我而遠去。

　　從一個素不相識，到成為三十多年的至交，人生中不會有太多這樣的機會。我也經常在想，當年去騎馬的人很多，如果當時沒有他的賞識，我不會有爾後到其他外商公司擔任人資主管的機會，更不會有今天的我。對他除了懷念之外，只有感恩，「生涯貴人」這幾個字，絕對無法完全代表內心深處的感念之情。

　　回想起他錄用我的理由，更使我體悟到：三個半月友誼上的信任，贏得了三年半工作上的信賴，更贏得了三十五年的知己之交。

　　當然最使我終生受用的，還是他跟副總經理去找我時所說的兩句話：「經驗可以學，態度學不到」。

Mr. Bruns 2005 年的全家福。

Bruns 兒子結婚時的團體照，Bruns 夫婦，一排右起 1 及 2；我與內人，二排右起 1 及 2。

6.5 她的九十歲生日

　　2012 年三月底，收到了一封來自美國的電子郵件，郵件裡還附有兩張頗有紀念性的照片，一張是我職涯貴人的太太（請參閱〈追憶職涯貴人〉）Mrs. Sarah Bruns，她坐在一盆鮮豔奪目的鮮花旁，顯得悠然自在又慈祥，那是她過九十歲生日時拍的，那盆鮮花是我在溫哥華特別請她女兒 Susan 幫我安排的。

　　另一張照片是她們的全家福。記得，她們幾乎每年都會在耶誕期間，隨同聖誕卡寄送一張全家福，這張相片唯一不同的地方，是九十歲的老太太坐在椅子上，以往還都是跟大家站在一起的。

Mrs. Bruns 九十歲生日的全家福。

　　為她舉辦生日慶祝會前，她女兒曾發信給我，問我是否能前往參加。她的邀請，我等了約兩個星期才回覆，主要是因為 Mrs. Bruns 過生日這段時間，早已有台灣的朋友約好要住在我家，我在回覆前

確認朋友會如期來訪後，才因實在無法參加而跟她說抱歉。

她女兒邀請我跟內人前往的一個重要的理由，是因為我們 2011 年九月初，曾經專程去美國的印第安納普里斯（Indianapolis）探視過 Mrs. Bruns，還在她家住了兩晚，有充分的時間跟她話舊，陪她打麻將，關心她的生活與健康。

我與內人陪 Mrs. Bruns 玩麻將，她在台灣時每週都打一次呢！

我與內人去看她那年，從溫哥華到印第安納普里斯沒有直飛的班機，除可經過芝加哥轉機外，從溫哥華南飛經過德州的達拉斯轉機還比較快些。由於我們不打算開車，因此放棄了到芝加哥後開車直接前往的選項。從我們離開家門到抵達她家，整整用了十四個小時。

內人很同意我的想法：「對任何人的感恩行動，永遠不計代價，更不吝嗇。」因此，即使再遠再久的旅程，也決定欣然前往，何況我們自從參加她小兒子的婚禮至今，也有七、八年沒見面了。

她對往日的記憶，仍然清楚，舉凡台北生活、公司主管、司機、小兒子在青年公園馬場騎馬的情景等，都如數家珍般地講個不停。而今她的小兒子已經到北京擔任美國波音公司的行銷高管了。

在 Mrs. Bruns 家三天兩夜的生活中，起居飲食都由她女兒準備，還曾有兩次到小鎮上去買她最喜歡的中餐——麻婆豆腐及蝦仁蛋炒飯。她一面吃，一面眉飛色舞地說：「你們來了，也把台北的菜色及美味都帶過來了！」聽了她的話，讓我們好高興！

在我們離開前的上午，她女兒還特地開車帶我們去當地的小鎮，讓我們看到了寧靜而美麗的公園景色。

從 1972 年起的這四十年來，我們仍然像朋友一樣地互相記掛，

彼此關心，這種情誼，早已超脫了老闆與員工之間的關係。

離開 Mrs. Bruns 家前，她女兒 Susan 也依依不捨地特別幫我們安排了加長型轎車，因為她隨時要照顧母親，不能開車送我們去機場。

向 Mrs. Bruns 告別前的中式午餐。

據 Susan 在信中透露，母親行動不便已經好幾年了，我們是這期間唯一從國外去探訪她的人。這次的九十歲生日大壽全家聚會，Mrs. Bruns 感到十分高興。她女兒在信中還說：「She talked about you quite a bit in the party!」

看了她這句話，我的眼眶又濕了，湧起一種無名的酸楚，因為在她生日那天我無法去看她，已經感到相當愧疚了，畢竟，企業管理是要靠「時效」的，生日過後拜訪的意義，總會不同的。雖然有點美中不足，可是至少親自傳達了我們終生

我們離開時，Mrs. Bruns 雖然行動不便，卻仍然堅持送我們到門口。

感恩的心願與心意，何況她已經九十高齡，誰能確定下一次何時再見呢！

6.6 職涯轉折的迷惘與感悟

　　中年人的求職與轉職，確實需要展現相當程度的智慧。這個過程充分顯示了做人做事的「成熟度」與 EQ 的高低。

　　人生歷程短暫，如果以台灣人口的平均年齡八十歲而言，除了嬰兒時期及求學時期外，在社會上工作的時間，若從大學畢業二十二歲開始就業，到了六十歲就退休，在職場上的生活最多也不過三十八年。對念碩博士及服兵役的人來說，就又少了幾年。

　　從三十五到三十八年的職涯階段裡，一般的職場主管，大多抱持著「三升不如一跳」的態度，靠跳槽給自己加薪。這樣的話，履歷表上的經歷年資，除了只做三到五個月的特例之外，年資超過兩年的並不太多，在同一個公司任職五年或十年的人相當少見，而年輕世代的新鮮人或主管，則更是鳳毛麟角。

　　而我，在美商萬國公司能做了將近四年，除了因為總經理的賞識與支持外，主要還是對這份工作充滿了好奇，自己要好心切及認真的態度，才能夠「從做中

萬國公司人事部同仁及模具顧問合照。

學」，並能「即學即用」地在 1970 年代的人事管理各功能上，打下了扎實的基礎。當然，也得力於部門同仁的全力支持。

　　等到了第三年，兩年前的工作衝勁與熱度開始感覺略有倦怠，

一方面是因為公司的管理制度大致已經完備，除了在運作上的落實與精緻化之外，沒有足以創新的機會與可能。另方面，主要還是在工廠內層出不窮的工作傷害或死亡個案，以及工作環境的難以改善，造成基層作業員工的大量流動，使重複性的招聘工作不勝負荷。例如，對於製造不銹鋼餐具所使用的鍛造、沖床、壓床等機械設備的操作使用，曾多次提出強化「安全裝置」及「安全管理」的建議，但卻始終無法改善，因而每年都有幾次斷手、斷臂或死亡的意外事件。又如產品研磨及拋光所使用的砂輪及布輪，在研磨過程中所產生的鋼屑及灰塵，可以在兩個小時的工作中，讓操作員面目全非。

上面這些建議，雖然曾經提出過很多次，然而工廠生產重視的只是產品的產出，其他都可以緩辦，在這種無力感與無奈的心情下，逐漸開始萌生轉職的想法，可是很快又因為總經理的恩惠而打消。想轉職，又打消，打消後又萌生轉職的念頭，反覆出現過好幾次之後，終於鼓足勇氣，開始找尋不同的管道，做轉職的準備。

大約三個月左右，就收到了當年「勤業會計師事務所」獵頭部門的通知前往面試。記得，面試的初期只是獵頭公司本身的初試，僅僅口試、筆試及測驗就用了一整天，一週後複試完成，又等了兩個星期才安排由廠家雇主親自面試。這時，也才確切地知道，我要去報到的公司是台灣飛利浦公司位於中壢的「飛利浦電視股份有限公司」（Philips Video Products (Taiwan) Ltd.，簡稱 PVP）。

收到聘書與報到通知的時候，最初感到六神無主，心想：「總經理待我不薄啊！為什麼一定要離開呢？」繼而又想：「在產生轉職念頭以來，不是已經評估與徘徊了好一陣子嗎？」

結果，還是向總經理提出了辭呈。總經理的吃驚與意外，當然是在意料之中，關於我要離職的原因，以及他想留我的方法，我們詳談了兩個小時。他一方面答應給我大幅加薪，二方面準備向美國總公司爭取改善工廠安全機械設備的預算，更重要的是：計畫把目

前的廠長換掉，另聘適當人選管理工廠。

這些答案與承諾，充分顯示出總經理婉留我的誠意，但是經過一天的考慮之後，我還是決定離開，原因不外乎：一、我離職的原因並不完全是為了加薪。二、總經理向美國爭取的預算，短期內似乎難以實現。三、更換廠長似乎有很大難度，因為廠長是從澳洲約聘而來，解聘解約就已經煞費周章，何況另聘他人也需時日。當然，最終總經理還是尊重了我的決定，同意讓我離開，但希望讓我幫他推薦遞補人選，我答應了，也做到了。

而今想來，中年人的求職與轉職，確實需要展現相當程度的智慧，這個過程充分顯示了做人做事的「成熟度」與 EQ 的高低。如果把轉職的理由認真地「提前」跟直接上司「多方」提出，徹底溝通，增進彼此的共識，也許要比等到最後離開時才把問題「全盤托出」更為恰當。可是，大多數轉職的人都會忽略了這種考量，也因此造成了轉職者的某些遺憾，以及公司因找人、換人，在業務上所造成的困擾甚至損失。

6.7 如煙似夢，盡情揮灑

望帝春心託杜鵑（李商隱）

　　如果是住在大樓，在第三十樓看到的景觀可以有山有水也有林；那麼在二十樓所看到的，也許是其他大樓的屋頂或屋簷；而在十樓以下，只能看到別棟屋頂上的蔓草或垃圾堆。不同的高度就有不同的視野。

　　同樣，求職與轉職時所選擇的公司規模大小，其制度的內涵與企業文化，也會有截然不同的差異。離開美商萬國公司進入了飛利浦，才看出兩者在各方面的差別。就以人力資源管理的實務運作而言，前者比較粗淺，後者比較細緻；在功能的劃分方面，則前者略嫌不夠清楚，而後者則相當明顯且分工明確。

　　還好，我在美商萬國公司所涉獵的所有功能，都可以從最基礎的工作做到最繁雜的職掌，可是到了飛利浦公司的中壢廠，基礎的人事工作就都要下放給各功能去負責，主管的主要職責在於「規劃、督導、溝通與協調」。

　　傳奇性地進入了飛利浦之後，除了在公司運作的視野上比較寬廣，制度也大致有國際化的標準外，其實在實務上也跟一般的跨國企業相似，特點就是：不能把總公司的制度「照本宣科」地拿來運用，而是要在「取其精華」的原則上，採取「本土化」措施。若某項制度有人質疑或發生衝突時，會有相關的分公司、事業部或不同階層的「管理委員會」分別討論後，按照決議處理。

　　我於 1976 年三月開始任職的飛利浦中壢廠，是台灣飛利浦的第四個廠。高雄的積體電路及被動元件廠已經有十年，員工已有兩千

多人；竹北的映管廠也成立了五年，員工也有兩千多人；中壢廠的產品，是使用高雄兩廠的零件及竹北廠的映像管，送到中壢廠來裝配，因此在管理制度上必然要相互接軌，才不至於產生矛盾。我到職之後不久，就分別前往高雄及竹北參觀見學，並且深入了解他們現行的各種人事制度。拜碼頭之後，就要撰寫報告，並擬定中壢廠的人事制度，然後跟廠長及廠內的一級主管在「管理委員會」中討論。

台灣飛利浦的四個廠，除了每個廠設有「人事經理」外，台北總公司設有「人事處長」，這個職稱從我在 1976 年 3 月到職時一直沿用到 1991 年 9 月我退休，並未變更。至於各廠長的直接上司，除了直接受當地總公司董事長的督導外，還要分別受到荷蘭總部產品事業部的督導，所以飛利浦組織設計的特色就是「矩陣式組織」。

在這種矩陣式管理的特質之下，每個廠所擬定的制度，即使經過廠內的管理委員會核准通過實施，除了要把中、英文兩種版本呈送總公司的人事處長備案外，也會遵循廠長的技術管理管道，呈送給台北總公司董事會的技術副總裁備查。

提到這些組織設計及管理方式上的細節，主要是因為我在中壢廠任職的十年過程中，就因為這些組織上的特性，讓組織內各階層的主管或員工，因為他們各別的「適應能力、溝通取向、人格特質」等，發生了很多在一般企業見識不到、無法體驗到，且耐人尋味、難以置信，或者是「錯綜複雜」的人事管理個案。

就讓我根據記憶，把這些個案及十年期間「盡情揮灑」的情形，以及末期「欲哭無淚」的感觸，列述如下：

- **「另類的」每週工作時間**：當時，高雄廠每週上班六天，每天八小時，含日夜班；竹北廠則因為地區關係及員工來源困難，每週上班五天半；中壢廠呢？經過與工業區內及附近的 RCA、Timex、Zenith、Arvin、DuPont 幾家有規模的外商公司相比較，以及員工

來源的競爭性，結果採取了每週上班五天，但每天工作 9.5 小時的工作制度，等於是五天之內做完了六天的工作。採取這樣工時制度的主要理由，就是折衷了上述各公司工時的優點，以便在勞工來源上，不至於找不到員工。這個辦法的優缺點，經廠長主持的「管理會議」中跟各部門主管多次討論後才確定，事後也分別呈報到台北總公司，而且也獲得了批准與報備，也正因為有了這個「具有當地廠商吸引力及競爭力」的工時辦法，才讓中壢廠十年來在徵聘員工方面始終是「不虞匱乏」。

然而，實施了兩三年之後，高雄廠及竹北廠不同階層的主管及員工，向中壢廠發出了「不平之鳴」，認為「既然都是飛利浦的工廠，為什麼高雄廠要六天上班，竹北廠五天半上班，中壢廠卻每週只上五天班？」

這個不平之鳴，在我任職的十年之內，每次各廠換廠長，每次台北總公司的總裁或技術副總裁換人時，幾乎都會在口頭或文字上，有點「興師問罪」的語氣來問我，每次我也只有「無可奈何」地回答說：「這是 X 年 X 月經過管理會議通過的決議，且已經呈報給台北總公司。」因為沒有必要多做說明。可見，在大型企業裡的創新做法，因為工作性質上的不同，以及彼此不完全了解的情況下，也得要承受各方面的不滿與抗議啊！

- **「公平的」假日加班費**：也正因為中壢廠每週上班五天做完了六天的工作，所以舉凡週六需要上班時，就會以加班計算，而且計算方式是加倍，因此其他廠區及財務會計部門就開始質疑，為什麼中壢廠週六的加班費特別優厚？這個問題，十年來同樣經常被質問。我的回答依舊，只是少說了句話：「我們絕不虧待員工！」
- **作業員晉升為職員的堅持**：人事部堅持，舉凡各部門需要高中程度的職員時，要按照「內部晉升辦法」行事，讓那些從基層加入公司的優秀作業員，有機會晉升到相關部門的職員。十年下

來，幾乎各部門都有「高中資格的優秀職員」，而且那些職員從十八、九歲一直服務到退休，甚至後來有些人還晉升至經理職位，或者派遣出國當顧問，這都是當初制訂作業員晉升為職員辦法所顯現的成果。

PVP最優秀的領班，1976年徵聘的第一批基層員工，其中有不少位已經升任為經理。

- **「彈性上班」的創舉**：中壢廠除生產線外，其他各部門從 1980 年左右，就已經開始了「彈性上班」制度。員工可以「提前或延後」半小時或一個小時上班，下午則提前或延長半小時至一個小時下班，而且不需要打卡。唯一的要求就是，實施彈性上班的同仁，在上班前或下班後，一定要有人接替他們的工作，不能以「人還沒到」或者「已經下班」為藉口而影響工作的正常運作。
- **舉辦各種提升素質的福利活動**：除了經常舉辦插花班、土風舞班、英文補習班之外，最特殊的是居然還組織了合唱團，並邀請國中音樂老師每週來公司教唱，甚至還購置了鋼琴用於伴奏，公司舉辦年終晚會時，鋼琴也可以派上用場。

- **重視各種球類活動以調節身心：**由於自己從十多歲就喜歡各種球類，而且在軍中也曾接受過「體育幹部培訓班」，使我在身兼福利會主委的優勢下，在廠內積極推展各種球類活動，盡量讓職場上的年輕同事們紓解工作壓力。例如：每週三晚上的籃球隊練球及比賽，自己從不缺席；每週六上午，把台北金山南路的桌球中心包場一半；每年一次的羽球比賽，我都會在司令台上先帶領熱身。更重要的是，在各種球類的練習與比賽過程中，逐漸培養了公司員工之間強固的團隊意識及凝聚力。

　　每逢週六，整個上午桌球隊都在練球，而且持續了十來年，也許你看不出，在全公司這麼多年輕的桌球選手中，比賽時我還曾獲得過第三名呢！

- **為公司成長扎根的培訓課程：**訓練，當然是人事功能重要的一環，在第一任廠長馬可思（C. P. Marks）的堅持下，廠內最基層的操作員都要實施至少三天的組裝訓練，這是其他外商公司絕無僅有的作法。他更重視生產線上領班人員的管理訓練，因為廠長稱她們是 First Line Manager，她們的管理工作做得好，產品就會好，領班們也以此為榮。第一屆的領班管理

1982 年 8 月 27 日，在廠區的籃球場上，跟桃園縣政府籃球隊友誼賽，廠長 Bob Cross 親自開球並參加合影。那時，我還是神準的前鋒呢！

PVP 桌球隊。

課程訓練共分為兩批，培訓地點選定在台北市陽明山的中國大飯店，講師是由陳其龍老師擔任。這些領班，現在大多都已晉升為「祖母級」了，而且目前還有很多人在臉書上與我經常有互動。

領班訓練 A。

　　尤其是全公司的「品管圈」培訓計畫，從經理級的「指導委員會課程」經「內部講師培訓」而至「圈長訓練」，在聘請顧問公司、邀請講師、課程安排等方面，都指定由人事部負責，甚至上述的三種重要課程，以及爾後的品管圈小組活動，都是安排在週末及晚上，我家住在台北，每週至少有三個晚上，都要在十點以後才能回到家。

　　在台灣飛利浦公司爭取日本「戴明獎」初期，廠內還特別發行了跟品質有關的《真善美》雙月刊，從刊物主題的邀稿、編輯、校對到印發，也都是人事部在負責。

1984 年 6 月，生產線第五次品管圈發表會，在廠區內的地下室會議室舉行，評審及獲獎人員合影。

- **開始深入探究前瞻性的「職涯制度」**：大約在 1983 年左右，已經感覺到公司的「人事制度」似乎還缺了點什麼，主要還是因為在制定之初，是部分依據荷蘭的制度，並參考採納台灣當地制度的融合體。於是特別請負責「任用功能」的張英聰主任，在工作時間內專程前往中央圖書館蒐集與「職涯制度」有關的文獻、論著、期刊、個案等資料。約半年時間，已經找出了公司現行制度與所謂的「職涯制度」兩者之間的某些差異。然而中壢廠只是台灣飛利浦公司轄下的四個廠之一，制度上的任何變更或修訂，既需經過台北公司的核准，也要事先獲得廠內的共識，結果這項努力便悄悄地無疾而終了。

　　據說事隔幾年之後，魏美蓉小姐在撰寫碩士論文時，還曾親訪中壢廠人事部，參考學習當時在人事部門所實施與職涯規劃與管理有關的制度。事實上，她所看到的，可能仍只是我在 1976 年起，參

考高雄廠及竹北廠所建立的人事制度，能對職涯制度有關的參考內容，似乎只有實施比較徹底的「績效考核」及部分「培訓制度」。

總括來說，我在飛利浦中壢廠，從開廠前的「招兵買馬」，經過開廠後的「秣馬厲兵」，到對工作的駕輕就熟，大體來說，在整整十年的工作過程中，至少最初的八年，在各功能上都可以說是「善盡職責」且「全力以赴」地「盡情揮灑」，有時甚至也牽涉到了其他部門的功能，如品管圈的培訓與發表及廠務部的安全衛生等。值得安慰的是，在與各級主管和一般員工的相處上，認真投入了空前的精力，而獲得了他們的認同；當然，確實也嘗盡了不少的「酸甜苦辣」。

到了第九年，逐漸開始有了「工作怠倦」的感覺，也覺得自己越來越無法勝任第四任新廠長的各種要求，無論怎麼做，總是一大堆缺點，卻看不到優點，前面三任廠長對我在各方面的考績評估與肯定，怎麼都找不回來。「究竟是自己的潛能已經『黔驢技窮』達到了瓶頸？還是我以前八年所做的，都不是新廠長所期望的？還是我這個退伍軍人出身的背景，因為沒有『正式學歷』，真的是在『外行管內行』？」

我在茫然中，轉眼就要任滿十年了，最後的一、兩年，我的考績平平，甚至我的年度加薪金額，比我的下屬都少。

「我到底哪裡出了問題？我又該怎麼做呢？」

我常常在自問，但無法獲得任何信息，除了持續努力工作之外，就是納悶、焦慮、煩躁、無助……。

6.8 職涯中的風暴

　　每個人對事物的看法，都會因心理學上的「個別差異」而產生不同的「認知」（Perception）。

　　而造成認知差異的原因，不外乎每個人都會受到家庭環境、教育背景和社會環境等因素的影響。

　　在中壢廠任職的那「盡情揮灑」的歲月裡，沒想到只有在最初的八年，能讓我「揮灑」。而能在「即用即學」中「賣命」的主要原因，就是因為第一任荷蘭籍廠長 Marks 的經驗老到，對他的下屬主管們完全能夠「知人善任」，既能用暗示讓你自己發掘出自己的缺點，在潛移默化中改善，又能對你充分信任與授權。他只看績效表現，不會計較你是什麼樣背景的出身。

　　第二任英國籍廠長 Bob Cross，除了處處展現紳士作風「蕭規曹隨」外，各種規章制度講求細緻化的執行，他在管理作風上的特色是乾脆、直截了當、從不發脾氣，對各級主管都十分尊重。

　　到了第三任的德國籍廠長 Noordof 就不一樣了，只有四十多歲，比較有脾氣，幾乎很多事情都有意見，而且還要問「為什麼？」聽了解釋之後也就過去了。他的任期只有兩年，前面兩任都是三年。

　　第四任廠長許祿寶，則是飛利浦在台灣自己培養的主管。從飛利浦高雄廠調到中壢廠的兩年時間，就從主任、經理，而後升任廠長，可見是很有計畫地培養與拔擢的人才。

　　由於許廠長在接任之前，已經在倉儲、物料及生產等部門做過了兩年，所以對公司的各種狀況及各方面的優缺點也都有了深入瞭解，因此在作風上跟上述的外籍廠長大不相同。他最重視的就是公

司的「人才素質」，而且從「提高各階層員工的學歷」開始要求，即使是倉庫管理員，也至少要專科程度，更不用說主管了，這也是他對人事部提出的重要要求之一。有時在不經意的場合中，也耳聞到有些主管批評人事部門是在「外行管內行」，這樣的品評，無疑是對我個人在「學歷及績效表現」上的否定。我聽了之後才恍然大悟，為什麼最後兩年來在工作上這麼累，在工作內涵上雖然沒有什麼變更，但是總感覺到已經「壓力高於興趣」、「枯燥多於變化」、「厭倦濃於興致」。

專注、敬業、無私，一向是我工作的座右銘。舉凡公司內外舉辦的活動，即使不是人事部門的權責，例如「安全衛生管理」領域上的協助，無不全力以赴，甚至每一項活動，從策劃到參與，再到實施，幾乎絕少缺席。一方面想了解員工的接受與喜愛程度，另方面自己也無形中得到了知識或技能，可謂兩全其美。可是，現在這些似乎已經都不再是公司所需要的了。

其實，原因我自己很清楚，年輕時沒有機會接受大專院校的正規教育，而是由退伍軍人轉任企業。但是，難道退伍軍人的背景就是「原罪」？難道沒在大專院校讀過書，在人力資源管理的「專業」上就被「認知」為「一無所知的外行」？

也許廠長看透了我的窘境與心思，於是趁我還沒到「不可救藥」的程度，就以「迅雷不及掩耳」的速度做好了「把我調職」的所有準備。更令人錯愕的是，其實我在兩個月以前就已經耳聞到調職的消息，然而卻始終沒得到「正式管道」的「正式確認」。

當初聽到了這個突如其來的消息，感覺渾身冒冷汗，內心也受到了相當大的震撼，等廠長親自把消息告訴我時，正式的公告都已經備妥。當時我還傻傻地問廠長關於調職的原因，廠長則若無其事地跟我說：「你各方面都表現得很好，只是已經在這個職位上將近十年了，應該換換環境。」這時，我還能說什麼？又有什麼理由不

接受？當時我已經五十五歲，如果不接受而斷然辭職，既沒到退休年齡，又有兒女分別在讀高中與國中，因此只好黯然接受。

幾年以後回想起來，那次的突然調職，對我來說固然是一種猶如「晴天霹靂」的打擊，但又何嘗不是一種契機？在既沒有成就感，又深感倦怠的情況下，如果再拖延下去，後果實難想像！

我的調職公告生效日期大約是一個月，於是很快地廠內展開了歡送活動。讓我最感動的就是，生產部同事們費盡心思在獎牌上的幾句話。但是，在這種情況下的調職，除了「朝夕共事」以外，我的「銳氣」已經變成「晦氣」了吧！

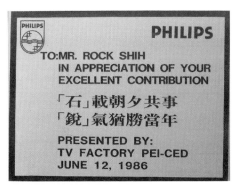

TV 廠送給我的紀念獎牌。

廠長及主管在歡送晚宴上送給我的紀念牌，上聯中的「篳路藍縷」，確實道盡了我十年來的心聲，至於下聯中「再創新銳」的鼓勵，我當時是咬牙切齒地跟自己說：「要好好記住這四個字，可別辜負了大家的心意！」

歡送我調職到台北總公司的紀念獎牌。

　　所謂「篳路藍縷」，就是工廠「從無到有，從少而眾」，下面這張照片，就是在 1977 年 4 月，公司只有百餘位員工時的開廠典禮，簡單而隆重地站在公司門口，印證了當年初創時期的艱辛。

　　「如果沒有堅定的意志力、沒有更大的耐心、沒有比年輕人付出更多的心力，是無法在這麼多高學歷、高技能、高潛能的老闆及同仁間生存下去的！」拿到了這面獎牌，再想到開廠時的艱辛，實在是感觸良深。

　　如果我在中壢廠的十年當中有任何成就，都歸功於照片中，部門內這些最早期的好同事們，他們一直「知我、愛我」，他們的付出比我更多，這也是至今我對他們仍十分珍視、感念與感謝的原因。

PVP 開廠典禮大合照。

PVP 早期人事部各功能同仁。

6.9 真刀實槍的「五年規畫」

「橋不轉路轉」，這時才體會到「思維轉換」的含意。唯有思維轉變，才能促成行為的改變。

1986年「被調職」的歡送晚宴，對我來說既是刺激，又是激勵，但是在內心深處隱然有一種「鴻門宴」的感覺。無論如何，打擊也好、刺激也好、挫折也好、失望也好，總之，如果想要生存，而且要好好地生存下去，就要靠自己製造「絕處逢生」的機會。

「橋不轉路轉」，這時才體會到「思維轉換」的含意，唯有思維轉變，才能促成行為的改變。

到了飛利浦的台北公司（Philips Taiwan Ltd. ，簡稱 PTL），這個高雄廠、竹北廠及中壢廠的總公司，在性質上要較為複雜而特殊。公司負責人的對外稱呼是「董事長」，對各廠的管理則採荷蘭的「三頭馬車」模式，行銷、技術與財務各自獨立，運作與業績的成果，也直接向「各個地區」或「產品事業部」報備，全世界的飛利浦幾乎都是採用這種「矩陣式組織」的運作。

根據自己在飛利浦十多年的實務經驗，矩陣式組織最適合多重產品的大型企業或跨國企業，在這樣的企業內任職，最能考驗個人管理能力與人際技巧潛能的高低。尤其，為了解決特定問題所組成的臨時性「專案小組」相當普遍，專案小組的成員，既要努力達成專案目標，又不能忽略本身原有的職責以及直接主管所賦予的任務。

在台北公司的五年過程中，讓我學到了矩陣式組織運作中「活下去」的技巧，因為董事長可以隨時發郵件問你：「有同仁反映，今天餐廳的豬排有味道！」技術總經理可能突然出現在你的辦公室

說：「中壢廠的上班時間，當初是怎麼訂的？」正在開會時，人事處長也許會打電話來問：「這個月的《飛利浦月刊》（簡訊）怎麼還沒出版？」資訊部門主管忽然發來全公司資訊課程的報名人數，要求立即更正；行銷部門的副總甚至每週都過來問你：「我要找的產品經理已經等了兩個月了，怎麼還沒找到呢？」

雖然類似的問題在廠裡也可能隨時發生，可是公司與工廠的需求在性質上、急迫性及壓力上卻截然不同，所以既要把工作做好，又要更加圓融，就得付出更多、更大的努力才行。

報到之後，一面熟悉組織環境，一面加緊熟習工作內容，尤其也藉此做了虛心的檢討：

- 過去十多年來，自己有什麼長處？又有哪些短處？
- 在中壢廠的十年當中，為什麼最初八年能夠任意揮灑，最後的兩年卻那麼無力而無助？跟對了主管是一回事，在專業上到底自己有多「外行」？
- 別人的持續肯定，會不會藉此埋下了自我鬆懈的種籽？
- 在同一個職位上長達十年，正常嗎？別人不提，自己也該想到，何況自己又不是因為五十多歲了，在等退休而混日子！
- 是否還要「堅持往日初心」？還是要有所改變？
- ……

想了很多，上面的問題確實也讓自己有個「自我評估」的機會，有些地方自己確實也需要改進。「**別人沒給你提出任何改進的建議或意見，未必就沒有問題。**」這是自我評估的最大收穫。

既然做了檢討，當然要針對未來需要，擬定優先改進的計畫，最具體的幾個計畫及實際上的表現是這樣的：

- 改變過去在廠內「埋頭苦幹」的工作方式，因為埋頭苦幹會失去方向。
- 改變「投入與產出的比例」，工作上的放電大於充電，是不平衡的。

- 美商四年、工廠十年，都一直在「實務」上打轉，應該去探討「理論」了。
- 在人資的專業領域，應該做有系統的整合，趕緊到學校去探索、去進修。
- 工作上，更要兢兢業業、如履薄冰般地去實踐，畢竟有「伴君如伴虎」的感覺。退休前的日子，只能做得更好，不容犯錯。

　　經過縝密的檢討與改變計畫，在台北公司的五年期間，在工作及自我成長方面，完成了下面這些既對得起公司，又對得起自己的任務及目標：

- **嫩手教老手的主管級英文打字培訓：**在 1988 年開始，總公司的每位主管都配發一台電腦，希望各一級主管們在必要時，都能隨時自己用電腦收發重要信息及文件。實際上，有不少主管都已經年過五十，所有文件幾乎都是由祕書負責，他們自己從未用過電腦，這種「特殊的訓練需求」，就要做特殊規畫。當時是拜訪了「銘傳女子專校」（即今銘傳大學），安排了女老師每週一次，每次半天的時間，「人手一機」地從英文打字的基本技巧著手，為期三個月。結業後，確實讓一些主管們開啟了使用電腦的新境界。

- **充分掌握及達成工作上的實際績效：**在總公司最繁重的工作，除了人資功能中的例行事務外，大多都是在機動的狀況下，因應著大老闆與各級主管的需求而奔忙，其中有些確實頗具開創性、挑戰性與複雜性。聽命行事，是唯一的選擇。

- **推行了獨特的「辦公室 5S 運動」：**在 1989 年，台灣飛利浦總公司及各廠的業務蒸蒸日上，員工人數近萬人，因此坐落在敦化北路「愛迪達大樓」的台北總公司，幾乎整棟大樓辦公室已經不敷使用，因此搬遷到民生東路「中興法商」旁的另一棟大樓。搬遷完成後，配合公司爭取「戴明獎」，有系統地推行了「辦公室 5S 運動」，每週邀請評審委員到各部門檢查清潔、整理、整頓，甚至

是美化，有些辦公室居然展現出「藝術展示廳」的風格，這是一般企業辦公室難得一見的現象。

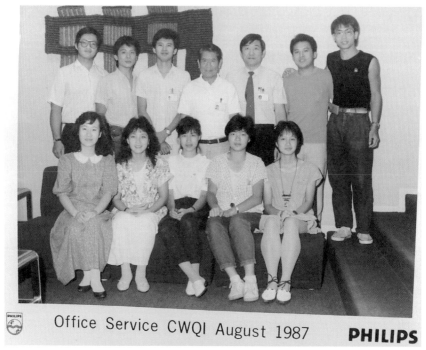

Office Service CWQI August 1987　**PHILIPS**

PTL 台北公司完成搬遷民生大樓的計畫後，推行「5S 運動」時的人事部門同仁。

- **「戴明獎」的境界：**台灣飛利浦的總裁由羅益強先生接任後，大力推展品質，並積極準備爭取最高境界的「戴明獎」。戴明（Dr. Deming），是美國在二戰後派往日本，以「品管圈」及「統計品管」協助振興日本企業的大師。日本企業多年來一直以戴明博士的成就，感念他的貢獻，並設立了全國性的戴明獎甄選與頒獎，這也是使日本企業品質扎根的關鍵因素。飛利浦公司是台灣企業中唯一挑戰戴明獎成功的企業，當時每個部門都全員參加。當年個人最大的收穫，應該是戴明獎在人事部門「招聘功能」中所要求的「徵聘可靠度」。
- **積極籌劃、協助及參與各項全國性公益活動：**簡單地說，在工廠

的人事功能活動，大多侷限於廠內員工。台北總公司的各功能活動，有時會牽涉到全台灣飛利浦甚至是全國性質，例如贊助高空跳傘、贊助並派隊參與台北市的龍舟競賽及全國性的網球比賽等，不勝枚舉。

PTL 全國網球公開賽，台北公司成立的網球隊，我不是球員，但也湊數了，後排右起 3。

- **「工作生活品質」的平衡發展：**這時才體認到，工作時要認真工作，不要經常把加班當正常，更別再把工作帶到家裡。

- **進入了較為早期的「企經班」：**早期的企經班在入學資格的要求上並不嚴格，只要是擔任企業經理人，而且想進一步「充電」，就可以報名，經審查合格就可以繳費參加上課，課程也大多是介紹深入淺出的理論，而以企業個案或實務研討為主。當時是因為剛好「中小企業協會」跟「國立中興大學法商學院」的企管系合作，我在飛利浦台北公司報到後的第二年，就趕上了這個主管進修的機會，因為都是晚上開課，所以對工作毫無影響。當時我也完全不知道，兩年的課程結束後，只能得到「結業證書」，而且沒有「學位」。

　　從 1986 起在台北公司的五年當中，無論是人力資源管理的角色，還是個人在「工作生活品質」上的提升，都展現了與在工廠時完全不同的境界。如果五年前沒有被調職，說不定還在工廠裡像「老驢拉磨」一樣，「順著固定的路徑，圍繞著石磨轉著走」，而無法另闢蹊徑，更不可能有發現「柳暗花明」的機會。這似乎是在「峰迴路轉」的危機中得到了轉機，更因此而跳上了「職涯發展」另一階段的列車。有時候，在似乎是「山窮水盡疑無路」的情況下，如能「逆來順受」地去因應，未嘗不是一件好事。

還好五年的時間在忙碌中轉眼消逝，工作上算是順利過關，談不上成就，只能說是平安度過。值得一提的是，讀了兩年夜間部的EMBA後，居然更上層樓地考取了國立中興大學法商學院企業管理研究所第六屆的碩士班，且於 1991 年的六月，在年屆六十歲「依法退休」前三個月，拿到了正式學位，這算是退休前職場給我的最大禮物，也是在工作之餘，自我耕耘最具體而顯著的成果。

1991 年九月正式退休時，內心百味雜陳，既感受到離開職場後未來生活的茫然，又因為取得了學位而雀躍。

「依法退休」時，台灣飛利浦台北公司人事部及好友們於歡送會合影。

從美商的萬國公司到荷商的飛利浦，從製造業的工廠到服務業的公司，結束了近二十年的企業生活，這屈指可數的二十年，人生中又能有幾個二十年？這究竟是個句點，還是個逗點呢？

在台北公司的五年當中，對我協助與分勞

最多的，當然是右側照片中我的祕書及這兩位核心幹部。

歡送會前後，也有一些同事好友單獨聚會或拍照。下面這一張照片，除了是人事部全體人員的合影外，更包括了我的接替者、兩位處長的大將以及英文、日文都稱霸全公司的文件翻譯。特別把這

兩張照片附上，最主要的理由，是因為在這五年當中跟他們的互動最多，也藉此讓我不只把他們放在心中，更要讓他們在這本《落花繽紛》的著作中，讓更多的同事與好友們認識。

PTL 人事部及其他好友。

6.10 平凡中的傳奇：「四級跳躍」的學位

花徑不曾緣客掃（杜甫）

學歷，只是追求某種知識或學問的經歷。

學位，只能代表曾經對某個領域中的知識學習到了何種地位。

無論是有了學歷或獲得了學位，未必就一定能夠代表能力。

我很同意「活到老，學到老」這句話。不過，學習一定要有動力或「激勵因素」（Motivator）。說穿了，就是要受到「某種刺激」，或者像是「鮭魚洄游」一樣，為了達到「生命的目標」，即使經過數千英里的海域，甚至是環境中各種遭遇，都仍然要卯足全力地「逆流而上」，直到游至崇山峻嶺，產卵後而終其一生。

我之所以要讀企研所，最終也拿到了碩士學位，完全是抱持著「不信邪」的個性。在具備了近二十年人事主管經驗之後，仍被視為不夠專業的「外行管內行」，在這種歧視之下所受到的刺激。尤其，在 1991 年以前，全台灣飛利浦的人事處長及四位人事經理中還沒有一位碩士的時候，我倒是要「衝撞一下」，到底碩士的學歷能學到什麼？有了學位，在工作表現上又會有什麼差別？我為什麼不去試試看呢？

雖然在我拿到碩士學位那年還差兩個月就滿六十歲了，畢業典禮之後我居然找了個地方偷偷地流淚了，我說不出當時的感觸，只覺得這一輩子都沒那樣激動過。

拿到碩士學位後的激動，一方面是歷盡了艱辛，另方面覺得自

己受到激勵後的「抱負水準」像洄游成功的鮭魚一樣，即使是遍體鱗傷也得以產卵，完成了繁衍後代的任務。但更重要的是，我用最平凡的傻勁，創造了不少的奇蹟，為自己的人生、為子女、為家族，甚至為同學及同事們，達成了他們認為幾乎是「不可能的任務」。這個任務到底是怎樣完成的呢？相信你會對下面幾件事的過程及結果感到興趣：

- **把手段當目的：**用「進企經班」的手段追尋「理論印證實務」的目的。

- **事先報備：**雖然大部分課程是安排在晚上，但偶爾也有些課程安排在上班時間，這時，只好「事先向公司報備」。有時在不影響工作的前提下，申請用年假去上課，但寧可缺課也絕不因為上課而向公司請事假。白天上班，晚上上課，還要趕作業，真可謂是日夜兼程！

- **再逢危機的震撼：**因為「企業經理班」的兩年課程，只是取得「結業證書」，而感到不具挑戰性，因此讀到第二學年時，湧起了投考正式研究生的念頭，可是我在報名時卻不被接受，因為我無法提出報考資格中的「學歷證件」。若屬軍職資格，則唯有「國防特考」中的「乙等考試」才能被視為「大專程度」的「同等學歷」。對我來說，這種震撼完全是由於平時缺乏對學歷資格知識方面的了解，而且也從未感到有這種「需要」。在別無選擇的情況下，挑選了「乙等考試」項目中能力所及且唯一適合的「交通行政」，因為考試科目除了「交通法規」之外，其他各科都是目前工作上及往日曾經熟諳的，如勞動法規、中英文作文、三民主義、國父遺教等，選擇這個考試項目，也等於是選擇了「難度最低」且「最熟悉」的科目。

　　即使是勞動法規，也要再加以複習，至於那唯一陌生的科目——交通法規，更要付出額外精力去臨時抱佛腳。為了要克服無法

報考研究所的危機，便在考前四個月，利用每週六及週日，從早到晚，整天都在住家不遠的「御書園」念書、查資料、做筆記、參看考古題。考試時，還特別跑到每個考場去記錄報考人數，最後居然在兩千多名考生中幸運錄取。這時，就趕緊去報考正在招生的研究所，但報名時又被拒絕，因為即使考試及格錄取放榜，還要拿到「及格證書」才能接受。在我的央求下，學校終於通融：「可以先接受報名，但要在考試前提出及格證書才能參加考試。」幸運地，終於趕在考試前提交了乙等考試及格證書。可惜，最後考試成績未達錄取標準而落榜了，不過，至少從中汲取了經驗，作為下次報考時的參考。

就在企經班的第三學年，我第二次考研究所，終於成功地過關了，成為中興大學企研所「第六屆」25名學生之一，同時也是五名「在職生」之一。既然考取了正式的研究生，第三年的企經班只好放棄，不過在企經班修習的部分選修學分可以被承認，使我就讀研究所的時程加速了不少。

- **研究助理的收穫**：考取研究所之後，在職生所有必修與選修的課程，跟其餘二十位年輕同學完全相同，唯一的優勢就是我具有豐富的實務經驗。當時的所長是實務經驗豐富的陳明璋老師。在就讀期間，剛好所長主持了一個「勞動基準法的實施對企業影響之研究」的研究專案，在所長的指導之下，幸運地擔任了他的研究助理，在研究過程中，學到了系統性的研究方法，也獲得了具體的研究成果。

- **奠定「第二春」的論文**：在正常狀況下，完成研究所的課程至少是兩年畢業，對我來說，雖然在讀企經班時有不少學分可以承認，可是只限於「選修課程」的學分，「必修課程」的學分必須要重修。因此，我掌握了企經班兩年課程的優勢，在正式研究所的兩年課程中，有充分的時間撰寫論文。在所長的半信半疑之下，

我居然在兩年之內，一面讀書一面工作，完成了碩士論文，而且論文的主題——「製造業推行前程規劃制度的研究」，為我奠定了從企業退休後所謂「第二春」的一片大好曙光。雖然當時針對Career 這個名詞的翻譯還很分歧，對職涯規劃的制度，產學各界也仍莫衷一是，可是在我的論文結論中，卻從 Career Planning 的「規劃」，勾勒出著重於「個人」的「職涯規劃」、強調了「企業」的「職涯管理」以及「個人與企業共贏」的「職涯發展」架構。甚至退休後，在「連德工商發展基金會」林正全執行長的賞識與大力推行下，開創了台灣「企業職涯制度」的先河，那是在 1993 年前後的事了。

像我這樣的「高齡學生」，在同學間固然發生了不少趣事，在求學過程中也有一些令人玩味的小插曲：

- **幫老師準備茶水**：上課的學生，要輪流幫任課的老師準備茶水，最初輪到我去所辦拿茶水時，所辦內的職員客氣地跟我說：「老師，您不需要自己拿茶水，學生會幫您拿的。」

- **老師的專用停車位**：在週末或下班時，我經常會開車去民生東路法商學院上課，在尋找停車位的時候，會碰到好心的學生跟我說：「老師，那邊有您們專用的停車場，這邊不容易找到車位的！」沒想到，我的年齡及花白的頭髮，讓小夥子們把我看做老師了！我只好客氣地說聲謝謝，繼續開車繞來繞去地找個不停。

- **我爸也可以念研究所呀**：跟剛從大學畢業的同學們的互動過程中，他們不免會問到我的年齡，當他們知道我幾歲時，高興且激動地跟我說：「我爸比你還年輕好幾歲，看來他更可以跟你一樣來考研究所了呀！」

- **企業實務的小老師**：我們五位「在職」的研究生，在企業裡扮演了不同的功能角色，因而在企業個案及實務探討時，很自然地就被推選為每一個小組中的小老師。他們在討論中常提出一些實務

上想像不到的問題，我們當然樂於分享，因為除了感受到了分享之樂及克服了學習困境外，我們剛好可以在困難的「數量方法」課程上，請教他們。

- **把教授當朋友：**建立良好的人際關係，是企業內的管理活動不可或缺的關鍵功能。我們五位在職生，為了盡量、盡快向教授挖寶，課餘也會相約前往拜訪，或者找機會餐敘。在兩年的求學過程中，有好幾位教授都變成了朋友，畢業之後仍然經常保持密切聯繫。讓我最為感動與感謝的就是，主講人力資源管理的「沈順治教授」，在我畢業之後，他立刻把在夜間的補習教育課程放手給我，使我在畢業後立刻就獲得了在大學授課的機會，也因此而立即拿到了「講師證書」。

我用了四年時間，夜間兩年、日間兩年，艱苦但順利地拿到了學位的原因很多，一方面總公司很少有加班的需要，另方面學校就在公司的辦公室旁邊，省去了舟車勞頓。更重要的是，上司及部門同仁在某種程度的共識下，都願意分憂解勞。當然，最重要的還是太太的多方協助，除了讓我毫無後顧之憂外，也曾經多次熬夜，幫忙整理問卷及論文資料，甚至很可能因為幫我熬夜，造成了她急性的腰部脊椎側彎症，急診住院了一個多月，讓我畢生感到歉疚。

回顧一下自己當初念研究所的動機，無非是希望能夠探討理論與實務之間究竟有多大差距。最後，不但使我獲得了「知識領域」的提升之外，更意外地成就了我在「思維模式」及在處理問題時擁有「系統思考」的能力。職場上的「轉型」及往年「被人看扁」的心態與心境，反而不知不覺地煙消雲散了。以現實面來看，也許是「如果不去進修、如果沒拿到學位，很可能退休後在生活上立刻面臨意想不到的壓力。」

拿到學位之後最深刻的體認就是：學歷，只是追求某種知識或學問的經歷；學位，只能代表曾經對某個領域中的知識學習到了何

種地位。無論是有了學歷或獲得了學位，未必就一定能夠代表能力，因為所有的知識或學問，都只是理論上的研究或實證結果，若沒有經過「實務上的應用及驗證」，則只能停留在空洞的理論範疇。然而，倘若只有實務經驗而缺乏理論基礎，可能就會有「知其然，而不知其所以然」之感了。

學位，在我生命過程中的意義是：以「最平凡」的身世、經「最平庸」的閱歷、用「最平常」傻勁，在半個多世紀「持續地」摸索、掙扎，終於創造了「學歷與學位的四級跳」奇蹟，而這樣的奇蹟，既無法模仿而得，又難以複製。但我卻認為，唯有具備下列條件的人，才「可能」逢凶化吉，水到渠成：

・具有高度「正能量」的特質。
・願意伺機採取「反向思考」的態度。
・堅信世界上任何事情的發生，都肯定會有「合理解釋」。

六十歲的前夕才取得碩士學位，固然證明了「有志者事竟成」這句話當初帶給我的信心，同時，也因為在 1991 年時，企業界對「碩士學位」的需求甚殷，讓我遇到了另一位貴人，為我開啟了職業生涯中的「第三春」，也讓我有機會初嘗些許「夕陽餘暉」的燦爛。

獲得碩士學位，我跟幾位要好同學的合影，我在左起 6。

6.11 「幾度夕陽紅」：又遇貴人與伯樂

「做了多少」固然重要，「做得多好」才更重要！

在台灣，經常把退休後從事的工作稱為「第二春」；在中國大陸，則多指「發揮餘熱」；後來逐漸看到對退休人士更為尊崇的說法——「夕陽是晚開的花，陳年的酒。」

無論是第二春，還是陳年的酒，都代表了職場生涯因時代的變遷、知識的加速擴散及壽命的延長，而產生了巨大的變化，使「退而不休」已經變得越來越平常。有了第二春，很可能接著還有第三春，如果在有生之年一直保持著退而不休的生活，又何嘗不是讓職場人過著「永春」的日子！就像酒一樣，越陳越香，越是老酒越是價值連城。

我從少小離家，歷經戰亂及艱辛，接近職涯的巔峰而退休後，仍然又「多次的退而不休」，雖然不敢自稱為「陳年的酒」，至少算得上是「晚開的花」，及至花落，仍盡量延期凋零，任自「落花繽紛」，在畢生興趣上，迎風而舞，四處飄灑，這不就是我的人生職涯歷程嗎？

尤其在 1972 年從軍中退伍，就大膽地開始了職涯境界的探索與實踐。因此，在美商及荷商企業將近二十年的歷練，已經算是我的第二春了。於 1991 年在企業內依法退休前夕，居然又遇到了幾位伯樂，讓我順利地展開了「第三春」的「顧問生涯」，甚至開啟了生命中、生活上、生涯階段裡的「永春之路」，而這段路程延伸至今，

仍然綿延不斷。

其實，取得碩士學位時，也是我「永春之路」的另一個轉折點，因為 1991 年九月正式從企業退休前夕，立刻收到人資達人「王遐昌」總經理的邀請，希望我從飛利浦退休後能到他的「精策管理顧問公司」擔任「人力資源管理企業診斷及制度建立」的顧問，讓我在同年十月就開始了第三春的顧問生涯。

在「精策」擔任管理顧問的十多年過程中，最大的收穫就是把人力資源管理各功能，都做了一次完整而徹底的「梳理」。也深深感覺到，以前實務工作上的二十年間，大多都是以「救火」為主，經常在做「頭痛醫頭」的「任務」，而難有時間讓自己徹底地、完整地、深入地，把任何一個特定功能做到盡善盡美。在企業內做救火的工作日子久了，解決個別問題的頻率多了，雖然會對每一個功能有漸入佳境的感覺，可是總覺得缺乏「系統性」。而擔任了企業診斷管理顧問，不但要對每一個功能的每一個過程，都要百分之百的精熟，而且在「知其然，更知其所以然」之外，尤其要能夠深入了解客戶企業制度本身的優缺點，在提供診斷建議時，必須要保留客戶企業現行制度的精髓，進而去蕪存菁地提出具體改善建議及理由。

每週三天在精策擔任管理顧問期間，「做了多少」固然重要，「做得多好」才更重要！我只能說，在實作、編撰、學習、整合、創新等方面，竭盡全力地做了綜合性的付出，如果有任何成就，一方面要歸諸王總經理的協助與指導，另方面，在研究所中所涉獵到的一些專業知識及研究方法，對我的顧問生涯頗有助益。

另外不得不特別說明的是，雖然在精策擔任顧問十多年，實際上只有 1991 年至 1995 年這最初五年投入最多，因為自 1996 年移民加國之後，每年夏季及冬季都是住在國外，只有春、秋兩季才「時斷時續」地在精策顧問工作，對王總這位貴人感到愧歉。

　　為什麼退休後一定要繼續工作？主要是因為兒子當時正在服預官役，尚未就業，女兒剛進大學，加國的房屋更需要貸款，在經濟上感受到相當的壓力。若不是在退休前取得了碩士學位，只憑藉「陸軍少校」及「飛利浦人事經理」的經歷，恐怕退休後只能去擔任大樓管理員了；如果沒有精策王總經理的及時邀聘，恐怕不知道哪年哪月才能找到適當的工作。

　　總括來說，在 1991 至 2001 年期間，除了最初五年每週三天曾在精策擔任管理顧問外，其餘在台春、秋兩季的時間內，也從事了一些專案研究、公開演講、特約顧問及專案招聘等工作：

- 「**人力資源管理協會**」的「**創始會員**」：人資協會最早為「中華民國管理科學學會」（管科會）轄下的一個委員會，直到 1992 年脫離「管科會」正式成立。在 1986 年，我及每一位理監事各認捐一個月薪資，做為人資協會的發展基金，因此我也成為其創始會員及發起人之一。此後，畢生投入人資專業，期間並參加了開創性的自費出訪大陸行程。

　　自 1992 年起，為健全協會運作的財務基礎，在擔任專案主委期間，經理事長姚燕洪的推薦，得以獲得工業局「工業技術人才培訓評鑑」的專案計畫達三年之久。當時曾日夜趕工撰寫專案企劃書，經過多次初審、複審、決審等程序，才順利讓評鑑工作持續。

1992 年七月人資協會理監事初次訪問大陸，在廈門大學與教授們合影。

此外，也曾多次爭取政府不同專案，除藉以推廣協會的人資專業標準與知名度外，對政府機構在「企業人力資源管理」（而非人事管理）的實務上頗具影響效果。

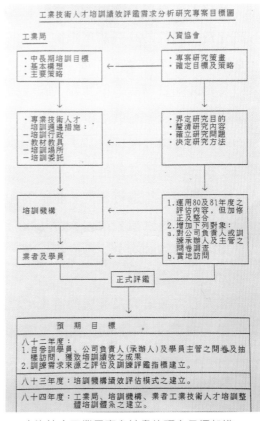

人資協會工業局專案計畫的研究目標架構。

台北市政府的人力資源管理培訓專案之一。

• 「連德工商發展基金會」的職涯制度研究及全國性的職涯制度推廣：這是每週一個上午的專案研究。林正全執行長對職涯管理觀念的認知、職涯知識的前瞻性及推行的才幹與魄力，為台灣企業在職涯制度打造了領先的地位。我有幸擔任這個推行小組的召集人，耗時約半年進行研究，並匯集人資主管及大專院校教授，於台北國際會議中心舉辦兩次全國性的發表會，參加人數相當踴躍。

職涯管理研討會。

• 推展人力資源研究及發展的義工：這是從 1991 年退休後的一項義務性工作，由董事長徐正群出資，成立了「長江人力資源研究發展中心」，針對人力資源管理專業主題，邀請達人或學者舉辦討論會。除董事長邀聘了許哲銘執行長、莊清雅祕書、蔡旭昇主任常駐中心外，幾乎所有參與人員及活動都是兼任的業餘性質，我則以副董事長的名義投入。「長江」成立的最初幾年，幾乎每月都舉辦小型而獨特的研討活動。其實，幾乎所有的研討活動、人資菁英的培育及專業的課程實施，都是在許哲銘執行長策劃下，由《中國時報》趙主任及《聯合報》特刊編輯主任的協同合作完成的。媒體對人力資源專業的大力支持，為年輕學子人資素質的培養奠定了相當基礎。

1997 年「長江」舉辦的人力資源專業研討活動。

1998 年自加拿大邀請講師，在台灣引進 True Colors 課程，2006 年又在溫哥華籌劃並舉辦了為期十二天的「True Colors Facilitator 授證講師課程」。此後由於長期居留加國，幾乎未再參加任何「長江」舉辦的活動。

　　在「長江」的另一項義務工作，就是跟《中國時報》及《聯合報》合作，在報刊上撰寫人力資源管理相關的專欄，我曾在 1994 至 1995 年期間，抽空在《聯合報》開

在溫哥華舉辦的 True Colors 講師培訓課程活動照片，全程邀請美國講師主講，2006 年。

闢了「職涯廣場」及「諮詢信箱」，提供文稿或諮詢內容，至今我仍保留著近百份的剪報。

職涯廣場及信箱專欄。

- 「松誼企管」的特約
  顧問及講師：除擔任
  部分顧問診斷及企業
  人資制度建立的工作
  外，也曾擔任 MAP
  （管理才能評鑑）的
  特約講師。MAP 課程
  是由美國心理學教授

主持松誼企管邀請的 Dr. Parry 演講，並擔任翻譯。

  Dr. Parry 開發，「松誼企管」引進並在台灣推廣十多年，且曾邀請
  Dr. Parry 親自來台演講，藉以大幅提升國內企業主管的管理能力。
  主管們依據心理學設計的情境，跟自己的管理實務相印證，尤其
  課程尾聲中的「改善計畫」，更結合了企業的績效管理制度。

- 「就業情報雜誌社」的特約顧問：《就業情報》雜誌社的翁靜玉
  董事長，除對年輕學子的求職、就業、轉職等有獨到的見解與解
  決方法外，還不斷爭取政府不同部門的顧問專案。她更邀集了不
  同專業層次的人力資源管理顧問，擔任大型中外企業的招聘專案
  面試，例如「易利信」在台灣剛成立時所需要的近千位管理及技
  術人才徵聘面試，以及台積電的招聘專案等，我都曾擔任高階主
  管的面試。希望成功獲得聘用的人才，確實為該企業所重用。

　　在政府專案方面，主要是接受職訓局委託，以中小企業為對象
而編訂了人力資源管理「五才手冊」，該手冊編印後，於北、中、
南各地舉辦巡迴座談會，邀請當地中小企業參與，對於人資管理制
度標準的提升與宣導，具有可觀成效。

　　此外，這幾年也零星地從事短期顧問專案與專題演講，例如為「職
訓研發中心」編輯並出版的「企業訓練五百問答」光碟、前往北京中
關村高新科技公司人力資源管理制度的診斷與修訂、協助大陸橋企業

在蘭州商場的人資制度
精緻化、赴醫院或學校
發表專題演講等。

　　同時也因為「人資
小週末」的盧世安執行
長對人力資源管理獨特
的投入，我也受邀成為
會員，並且在「人資小
週末」社群中，組織了
一個名為「石話實說」
的「人資個案」諮詢小
組，參與討論的點閱人
次居然還獲得小週末活
動的第二名。也因為如
此，受到執行長的邀
請，擔任「達人有約」
的主講，分享從事人力
資源管理工作幾十年的
實務經驗。

　　自由顧問工作的前
五年，是為要解決子女
求學的經濟壓力，後面
五年則完全是基於興趣
及專業能力的發揮，顧
問案件的有無及顧問費
用的多寡，都已經不再

在師大「國際人力資源發展所」發表英文演講。

擔任人力資源管理手冊的巡迴講座主講人。

2011 年三月「達人有約」演講後與同好合影。

重要。也因為移民期間，每年兩次離開台灣，使得對診斷顧問有迫切需求的企業，無法取得立即協助，再加上自己「空中飛人」東西半球長途飛行的疲困，顧問案件也逐漸減少。

　　自 2011 年至今，除了少數應好友之邀，參與國內或中國大陸的短期顧問案，僅投入生活中約十分之一的時間，且大多都以網路或視訊討論公司人資制度、人資個案研討、專業講師群組等活動外，其餘大部分的時間，就是遊山玩水、蒔花弄草、在臉書或 IG 與朋友分享生活動態，過著悠閒又充實的每一天。

　　上面僅僅挑選幾張略具代表性的照片，既毫無 show off 的想法，更沒有「曬存在」的意義與必要。畢竟，人的存在與否、對社會貢獻的價值，以及是否受到肯定，絕不是僅僅取決於照片的多寡與精采程度！

6.12 人生規畫與「職涯階段」的「理還亂」

寫到這裡，又想到了「船到橋頭自然直」這句諺語。回顧我的人生，總是在「山窮水盡疑無路」的情況下，奇蹟地又「柳暗花明」，但是並非隨遇而安，每次都是靠自己掌舵，知道船可能會撞到橋頭時，就改變了行船的方向，即使發生過幾次輕微的擦撞，也能及時防止了猛烈撞擊，而不至於使船被撞破、撞沉。

事實也證明，我不但在驚濤駭浪與跌跌撞撞的人生中沒有跌倒不起，甚至還在每次的跌倒跌傷之後，產生了更大的勇氣、決心和毅力，而站得更直，胸脯挺得更高，走得更起勁。

也許就是「一分耕耘，一分收穫」以及英文諺語所說的「你怎麼種，才能怎麼收」這兩句話給我的信心最多，因為在我的一生中，一向主張「腳踏實地」及「說到做到」。

所以我總是覺得，「計畫趕不上變化」這句話，只是懶人的藉口罷了！

在我的人生與職涯各階段中之所以都能逢凶化吉、化險為夷，無非是有幸碰到了一些貴人、恩人及摯友。最值得一提的，應該是下面幾位了：

循循善誘的英文導師王元亨：1955 年，王老師是中壢龍岡顧問組的外事翻譯顧問，他那誘導式的教學方法，讓我在剛開始學英文時，把學習的「阻力變成了助力」。

寬容啟發的聯絡組長冷開昱：1964 年，當我最初以「資格考試」被錄取任命為外事聯絡編譯官時，不因為我是個未曾受過兩年「外

語學校」養成教育的菜鳥而看輕我，反而給我鼓勵，使我生疏的工作「壓力變成了動力」。

企業貴人總經理潘偉倫（Mr. Bruns）：1972 年，當我正徘徊在求職的迷惘中，美商萬國公司的總經理 Mr. Bruns 大膽聘用我這個剛從軍職退休的人，擔任工廠的人事主管，讓我有邊做邊學的機會，爾後在這個領域中的任何成就，都應該歸功於他。

知人善任的廠長馬可思（Mr. Marks）：1976 年，從美商轉職到荷商飛利浦中壢廠的最初幾年當中，「以激勵代替了推力」。他只給我任務，也給我出難題，但卻從不給我答案，更從不給我難堪，而讓我自己去找答案，使我對人力資源管理各功能，得以盡情地揮灑。

人資達人總經理王遐昌：1991 年，在我從荷商裸退時，年過六十歲面臨「再就業」的壓力與危機之際，他為我燃起了一線曙光，讓我的自由顧問過程，變得「夕陽紅又紅」，甚至一直延續至今，仍然有「不少餘熱」，可以為他人在雪中送炭。

因此，不知不覺中，他們在我通往「自我實現」的道路上成就了我。我也體認到，如果自己沒有深耕，恐怕成就的秧苗絕不會發芽、茁壯，給人有採收的機會。

面對遲暮的未來，只有善用時間，涵蘊圓融豁達的個性，悠然自得地徜徉於山林溪澗，佇望飄舞的落花繽紛，凝望人間與塵世的囂攘了。

雖然有時為了未能到博士班深造，讓人生無法「更上層樓」而有些遺憾，不過，世事就是這樣，也許「不完美才顯得更完美」吧！既然已經過了知天命之年，只要還保持著正念、正向、正軌，深信必能讓人生更加發光、發熱！

如果把我的人生與職涯發展階段做個綜合整理，大約可以列表如下：

階段 1：探索 1948-1954	倥傯童年：摸索中的「軍涯規畫」，船到橋頭都難直；「少小離家老大回」，代表了在時代悲劇中 **探索的少年。**	六年坎坷行
階段 2：扎根 1955-1964	勤練不如勤學：大兵與軍官的轉折點，在「竹風瑟瑟」中專攻英文，夢初圓，亮節聲聲振心田。 **紮根的青年。**	第一個轉折點 十年略有成
階段 3：發展 1955-1971	翻譯官的閱歷：進「龍潭」聽「虎嘯」，在楊梅「秀才窩」裡的鳥語峰，養銳蓄精，直到金門。 **拼搏的壯年。**	第二個轉折點 十五年語文通
階段 4：成熟 1972-1991	騎馬找馬又換馬：在美商打拼，在荷商打滾，二十年人資雲煙；平凡中屢創傳奇，傳奇中迭現佳境，學也無涯「四級跳轉捩點」。 **成熟的中年。**	第三個轉折點 二十年河西河東
階段 5：奉獻 1991-2020	「永春之路」與「諮詢之樂」：自由顧問生涯二十年。「晚開的花，陳年的酒」。 **永春的老年。**	第四個轉折點 餘熱綿延夕陽紅

這樣列表的結果發現，我的人生歷練，居然打破了國內外專家們認定的「職涯發展階段」傳統的分類方式，所以，我把這篇主題的名稱用了「人生規畫」與「職涯階段」的「理還亂」。

畢竟在現代的職涯發展實務上，人人都有或大或小的差異，當然不可能會一成不變。

7 管理智慧：職場風雲記實
出師一表真名世，千載誰堪伯仲間（陸游）

聰明，不一定有智慧，但是有智慧一定聰明。

據說，左宗棠很喜歡下圍棋，而且還是箇中高手，其屬僚皆非其對手。

有一次，左宗棠微服出巡，看見有一茅舍，橫梁上掛著匾額「天下第一棋手」，左宗棠不服，入內與茅舍主人連弈三盤。主人三盤皆輸，左宗棠笑道：「你可以將此匾額卸下了！」隨後，左宗棠自信滿滿，興高采烈地走了。

沒過多久，左宗棠班師回朝，又路過此處，他好奇地找到這間茅舍，赫然仍見「天下第一棋手」之匾額仍未拆下，左宗棠入內，與此主人再下了三盤。這次，左宗棠三盤皆輸。

左宗棠大感訝異，問茅舍主人何故？

主人答：「上回，您有任務在身，要率兵打仗，我不能挫您的銳氣；現今，您已得勝歸來，我當然全力以赴，當仁不讓啦！」

世間真正的高手是，能勝，而不一定要勝，有讓人的胸襟；能贏，而不一定要贏，有善體人意的心懷。

生活、工作、待人處世，又何嘗不是如此呢？

聰明的人得失心重，有智慧的人則勇於捨得。

這一篇章的內容主題是「管理智慧」，我既不聰明，也缺乏智慧的基因，但是我相當崇拜有智慧的人們，而且格外相信，「成功，百分之十靠天才，而百分之九十要靠努力」這句話。

這裡所談的「管理智慧」，大多都是基於在美商萬國公司、荷商飛利浦中壢廠及飛利浦台北公司這三家跨國企業中，「從無到有，從有到熟」過程中所累積的「管理歷練」。

把這個主題列為專章，主要目的是在分享自己遭遇管理上的挑戰之際，在兩難的情況下解決問題之後，經過「事後檢討」所產生的小小靈感，希望把這份靈感分享出去，讓還沒有類似經歷的朋友們能當做參考，避免重蹈我的覆轍。

「管理智慧」也是一種管理藝術的綜合發揮，雖然是以人力資源管理的歷練為基礎，但實際上卻涵蓋了一般管理，甚至任何功能的管理實務，其終極目標係在充分發揮「靠他人把事情做好」（To have things done through other people.）的管理精義。

7.1 愛你所恨

不要讓職場上的不滿意，成為你職涯上的絆腳石！

愛與恨，本來是對立的，能把恨轉換成愛，才是生命中最值得慶幸的事！

根據美國的調查顯示，美國的員工有百分之八十以上對他們的工作都不滿意。在國內，我們也經常聽到親朋好友抱怨自己的工作並不理想。無分職位高低，無論年齡大小，更不管男女老幼，對工作滿意的人實在不多，不滿意的結果就是：討厭工作、忌恨同仁、懷恨環境、抱怨薪水太少、痛恨上司。

有一位心理學家曾經說過，凡是患有癌症的人，十之八九都是因為心中對某些事物具有懷恨、失望、鬱悶等心理狀態所引起。這種心理上的不平衡，會使身體內的細胞突變異常增生，我們都知道，這種突變細胞就是癌細胞。

基於這個說法或理由，我們在職場上打拼的人已經夠辛苦了，何必再自討苦吃，為了工作上的不順心而產生怨恨？因此，無論如何，在任何不如意的情況之下，都不要抱持懷恨之心。否則，最吃虧的還是自己。

也許你會問，我也知道自己不應該有憤恨的心，更懂得其中的道理，但是到底應該怎麼做才能夠化解心中的鬱悶呢？

根據我的經驗及心得，大約可以歸納出下列幾點：

1. 別再發呆：在職場上，我們常看到有些人會望著天花板發呆，望著時鐘發呆，望著窗外發呆，這種現象，只能使你更孤獨，使別人對你感到更奇怪。所以，要活躍起來，表現出欣然的態度，因為

心情會影響言行態度。只要你讓別人認為你是快樂的，就會感染別人，讓別人也對你表示好感。先不要讓工作上的不如意表現在態度上，這是第一步，也是開始。

2. 多做不錯：消極被動的人常說，多做多錯。其實不對！工作不滿意時，一定有它的原因或徵兆。當你發現不對勁時，應該認真思考，且要在工作上做更多的投入。先檢討一下自己是否有任何疏失，如果自己沒錯，那麼只要更加認真就夠了。自己分內的事情固然要做好，但還應該抽空幫助別人，甚至幫主管分勞。這時，很快就會使別人對你改觀，我們畢竟是活在職場的社會團體中。

3. 質勝於量：上面所說的「多做」，是指工作的量。現在要談工作品質，任何一件工作，都有它特定的意義及價值，如果你覺得你的工作枯燥無味，平淡無聊，很可能你還沒真正深入地去發覺它的樂趣。即使是最簡單的剪報工作，如果你能想一想，為什麼一定要剪這一篇文章？進一步再把要剪的文章讀一遍，甚至分析一下內容的真諦，這時你會有全然不同的感受。其他工作也是如此，只要你想深入鑽研、追根究柢，多問幾次「為什麼」，很多憂慮都會化解，工作的深度也更能提昇。

4. 睜大眼睛：如果你真的對目前的工作不滿意，不妨多搜尋部門內或公司內是否有更適合自己的工作，同時也自問一聲，自己究竟喜歡何種工作？為什麼？自己目前是否具備了該項新工作的條件？如果你的答案是否定的，就從現在起，充實自己的能力；如果答案是肯定的，何不主動爭取那個自己喜歡的工作呢？

5. 別期待稱讚：雖然主管或同仁們都應該對於你的表現或協助表示稱讚或感謝，但在實際上，稱讚是很少見的。有些主管認為，做得好是應該的，也有的主管不懂稱讚的藝術，認為稱讚多了怕你誤會：「如果多稱讚你，你要求加薪怎麼辦？」同仁們有時也會吝於稱讚別人，因為都不希望別人比自己好。因此，千萬別因為自己

表現得好卻得不到上司或別人的稱讚而不滿、氣餒、不安、心中憤憤不平。別人不稱讚是正常，稱讚多了反而可怕，何況我們又不是為了獲得稱讚而工作。

6. 有計畫地放掉：既然你已經做了這樣多的努力，如果仍然無法改善，那麼就只好「有計畫地」放棄這個環境。有計畫，是做能力上的準備、對新環境做評估、對新工作的開發以及對新態度的建立，而不是一走了之。

好了，這幾項似乎已經不少，只要你能認真地做好其中的一項至兩項，就會受用不盡的，當然，要盡量避免最後一項。

做到了這幾點，你也會因此而「愛你所恨」，讓你在職場上更為得心應手。

7.2 年輕真好

在職場上，職位高的人，如果他的部屬在年齡上、經歷上、在公司的年資上都比較資深，則他對部屬的指揮調度上，大多會有「心理障礙」（Psychological Handicap），除感到「礙手礙腳」外，甚至不願意長久共事。

同樣，身為部屬者，如果自己比上司的年齡大，工作上也有某種程度的「心理負擔」，唯恐在工作的交代上、問題的討論上、談話的語調上，老闆有意見卻不明說。

記得我剛轉職到一家公司擔任人資主管時，已經是四十五歲，比其他部門主管大了十多歲、比部門內的同事則大了二十多歲、甚至比第二任至第四任總經理，也至少大了十幾歲。在想法上、工作態度上、溝通上，即使自己認為跟他們沒有代溝，可是內心總不免有些許的障礙。例如：

- 想法上：我提出這樣的建議，老闆會怎樣想呢？
- 溝通上：我相信他了解我的意思，但我的表達方式，是否太直接了呢？
- 工作上：別人都下班了，我還要到處走走，看公司裡面還有哪些可能的問題。
- 寫報告，準備會議資料，總要一再修飾，唯恐有所疏忽。
- 無論是不是我職責範圍內的工作，只要老闆交辦，只要別人不願意做的，我都毫無怨尤地接受。
- 每週都參加好幾次各種不同的球類運動或活動，跟相差十五歲、二十多歲以上的人參加比賽，展現出「我們是一夥的」能力、耐心與衝勁。

・下班以後也盡量設法安排一些不同階層的聯誼活動，以建立人際
　關係。

・訓練課程無分長短，從規劃、找講師到實施，都全程參與。

　　當時的想法是：「既然自己年齡比人家大，有些人未必願意跟
年長的人共事（尤其是自己的上司），只好自己多付出些時間、多
負點責任、多擔待點。」最感到安慰的是，這種超量的付出、真誠
無私的奉獻，確實也贏得了不少人的讚譽。

　　直到有一天被調職，才知道因為年齡較大而做額外的投入固然
重要，但專業的知識能力、上下之間的默契也同樣重要。更重要的
是，如果是「氣味不相投」，即使再怎麼努力，也是白搭。

　　回憶往事，實在是感觸良多，感觸最深的就是：年輕真好！

　　年輕，至少不會有管理上的心理障礙，更無需擔心造成上司及
部屬的心理障礙——雖然，關於如何克服心理障礙，我已經得到了
意想不到的收穫。

7.3 跟對老闆

在每個人的職涯發展過程中，都會有不同的際遇；跟對了直接主管，更是可遇而不可求！

在我中年轉職時，遇到了馬可思廠長（Mr. Marks），算是我在職場上最大的「幸運」。不只是我個人的幸運，甚至各級主管，以及全廠員工，都對他十分敬重、喜愛。即使他已經離開了十多年，仍然對他深深地懷念著。

三年任期屆滿離台時，人人都對他真誠地擁抱、熱情地敬酒、捨不得他的調離。

馬可思廠長是荷蘭人，對同仁的要求雖然嚴格認真，可是他卻注重授權、關心員工，更重視培養部屬，尤其隨時展現紳士風度。

馬可思廠長回國後，在聖誕卡中寄來的夫妻生活照片。

我還清楚地記得，當時公司員工約五百多人，我跟人事部的同仁，幾乎每天都會帶生日蛋糕到各部門或生產線，為當天生日的同仁們及時祝賀。當廠長本人過生日時，好多員工都湧進他的辦公室，為他祝賀。

對我來說，印象最深的一件事就是，我在公司快速成長時，

馬可思廠長切蛋糕時的氣氛。

曾經為了增加人手，在填寫「人員申請單」過程中，馬廠長對我的啟發。

「拿回去吧！」我第一次把申請單送去給他時，他只瞄了一眼，就斬釘截鐵地這樣跟我說，讓我連說話的機會都沒有。我只好納悶地想：「廠長平常對我都很好，為什麼談到要補人就這樣不客氣？」於是我又在申請單上增加了一些需要人力的理由。

「還是拿回去吧！想想看，你部門真的需要增加人嗎？」他看了看，又把申請單丟給我，補充了一句：「我並沒看出你真正需要加人的理由。」我又想了很久，果然發現申請的理由不夠充分，只好又根據需要的事實、理由、數據、優點等，提出第三次申請。

「早這樣寫，人都進來了！」馬廠長看了我這次的申請單，笑著對我說，並立刻就簽字核准了。

他，從沒告訴我哪裡出了問題，也沒有直接教我要怎麼寫，更沒對我有絲毫責罵，但是卻讓我學到了很多，而且對爾後的工作進展有很大的幫助。

我真慶幸，跟對了人！

他調離之後，再也沒機會遇到這樣的老闆。

7.4 老闆絕對不會錯

「冒犯你的上司，肯定讓你吃不完兜著走！」

最近十來年，做職涯諮商時發現，幾乎百分之八十的員工都抱怨自己的老闆，無論發生什麼問題，都是老闆不對。

事實上，也許他們說得有理，也許未必全然如此。我想，一方面是「認知」上的不同，另一方面可能是看事情的「角度」不同吧！

唯一的結論就是：只要是有爭議，彼此都有責任，雖然無須「各打四十大板」，但都應該「自我檢討」。

不過，根據我擔任主管多年的經驗，我卻認為，針對「不滿」與「抱怨」的事實，主管要求部屬檢討的情形居多，主管自己檢討的卻很少。

既然如此，身為部屬的人只好把多年前流行的「兩個規則」當成座右銘了：

規則一：老闆總是對的（Rule #1: The boss is always right.）。

規則二：若老闆錯了，就回到規則一（Rule #2: If the boss is wrong, refers to Rule #1.）。

對於現在的年輕人而言，也許這兩個老掉牙的規則根本不再適用，可是如果我們檢視一下現在職場中老闆與員工相處之道，這兩條規則仍有其參考價值。因為這使我想到了多年前的「親身經驗」，雖不能算是「傷痛」，卻是相當深刻的「教訓」。

記得我剛到飛利浦中壢廠的第二年，對公司的某些「特性」還沒摸清楚，飛利浦公司最大的特色就是它「矩陣式組織的運作模式」。

所謂「矩陣式組織」，簡單地說就是你有兩個（甚至以上）老闆，而且你的表現還都要讓他們滿意。

我不知道它的嚴重性，認為只要符合「行政主管」（Administrative / Operating boss）的任務要求，「功能性主管」（Functional boss）就不會有大問題。

結果我的想法錯了，而且是在不知不覺中犯了「冒犯上司」的大錯。

我在第一次年度調薪時發現，我到職時的底薪相對之下低了很多。這只能怪自己當初在面談被問到「希望待遇」時，表示「一切按照公司規定」，而沒盡力爭取。事實上，還沒進入公司，對公司的職等與薪資結構完全不了解，也無從要求起。

當我發現薪資偏低很多時，就在廠長面前提出了我的意見。結果，雖然得到了立即調薪，且在爾後的一年內曾經特別加薪兩次，但是就這樣得罪了我的「功能性主管」，使我在爾後的十幾年中，除碰了不少軟釘子之外，在某些問題的關鍵時刻，還遭遇到「冷漠、冷落、甚至冷箭」。

還好我沒有「中途落馬或陣亡」，這應該算是他，或者說是公司對我的寬容與仁慈吧！

「你沒問過我啊！」這是當我有問題向他請教時，所得到的答案。

「我不知道哇！好像別的廠沒有這種問題呀！」這是另一種答案。

這種「冷」，絕對不像「冷笑話」那種冷，而是像被「打入冷宮」那種冷；其他的感受，就只能用「如人飲水」來形容了。然而在表面上，他的笑容、他的客套、他的穩健，連我自己都看不出來，直到有一次無意間聽到了他跟別人講的這句話：

「跟我過不去的人，犯到我手裡的人，我會給他好看，到時候把他們的骨頭都嚼爛！」

由於他的修養很好，做事也相當圓融，無論碰到誰對他「吹鬍子瞪眼」，他都能笑容以對。如果我在廠裡的「行政主管」給我的考績是 A，他很可能不會表示反對意見；但是，假使行政主管想把我調職，他就會順水推舟，不置可否地贊成。

還好，從第三年起，我就開始學乖了！

人與人之間在工作上相處的感情與感受，如果不表達出來，真的很難臆測。

上面的這些經驗，是自己從人資主管每月例會的點點滴滴中親自聽到的、直接體會到的、領悟到的。

現在想起來雖然仍有餘悸，不過早已經坦然多了，因為，畢竟最初還是自己犯了錯，也因此更體認到上述那兩個規則的真髓。

簡單地說，「冒犯你的上司，肯定讓你吃不完兜著走！」

站在人資專業的角度看，前面所說的「認知不同」，就等於彼此沒有默契，也等於上司沒找到「知心而得力的部屬」，員工找工作時沒遇到「伯樂」。

關於看事情的「角度不同」，等於彼此的價值觀「南轅北轍」，在工作上所站的立場當然也就「大相逕庭」了。

7.5 職場中的「規矩」與「方圓」

在職場的管理上，常會聽到「沒有規矩，不能成方圓」這句話；但是，也有人強烈地主張「無為而治」。

雖然這是管理風格上兩種截然不同的做法，我個人卻認為，應該先有前者的「規矩」，到了事情發生時，再看「規矩」上是否有哪些窒礙難行的地方。如果完全沒有規矩，自然會在管理實務上造成混亂。

在管理理論上，這不只牽涉到 X 理論與 Y 理論的差異，更是管理者在管理風格上「法治」與「人治」的觀念，而這兩種觀念，就足以塑造出公司的文化與作風。

在我的職涯馳騁過程中，就碰到了上司在「法治」與「人治」抉擇上的實例。

有一次，我向剛剛到任不久的新廠長提出了「國外培訓申請表」，準備到國外參加為期一週的管理訓練。

「為什麼是你去？」新任的廠長是德國人，相當年輕。看了我的申請表，眉頭深鎖地說：「應該派更年輕的主管去才對呀！」

「這項訓練，是年度訓練的一部分，去年底以前總公司就已經核准了。」我再度拿出了全年的培訓計畫，以及各種訓練的名單給他看，並且補充說：「這項訓練，與年齡沒有直接關係，主要是跟功能專業有關。同時，他們都參加過了。」

「既然這樣，你就去參加吧！」他雖然面有難色，卻仍然批准了。

如果公司沒有書面的「訓練管理辦法」，而且提供了既定的訓練計畫，新任廠長可以根據工作上的需要、根據自己的管理風格、根據生產技術優先的條件、根據……，而不核准我的申請。

如果剛好碰到了趨向於「人治」管理風格的上司，即使部屬提出了具體的培訓計畫，他也可以提出任何反對的理由，否決你提出的既定計畫。

　　當然，國內也有不少企業的管理者，仍不免抱持著「唯我獨尊」的「人治」觀念。他們認為，即使訓練的規章、辦法與計畫都有，要派的人也應該去，但是卻偏偏要修正或變更原有的計畫，硬是不讓你去。這時，當事人也「無可奈何」了。

　　然而廠長並沒那樣做，這也充分顯示了高階管理者在「事與願違」的狀況下，所展現出來的豁達胸襟。

　　這個實例，顯然廠長是按照公認的「規矩」，遵循了「法治」的途徑，展現出跨國企業高階主管「國際化」管理的視野及尊重「法治」的風範。

7.6 哪裡出了問題

　　雖然世界上沒有完美的企業，但也沒有完美的個人，然而在「追求卓越」的大前提下，是否「愈自以為是的，反而會愈有問題呢？」

　　「今天你怎麼沒去上班？」某天上午，逛商場時碰到了剛找到一份好工作的王先生，因為上個月跟他通電話時還祝賀他，移民到溫哥華僅僅三個月，居然就找到了跟自己專長相符的工作，而且收入也相當不錯。

　　王先生曾在台擔任公職二十年，也曾擔任主管多年，還在工作之餘進修，取得各種國際證照。移民到溫哥華之後，不只他自己信心滿滿，親朋好友們也都對他的求職前景相當看好，當他知道被錄取時，大家都為他感到高興。

　　「上個禮拜，我就已經離開那個新工作了。」王先生親和的笑臉一如往常：「我的直接主管跟我說，兩個月來，他無法跟我溝通。」

　　「究竟為什麼呢？」我好奇的問。

　　「上週三，我的直接主管在做簡報之後，總經理讓七、八位參加簡報的人，以腦力激盪的方式，提出自己的看法，看是否還有可以補充的地方。當然，我也提出了我的想法。」講到這裡，他顯得格外高興地接著又說：「到總經理結論時，認為我的看法最為貼切。」

　　「這不是很好嗎？你的專業經驗，終於受到肯定了呀！」我興奮地說。

　　「哪裡，兩天之後，我的直接主管卻跟我說，我們的專案結束了，你可以離開了。」他頓了一下，欲言又止地說：「當時我大吃一驚，因為我剛剛上手，比一般人進入情況都快，而且大家都認為

我對公司的貢獻很大。而且，這專案根本還沒結束。」

「就這樣，你就不幹了？」我有點抱不平地問。

「既然他們認為不需要我，可能也是主的安排吧！雖然當我去辦離職手續時，人資主管也感到很意外，並極力勸我，讓我再去跟上司申訴，但是我不想再去找他了，以免給他增加困擾。」

「你平常跟直接主管的互動怎樣呢？」我很想從中了解箇中原委。

「其實，這個專案只有我們三個人，也幾乎每天都有開會。」王先生補充說。

「開會的氣氛怎麼樣？你是否提出不少建議？直接主管的反應如何呢？」我又急著問。

「也許這就是關鍵吧！為了要使專案早日有進展，我確實曾提過一些建議。但是，感覺上直接主管大多都有意見，好像不大願意接受我的想法。」他懶懶地說。

「你的專業這樣強，又當過主管，當然急著想把專案辦好。不過，看樣子他似乎跟你的想法確實有差距呢！」我很想這樣安慰他。

「總經理好像對我也有點意見。」他又補充了一句。

「你怎麼知道總經理對你也有點不滿？」我更好奇了。

「站在他的立場，支付高薪給員工，第一天上班就該立刻上手。但是你想，幾十個人的軟體公司，有這麼多的系統，我能在一個月之內幾乎全都搞清楚，已經算是不錯了，同事們也都認為我進入狀況最快。」

「原來這樣?!」我不知道該再說些什麼。

從這段談話的內容看來，大家似乎都各盡職責，各有自己的理由。但是，卻都隱現出不同層面的問題。

雖然世界上沒有完美的企業，更沒有完美的個人，然而在「追求卓越」的大前提下，是否「愈自以為是的，反而會愈有問題呢？」

7.7 我怎麼會被稱為「石頭」

　　有外號很平常，但是我的外號，卻跟工作有關。

　　「石頭」這個外號，是在飛利浦中壢廠得來的，而且還是因為在僱用曾經離職工程師時的條件談不攏，讓一些人不太高興所致。

　　記得在七〇年代中期，剛成立的電子公司，對於電子工程師不只是「求才若渴」，只要是學經歷足夠，都把他們「當成寶」。

　　好像是在 1979 年吧，中壢廠有一位工程師，因為自己的技術能力好，工作還不到一年，就抱怨薪資偏低而堅持辭職。但是辭職兩個月後，因為跳槽過去的電子公司每週工作六天，而中壢廠則每週工作五天，新公司平常的加班多又不發加班費，所以透過各種管道想再回中壢飛利浦。

　　他離職時的時間是十一月分，當時的薪資是台幣三萬二；挖角的電子公司給他的薪資為三萬八。有一天，他的直接主管來人資部說情，希望公司能重新僱用他，而且希望回來的薪資也增加到台幣三萬八，還希望離職前那九個多月的年資照算。

　　如果你是人資主管，你是否同意按照上述的條件重新僱用呢？

　　站在公司的立場，當然是用人唯才了，原則上當然歡迎他再回來。

　　不過，對於「薪資」及「年資」兩項，人資部門有不同的意見，而不贊成以該主管提出的條件再僱用。人資部門不贊成的理由有二：

　　一、薪資：按照全公司同一職稱的學歷、經歷、年齡、年資等資料顯示，他離職前的薪資還算合理，如果回來後起薪三萬八，會超過現有條件相同的工程師。而且，離職時的薪資是三萬二，離開兩個月後居然就加薪到三萬八，這等於鼓勵在職者有樣學樣地去仿效，更重要的是：「是否表示不想離開的人就沒機會加薪？」

二、年資：由於他到職還不滿一年就離職，如果離職前的年資可以計算，就表示再兩、三個月他就可以有年假。這樣，對現有的工程師及職工都不公平。

他直接主管的請求，沒有得到人資部門的同意，於是工程部的英國籍經理也來找我。經我分析之後，工程部經理完全了解人資部門的立場，但是工程部確實需要這樣的人才，問我能否給他加薪。

他於十一月分離職後，公司曾在元月分加薪。經過討論與詳細的計算，我特別給工程部經理一個建議，只能按照全公司元月分平均調薪幅度為他加薪，既可以適度提高他的薪資，又不會影響到現職員工的薪水。

我的建議，工程部經理也不同意，於是他去尋求廠長的支持。

我把整個過程跟廠長說明之後，廠長同意我的做法與理由。

就從那時起，工廠內上上下下，都覺得我太硬，硬得像「石頭」。

令我欣慰的是，日後廠內有些有爭議的事，有人就會說：「去問石頭」、「石頭說的」，當然也有人免不了說我是「討厭的石頭」。

一般來說，人資主管最好要「圓融」，不能太堅持，然而有些時候，不堅持還真不行。即使被稱為「石頭」，有時候會被討厭，然而，只要「不臭」，硬一點才能掌握著分寸啊！

7.8 成功的背後

　　企業的人資部門，實在是個「吃力不討好」的單位！

　　正因為如此，我總是抱持著「與人為善，堅持原則」的想法。可是，即使是「與人為善」，在堅持原則時仍不免會「招怨」而不自知。

　　記得有個部門需要招聘「主任」一名，必備的條件是（大致舉例）：

・大學畢業

・五年以上技術及管理相關經驗

　　經與部門主管討論，不必登報，也不必去就業輔導中心，看是否能在其他職位的應徵者檔案中挑出適當人選，這樣，對人資部門而言，既可以省掉廣告費，又可守株待兔，何樂而不為？

　　由於公司在工業區的形象還不錯，每次刊登廣告找人，都會有很多適合的候選人，即使不刊登廣告，毛遂自薦者也很多。尤其是生產線上的作業員，如果需要補充十人，由領班與同仁推薦來的，可能達到二十個人。因此，徵聘工作相當順利。

　　然而這位主任缺，半個月來所收到的履歷表中，合格者實在有限，不是學歷不足就是經驗太淺。

　　奇怪的是，有一位應徵者，幾乎每週都寄送一份履歷表到人事部門，而且還應徵我們所需要的「主任」職缺。他只有專科程度，不但經歷的相關度不高，甚至從未擔任過副主任，只擔任過主任的特別助理，年齡也較公司內同職等職稱的員工偏高很多。因此，人資部門每次收到後都只好「存檔」，待有適當機會時，再交由相關部門面試。

管理智慧：職場風雲記實

　　公司「人事手冊」中的「徵聘流程」是：第一步，先收集應徵者；第二，人資根據部門職缺在「工作說明書」所訂的條件初選；第三，把初選合格者，按照符合程度的優先順序列表送求才部門，不合格者存檔；第四，相關部門如發現有適合對象，便挑選三至五位，並告知人資部門擇期面試，若無適當人選，就告知人資部門再等幾天，或者再刊登廣告。

　　一個月過去了，仍然沒有適合的主任候選人。

　　「怎麼還沒有應徵者呀？」部門主管有點著急。

　　「有倒是有，但是條件卻相差很遠。」我說。

　　「不管是阿貓阿狗，都拿來給我看看好嗎？」他半開玩笑地說。

　　「當然可以啦！」我抱持著與人為善的態度答應了，並且送去了好幾份履歷表。

　　「雖然條件都不夠，但『沒魚，蝦也好』啦！」兩天之後，該主管高興地說：「就請這位過來面談一下吧！」

　　「這位應徵者，並不符合你『人員申請單』上的要求條件呀！」我好奇地問。

　　「反正沒有更適當的人，約他來談談也無妨。」他有點堅持，而且只選了這麼一位。

　　我感到奇怪，好幾份履歷表，唯獨這一份最不符合人員需求的條件，為何只選他？而且，這一位竟然就是每個禮拜都會寄履歷表來的那位，我雖然有點納悶，還是同意通知他挑的那一位來面試。

　　面試過後，該部門主管說：「就錄取這一位吧！」

　　「這一位跟你『人員申請單』上的職等、職稱及經歷等要求都不符呀！」我趕緊提醒他。

　　「我可不可以更改申請單的內容，把職等、職稱降低？」看來，他真的想用這個人。

　　「改當然可以改啦！不過需要再拿給總經理批示，畢竟當初是

總經理核准的。」我又補充說：「可是在今年的人員編製規劃裡，似乎沒有這個低一等的職缺喔！」

「這你就別管啦！」他有點不耐煩地說：「我自然會跟總經理去爭取！」

當天下午，剛好總經理找我討論員工福利事項，我順便把我對那位「主任」職缺的甄選過程與顧慮，順便跟總經理提出報告。

「你認為那個人是否可以用呢？」總經理認真地問我，有點徵詢的意味。

「用，倒是可以用。」我只好實話實說：「不過從技術、能力及經驗來說，他可以是個很有經驗的資深技術員，但卻不適合主任職位，尤其缺乏的是未來的發展潛能。而且，在今年的人力規劃名額中，這個部門也沒有這個職等的缺了，除非增加員額。」

總經理只是點點頭，就又進入了另外的話題。

「這個人我不用啦！」第二天，該部門主管面色鐵青地來到人事部，把他原本想錄用人選的履歷表往我桌上一丟：「總經理說了，他不同意修改已經核准過的申請單。」

「咱們走著瞧！」說完，轉頭就走了。

自從那件事情之後，我們平時相處形同陌路，而且人事部的工作在他的部門遭遇到的問題也特別多。

事隔很久，才從他部門副理口中得知，那位應徵者，是他的親戚。當時那位親戚已經在另一家公司辦妥辭職，準備來投靠他的。

「究竟是他受到親戚的壓力，還是想建立自己的小圈圈？」我怎麼也想不通。

後來，我還一直在想：「如果當時知道他們是親戚關係，我就不會主動跟總經理提了，說不定還會去找那位主管，聽聽他對於用那個人的特殊原因。」

可是，不只是當時根本不知道，事後也覺得：「他為什麼不在

一開始就把原委說清楚呢？」

　　想到這裡覺得，「要扮演好人資的角色真的好累！本質上，是在為公司盡責，按照既定的人力規畫及人員需求的標準作業程序辦事，然而在標準程序的背後，未必每個部門都跟人事部門想的一樣。」

　　我為公司的「員額」把關成功了，但是成功的背後卻……。

7.9 矩陣組織中的生存藝術

很多有規模的國際化企業，在組織設計上，常採行「矩陣式組織」，優點是資源運用具有靈活度，但缺點則是員工可能有兩、三個可以對你發號施令的老闆。

在矩陣組織運作之下，也會有兩種現象：第一個是不同部門、不同專業成員組成的專案小組，以及不同區域或不同事業部門中功能相同專業人員，其運作過程比較複雜；第二個現象則是，由於員工有兩個以上的老闆，他們對績效標準的認定和考核方法很難有一致性的看法，因而造成人員績效考核困難。

矩陣式組織的成員，除了必須要具備本身的專業知識技能之外，也需要具備「人際技巧」中的「成熟度」及「溝通能力」，因為你很難讓矩陣組織中不同層級、專業各異的每個老闆，都對你的表現滿意。如何能夠取得直接主管的默契，又能獲得專案主管工作成果的認同，這兩者的平衡或「最適化」的結果，實在兩難。

如果本身的人際技巧及溝通能力有待加強，進入公司時又沒得到訓練，那麼很可能不是被撞得「頭破血流」，就是無法忍受而「掛冠求去」。

對我自己而言，由於初次任職於大型的多國企業，個性直率又固執，便在公司跌跌撞撞了十多年，剛好屬於「頭破血流」型。

進入公司前，由於當時急著想換工作，並不了解大型企業的職等與薪資制度，只想著若是能被錄取，就算萬幸。但是到職後約一年，我發現自己的薪資要比廠內同一等級的主管低很多，於是直接向廠長提出自己的觀察及意見。幾個月後，果然得到了加薪，這次加薪，當然也是經由廠長與「功能主管」商討後決定的。

很久以後才知道，因為在向廠長提出前，沒有事先向「功能主管」報告，而冒犯了功能性的「頂頭上司」，以致於爾後的一些年來，在職務上吃了不少「悶虧」。這只能怪自己一時逞「口舌之快」，也是自己在「成熟度」及「溝通技巧」的缺乏所致。

在買東西時的討價還價，我一向認為「買的不如賣的精」。

在職場上，我更體驗到「胳膊擰不過大腿」的滋味。

直到退休，離開公司以後，才更體認到在「矩陣組織」中的生存之道，這是否仍適用於「永不太遲」（Never too late.）這句話呢？

7.10 權變管理下的在職訓練

你不要以為，主管交代給你的工作，在工作說明書裡面根本看不到就覺得奇怪，凡是「跟人有關的任何事物，都是人事主管的職責所在。」

春節前幾天，收到了一張從比利時寄來的賀卡，那是馬可思廠長夫人每年都會寄來的關心與問候。當然，每年我也都會在耶誕假期前，把我及家人的祝賀，傳給遠方的她。

雖然我已經離職很久，馬廠長也已經辭世了好幾年，可是同事們跟廠長夫人之間的聯繫卻從未間斷，而她每次也都會提到在台灣工作與生活的難忘印象。

對我而言，當年馬廠長對我的「全方位訓練」，更加深了我對他的懷念。

對國際化的企業而言，事業部、產品部或者其他部門之間的往來相當頻繁，來自歐美各國的業務洽談、觀摩拜訪以及外派人員的調動等，都使公司內的送往迎來活動日漸增加。於是，馬廠長就開始把安排重要的送往迎來相關事宜，交由我來負責處理。

由於馬廠長具備了東方人的好客特質，更重視訪客或與會人員的感受和氣氛，所以每次的聚餐、迎送或慶典，不僅邀請大部分主管，甚至經常邀請主管們攜眷參加。

每次宴客活動的大小瑣

馬可思廠長（中間站立者）歡迎董事來訪，並提出擴廠簡報。

管理智慧：職場風雲記實

事，最初都由廠長親自處理，後來他逐漸授權讓我負責，諸如訂餐廳、發出請帖、跟催人數、宴會前人數的確認、名牌的準備、禮品的選購等，讓我參與的深度與廣度日漸增加。

「Rocky，請你以人事主管的立場代表公司，向我們的貴賓表示歡迎吧！」在一個歡迎晚宴上，當酒過三巡之後，馬廠長忽然讓我起來致詞。當時我感到相當緊張，雖然做了簡短的歡迎詞，事後覺得並不滿意。我心裡不斷嘀咕：「事先並沒告訴過我，而且以前也都是由他負責的呀！這次怎麼臨時把這麼重要的事交給我了？」

後來，他也會偶爾讓我起來致詞，遇到有董事會人員來訪或調職回國時，還暗示我們，可以準備一些餘興節目。由於不知道什麼時候會被他點名，要我出來致詞或即興表演，所以，從那次以後，只要有訪客來，我都會事先準備好幾套不同的「錦囊」，例如各種不同場合的致詞、餐廳風格及酒水飲料的挑選、準備康樂節目等，寧可備而不用，也不要臨時慌亂。

歡送技術副總裁的晚宴上，主管們化妝演出後的合影。右起 2，當時的廠長 B. Cross，這是一張很有紀念性的照片呢！你能找到我嗎？

馬廠長在迎送的餐會上，對我突如其來的任務指派，顯然是一種「權變式」的管理決策，這種決策，對部屬來說，未嘗不是一種考驗與挑戰。

　　我把這種考驗，當做了難能可貴的「在職訓練」，雖然最初確實是難以適應，但三年下來，在這樣的學習環境中，學到了書本上、講義裡、課堂上都難以學到的東西。

　　我也認為，從「困而知之」中的歷練，更能增長閱歷。

　　「你不要以為，有些我交代給你的工作，在工作說明書裡面根本看不到，就覺得奇怪。」我很清楚地記得馬廠長曾跟我說過的這段話：「凡是跟人有關的任何事物，都是人事主管的職責所在。」這大概就是他何以「什麼事情都找我」以及「隨時找我」的主要原因吧！

7.11 「重然諾」的工程師

人生，除了要追求興趣之外，更要遵守自己的承諾。

有一天，我正在辦公室準備開會資料，忽然有人敲門，開門一看，原來是平常就很熟悉的一位工程師，於是我請他進來坐坐。

「真對不起，我要辭職了。」他很客氣地說。

「做得好好的，怎麼要辭職呢？」我好奇地問。

「本來半年以前就找到了新工作，準備辦理辭職的。」沒等我問，他就接著說：「因為我在面試時曾經答應過你，至少要工作兩年，所以，下個月剛好服務滿兩年了。」

他居然把兩年前面試時的承諾牢記在心，還認真地履行承諾。當時，讓我既驚訝又表示敬佩。

記得面試時，他剛從某國立大學的電子系畢業，還沒有工作經驗，面試時他很希望得到這份工作。我確實曾跟他說過：「你沒有工作經驗，我們不希望你在沒有學到任何技能之前，很快就離開。」

「我很希望到這樣的跨國公司工作，我會做很久的。」也許他也像任何想進入飛利浦公司的人一樣，只求能先進來，但誰都不敢保證進來後能做多久，我猜。

「既然你說可以做很久，能不能具體地告訴我至少能做多久？」我看他的學歷與專長都還符合用人部門的需要，態度也很誠懇，我想他不會很快就見異思遷的，於是試探性地問他，看他怎麼回答。

「至少兩年，做不到兩年絕不離開！」他斬釘截鐵地說。

我早已不記得兩年前面試時給他提出的問題。想到這裡，如果他真的離開，也是公司的損失，我真不想讓他辭職。由於每一位離

職的職員，我都會親自做「離職面談」，以便了解員工離職的確切原因，做為公司改善的參考，但這次他反而先來找我了。

「我很高興你這樣遵守諾言，不過如果你認為公司有哪些地方讓你沒辦法待下去，我們是可以改善的。」我是真心地想把他留下來：「能不能再做一兩年，公司很需要你這樣的人才！」

「實在抱歉，我真的要離職！」他坦白且有條不紊地告訴我說：「離職主要是因為我找到了真正喜歡的資訊工作，而不是現在的電子工程師，甚至新工作的起薪比我現在的薪水還要低。我追求的是自己的興趣，而不是短期內薪水的高低！」

「如果是這樣，你也可以轉到我們公司的資訊部門哪！」我客氣地說。

「我已經問過資訊部門主管，因為部門才剛成立，至少一年內都還不需要增加新人。」

「既然這樣，只好同意你離職，不過只要你願意，我們隨時歡迎你再回來！」我說。

「這也是我親自跟你告別的原因。一則這兩年來我在公司內真的學到了很多；二則，我也捨不得離開這個大家庭。然而，人生除了要追求興趣之外，更要遵守自己的承諾，我在面試時曾說過至少要做兩年，我做到了，沒有提前離職。」

即使是三十年前，員工與公司之間，像這樣「重然諾」的人也並不多見。

現代經營環境遽變，員工價值觀也瞬息萬變，現在是否能找到這樣說話算話的員工，除了要仰賴人資及部門面試者「面試與選才的功力」外，也只能看運氣了！

7.12 如何面對企業的小圈圈

政府團隊，講求所謂的「班底」或者「親信」，認為這樣做事才會有「信任感」，這觀念相信大家都「心照不宣」。教育界，則重視「校友」，同校同系畢業的碩士，考博士班時，肯定有不少「竅門」，讓校友優先錄取。

當然，企業也不例外，大多都有「小圈圈」、「小團體」，或者是「親信班底」。說穿了，無論是班底、親信，甚至是小圈圈，無非都具有某種程度的「利己性」，但對第三者而言，就免不了有「排他性」，除非是各種條件都相當傑出的「局外人」，否則幾乎很難得到公平的待遇。

如果這種利己性或排他性過於明顯，就難以建立團隊向心力。對企業而言，向心力就等於生產力，只要員工對企業有少許不滿，肯定就不會全力以赴地為公司盡心盡力；如果有些主管或員工不幸置身於企業的「小圈圈」之外，自己又沒有高人一等的特殊才能，即使表現不錯也難出人頭地。

我曾任職的外商公司及多國企業當然也不例外，我剛加入時，除了荷蘭總公司的董事長是飛利浦先生外，企業內的副董事長、事業部的負責人等，仍有不少是他的親戚。因此，有一段時間，董事會內部勾心鬥角的氣氛很濃，連台灣的產品中心，都可以嗅到「裙帶關係」及「家族企業」角力特有的煙硝味。好在十年左右，就交棒給非家族成員，使煙硝味淡了不少。

台灣飛利浦的「高雄廠」約成立於 1966 年，主管當然多以成功大學校友為主幹，而員工則「就地取材」；「竹北廠」約成立於1971 年，主管與員工也順理成章的多來自新竹與竹北；成立於 1976

年的「中壢廠」，除一級主管約 85% 是經歐洲總公司外派至台灣外，因接近台北，所以其他主管及員工多來自台北與中壢，當然也有部分主管是從台北總公司及竹北廠轉調的。中壢廠成立時，高雄廠已經成立了十年左右。

經過荷蘭總公司十多年的薰陶，公司的外籍主管及地區負責人逐漸回國或轉調其他地區後，台灣飛利浦也悄悄地進入「本土化」階段。台北總公司、竹北廠及中壢廠各部門高階主管的「接班」候選人，似乎不是「成大」校友，就是「高雄廠」的元老，於是有一些中壢廠及竹北廠的高階主管，已經意識到了自己的處境。

畢竟，員工在企業內的績效表現，對於未來的發展機會固然重要，但最後的升遷發展大權還是操之在公司。在企業的小圈圈環境下，員工就出現了下列幾種現象：

- 比較積極而不信邪的人，就力求上進，拼命努力，盡量融入企業的大團體。
- 個性中庸的人，則隨遇而安，不管什麼小圈圈或班底，我行我素地去做事，只求按時拿到薪水就好。
- 看著企業有派系就不順眼的人，他們認為，自己的表現與發展沒有受到公平待遇，在心理上產生一些負面影響。

其實，員工個人對企業派系的感受程度因人而異，企業負責人要盡量避免把「小圈圈」做得太明顯，才不會傷到員工的心。

身為 HR 主管，除了要深入了解經營者的想法外，更要在徵聘制度上兼顧到「內舉不避親」的原則，對於企業內「小圈圈」看不順眼的員工，則應該採取下列諮商措施：

- **坦然處之**：任何團體社會，都免不了有小圈圈，何必跟自己過不去。
- **積極參與**：既然加入了這個公司，乾脆以前途為重，盡量闖出一片天，說不定很有機會打入主流；即使是機會不多，為何不去嘗試一下？（If you can't beat it, join it.）

- **堅忍等待**：雖然人格特質不適合這個環境，但如果你在公司年資已久，又在工作表現上算得上是「無懈可擊」，就只好忍耐下去，看是否能等到機會。當然，如果企業倫理不容忍你，隨時會給你「欲加之罪」，這樣，便只有儘早擇機他去了。

7.13 柳暗花明不見村

「人在順境，固然要感恩；如在逆境，應依然心存喜樂。」

有一天，在偶爾的場合中，聽到已經有人要來接替我的職務。

「應該不會吧？」我有些狐疑：「我自己怎麼絲毫不知道？」

過了一段時間，在不同的場合，不同的同仁口中，我又聽到了類似的消息，甚至連接替者的名字都講出來了。

「既然要被調職，自己的頂頭上司總會告訴我吧！」我仍然不大相信。我總認為：「在工廠裡，反正隨時都是謠言滿天飛。」然而直覺上，我開始感到奇怪與不安：「這樣有規模、有制度、有好風評的公司，怎麼會……？」我越想越不對勁：「身為人力資源主管，自己親手參與訂定的晉升、調職、職涯對話、績效面談等制度，全公司各部門都在實施，怎麼到了自己的部門，這些制度反而形同廢紙？」我感到事情有些不妙了。

直到調職前十幾天，真的收到了調職的通知。

「請問，能不能告訴我，被調職的原因？」在公司的職涯制度中，即使是中階主管，或者達到某個職等的職員，幾乎每年都會有個「職涯面談」的機會。我對自己的部屬，也是如此。可是，偏偏卻從來沒有人跟我談過，我更不知道被調職的原因。於是，當總經理把我找到辦公室，告訴我要調職的消息時，我雖然對這遲來的訊息感到憤憤不平，但還是壓抑下去，順便提出了我的疑問。

「沒有什麼啦！你一直都表現很好，這麼多年了，總該調動一下，何況職稱及職等都不變動。」他又皮笑肉不笑地接著說：「你如果不同意，也可以不接受哇！」

對任何離「依法退休」不遠的人而言，這種「突如其來」的調職，不只是晴天霹靂，幾乎像是立刻而強迫地讓你做個「生死抉擇」。真捨不得離開全心全力投入了十年的工作環境。然而，我更深深了解「不接受」的後果。

「萬一我不接受調職，很可能就會立刻提前退休，果真如此，我要做什麼？又能做什麼？」想到這裡，反而想開了：「這不剛好就是自己另起爐灶的機會嗎？」

原本「柳暗花明不見村」的感受，以及心中的憤憤不平，突然間豁然開朗，而且還找到了「柳暗花明又一村」的「曲徑」。

尤其是在職場上，即使真的「疑似山前已無路」，但事實上，絕不是路已到了盡頭，而是該轉彎了。

經過了好多個曲徑，難道這就是我自己必須要重新開闢的「又一村」？

那個新建的村落，又該是個什麼樣子？

最近從網路上看到一句至理名言：「人在順境，固然要感恩，如在逆境，應依然心存喜樂。」現在回想起來，我不只要因調職而感恩，更要因此而喜樂才對，畢竟，這是一個重新評估、認識自己、認清環境的最佳時機，雖然當時怎麼也找不到這種感悟。

7.14 我曾「被責難」了十幾年

　　任何一家公司的管理規章，最好是在成立之初就先制定完成，以便在營運上立刻可以應用，否則，肯定會出現「因人而異」、「因陋就簡」、「因人設事」等問題。

　　記得我剛到飛利浦中壢廠報到時，除了要先瞭解工業區內及附近外商的各種管理規章之外，還曾分別到竹北廠及高雄廠的人事部門去「拜碼頭」，因為竹北廠已經成立五年，高雄廠已成立了十年，新成立的中壢廠，當然要「蕭規曹隨」而不能「特立獨行」。

　　經過了一段時間的收集資料、分析現況、草擬規章，並於廠內「主管會議」多次討論後，公司的「人力資源管理手冊」終於完成「廠內核准」及「廠外報備」的實施程序。

　　實施不到半年，就先後接到「友廠」人資主管、我的「頂頭上司」以及台北總公司「技術副總裁」等的不斷關切、質問，甚至責難，而這些關切、質問與責難，幾乎持續了十多年之久，直到我退休為止。這些心酸，不但廠內中下層主管們未必知情，不少三、五年後才到職的一級主管也「渾然不知」，甚至還因「時過境遷」，認為在工時上需要「更上層樓」。

　　回想起當時受到關切、質問及責難的「關鍵」有兩點，第一點，就是「工作時間」上的困擾。在 1976 年，台灣飛利浦各廠的工作時間是這樣的：
- **高雄廠：**每天工作八小時，每週工作六天，每週共 48 小時
- **竹北廠：**每天工作八小時，每週工作五天半，每週共 44 小時
- **中壢廠：**每天工作九小時半，每週工作五天，每週共 47.5 小時

　　問題就出在中壢廠「工作五天」，跟其他各廠的工作「天數」

不同。事後我才知道，這種關切首先來自竹北及高雄兩廠的工會，他們的理由是：同樣是飛利浦公司，為什麼剛開廠的「小老弟」偏偏比我們都吃香，每星期只工作五天？甚至周六上班還算加班？但是他們完全不了解「漫長五天」中「47.5 小時的困頓」。

第二點，每逢春節假期，中壢廠幾乎都「連續休假十至十二天」，而竹、高兩廠則都是五至七天。這個問題，也同樣是因為飛利浦的「小老弟」沒有「蕭規曹隨」所引起的「憤憤不平」。

如果你不是擔任「人力資源主管」，也許無法了解「箇中玄奧」；即使你是人資主管但卻不是一級主管，也可能無法完全找出「各個頂頭上司」對我關切、質問與責難的「端倪」，更不用說另外兩廠生產線上的中階主管與基層員工了。

看到這裡，你是否猜出了我曾「被責難」了十幾年的原因？如果你不看下面的答案，能否猜出它的真相？

事實是這樣的：

第一、工作時間方面：經過調查分析的結果顯示，當時中壢工業區內，外商投資的 RCA、ARVIN、DU PONT、ZENITH、TIMEX 等公司，都是每週工作 40 或 44 小時，只有 RCA 每週工作時數最多 47.5 小時。中壢廠向總公司提出建議的 47.5 小時，既接近竹、高兩廠，又能跟 RCA 相似，嚴格地說，這樣的工作時數對召募新員工已經不具競爭力了。尤其，員工每天在工廠工作 9.5 小時，而且還不以加班計算，似乎已經違反了勞基法的規定。

第二、春節休假方面：這也是中壢廠內部主管會議「一刀兩刃」的「前瞻性決策」。十至十二天的春節休假，除了包括兩個週六、日共四天外，再加上春節三天假期，但有時若除夕剛好是在週三，則週四與週五便以「集體年假」計算。如此，從週三算起到隔週的週一才開始上班，有時，為顧及中南部的遠道員工，甚至還從週二才開始上班，因此總共會有十一或十二天的長假。

採取這項休假措施之前，人事部門必須要做三件重要的事：其一，關於「集體年假」方面要先在「主管會議」中進行溝通。按照「勞動基準法」，服務滿一年才能有七天年假，然而很多新進員工的年資還不到一年，對他們而言等於是「預借年假」，要到服務滿一年時，在年假卡上扣除。另外，也有些資深員工，不願意把年假讓公司「強迫安排」，這一點必須先讓各級主管了解，甚至要在廠長主持的「主管會議」中通過。其二，要向「產業工會」溝通，並且徵求他們的同意。其三，也要把「過程」與「合理合法性」找機會跟「主管機關」口頭報備，萬一有員工向縣政府提出抱怨，他們就可以做適當的解釋。

　　「變形工時」及「彈性年假」這兩項措施，從 1976 年一直延用到 1991 年左右，當時不僅在飛利浦集團內算是創舉，在國內企業界中也可以說是鳳毛麟角。

　　關於台北總公司「技術副總裁」的質問，係因為「副總裁」以及各廠廠長約兩、三年便定期輪調，每當新任副總裁看到三個廠在工時制度的「不一致」，就會約見我，但他們聽完原委後便豁然開朗。

　　「人資同好」的責難方面，他們除了想要傳達工會因「不了解」而產生的不滿以外，更重要地，當然也是想為該廠「爭取權益」。

　　至於人事頂頭上司的「責難」理由，就請您猜猜看吧！

　　無論你是中壢廠的老同事，或是飛利浦其它廠的員工，還是國內外的企業主管或人資主管，你認為這算不算是「祕辛」呢？

8 泉湧詩情

零落成泥碾作塵，只有香如故（陸游）

　　每一位年輕人，心中都充滿了多彩多姿的夢想，而年輕人的夢想，最初又大多把喜怒哀樂等感受表現在新詩的欣賞與寫作上。即使完全沒有接受過文學或詩歌的專業訓練，也都有這種喜歡舞文弄墨、信手拈來而動筆成章的佳作。就以孫子石康來說，他在國中時就已經寫了好多首新詩，偷偷地跟我分享。

　　我自己對新詩的喜愛，開始於 1955 年剛從學校結業，被分發到中壢龍岡起。那時候一方面是腦子裡充滿了各式各樣的幻想、夢想與理想，另方面主要也是因為我的學長「錢四維」當時已經是略具名氣的新詩作家，而且還擔任《野楓詩刊》的編輯，每次有詩刊出版，他都會跟我們分享。之後，我不但開始愛上了新詩，而且還特別參加了蔡文甫先生主辦的文藝函授班，以及余光中主持的藍星詩社。

　　這一篇章，就是從軍中文官到退伍、從軍人到企業、從企業到退休、從青年到老年所累積的一些「自成一格」的「現代詩」作品，就像落花一樣，四處飄落，隨風飄舞，任溪流沖刷，或到地面成泥……。

8.1 凡人詩話湧詩情

情……

有一次，看到了詩人夏菁在美國說出的感人「詩話」，讓不敢自認為是詩人的我感觸良多。

是不是因為對詩歌有興趣的人，對事情都比較敏感？

是不是因為年齡越長，對往事也越多追懷？

是不是因為久居國外，對於鄉事、鄉情、鄉人都有一種莫名的親切感呢？

詩情……

大約就在民國四十五、六年吧，我只有二十五、六歲，仍任職於軍中，那時候經常出操、上課、打野外，或在台灣北部地區駐防換防而居無定所，但是卻對新詩產生了相當濃厚的興趣，當時因為看過副刊上新詩作家的詩作，而迷戀過印度詩人「泰戈爾」的《漂鳥集》、英國詩人《華茲華斯詩選》，也參加過詩人余光中在台北舉辦的「英文詩歌朗誦」，更曾利用軍中的假日幫詩人「覃子豪」推銷他的《法蘭西詩選》，甚至還曾去過台北中山北路覃子豪的住所親自求教，並且偶遇過詩人「瘂弦」。

由於當時自己的詩作僅僅十多篇，也覺得都侷限於一些雲、霧、思鄉、勵志等感懷的抒發，在作風上覺得距離新詩任何宗派的風格，都還有一段距離，更不用說境界了。直到參加了「中華文藝函授班」，才學到了中國古詩詞的歷史與名作欣賞、中外名家詩作境界的解析，甚至包括了莎士比亞作品的欣賞。那時，才開始覺得自己逐漸領悟了新詩領域中的堂奧，經由學習與欣賞而進入新詩的寫作。

在新詩的學習及寫作的過程中，受惠最多的當來自詩人「墨人」，他當時還正在左營軍中廣播電台工作，不但對我的習作細心加以修飾，甚至還把他自己的作品拿出來，詳細解說每一句所要呈現的意義。他舉例的那首詩，主題為〈題GK〉，是他看了葛麗絲凱莉（Grace Kelly）主演的影片《鄉下姑娘》之後寫的。

就是因為像他這樣近乎「手把手教學」的精神，才把他的新詩創作技巧傳承給了數不清的後學者，也等於在當年蓬勃的新詩園地上，播下了無數健康的種籽，在最適的環境下發出詩的嫩芽、茁壯、結蕊、開花。當然我也是其中的種籽之一。

正因為如此，我有感而發，用「詩蕊」的筆名，於民國四十六年六月「藍星詩社」成立三周年的紀念之夜，在《聯合報》的《藍星詩刊》第一五五期，以〈星之光，詩之蕊〉為主題，發表了這樣一首新詩：

雨後的小草，默頌著讚歌
讚美雨，那生命之泉
月光喃喃的祝禱
是對休息的太陽的感恩
以感謝所賜與的生命之光
在嫩草的歌頌和月光的低語聲中
我吮吸著藍色星光的露珠
滋潤新詩汪洋中的詩之蕊

「詩蕊」剛好跟我的姓名發音接近，「詩之蕊」表示剛出茅廬的新詩愛好者，當然，也在於感謝有好多像墨人這樣的良師，為學寫新詩的人鋪設出順利登堂入室的坦途。

另外在學寫詩的過程中，也正是我在軍中生活最感艱困無助的

時刻，從古人詩詞作品灑脫開朗的境界中，讓我縈迴內心深處的焦慮悄然消減了許多。例如蘇東坡寫〈定風波〉，就只是下面的這兩句，對我就產生了莫大的激勵作用：

莫聽穿林打葉聲，
何妨吟嘯且徐行。

從中國古詩人、詞人的風格中所學到最珍貴的思想倒是，無論他們把逆境比做雨天、還是把順境比作晴天，只要讀到他們的詩或詞，總會覺得自己的人生境界頓而開朗，既可登高望遠，又磨練出灑脫自如的特質，使日常的逆境與煩惱、得失、沮喪、無助，都逐漸化作力量的源泉。就拿大家都耳熟能詳的蘇東坡這首〈飲湖上初晴後雨〉詩為例：

水光瀲灩晴方好
山色空濛雨亦奇
欲把西湖比西子
淡妝濃抹總相宜

也許我們只知道這首詩很美，可是如果仔細推敲就不難發現，「晴方好」及「雨亦奇」這個對仗固然是在讚美晴雨變換的西湖景色，然而我覺得更是顯現了蘇東坡對人生逆境「泰然處之」的態度。他之能有這樣的胸襟，是因為他在三十四歲時，因與王安石的治國理念相左，而被降調到杭州擔任通判，但是他並未氣餒，也沒有怨天尤人，更沒有因被貶而棄紗帽遠離仕途，反而藉飽覽山湖勝景之際，淬鍊出絕佳好詩。

我提出這些學詩、寫詩、欣賞詩詞的實例，主要是印證了古人所說的「詩以言志」的可行性，這也證明了多年前中副主編孫如陵

的著作《抓住就寫》對文學作者的鼓勵一樣，只要你心有所思、有人生的目的、有未來發展目標，一定要及時抓住靈感，用詩詞或任何方式把它記述下來。經過這個過程產生的詩作，大多能讓我們把它深刻地烙印在內心深處，甚至留存一生，尤其能夠為生活增添不少情趣，為緊張的工作提供了潤滑與激勵，把所受到的挫折或沮喪轉化為動力。

8.2 如果

如果我有愛人，在遠方
我將蘸了彩霞
寫給她我期待的心語

如果我有愛人，被關山阻隔
我將以詩的靈泉，音樂的情愫，編織成彩橋
讓我倆相見，然後遠行
——在青春、健美而涼爽的清晨

如果我正在熱戀，即使在夢中
我將凝神於靜夜，痴呆的想
讓夜色和星語傳給她我的思念
與心的起伏、跳動
——在多情且聰穎的月夜

8.3 音樂

音樂是一溪彩色的清流
是原始森林裡鳥聲的奏鳴
是永恆青春的少女

啊，我苦於看不到妳的身影
也更難以擁你入懷
啊，請你在我的耳邊，鋪出一條繽紛的彩徑
使我融化在你那崇高藝術的語言江河

8.4 寂寞

椰樹有無限的寂寞
伸展著疲困的手臂
在山邊、在岸灘佇望，等待

當寂寞在心上獨自踱步
我奔向沙灘，
向溫柔的海低訴情愫
輕輕地，椰樹揮手低語著：
海，也有著我們的寂寞
聽，那鳴吟的歌聲……

8.5 也是寂寞

夕陽下沉，像一顆巨大的火球，向大海沉落
——天際的彩霞，為失去的色彩發出嘆息
在它的四周徘徊，躑躅

孤聳的山峰，像個愛的遺棄者
時而輕紗漂浮
遮著浸著淚水的蒼白的臉
唯恐人們發覺它的哀傷
千百萬年前，你就在這裡佇立，
你這樣堅貞的守候著，在尋找失去的愛嗎？

一個身影，在峰頂的樹蔭下
癡望的彩霞的變幻
直到夕陽把臉遮蓋
然後，默數著山巔飛馳而過的雁陣
緊盯著失群的一隻，在雲裡消失

8.6 海之歌

像不甘於愛的寂寞
日夜張著懷抱呼號著：
萬物啊，都投進來吧，投進來！

像個吉普賽的歌者
到處吟唱著憂婉淒切的歌聲

當白帆、海鷗、巨艦，與輕歌旅行著的風聲
在你的背上，時而撫摸，時而徘徊
你爽朗的笑了──緊緊的把它們擁抱

當濃暗的霧陣遮著你那深邃、光滑、平靜的臉龐
婉約的歌聲，瞬間轉為輕脆悠揚
吻著磷岩盡興狂舞
披著星兒編成的彩衫

8.7 誘惑

財富似蕩婦，在面前擺動腰肢
我報以肅然漠立

虛名的誘惑，如神女的挑逗
前途思想的正詁，卻使我視若無睹

但是啊，臉上漂浮著百合清香的少女
妳那笑渦裡飄灑、蕩漾的陽光，卻如此溫馨
——竟如一溪暖流，把我的心洗滌

啊，少女，妳似乎已造訪了我心靈的深處
還是向我發出溫柔的召喚
——以笑容與晴和的語言

啊，純潔聖美的少女
啊，笑容與晴和的語言
——那迫使一切遺失自己的誘惑

8.8 深夜

深夜，是垂死的病者
——疲憊，慵懶的路燈
是它如死的目光

深夜，是一具屍體
——星光傳導著迷離的閃爍，那閃爍啊
是無數有生命的幽靈靈語

深夜，我如探照燈般爍爍的目光
——在寧靜，如死的深夜搜尋
但，尋不見，一切都尋不見
只有迷離閃爍的一切，如死

深夜，有蟲鳴奏著〈悲愴交響曲〉
——我的心之韻律的深夜啊
更深、更遠、更靜

8.9 夢中

夢中，我狂飲著愛之醇酒
——深深地、深深地，醉了
湖面、小徑、古剎，和林蔭
又出現了我的影子
——似夢，還真

夢中，我躑躅，我徘徊，在月下
——想拾回童年臉上的憨笑

夢中，我奔向大海
——敞開胸、張了臂，向著海天呼喊
——你在哪裡，我失落的心

8.10 在山谷

山谷，有山峰的回聲
拂過靜默的山頂的柔髮

山谷，有陣陣的松濤
帶著海韻
——激盪，洶湧

山谷的樹枝上，有沉默的小鳥
沒有歌聲，兀立凝思，昂視海空

靜靜地，我獨坐山谷
默默地，我凝望著谷外
——那無涯無際的遠海與遠天……

在山谷，小鳥凝望著這奇異的異鄉陌生客……

8.11 霧與淚

薄霧越積越濃
霧，變成了雨
我的心——
也曾由晴朗而起霧，而雨啊⋯⋯

雨，又開始淅瀝了
如遊子臉上的潸潸淚滴
我的心，思念、激昂、悲憤
但，沒有淚水
淚，未必代表哀傷
正如歌聲未必就出自歡笑⋯⋯

8.12 海

海有訴不盡的情愫
它沉思，低吟
——在幽暗的漫夜

海，在默默憶念的故鄉
以觀望和憂愁的目光，仰望雲天
——像流浪的孩子，尋找母親

海，是豪爽的歌手
聽，風的擴音器裡
不正傳頌著它的狂歌

當海上的流雲，遮著海的潔淨的臉龐
悲傷的人說：海有無比的憂鬱
——岩石永遠不理睬海的求愛
可是，誰又能說海是寂寞的
——寂寞的倒是那海上的流雲
終日唱著戀歌，又終年失戀……

8.13 飄落，飄落，飄落

飄落——
落葉從枝梢飄到空中，飄向地面
無聲息地，不被察覺

落葉，在清晨林間的霧紗裡滾蕩
在朝陽的笑浪裡輕輕滑動
向驕傲的世界，向狂妄的世人
告別——
從枝幹向靜空，到地面

我曾有枝上顏色的歡笑啊，於是——
我心緊繫了枯葉的葉脈
——在清晨落葉的嘆息聲中
感染於它的惋情
無聲息地飄落，飄落，飄落

告別狂妄的世人，告別驕傲的世界

8.14 燈與火

「燈」與「火」原本就意義殊異

但，靈感把它編織在一起時

卻為它們賦予了深邃含義

——像詩、似畫

——看來平凡、卻又超脫

——有光、更有熱

不知道是哪個年代

「燈」與「火」就被串結成如詩似畫的珠簾

——從落霞開始沉睡後，點燃

——在蜿蜒的曲徑、在零落的村舍、在起伏的山巒

——眨眼、潑灑、擴散又無涯際的蔓延

8.15 加、拿、大

不像秋海棠葉子
——那曾經孕育我的搖籃

不像亞洲其它大陸的任何板塊
——有著懸殊特異的風情

不像非洲、南美
——反射出光豔極端的色調與豪情

加拿大
——使人有「加與家」的感覺
——不會有「拿」破崙出現
——那些「大」氣壯闊的
・湖泊，大得能淹沒幾個小國
・山巒，終年銀髮、綠衫、花裙
・草原，從醒到夢、從夢到鼾、從曙光到夕陽
——綿延千百里
・冰川雪嶺，零下二十度已經是太暖了

即使如此，也正因為如此
千千萬萬的人，向她衝撞、狂奔、為她傾倒
——因為她，使人有家的感覺……

8.16 人與根：聽，誰在呼喊（歌詞）

哪裡人

請你不要問我，「你是哪裡人？」

我的人在哪裡，就是哪裡人

我的心在哪裡，就是哪裡人

我不需要尋根，也不會戀根

我們不是樹，我們都是人

何必一定要根？何必一定要根？

沒有哀傷怨恨，不需牽掛有沒有根

身為現代國際人，地球宇宙都是根

請你不要問我，你是哪裡人

當我灰燼隨風飄灑，如沙似土又像煙

根，有那麼重要嗎？不要問我是哪裡人！

不要問我是哪裡人！

8.17 灰，灰，灰……

是誰，是什麼，在今天的天空
撒下了灰濛濛的大網
——無涯，無際，無縫隙
壟罩了整個大地——我的內心大地

是誰，是什麼，是……
讓遠山的臉色凝重
嶙峋怪石無端晃動，好像即將崩塌
我彷彿看到窗外聳立的松林，針葉尖上
——溢出了沾滿灰色的淚痕

手機、平板、任何 3C、4C、5C
都無法連結，失速，停頓
Wi-Fi 也失去了功能
——都是因為漫天鋪地的灰，灰，灰

在今天，這個孤伶的結婚紀念日

9 我出嫁前後的半個世紀

稻花香裡説豐年（辛棄疾）

　　在我的腦海中始終認為，要交女友，就要認真地選擇，慎重地
交往，誠懇地相待，直到踏上紅地毯，成了終身伴侶。

　　尤其，一旦結了婚，就是一輩子的事；只要是結了婚，自己的
心裡面也踏實多了。

　　更由於自己是隻身來台，在台灣毫無親故，很自然地，我會把
未來岳父母的家當作自己的家，她雖然是嫁給了我，她的家人卻都
把我看成一家人。

　　因此，在我結婚前後的半個世紀以來，我好像是嫁到她們家一樣。

9.1 女友情緣

　　早在 1955 年，我二十四歲，剛從譯電班結業時，就已經有同學結婚。後來，將近三十歲，調職到了新竹譯電組，才下定決心開始交女朋友，找對象，而且計劃在三十五歲以前結婚。

　　從 1964 年擔任翻譯官起，找對象就更加積極，因為至少在經濟上自認可以養家了。雖然從二十三歲左右就在《今日世界》雜誌上開始結識筆友，然而筆友總是靠信件往來，甚至我有個錯誤的觀念，那就是：「先從結交男性筆友開始，總可以透過他們幫我介紹女性朋友。」事實上，我所結交的男性筆友，根本沒機會討論異性朋友，更不用說介紹了。

　　還好，1969 年，住在楊梅飛彈單位的第二年，在一次老兵朋友的聚會時，一位山東老鄉的老同事跟我提到，願意介紹他的同鄉女兒給我認識。我當然高興，於是很快就安排去她家拜訪。她的父母親覺得我的年齡比他女兒大很多，起初並不贊成，但由於同事跟她父親的交情不錯，而且一再強調我的上進心與品性，當時我又在擔任翻譯官，條件上還算不錯，於是原則上同意了。至於她本人，則出於孝心也沒反對，於是開始了交往。

約會時的兩個弟弟，1969 年最初交往時，在當時的新公園。

我所說的「女友情緣」，不只是我們從友誼，經友情，到愛情，甚至還包括了老兵好友的間接「鄉情」以及「校友情」，因為我們認識後才發現，她父親也跟我在譯電班的同班同學孫逸萍有親戚關係。所以，我們的交往除了「情」，還有「緣」，才讓我們的感情在初期發展得相當順利。這種情與緣的情感，也是我實現「成家夢」的最大助力。

9.2 傳奇性的戀曲：友情與愛情的連結點

　　「有了女朋友，未必能成為結婚對象！」這似乎是二十世紀常見的現象，這表示「戀愛對象未必就都能終成眷屬」。

　　尤其是在軍中，一方面是因為軍人經常換防，居無定所，另方面因為情侶之間聚少離多，即使是已經建立了的愛情關係，也會因為彼此受到外界環境影響，而發生「情變」，也就是我們常聽到的「兵變」。

　　就在我跟女友交往幾個月後，好像是 1969 年的夏天，忽然收到了輪調金門的命令，距離搭船報到的時間只有兩個月，甚至規定調動的時間不能對外透露。雖然外島輪調的期間確定是一年，可是在一年當中，凡是沒有眷屬的軍官，期間是不能返台休假的。對我而言，這次的外島輪調，讓我有些驚慌失措，畢竟那時的金門還處於「單打雙停」的戰爭狀態，顯然對戰地的生命安全有所顧慮，擔心自己的安危，更擔心她的感受。

　　「難道我們剛開始的愛情就這樣中斷嗎？這樣分隔兩地的愛情能維繫到一年嗎？」我感到焦慮、惶恐與茫然。

　　「只有兩個月的相處時間就要輪調外島了，又還沒正式談到婚嫁，我該怎麼辦才能夠把這段感情維持下去？」我開始感到不知所措。

　　就在不知所措的過程中，我那積極主動與「不信邪」的個性讓我採取了下面的幾種行動：

・**幼稚無知的「竅門」**：雖然知道，凡是單身軍人在外島服務期間，

都沒有回台灣休假的機會，卻仍然像熱鍋上的螞蟻，在輪調前夕四處打聽消息：「怎樣才能從外島回來休假？」由於外界對軍中資訊了解不多，所得到的消息也都是人云亦云，最後得到的結論是，「似乎」可以用「訂婚」的方式回台休假。於是，絲毫沒去查證，就買了訂婚證書，而證書中的相關當事人，也是隨意從交往的親友中挑了幾個人，並且私下幫他（她）們刻了印章，蓋在訂婚證書上。事後才知道，訂婚證明根本不「視同眷屬」，等於是憑空鬧了一個「偽造文書」的訂婚笑柄。

- **緊鑼密鼓的交往：**利用輪調前夕的幾個月，我想盡辦法跟她進行接觸，以便增加彼此的相互了解。最初幾次她都是帶她的弟弟一起見面，逛公園、看電影，後來在單獨約會中，還曾邀請她去我服務的飛彈基地參觀、帶她去看我曾經親自參與開發的「虎嘯戰鬥營」（即北宜公路上，小格頭附近的鯉魚潭及鷺鷥潭）、去衡陽路上的「田園」咖啡廳、安排旅遊、划船、看電影等。這樣緊鑼密鼓的約會，讓我們已經建立了略有基礎的友情關係。

- **廣結善緣：**唯恐友情生變，凡是跟她有交往的朋友、同事，就盡量接近或同遊，例如當時她在關渡小學任教，跟她很要好的趙老師，就是我經常拜訪的對象之一；另外，我也常帶女友和跟我一起輪調金門的黃桂宇上尉及其女友一起出遊。總之，廣結善緣總比單打獨鬥來得保險。

- **密集接送：**由於我的工作內容比較輕鬆，凡是顧問不去雷達站，我都可以自由進出

交往時同遊榮星花園。

營區，所以只要有空，就下山約會，而且每次都按照她下課的時間，到校門口去接，然後再安排不同性質的約會。

到了正式輪調開始，已經建立了相當深度的友情，彼此也產生了依依不捨之情，而我的難捨情愫反而更強烈。畢竟這算是第一位略有兩情相悅感覺的對象，誰能知道，一年多的離別，是否真的會有返台休假的機會？誰能預卜，這期間是否會有任何變化？

事實上，那時候無論有多麼難捨，去金門以後，這份經由「鄉情」及「校友情」連結的「友情」或進一步的「愛情」能否維繫下去，只有相信命運的擺布與安排了。

9.3 金門戀曲

世事就是這樣，有時「以退為進」或旁敲側擊，反而更能收到意想不到的效果。

有時候，「以退為進」反而更能收到意想不到的效果。世事如此，人與人關係的建立、愛情的追求，又何嘗不是如此！

軍官的個人輪調外島，按照規定，尉級軍官一律都是搭乘兩棲登陸艇前往報到。在登陸艇上整晚，我都無法入睡，滿腦子都想著女友，以及這突如其來的輪調派令。

「難道這就是命嗎？怎麼這麼湊巧？」跟我一起報到的同事黃桂宇編譯官知道了我的情況之後，也跟我一樣，感到唏噓不已。

到了金門之後，是到金防部的聯絡組報到，在組長張效智及其他五、六位連絡官的歡迎與簡介之下，使我原本對金門在工作與生活上的驚恐與不安，消除了不少。接著就接受工作分配，我的工作任務跟他們一樣：以外賓陪訪為主，文件翻譯為輔。開始工作之前，必須要先認識各陪訪景點的中英文簡介，而且還要背誦得滾瓜爛熟。

即使在到達金門的最初一個月相當忙碌，拜訪顧問組、熟悉部門關係、了解工作環境、認識對岸狀況、閱讀甚至增修陪訪時的簡報內容，我還是在抵達後一週內立刻給她寫信，而且還是每週都寫。然而經過了兩個月，卻沒有收到她的任何回覆。

「難道兵變這麼快就會發生！兩個月以前不是仍在花前月下嗎？雖說算不上是海誓山盟，可是畢竟相處期間，我們的感情還不錯啊！」我的內心開始有點慌亂，我自問著：「我該怎麼辦呢？」

忽然想到，何不先去找介紹人山東老鄉，請他幫我打聽一下，

她是否收到了我的信？如果是收到了，又為什麼沒看到她的回信？經過老友幫忙打聽的結果，只說她上課太忙，而且也不知道怎麼回覆，沒有說其他原因。我姑且相信了老友的說法，然而心裡面還是很納悶。

「我不應該放棄，反正我有充分的時間」我想。於是發揮了我的「傻勁」，就開始每一天寫一封信。有時候，也會把當日陪訪時，外賓參觀具有特色的景點明信片，寫出當日的感觸寄給她，以便讓她每天都能收到不同的驚奇。

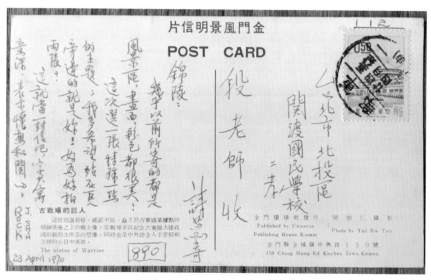

我從金門寄出的明信片。

此外，我也用心地做了許多努力，讓她對我了解更多、印象更深刻、更能引起她的共鳴：

- **藉陪訪視頻焦點傳情：**其實，我訂婚的消息，以及關渡國小段老師這位對象，不但辦公室裡的主管及同仁都已經熟悉，很快地，也被中視的採訪記者顏伯仁及沈益輝知道了，他們也都對我表示深刻的關心。在陪訪過程中，我還曾私下拜託他們，在可能的情況下，讓我在畫面中多出現幾次，以便藉此在信中告訴我的段老

師：「請多看中視的晚間新聞，很可能今天有我陪同外賓訪問的鏡頭。」當她收到信之後，逐漸開始關注我的生活動態，甚至也開始有了回應。

到目前為止，那些信件與明信片，仍然完好地保存著，說不定還可以出版專輯呢！

- **把文藝寫作當另一種媒介**：陪訪的時間大多都是白天，而且雙日沒有炮擊，只有極少數的特別訪客希望訪問兩天，藉此體驗「單打雙停」的戰地體驗。因此，就利用充裕的白天及單日休息的時間，把金門戰地的生活觀察、感觸，融入魚雁往來的思念。這樣，好像又持續了往日我住在楊梅期間的寫作，而投稿的報刊則鎖定了《中央日報》副刊，因為在民國五、六十年的當時，中央副刊的文藝水準還算頗具名氣的，能在中副上刊登文章，相當不容易。於是我決定把自己的文藝創作專長，當作另一種展現自己優點的機會。經過了多次的投稿、退稿，退了再投，幾個月後終於在中央副刊上有了一席之地，甚至不斷有散文刊登。當然，我並沒有把追求她的熱度轉移，而是運用副刊的文藝水準及寫作的內容，當作追求的媒介。

世事就是這樣，有時「以退為進」或旁敲側擊，反而更能收到意想不到的效果，我們又有了更為頻繁的互動。

- **循「法」養「情」**：在我們的愛情基礎沒有奠定以前，就經過了長期的分離，僅僅依靠書信往來，總覺得友情的進展相當緩慢，而且還存在著不少風險。所以一直在想，怎樣才能夠找機會回台灣休假。

在金門住了一段時間之後，同事與朋友之間的私人交往也逐漸頻繁，凡是單身無法返台休假的人，也逐漸找到了撇步：那就是報名參加政府舉辦的高普考試，只要拿到了考選部的准考證，就可以請假回台灣。

　　這讓我想到，在沒有輪調以前，我曾經參加過兩種高普考的檢定考試，還有幾科沒有及格，靈機一動，就循正式的請假程序報名。沒想到在金門還不到半年，居然藉著檢定考試的機會，順便返台度假，安排了多次約會，加速培養了久別重逢的感情。

　　回想起來，就只是返台考試的十天之內，所培養的感情卻遠遠超過了過去三個月的書信往來。可見，直接的了解、溝通、互動，對友情與愛情熱度的升溫有很大幫助，我們的友情也很自然地進入了愛情的階段。三個月之後，我又參加了一次高等檢定考試，愛情也進入了更高的熱度。可是，考試完畢也等於離情再起，不捨之情，難以言喻。

　　事後想想，只要是有心，似乎沒有做不到的事，只要是在熱戀之中的兩情相悅，絕對可以找到任何可以建立情感的機會。這一年來，從突然輪調金門，之後又藉著兩次傳奇式的考試返台，讓我們的金門戀情雖然有挫折、有波折，但最後戲劇性地奠定了牢固的基礎。

9.4 從烏托邦到結婚：從不可能到可能的「結婚進行曲」

大家都知道，輪調外島的部隊，除了已通過批准結婚的人員才能定期返台休假外，其餘都得在整個部隊輪調年限到期之後才能回到台灣。金門戰地生活枯燥，在單打雙停的危險之下，大家的心情是可以想見的，為了要紓解壓力與煩悶，只有藉著吃吃喝喝，假日到市區看電影、逛街。要不是我已經深陷愛河，很可能也跟大家一樣安於現實了。

在熱戀的愛情驅使之下，有時做事情真的會不顧一切後果，而且在想要急迫成家的交往前提下，約會的方式與地點也更自然且更具彈性了。就在我第二次返台考試回到金門不久，她來信跟我說，生理周期似乎有點反常，經過進一步的檢驗發現，她真的懷孕了。

對我來說，這個消息讓我感到既驚喜又恐懼，驚喜的是我們有了愛情的結晶，而恐懼的則是，結婚一定要報請核准，而且在外島又不能申請結婚，那時候的感受，真不是「傷透腦筋」幾個字所能形容的。

鬱悶了好幾天，終於私下跟一位最好的同事說起了我的困擾，因為他也是跟我一起搭船到金門報到的，而且他也正在談戀愛。他除了關心與同情之外，似乎也無法提出任何解決方法。

在一個適當的機會，我把我的焦慮透露給直接主管——聯絡組長。他是一位開朗而且隨時面帶微笑的長官，但是即使在工作上，如果部屬有問題請教他，通常他不會直接或立刻給部屬提出任何答案，何況這次是我的私事，又是對他職務上相當棘手的問題。果然，

他沒有立刻回應。

　　我也知道即便是在私事困擾之下，工作還是要照常進行。雖然有時會精神恍惚，但卻還是很快地恢復正常，絲毫不能馬虎，甚至還要特別認真，以免有所疏漏。

　　時間一天一天地流逝著，她在生理上的變化也越來越明顯，看到我一直都沒有解決的方法，她比我更焦躁不安。我們都沒預料到，僅僅半年多的時間，事情就已經發展到這種程度。苦惱、焦慮、緊張，但是並沒有後悔，一方面確實是結婚心切，另方面也真的盼望能夠早點生個寶寶，免得始終都是看到別人的孩子就熱情地抱一抱，捨不得放手。

　　「組長請你去他的辦公室一下。」在七月中旬的一個上午，同事站在我的辦公桌前跟我說。

　　「組長突然找我什麼事呢？」我一面走過去，一面犯嘀咕：「是要交代特別任務給我，還是我犯了什麼錯呢？」

　　「有一個讓你出差去台灣的任務，不知道你是否願意接受？如果你不願意，有興趣的人還不少呢！」走進他的辦公室，只看他用神祕的眼光看著我說。

　　「願意，願意，當然願意！」我也不問到底是什麼任務，就迫不及待地答應了。

　　原來，八月中旬，金防部的首席顧問巴博上校就要任滿調回美國，組長藉這個機會，特別派我陪同他返台，順便幫巴博上校處理返美之前的瑣事。其實，我心裡也很明白組長的心意，因為首席顧問返台是否需要專人陪同？陪同的時間需要多久，權責都在組長的手裡；而我回台期間的日程安排，也由我自己跟首席顧問配合。

　　無形中，組長是在暗中幫忙解決了我的頭痛問題，他也正是我在軍涯中的第二位貴人！

　　只有一個多月的時間，既然在這個關鍵時刻有了返台的機會，

我把首席顧問返台期間需要的工作及時間確定，並以正式報告呈送給組長之後，就開始緊鑼密鼓地準備結婚的細部計畫。至於結婚手續及眷糧的申請，也只有等調回台灣之後才能辦理了。

當然，這種相隔兩地的結婚計畫，只能靠簡短而有限的幾次書信連繫了，因為那時候在前線的軍人，根本不可能跟台灣打電話聯繫，不像現在這麼方便，而任何聯繫時的決定，也不可能輕易變更，只有靠運氣了。例如：

- **結婚日期最難定**：返台的時間只有兩個禮拜，所謂的吉日，也只能在那兩週內挑選，而且還不能訂在最後的一兩天，雖說無法度蜜月，結婚之後至少總該休息幾天吧！看過黃曆之後發現，那段時間剛好是農曆的七月，但也只能在當中挑選比較適合的日子了。
- **辦酒席的飯店怎麼選**：這個問題並不難，因為台灣本省人很少選在農曆七月結婚的，唯一的考量倒是選哪種口味。還好，我們都是北方人，很容易地就選中了「悅賓樓」。而今，這家餐廳已經不存在了。
- **證婚人及介紹人的邀請**：這些，我只好請她跟我的準岳丈全權處理了。
- **婚禮及請帖**：老同事中，剛好有一位在中華路開設了婚慶禮品店，所以凡是婚禮所有的需求，舉凡禮堂布置、禮車接送、主婚人和證婚人等的胸花、禮炮、司儀等，全都交給他包辦了。至於喜帖的印製、書寫及寄發，則請我在飛彈顧問組的同事盛志宏，按照不同的同學錄地址寄發。這時才知道平常建立人際關係的重要，在最困難、最急迫的時候，能有人及時相助。

陪同首席顧問返台之後，協助他處理返回美國的行政瑣事倒是不多，反而大部分的時間都用於我的婚禮準備了。

婚禮，按照我回台前的準備如期舉行了，當時的心情相當複雜：雀躍中有好奇、興奮中有憂慮、歡慶中有緊張。在婚禮中，幾乎所

有受邀的親朋好友們都來給我們祝福。

　　我終於結婚了，即使是在軍中，甚至是在戰地前線，尤其是在當時需要呈報上司核准而還沒有申請的情形下，讓我的人生正式開始邁向了另一個重要的里程碑。

我們的結婚照，時間是 1970 年 8 月 15 日，那時還是黑白照呢！

我嫁給了這一家子人，岳父母全家及介紹人。

　　結婚之後，我們還去了烏來度假兩天，就算是短暫的蜜月旅行吧！唯一遺憾的是，兩天的蜜月旅行之後，又立刻返回金門的工作崗位，在兩地相思中，等候輪調回台灣。

　　我們經常聽到「十年有成」這句自我安慰或者安慰別人的話，表示經過了十年左右的努力與耕耘，終於得到了某些成效。

　　對我來說，經過了三、五年士官兵生活，在自我摸索中的自修與苦讀，雖然是當官了，也終於結婚了，但我覺得這只是無數磨難中的轉折點而已，只能算是人生歷程中小小的進展罷了，應該還算不上是「有成」吧！

9.5 淡江夕照中的家園

　　在軍中的獨身生活中，憧憬了十多年的成家夢，終於在三十九歲的夏天實現了。

　　想到自己從十七歲離開家，十九歲到了台灣，直到三十九歲這二十二年中，都是過著出操、上課、打野外、演習等軍旅生活，一方面是居無定所，二方面即使是週末假日，也大多都是留在營區內，為了長遠的目標而不斷地自修、聽音樂、鍛鍊身體。這些，都是從單調而枯燥的生活中發掘樂趣，可是結婚之後就顯得截然不同，而且感到有點手忙腳亂。當然，箇中樂趣遠遠超過了忙與亂中的艱苦。

　　至今我仍然清楚地記得，成家後最重要的幾件事就是：

　　先解決眷糧問題：在戰地金門服務期間私下返台結婚，如果有人檢舉，說不定還會吃上官司；既然已經結婚，而且仍在軍中服務，為了減輕家庭負擔，眷糧及眷補費還是很有幫助的。所以，輪調回台灣後，最重要的就是要填寫「婚姻申請表」，獲得核准後才能領眷補費及眷糧。這種需要批准的婚姻程序，現在恐怕早已成為歷史了。

　　這個家要住哪裡：連絡官的編制都是在各軍種的司令部，既然「龍潭虎穴」待過了，「單打雙停」的戰地也經歷過了，從外島輪調回台後，調到

淡水淡江新村，岳父舊眷村的住處。

了位於台北陸軍總部旁的陸軍供應司令部聯絡室。剛調到司令部，當然不可能立刻就能分配到眷舍，因此下班以後大家都回家了，自己總該有個棲身之地。可是結婚前根本沒有積蓄，所以連租房子也沒辦法。最後還是向譯電班的同學汪治馨借錢，在岳父母的眷舍旁加蓋了一間房，這樣，我們總算有了住處，也讓岳父母全家的居住環境寬敞了許多。

後續的應酬：供應司令部聯絡組的組長還是單身，個性也比較特別，因為申請結婚必然先要經過他的簽准，他看到我們是先結婚、後申請，感覺失去了喝喜酒的機會，於是半開玩笑地吵著說：「要請客唷！」好像不請客，他就不給你簽准上呈一樣。我們只好特別邀請他吃飯，而既然補請了組長，其他相關長官及同事也不得不再分別邀宴致謝，盡量在人際關係上不要顧此失彼。

得子之樂：我還清楚地記得，兒子是民國六十年三月一日，在中山北路的「婦幼醫院」（即現在彰化銀行總行位置）出生的，生產前夕我連續請了兩天假，穿著軍裝陪在她的產房床前，晚上就彎著身子睡在旁邊的儲藏室裡。護士小姐廖素桃把剛出生的兒子抱給我們看時，我高興得眼淚直流，心想，我的生命中什麼都不缺了！還好，當時跟岳父母住在一起，白天我跟她照常上班，兒子的吃喝拉撒睡都由岳母幫助照顧，讓我們省了不少心力。

美化家園：岳父在淡水「淡江新村」分配的眷舍是邊間，除了在旁邊加蓋了客廳和我們狹長形新房之外，旁邊仍有比眷舍大三倍的空地，於是就把邊間的庭院延伸出去，而且用磚頭砌起了圍牆。鑒於淡江新村總共只有二十戶人家，岳父在村子裡也做過主任委員，個性豪爽，左鄰右舍的人際關係都不錯，所以沒有引起鄰居的反感。圍牆建好之後，為因應需要，又陸續增添了相關的設施：

• **蓋報房**：岳父最喜歡看報、剪報、收集舊報紙，原本整個房間都堆滿了報紙，於是我自己收集了一些舊料，靠著牆邊為他加蓋了

一個「報房」，讓岳父堆滿房間的新、舊報紙可以搬到報房的架子上，也為他準備了看報、剪報的書桌。

- **種草皮：**為了美化庭園，我還從服務單位的庭院角落，挖了幾塊細嫩翠綠的高爾夫球場專用草皮，種在院子裡，讓它成長的範圍漸漸地蔓延，成為一個美好的庭院。
- **做大門：**既然有了圍牆，總要有個可以進出的大門，於是訂製了門板及門柱，甚至在門上還用壓克力板製作了門牌，原來戶政事務所的金屬門牌則釘在門柱上。
- **鋪水泥小徑：**為了避免雨天時經過院子，把鞋子上的爛泥帶進屋裡，就從門口到房舍之間鋪設了一段彎曲的水泥小徑，雖說不上是「曲徑通幽」，卻也有了庭徑的規模。
- **搭葡萄架：**在圍牆及屋舍之間搭建了葡萄架，享受田園之樂。

淡江新村葡萄架下的家園。

- **種花木：**我自己也不知道為什麼有那麼大的幹勁，總是找得出不同的點子。每天經過庭院，總覺得圍牆四周及角落有點空曠，所以種了木瓜樹；也不記得從哪裡撿到了大王椰子樹的種子，不但種在自己的庭院，還種在村子的外圍。結果，居然使整個村子增加了不少美感。可惜，那些亭亭玉立的大王椰子樹，後來都因眷村改建而砍伐殆盡。

經過了美化，一年後，居然使這個小小的眷舍儼然變成了獨門獨院的鄉村別墅，夏日飯後，全家老小搬了籐椅及板凳，或者就坐在草地上，透過樹叢的縫隙，欣賞著涼風吹送的淡江夕照。這種享受，即使是二十一世紀的現在，也未必人人都有這種機會。

後來，眷舍改建成了大樓，苦心建立的迷你庭園，也隨著淡江落日，永遠消失了。

9.6「三代同堂」的體認

　　知名作家趙寧在演講中曾說過：我們面對任何事情，一定要「理直氣和」，絕不要「理直氣壯」，因為即使你再有理，一旦說話大聲，甚至發了脾氣，有理反而變得理虧。人與人間的相處固然如此，家庭成員間的和睦相處更是如此。

　　為什麼父母與子女之間不能夠像朋友一樣相處呢？

　　為什麼越是親近的人，在言談舉止間就越毫無顧忌地不重視對方的感受？

　　這就是家庭成員之間，感情容易產生誤解、隔閡，甚至破裂的主要原因。無論是親子或夫妻之間，在家庭禮儀上的互相尊重，變成了現代家庭與社會融洽的基石。

　　三代同堂或者是四代同堂，一直是國人老式家庭倫理觀念的傳統做法。對我這個從小離鄉背井的人來說，一旦成了家，就會把家當作避風港、溫暖窩、愛的天堂。我自己隻身在外流浪了這麼多年，我對待岳父母，勝過自己的親生父母，他們把我也看成半子過之而無不及。現在想起來，二十一世紀仍有這種三代同堂的情形，讓自己覺得很幸運，也很幸福。

　　以企業管理的角度來看，三代同堂固然有它的優點與樂趣，而這種優點的維持與樂趣的多寡，則視老一輩家長「領導風格」而異。我不曾有過家庭生活，在彼此相處方面只憑著一股熱忱，對家庭每一個成員都是掏心掏肺的，自然獲得了岳父母的信賴，很快地，他們就把我視為家庭的一分子。因此，在子女的管教及家庭瑣事的處理上，也自然就隨著岳父母的個人喜好及過去習慣，而隨興所至了。

　　跟岳父母同住的最初三年，我和太太都上班，岳母不但幫我們照顧孩子，而且還包辦了每日三餐，她的烹飪手藝精湛，讓我們一家三口都有豐衣足食之感。住在這裡，內人根本不需要下廚。

　　也許是因為岳母已經有十多年沒有照顧小孩，忽然間增加了個外孫，又要忙燒飯、洗衣等家裡的各種雜事，所以有時候會顯得有點脾氣，而發脾氣的對象大多都在內人的大弟弟身上。如果真是他的錯，肯定會被大罵一頓，但即使是別人的問題，只要跟他有一點點關係，岳母也會找他出氣。久而久之，在我的感覺中，越來越覺得岳母對她的大兒子有成見，甚至是偏見，因為很少看到她對小兒子發過任何脾氣，更不用說發大脾氣了。

　　當然，她大兒子的個性有點傻呼呼的，講話有時還有點結巴，可是卻很直爽，做事也任勞任怨，有時候雖然反應稍微慢些，待人卻十分誠懇。他說話不會婉轉，更不會花言巧語地刻意討好奉承。可見，在企業裡也是如此，嘴巴甜的員工，總會占點便宜。

　　岳母對她大兒子的態度，岳父很少表示意見，有時候還會幫助岳母一起數落著，大兒子即使有受委屈的感覺，不是當場笑笑，就是無奈地走開，從不會反抗或者發脾氣，我倒是滿喜歡他的。

　　根據我爾後在企業工作的經驗，這樣特質的員工，如果沒碰到賞識的主管，也會經常吃癟。岳母的大兒子，似乎就是家裡的受氣包，我雖然有點不習慣，可是畢竟我還覺得自己是個客人，不便表示任何意見。

　　但是太太的感覺就比我更難以接受，可是她的脾氣很好，只有私底下跟我說。或許真的是因為天天燒飯又要帶外孫的緣故，久而久之，岳母發脾氣的次數越來越多，於是內人不但逐漸提起她小時候，因為岳母溺愛小弟而讓她挨打受罵的事情，而且不只一次的跟我提起：「我們要不要搬出去住？」

　　這是個多麼嚴肅又現實的問題呀！嚴肅，是因為她這麼好的個

性，居然感覺到難以再跟父母生活下去，可是她在父母面前卻又從來沒有表示過不滿，更不用說反抗了。現實，則是由於太太很少下廚，擔心她將來既要帶孩子，更要管家務，如果還要上班，肯定會讓她感到焦頭爛額。

世界上任何事情，既沒有絕對的「對與錯」，也不可能有完全的「是或非」，只是「相對程度」的「認同與接納」而已。在我的感覺上，她的耐心、容忍、對不公平對待的接納等，確實已經到了無法忍受的程度，因而開始盤算生活的收支狀況、儲蓄的數額，以及獨自生活的可能性。

就在她二十七歲那年，兒子柏修五歲，女兒柏齊出生的第二年，我們終於決心貸款，在新莊買了第一個屬於自己的公寓，依戀不捨地搬離了跟岳父母住了五年的淡江新村。

那時候，我似乎就已經體認到知名作家趙寧在演講中曾說過的一句話：我們面對任何事情，一定要「理直氣和」，絕不要「理直氣壯」，因為即使你再有理，一旦說話大聲，甚至發了脾氣，有理反而變得理虧。人與人間的相處固然如此，家庭成員間的和睦相處更是如此。

9.7 這就是「自己的家」：多樣化的五年

　　跟岳父母同住了五年之後一下子要搬出去住，最重要的就是考慮到目前的收入能接受多少貸款、一個人上班還是兩個人都要上班、要搬去哪裡等實際問題。

　　收入方面：我們盤算的結果是，我已經在桃園美商「萬國工業公司」上班了三年，工作日漸穩定，即使太太不再在學校代課，收入夠用之外還有餘額，買個小公寓的貸款應該是沒問題的。解決了經濟問題，當然消除了最大的購屋障礙。

　　你要做黃臉婆唷：購屋之前，我多次試探太太關於辭掉工作，完全投入帶孩子等家務事中，是否願意？尤其，她在家時從未下廚，我特別激她：「將來的家事都落在你身上了，你要開始做黃臉婆嘍！」她每次都毫不猶豫地點頭。這樣，更讓我有了積極購買公寓的信心。

　　要搬去哪裡：在淡水住到第四年時，我在美商的工作基本上已經有了相當基礎，唯一的困擾是上班時必須清晨就從淡水搭當時的公路局到台北，然後在台北橋轉搭公司的交通車，經由縱貫線沿路接送員工上下班。因此對於搬家地點的主要考量是，只要不住在工廠附近，又不要像淡水一樣離公司那麼遠就行了。基於這種想法，最後選擇在新莊買房子。

　　從借錢擴建岳父的住處，用最克難的方式整建庭園，而今又要準備購置自己的公寓，對一個手無分文、隻身少小離家的人來說，實在是生活上的巨大改變，也是最大的挑戰。

　　經過了計畫，也做了心理上的各種準備，終於在結婚的第六年，

兒子五歲，女兒兩歲時，以高額貸款在新莊購買了一間太平洋建設新建的二十六坪四樓公寓。四樓也是頂樓，那時的想法是，可以在樓頂上有更多的活動空間。

搬進去之後，確實是樂趣無窮，在真正屬於自己的家，摸索著過自主的生活，體驗著夢想不到的生活情境，有時還既驚喜又滿足地自問著：「這就是我自己的家嗎？」

確實，這就是我自己建立起來的家，我記憶中的這個家，到現在哪裡都找不到，哪裡都不存在，只深刻地、永不磨滅地烙印在我、她及兒女們的印象中。它的最大特點就是：

小小的大世界：二十六坪的公寓雖然不算大，可是跟合住在淡江新村的軍眷住宅相比，等於是擁有了整戶的空間。兩個房間、廚房、客廳、衛浴，樣樣都有了。這個小小的空間，對我們來說，簡直已經是個包括一切生活所需的大世界，除了滿足，沒什麼可說的了。

四處追逐：由於空間有限，在交屋之前在室內做了少許變更，把廚房跟臥室之間另開了一個門，使客廳、臥室、廚房及餐廳，構成了一個四周都通的格局，沒想到這居然讓兒女多了一個追逐遊樂的空間。他們經常在快速節奏下的〈輕騎兵序曲〉中，從房間追到客廳，又從客廳追到餐廳，至今他們仍然記得當年追逐玩耍時的樂趣與背景音樂呢！

全家擠在一張床的日子：有一、兩年的冬天，我們都覺得比較冷，不記得是誰提出的主意，兒女放棄了自己上下鋪的房間，擠到我們的主臥室。因為直著睡寬度不夠，乾脆橫著躺，把伸出床外的腳，用椅子接起來，一家四口人睡在一起，真好像四個兄弟姊妹呢！

陽台上的洞天：跟對面鄰居雖然是遙望相對，可是樓與樓之間的距離並不遠，再加上孩子們的年齡接近，很快就彼此熟悉了。常看到他們站在陽台向對面打招呼、閒聊、展示玩具。有一次，三歲

的女兒居然把頭伸進陽台欄杆的縫隙中，怎麼也縮不回來，在她的哭鬧聲中，我們才發現，趕緊把她的頭轉到適當的角度後才脫困。這件事，至今仍記憶猶新。

還有「吃奶」號：住宅後面不遠處剛好是個軍營，每天的起床號、吃飯號、熄燈號，讓附近的居民都聽得很清楚。尤其，每天的起床號一響，正好就是女兒的吃奶時間，因此女兒都說：「這是我的吃奶號」，兒子則說：「每天都那麼準時，讓誰都別睡懶覺！」

在新環境的新生活中，我們剛好也碰到了不少的「第一次」，對我們家來說，這些都是影響我們當時與未來的大事、好事、新鮮事、幸運的事、難忘的事。例如：

- **第一通電話**：新裝設的電話開通時所接到的第一通電話，就是飛利浦公司的錄取電話，那是 1976 年初，要求我在三月十六日到中壢廠報到。

- **裝第一部冷氣機**：因為早晨曬東邊，中午曬屋頂，下午曬西邊，整天好像都是住在蒸籠裡。

- **買第一架鋼琴**：那是兒子在讀幼稚園的時候，即將進小學，而且他的音感很好，所以讓他開始學鋼琴，甚至幫他買了第一架山葉鋼琴。

- **第一次參加十多公里的健行活動**：那時，剛好舉辦為先總統 蔣公祝壽的健行活動，由於起點是離家不遠的丹鳳，所以我們全家報名參加，從丹鳳走到林口交流道，走了一整個上午。

- **第一次搭計程車**：在生活素質逐漸提升下，每逢假日都帶著兒女去台北吃東西、逛公園、去遊樂場，玩累了不想擠公車、轉車，而且下車後還要再走一段路才能到家，於是就一家人搭計程車回家，也是從那時候開始，養成了搭計程車的習慣。

這就是自己的家、真正屬於自己的家、赤手空拳建立起來的家、

既多元又充實的新家，而且是個逐漸讓生活水準不斷提升的家，更可以說是獨創自己生活方式的家。

在新莊，第一個屬於自己的家，拍攝的小小全家福，1978 年。

9.8 芝蘭路飄芝蘭香

　　一個人面對挫折的方式，也將成為他（她）解決問題的手段。這種方式與手段，也是奠定未來事業與生活上成功的基礎。

　　永遠不要放棄任何希望，摸索任何可能解決問題的新途徑，才會找到自己面對生活的最適途徑。

　　在生活品質的提升方面，我們開始買房、買車、買保險等這些舉措，到底是出於「人在福中不知福」的奢望，還是生活境界的提升，而能讓我們永遠不知足呢？我覺得後者的成分居多。

　　在新莊忠孝街開創了五年的多樣化生活樂趣之際，到了第三年就開始覺得有點不對勁了。頂樓的住處光線雖然好，但是到了夏天，早晨曬東邊，中午曬屋頂，下午曬西邊，即使有冷氣，也要到半夜以後才能逐漸涼爽。此外，在交通和生活需要上也越來越感受到了某種程度的不方便，甚至這種不方便，逐漸接近了臨界點。

　　「我們要不要想辦法換個房子？」住到第四年時，太太已經跟我說過好幾次了。

　　「算了吧！哪裡有錢呢？」這是我一貫的說法。固定的薪水，現在的貸款還在持續地償還著。

　　「你就會說沒錢，沒錢！」她不耐煩地說：「這個公寓當初還不是在沒錢的狀況下貸款買的，難道不能靠貸款再換房子？你出去上班天天都可以吹冷氣，我卻天天在烤箱裡過日子！」

　　倒是她的最後一句話，讓我深有所感，我在夏季的假日就已經感受到蒸籠裡的熱度，所以每逢假日都往台北跑，她已經忍耐了好幾年，似乎真的該換房子了。

烈日當空下，在新莊住家屋頂的全家合照，1979 年。

　　於是，又重新估算了到底能不能換？要換到什麼地方？準備多少自備款？

　　那時，反正她已經是我們家專職的褓母兼全能的管家，在家裡有充分的時間去搜尋與篩選。那是 1981 年左右，台灣的房地產已經有蒸蒸日上的情形，幾乎到處都有新的公寓或大樓推出。

　　結果我們看中了在台北市士林區原來芝蘭路（爾後改為德行東路）底的幾棟五層樓公寓，同樣是由太平洋建設所推出的建案。它最大的優點是靠近山邊，又屬於台北市，就在陽明山腳下。因為了解頂樓比較悶熱，又有漏水的可能，也略微知道二樓可能會有排水阻塞問題，於是最後我們選擇了避開東、西方向直曬的三樓。

　　在新莊的公寓是二十六坪，在台北市新訂購的公寓則是三十三坪。當年買公寓的付款方式還是分期的，分別按照開工、挖地基、建一樓、二樓板完成等進度繳款。於是，在換新居的期待之下，每繳一期的錢，全家都去看實際的進度。每次去看建屋進度都是週末，

從新莊搭車到了台北再轉公車，單程就需要近兩個小時，下了公車後，還要走一段泥濘的施工路段。有幾次還是在豔陽及陰雨天去看進度的，不是讓我們熱得發慌，就是渾身都沾滿了黃泥。看到了進度，拍完照片，在附近順便吃周胖子水餃的時候，心裡都在想著交屋之後要怎麼布置、鋼琴要放在哪裡、還要添置什麼家具等。

在期待中、計畫中、準備中的日子，總覺得時間過得好快，搬家的日子轉眼就到了。對於「芝蘭路」這個路名好喜歡，也充滿了詩意，雖然只是換了個大一點的五層樓公寓而已，但似乎把它看作一個四處都充滿了「芝蘭芳草」的仙境。可惜的是，芝蘭路只是當時「中十二路」底端的一段路，後來甚至連「中十二路」也一併改為現在的「德行東路」了。

9.9 芝蘭芳草無限好：充實而美好的五年

如果把住在一個地方的幾年生活，只用簡短的一、兩頁記述下來，除了用「畫龍點睛」的方式描述之外，就只能「蜻蜓點水」地來把精彩的片段保留下來。

即使如此，龍的眼睛及蜻蜓點水傳神又富有詩意的剎那，也恰恰能讓我們記憶深刻且永銘肺腑了！

搬到新家之後，面對新居的喜悅，確實充滿了驚喜，還有如夢似真的感覺，每一天都是歡欣鼓舞的一天、每一週都有嶄新的事物、每個月都有不同的驚喜。

下面就是生活中很值得記憶的幾件事，有的是娓娓道來，也有一些確實是「畫龍點睛」或「蜻蜓點水」式的浮光掠影：

誤入桃花源，迷失在桃花境：搬家後的第一件事就是在附近熟悉環境。晚餐後，全家就循著山路小徑往山上探祕，既沒有特定目的，也沒考慮到走得遠近，只貪心地想欣賞周圍清新的農村景色，儼然進入了桃花源。雖然所謂的「桃花源」，只是陶淵明筆下想像中的景色，實際為何無人知曉，可是當時心中所感受到的祕境之美，何嘗不是自己的桃花源呢？

大約走了一個小時，小徑越來越窄，有時還要跳過田埂中的溝渠才能過去，最後居然找不到前路，也看不到分岔路，幾乎是走投無路了。這時，天色已晚，實在找不到下山的回家路徑，該怎麼辦呢？當時我讓家人在原地稍停，自己則走向地勢較低的地方，看是

否能找到任何出路。幾分鐘後走到田邊的竹林時，忽然聽到了山下汽車的聲音，我撥開竹林又沿著雨水沖過的渠徑往下走了幾公尺，赫然看到下方有柏油路面。這時，高興地往回大叫「我找到路了，都過來跟我下山吧！」在布滿荒草碎石的蜿蜒小徑，一面用手撥開頭頂的蓬亂竹林，一面用腳踩著高低不平的草地，用了十多分鐘才走到路邊，感覺好像逃離了某種陷阱一樣，全家人歷劫歸來，大家不約而同地喘了好幾口大氣。後來又花了二十多分鐘弄清楚方向，才回到家。

不一樣的新鄰居：住在對門的，是鐵路世家，夫婦都是文靜嫻雅的公務員，兩個女兒跟我家的兒女年齡接近，所以很快就成為朋友，而且每逢假日還會一起出遊。此外，對面一棟四樓的幾個孩子們，剛好跟女兒同班，而且後來又一起學舞蹈，還一同表演過土風舞及芭雷舞呢！

大膽的跳陽台：隔壁的先生在海關工作，太太則專職家務，家有兩個瘦高活潑的女兒，日子久了，我們兩家的交往也更密切。有一次，隔壁家的太太忘記帶鑰匙，居然敢從我家的陽台爬過去跳進自己家，撬開窗子進屋去，熟識的程度可見一斑！現在想想，鄰居太太還真是大膽，連我都不敢爬呢！

蝌蚪游魚螢火蟲：由於這個社區是新開發的，旁邊就是一片荷田及沼澤，也是職訓中心的預定地。荷田邊的蝌蚪可以讓孩子們放學後不想回家，再過去則是一條小溪，溪水潺潺而流，清澈見底，數不清的小魚游來游去，孩子們用自製的紙魚網，撈小魚帶回家養。沿著小溪的山邊，則是雜草矮林，夏日晚上出去散步時，山邊飛舞的螢火蟲讓大人小孩都著迷，甚至還捉了一些放在瓶罐裡帶回家，幻想著用螢火蟲在室內當夜間照明。可是，第二天就發現牠們都死掉了，爾後就再也不抓螢火蟲了，只是屏著氣息，在漫山飛舞的螢火蟲中，聽聽牠們的情話綿綿。

蟲鳴伴花香：入夜後，山邊除了可以觀賞螢火蟲外，還可以聽到此起彼落的蟲鳴，更可以聞到陣陣飄來的花香。白天似乎根本沒注意到山邊有任何花卉，但晚上卻花香處處，這也是每晚鄰居們都會互相招呼著去散步的原因之一呢！

買了新車：由於住在新莊時，假日到台北玩經常搭計程車，再加上購屋、看屋時搭車轉車的苦惱，自己買車的欲望及需求就越來越高，於是住進新公寓不久，在 1981 年左右，買了人生中的第一部車——紅色的三陽喜美轎車。雖然只是 1200cc 的小車，對我們全家來說，已經是天大的享受了；對鄰居、老友、老兵及老同事們來說，也都算是買車較早的。最大的滿足就是，只要想去哪裡，可以開著車就走。

兒女這樣搭新車。

抓住了新式錄影機的時髦：我很喜歡拍照，自從有能力買相機起，已經用過至少三種相機了。面對這個新穎的生活環境，已經不再滿足於只能沖洗照片的相機，而開始搜尋錄影設備。很快地，就買了一套剛上市的新力（SONY）攝錄影機，因為機器較大，電池又重，而且必須要扛在背上才能使用。為了要使錄影的影像穩定，同時也買了一個接近專業的鋁製牢固腳架。用 VHS 的影帶在屋頂拍攝孩子們在荷田、溪畔、山邊玩耍的鏡頭分享給鄰居，增進了不少聯誼活動的興致。即使錄影設備再重，每次出遊使用時，似乎都不覺得累呢！

結婚十年來，一個只靠單純固定薪水收入的家庭，能有這樣的生活環境，能夠滿足當時有限的需求，已經覺得夠幸福了，因為我

並沒有很大的願望。以前學英文時，曾經背誦過一句話："A little bird needs but a little nest."（小鳥只需要個小窩），我一直都活在這句話的意境中，何況這個小窩是這麼溫馨、美好、一應俱全——雖然還是必須要爬樓梯的五樓公寓。

德行東路的五樓公寓，女兒國小放學回家後在樓下留影。

全家福，多美滿而幸福的一個小家庭，1982年。

9.10 天母「磐石樓」：亮麗十二年

家庭背景、生活經驗及工作環境，都會影響到一個人的「思維模式」。軍人幹久了，什麼事情都是「一板一眼」的，絲毫不知道「換個想法」的好處，更談不到管理上所謂的「反向思考」或者是打破「習慣領域」的思考方式了。

就以置產買房子這方面來說，太太就要比我靈活很多很多，沒有她的幾次堅持，就不會有今天的生活方式、生活水準及生活素質。

如果只用一千多字描述出在芝蘭路扎扎實實的五年生活，即使是摘要，也難把最珍貴的大事、趣事、美事逐項記述，何況是三十多年後現在的追記，只好根據當時的大致記憶做掛一漏萬的回顧了。

總括地說，我還是喜歡用「芝蘭路」這個路名，除了這個地方是自軍中退伍後，感覺上最美好、最理想的一個小窩之外，也頗具「有竹人不俗，無蘭室自香」的心境，何況生活在芝蘭路上，即使家裡面沒有種蘭花，也自然溢放出淡淡的香氣。

住了幾年之後，因為生活上、工作上、社會環境上的體驗，覺得這麼美好的家園又沒有那麼理想了，而產生了新的需求。

「我們要不要再換個房子？」到了第四年，太太又開始不斷地跟我提起換房子的事。

「剛住了沒幾年，怎麼又要換？」我驚訝地說：「我們住在這裡不是很習慣了嗎？」

「客廳裡擺了鋼琴，屋裡面都轉不開身子了、總感覺到客廳的黑色大理石暗暗的、後面的廚房剛好是別人的廁所、孩子的房間擺上床鋪之後，連書桌都沒地方放、住在三樓雖然不算很高，可是從

市場買菜回來提起來好重，又沒有電梯、買菜回家，停車總要在社區內繞好幾個圈子都難找到停車的地方……」

「好了，我知道了！」由於我不是天天在家，既不知道車子停到哪裡，又不去買菜，聽了她這麼說，我才略有所感，但是換房子的欲望卻還沒那麼強烈，過了一段時間之後，經過仔細的體驗，她說的確實是事實。有一天我跟她說：「看來，我們真的該換房子了，你有什麼想法呢？」

我剛說完，她就立刻笑嘻嘻地拿出了一大堆房屋銷售的廣告給我看，沒想到，她早已經看了不少廣告，還把看過的廣告做了分析，甚至也提出了分析的結果：最好買天母東路「新第來亨」這一棟的。

這時，我感到赧然，也感到驚訝，更對她感到佩服。唯一的問題就是：她看中的這間四十五坪新建大樓，總價要三百多萬，除自備款要繳八十萬之外，還可以貸款一百萬，那麼，剩下的一百多萬怎麼辦？一百萬的貸款又要怎麼還？

「這樣好了，只要你原則上不反對，其他細節讓我想辦法怎麼樣？」她唯恐我著急，又提出反對意見，就慢條斯理地這樣告訴我。看來，她好像胸有成竹一樣。大約一個月後的一個晚上，在外面散步時她跟我說：「我想好了，我們可以買那棟，雖然貴了一點，撐一下就行了，生活上緊一點，我不在乎啦！如果這次不買，說不定以後永遠買不起房子了！」

她從小住在眷村時就相當節儉，這次竟然動腦筋要買天母地區三百多萬，四十五坪的大房子。僅只十來年的時間，她居然能第三次換住處，而且越換越大，這除了歸諸於她那天賦的細心之外，不外乎在後天生活環境調適中養成的因應技巧。在她的計畫之下，我們終於狠下心簽約了，也繳了訂金及頭期款。兩年後，用「以舊換新」的方式，賣掉了現住的舊屋，交足自備款八十萬，搬進新家，那是1985 年的事。想到這裡讓我感悟到：只要你肯想、肯做、肯堅持，

世界上幾乎沒有做不到的事！

當然，在肯想肯做的過程中，畢竟還是要有「豫則立，不豫則廢」的基本條件：那就是「窮則變，變則通」。我們在變通之下，咬牙買了那時所謂的豪宅，三年內卻也真的有點「勒緊肚皮」的感覺，到底是怎麼勒緊肚皮的呢？有兩件關鍵大事一定要提一提：

五個互助會：在最初的三年，整個薪水的一半以上都花在標會，舉凡同一棟樓的鄰居、眷村老鄉、萬華老朋友的太太阿美等都是會友，合起來至少有五個互助會。三年之後，省吃儉用的情形雖然有所寬鬆，可是直到 1995 年底移民時，還有萬華的一個死會還沒還清。那份因為死會需要繳錢的匯款單，以及太太寫給我要怎麼匯款的便條，至今我仍保存著。

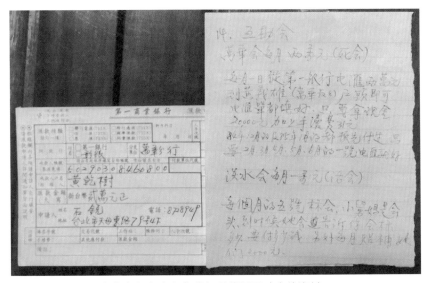

太太在加拿大交代我每月償還互助會的資料。

享受了公司無息貸款：當時，服務的公司剛好有個針對主管級的「無息貸款」，貸款人必須要簽一份同意書，在三年內同意每個月從薪資中扣除一部分還款。當時的薪水在外商主管中雖然還只是中等收入，可是這個無息貸款無形中還是幫了大忙。

搬進新家時，應該算是生命中在居住方面達到了相當的水準，例如：室外氣派的大門、華麗的庭院、大樓旁就有小溪及小橋、邊間通風良好、向陽朝東、交通方便、鄰近醫院。室內則請內人朋友的先生設計了花式屋頂天花板、廚房與餐廳間加了個橢圓吧台、三間客房都有訂做的床櫃、兩個孩子都有了自己的書桌、鋼琴寬敞地擺在客廳一角。尤其，公司前往桃園中壢工廠上班的交通車路線，也剛好經過路口，實在是個理想的生活環境。

天母新家的客廳，1985 年。

搬進新家的另一個啟示就是，當廠長審核我的「無息貸款申請書」時，曾跟我說了關於在荷蘭買賣房子的名言：「第一個房子，要賣的時候賣給你的敵人；第二個房子，要賣的時候賣給你的朋友；第三個房子，才是自己住。」

第三次換房子，換到天母東路忠誠路口的大樓，自己才真正體認到這句名言的含意，而且一住就是十二年。如果不是辦理移民，

無法供養兩棟房子而不得已賣掉，說不定就在這個天母的磐石樓一直住下去了。

　　如今想來，當初對購屋條件的認真思考與抉擇，才是獲得住進新屋的樂趣基礎。這絕不是運氣，而是靠「肯想、肯做」的態度及意志力量！生活如此，求職轉職與社會的互動，又何嘗不是如此？

9.11 老樹搬家

　　老樹，怎麼會搬家？當然是因為外界環境的影響而「被迫」遷離，諸如整地、搬家、拆遷、美化庭園等。往好處想，讓樹有個更好的地方，能長得更好，也能美化環境；往壞處想，也許被搬走的樹，在新的環境下無法適應而乾枯，甚至因為拆遷就此被丟棄了。

　　老樹搬家，當然也在指老年人從一個地方，搬到另一個地方的遷移。

　　眾所周知，年歲大的人，最適合「一動不如一靜」，搬家，尤其是往遙遠的城市或省區搬遷，甚至是搬往海外，肯定是大費周章，而且還要考慮到是否會有「水土不服」的問題。所以，老年人搬家，就如同老樹搬家。

　　住在天母「磐石樓」的最初五年當中，不但在工作方面剛好從桃園中壢工廠調職到了台北總公司，而且天母地區在生活便利、知識文化、環境方面等都算是中上之選，因此幾乎達到了管理學上「需求理論」金字塔的頂端。我說「幾乎」，是因為在生命中似乎還缺了點什麼，因此，看起來好像是「穩若磐石」的磐石樓，因為我自己「自我實現」的需求與理想，逐漸顯得沒那麼穩當了。

　　我的理想有兩個，一個是求知深造，另一個則是維護尊嚴。求知深造方面，目前曾經考過三次博士班，但都是備取生，現在已年近九十歲的我覺得，若繼續報考下去，考取的機率不大，即使考取，學校也會頭痛，所以雖然有點遺憾，還是決定放棄而不再報名。倒是在「維護『人的』基本尊嚴」方面，卻一直感覺有迫切的需要。

　　我把「維護尊嚴」界定為維持我們所以為「人」的最基本概念，也就是讓人有受到「被視為人」的基本尊重。我的這種想法，是因

為我完全無法忍受每次選舉時，不少候選人公開且用擴音器嘶喊出的：「外省豬，滾回去」，這分明是「對人的汙辱」，而政府卻全無作為。久而久之，讓我這棵老樹不得不想著要搬家了。

我曾在網路上看到過一段以 You May But Must Not（可與不可）為主題的美國推特（Twitter）名言是這樣說的：「你可以不喜歡某個有色人種，也可以不願意跟某些人交朋友，但是你絕對不能不把別人當作『人』看」！

同樣，你可以反對一個國家中，來自某些地區人們的某些言行或習慣，但你絕對不應該「否認」他們也是這個國家的公民，更不能歧視地說「滾回去」！

基於上述理由，我跟內人討論之後一致認為，我們已經不適合再生活在這個環境，移民的意向更為堅定。經向朋友查詢，也經過幾次評估，覺得自己還具備在某些陌生國度自謀生活的能力，而且又有「不信邪」的個性，所以決定移民國外。

最先準備申請南非，體檢完成後又改弦更張，繼續考慮英國、澳洲、紐西蘭，爾後才想到了美、加。考慮過各種因素之後，最終的決定是申請加拿大的「自僱移民」，因為前一波的「退休移民」已經停辦，只好選擇自僱移民。選擇加拿大的主要原因約略如下：

1. 地廣人稀，資源豐富，自然環境優美。

2. 種族歧視的程度最低，重視多元文化，尊重任何族群。

3. 生活品質與環境世界馳名。

4. 社會福利制度良好。

5. 朋友的推薦，且有些老同事早已移民加國……。

決定之後，於 1994 年秋天立刻辦理申請手續，送件不久就收到了面試通知，不到一年就順利核准，並且在 1995 年 9 月正式報到。

懷著一顆好奇、探索、雀躍的心情報到之後，第一件事就是看房子、買房子。在台灣住公寓住久了，當然想住所謂的「高級洋房」，

也就是北美常說的獨立屋。由於對加國的房屋市場完全陌生，在看房過程中發現，每一間都漂亮、每一棟都別致、每一棟都想買，可是畢竟預算有限，結果，還是咬緊牙根，用退休金繳納了頭期款，買了一棟三千五百平方英呎的獨立屋。

移民之初新居，1995 年購買的二手屋。

　　既然是老樹搬家，自然是台灣大部分的家具、用品、衣物等都要搬過去，總比都在當地買要便宜，使用起來又熟悉方便。於是把所有家當裝滿了一個二十呎的貨櫃，三個月以後運到加拿大。

　　可是既然已經報到，也買了房子，在家具的貨櫃抵達以前，至少該有個床櫃及餐桌椅吧！這時，就在朋友帶領之下，去家具店匆忙地買了急用的床櫃，買回來之後才發現必須自己組裝，這時才真正體會到了 DIY 三個字的真正意義，而且在爾後的歲月裡，這種事已經變成了家常便飯。日後，家裡的各種修修補補、登梯爬高、剪樹、室內外的局部油漆等這種事情做多了，就自封為「長工」，這是以前在台灣從沒經過的歷練。

9.12 拈花惹草二十年的「長工」 與「綠手指」

　　「入鄉隨俗」這句話，說起來容易，做起來卻未必，因為任何身在異鄉他國的人，都有自己的生活方式、做事態度、飲食習慣，甚至文化儀節。一方面要盡量設法融入當地習俗，另方面總覺得需要保留某些故國風尚。在這種矛盾之下，入鄉隨俗就顯得比較困難了，然而又不能跟當地的生活格格不入。

　　由於是第一次住所謂的「洋房」，除了是獨棟的三層之外，前後庭院還分成三段。買到的獨立屋，當地人曾住過三年，室內布置、每個庭院的設計以及栽種的花木，似乎都經過庭園設計專家之手，在風格上完全西化，看起來很有格調。庭園內不只是綠草如茵，而且從春天到秋天，幾乎都有不同品種的花卉綻放。住了一年之後發現，這麼美麗的庭園，自己應該好好維持，甚至還要把它做得更好。

　　就這樣，從第二個夏天起，我們兩個人幾乎每天都要在庭園裡度過好幾個小時。我自己先觀察有哪些地方還可以變更設計，增加新的花卉、選擇並開始栽種果樹、觀察鄰居庭院的特色、專程去花圃搜尋適合自己庭院的花卉等。這麼多年累積下來，自覺在拈花惹草方面的「入鄉隨俗」做得還算不錯，例如：

- **增購庭園種植的各種工具**：從來沒做過庭院裡的工作，當然也想不到要用哪些工具，可是一旦開始做，又覺得像是女性添購衣物一樣，總是感到缺少一兩件，於是就不斷地增加所需要的大小花剪、小圓鍬、除草工具、手套、雨鞋等。日子久了，所添置的東西就逐漸形成了一個工具間。

- **清除雜草**：每逢夏日晚餐之後在陽台上欣賞夕陽時，都為花園裡翠綠的草坪著迷。因此，太太堅持要隨時維持前後院草坪的美感，每天都要跪在草地上，找尋任何雜草的蹤跡，而且以除根為快，讓庭園始終都綠草如茵。

- **新增花種**：春天增添了不同顏色及品種的花卉，如多種顏色的風信子、不同品種的鬱金香、專門可以在石頭縫隙生長的虎耳草花（Mossy Saxifrage）及搖滾箔（Rockfoil），把前後院的花毯角落點綴得像彩色地毯。最初，這些花都是從郵購廣告上看到的，然後自己到花圃去買幼苗分種出來，逐年蔓延，鄰友們看了都讚不絕口。

- **吸取庭園設計新知**：瀏覽網路上關於花卉種植的信息，必要時還偶爾從加東郵購特殊花卉球根，例如香水百合的球根，也是因為在郵購廣告中看到是 Fragrant Lily Tree，長得既高花苞又多，所以就郵購了八個球根，種植在後院窗台，吃飯喝茶時既可以看到花，又能聞到花香。

- **勤加灌溉**：花木，也像人一樣，需要定時飲食，前後院幾十種花卉林木的澆灌，是我跟內人夏日晨昏的兩件大事。由於當初的屋主沒有裝設自動灑水系統，我們只好靠雙手去澆，最多增加幾根水管，遠端安上旋轉灑水器。可是當缺水季節，市政府規定只能用手動澆水，而且還限定時間，但為了享受自己的庭園美景，只好把澆水當作生活的一部分了。

- **定期施肥補土**：種植了那麼多花卉，等於養了一群孩子，施肥補土就像是餵它們奶粉或營養品。每年春天秋天，都要花點錢買不同的肥料，土壤流失的地方，一定要買好幾袋營養土來補充，不然庭院的草坪就會有些地方凹凸不平。

前院種植的虎耳草花、搖滾箔。　　　號稱百合樹的各色香水百合。

- **移花接木**：就像在工作上必須要經常做的「改善」一樣，只要仔細地看，認真地用不同角度去觀賞，不是覺得前院的花太少、屋旁的茶花樹太高，就是後院的丁香花長得太密，或者是花圃裡的鳶尾花（Iris）太稀疏，總之都會找出自己認為合理的理由做一些移花接木的動作，這樣的日子，時間當然不夠用。

在庭院裡這樣不停地忙忙碌碌，並不是想學鄰居，鄰居有的花卉，我何必要跟他們一樣？即使有些花卉跟周遭鄰友們相同，我還可以在修剪上展現不同的造型。於是二十幾年下來，不只讓庭園花木扶疏，從每年的三月初開始，幾乎每週都會有新的花卉綻放，甚至前後院花圃也更具整體美。

更特別的是，我家種了二十年的紫藤，從客廳前面沿著屋簷，圍繞到車庫上方，更是讓左鄰右舍既羨慕又讚嘆的美景。除了曾在雅虎部落格獲得精選外，好友還特別遠從白石鎮組團前來觀賞。

紫藤開花之後，開始在凋謝了的花梗上結出種籽，看起來倒像是一串串的豆角呢！

白石鎮的好友們欣賞過紫藤後，在門前拍照留念。

紫藤美景，我家屋簷及車庫上盛開的紫藤。

紫藤花的種籽，你肯定沒看過。

9.13 回歸基本：換住公寓大樓

管理實務上常聽到的一句名言「世界上唯一不變的就是變」，另一句名言則是，若能讓企業基礎永固，必須堅守著以前成功的要訣「不忘初心」，也就是「回歸基本面」（Back to the Basics）。

看來，在生活上也應該如此，在國外住了二十多年的獨立屋，耳邊似乎隱隱地聽到了一種聲音告訴我們：「是不是該換到公寓去住了？」心想：「再去住公寓，不是很好嗎？何況，從台灣移民到加國前，也大多都是住在公寓啊！」

這種聲音，也可以說是因為某些原因促成的。例如：

· 年齡日增，對庭園的照顧已略有力不從心之感。

· 住在山上固然風景清幽，可是生活上總免不了要開車下山才能滿足各種需求。

· 3500 多平方英呎的三層樓房，只住了兩個人，除了廚房、臥室以外似乎都是浪費。

· 9000 多平方英呎的庭園花木，還能照顧多久。

· 二十多年的屋齡，突發狀況的緊急維修，已經感到有點力不從心。

· 自從 2009 年確認了太太患有第二型糖尿病，接著又在 2012 年散步時滑倒，造成右小腿骨折後，接著發現了心臟問題，健康的狀況使我們上下樓梯都感到吃力。

以上這些原因，讓我們不斷地討論：「到底要把現在的獨立屋做必要的改裝？或在樓下隔間？還是要換到公寓去住？」

想了好幾年，當然也開始抽空去了解一下附近剛剛推出的新公寓狀況，有的剛剛推出樣品屋，也有的已經開工甚至建造了一半，更有的已經完工，但推出的只剩零星幾間，選擇不多。看過幾次之

後發現，不是價錢太貴，就是建築結構的設計看起來不順眼。

健康的原因，促成了我們換住公寓的決心，時間就在 2012 年的夏天開始，我們積極地做換住公寓的準備。就在一次參觀樣品屋之後，認識了一位相當敬業、投入、鍥而不捨的年輕房屋仲介。他了解了我們的需求後，熱心地開車帶我們去參觀任何符合或接近我們需求的大樓、城市屋、雙拼屋等。有時跑一個上午，只看一兩家，也有好幾次是跑了一整天，從郊區到城區，再轉商場附近，幾乎跑遍了溫哥華東西各城鎮的大樓或城市屋。

「緣分」，似乎也適用於置產，也許是他的熱誠及我們迫切換屋的願望，終於讓我們看到了自己喜愛的公寓，而且很快就促成了這項交易。我說它是緣分，居然包括了下面這麼多巧合：

- 這個公寓，在剛推出時，我們就曾參觀過展示屋，當時因為太貴而沒買。
- 這家建築公司在溫哥華頗負盛名，而且是這棟大樓所釋出的物件中，僅有的三房公寓。
- 這間樓房的座向，也符合我們一直堅持的東南向，採光通風完全符合我們的要求。
- 公寓的主人已經出售了一年，一直都沒人買，因為推出的時間剛好是房價低迷期。
- 價錢要比四年前剛推出時還跌價約 10% 左右。
- 房屋仲介從遠地開車一個小時，兩次跟屋主談到深夜，屋主因為急迫地想回流，所以才勉強出售。

在天時地利與人和的有利條件下，兩天之內就成交了，那是 2012 年的夏末秋初。

我們買的是 30 樓中的 21 樓，也是該建築公司規劃建造的 Westwood Village 四棟大樓中的第一棟。

成交之後，我們還沒有急於搬家，因為還捨不得住了二十年的山間別墅，而暫時先出租，等到真正想搬，且需要搬的時候再搬。

此後，我就把山居了二十年的別墅稱為「磐石居」，因為二十年，在人生中是一段相當長的日子，這棟房子讓我們的生活既優閒、又自在，更穩如泰山地享受了美好的日子。

新居公寓大樓的外觀，我們的住處是大樓右側的中上樓層。

9.14 「石家小鋪」與舊家情懷

　　無論是房子出租，還是租別人的房子，大多都是權宜性、臨時性的，更是無法預期地短暫性的。即使是訂有合約，任何一方的租賃理由消失時，誰都不會再把臨時性的租賃當作生活中的正常手段。

　　我們買的公寓，第一年是租給一對伊朗籍夫婦，可是第二年續約前，因為我們沒有同意對方有關調降房租及鋪設地板的要求，房客就不租了。我們也很快地就找到了新房客——幾位學生及一位老師。他們都很乾脆，而且相當守法，依照租約，我們每個月去查看他們維護的狀況時，我們也感到很滿意。

　　學生和老師們租了一年，又因為他們各自要到不同的地方發展，也提出了終止租約的請求。這時，我們不想再找房客，趁著健康狀況還允許，倒不如早點搬家，於是跟兒女們討論：「似乎是搬家的時候了，你們認為如何？」兒女們一向的說法都是：「你們希望怎麼做，就怎麼決定！」

　　我們在山上這個「磐石居」住了二十年，而且自己也已經八十多歲了，當然不想搬家。可是再回想到買公寓的那幾個重要理由與初衷，尤其再想到兒孫們既然已經確定不會移民過來跟我們同住，只好決定搬家，忍痛把現在住的獨立屋出售。

　　雖然很捨不得，但我們也不想把它拿來出租，因為房子太大，如果出租，即使請專人管理，也肯定很難找到適當的房客，而且我們也不願意像一般的屋主，去改變室內的格局，把三層房子再做隔間，分租給好幾家人。畢竟屋齡已經有二十多年，又是木造結構，更何況會經常出現大大小小的維修狀況。所以，既然換住到公寓，只好賣掉，免得麻煩。

「搬家」這兩個字，說出來容易，可是真要開始搬，就沒有想像得那麼簡單了。回想起來，這確實是生活中的大事之一，也在搬家前後的過程中，學到了不少經驗，而下面這些苦樂兼半的經歷，確實應該把它分享給很少搬家，或者是有搬家想法的朋友們：

- **要什麼時候搬：**如果是現在正在租房子，只要是買到或找到了可搬的地方，搬家日期很容易確定，但倘若目前有房子住，就要考慮現住房屋的處理方式。既然不願意出租，必然要賣掉，可是到底要先賣掉才搬，還是先搬了再賣，或者一面賣一面搬？必須先想清楚，因為每一種考量都會遭遇到不同的問題。我們的決定是：先賣掉現住房子，然後再搬。會這樣決定，一部分也是因為現住房屋及新買的公寓都有貸款，出售之後，不但兩個貸款都可以還清，而且還可以省下一些現金。

- **找誰出售：**這是另一個略感頭疼的現實問題，由於平時交往的朋友當中，至少有四位熟識的仲介，他們分別住在大溫地區的不同角落，對他們的了解與跟他們的交情也各有不同，唯一考慮的就是，誰的業績比較好。也就是說，房屋出售的廣告推出之後，誰能夠以適當的價格賣掉的機率較高？結果，在熟識的四位當中，沒有一位入選。事後有兩位還曾經有點抱怨地說：「你賣房子怎麼不找我呀？」我率直地回答他：「因為你住得太遠了，來回一趟就要一至二個小時，還不算看屋及接待時間。」他的回答更妙：「只要有生意做，遠一點不算什麼呀！」我被打敗了，是不是我不該結交那麼多房屋仲介朋友呢？

- **出售的時機與事先整容：**一旦確定了找誰賣，當然最重要的是出售的時機。還好，我們出售的時機剛好是房地產周期上漲的開始，同時也在出售前，先用了兩天的時間，特別請室內布置專家，把每個房間都做了幾乎是改頭換面的布置。所謂「人要衣裝，佛要金裝」，看來房屋出售前的「適度整容」是有必要的。也因為如此，

在網路上只刊登了一天，就按照預期的訂價成交了！當然，也正趕上房地產飆高的開始。

- **多餘家具的處理——我開設的「石家小鋪」**：房屋成交之後要計畫的第一件事就是：什麼時候搬家？三層樓裡面的家具要搬到只有一層空間的公寓，剩餘的家具要如何取捨？又該如何處理？到三房兩廳的新家丈量了尺寸，再核對一下哪些家具可以搬遷之後，決定把剩餘的家具或用品按照當地的習慣，擇定日期分別舉辦「車庫展售」（Garage Sale）及「搬家展售」（Moving Sale），這樣做的目的無非是抱持著「省一分，就賺到一分」（A penny saved is a penny earned.）的想法。

說到展售，從廣告內容、廣告張貼、正式展售前的分門別類及收納、展售空間的設計以及展售架櫃的陳列，都讓我花費了不少心思，例如，展售廣告要寫什麼？要做多大？要準備幾份？要準備哪些文具紙張？還好，工具家裡都有，沒有的就趕緊去添購。

當然，有了廣告，展售的內容總要給人留個好的印象啊！這個分類清晰的展售車庫，自己看了都感到滿意，因此我就把它稱為「石家小鋪」，因為看起來真的像個有規模的小雜貨店呢！

在車庫準備銷售廣告。

張貼廣告，在交通要道的電線桿上或路燈柱子上。

石家小鋪的陳列一角。

　　在展售期間內，眼看著用了二十年的櫥櫃、沙發、桌椅、燈飾、甚至床具等，以當初買價的 1/5 被人搬走，內心實在有點難過，畢竟每一件物品都與我們有著深厚的感情。

- **兒女的用心與舊家情懷：**搬家，是我們的一件大事，也成了兒女們的大事，女兒要開車十二個小時，兒子要從台灣搭機過來。如果沒有他們分別請假過來幫忙，說不定真的會讓我們累得半死。從清理、開著大車和小車多次運送，到搬進公寓的新家，手提肩扛等重活，讓兒子的腰都傷到了，讓女兒也渾身痠痛。

　　賣掉了用不到的大家具，總要添購適合的沙發，家具的組裝，也只有女兒最內行了，若沒有她幫忙，我們可能得要在地板上睡幾天了。

　　搬家期間的混亂、疲憊、狼狽情景可以想像。搬完家之後，抱著懷舊的心情，在住了二十年的前後院，把每個值得留戀的角落、

每一處曾經深映印象中的美景，以及最鍾愛的花卉前，都特別拍攝下來，或者合影留念。因為從此之後，若想再回來留戀，就得要看新主人的方便了。

兒子及太太搬家前整理廚房的情形。

女兒組裝新沙發。

舊居情懷，搬離的剎那，跟兒女在前院門口的合影。

10 庭園之樂拾零

　　從「拾零」字義上就很輕易地瞭解，它代表了我在庭園工作樂趣的點點滴滴。可是這一章提出來的幾篇點滴，只是二十年庭園生活中極少的幾篇，因為覺得，只有最重要、最有意義、最能讓讀者獲益的，才值得提出來。

　　尤其，其中有兩篇，費盡了「傻勁」做了一些超乎常理的 DIY 工作，但我所感受到的欣慰與成就感，是無法用任何價值去衡量的！

　　在人生中，怎能界定、如何界定、由誰界定什麼事情「必須」是我們「應該」做的？又有哪些事情「不應該」我們去做呢？

　　至於在庭院野生動物方面「選擇性」的介紹，也是二十年來在國內難以想像的經歷，更在人生中留下了深刻的印象。

後院景色，讓我自願成為她的「長工」，2004 年。

庭園之樂拾零

421

10.1 長工的成就感

　　我是我們家的長工，所以從修理廁所、調整浴室的拉門、搬運二十公斤的行李，到修剪花木等，幾乎什麼都做。由於我自己也覺得頗有樂趣，所以跟朋友聊天時，我都以我家「長工」自居。

　　出國度假一個多月回來後，突然在夜晚聽到樓下天花板有吱吱喳喳的叫聲，或者是動物跑動的聲音。於是就在房屋四周彎下腰，趴在地上，歪著腦袋，四處尋找，看到底哪裡有「漏洞」，會讓動物（鼠輩）打擾我的睡眠。但是，沒找到任何痕跡。

　　左思右想，到底還有哪裡會有動物進入屋頂的可能呢？於是不信邪地想到陽台底下的水泥接縫處去看看，因為陽台最接近一樓的屋頂。

　　陽台底下是個有坡度的空間，平時可以在較高的地方存放一些花盆、肥料、培養土、木板或者小工具等，因此春夏秋季進入的機會很多。不過，每次進出都要彎著腰，若再往裡面去，就要爬行。

　　這次想到要去陽台底下檢查，除了好奇心外，說穿了也是想省錢。如果自己能做，就不必花錢請人了。

　　剛進入陽台底下時，只看到都是水泥牆，根本看不到有任何漏洞。於是又往裡面繼續爬行，但是因為冬天下午三點多，光線就已經很暗了，必須再出去拿手電筒。再者因為往裡面查看時必須爬著進去，所以還得先把廢紙箱拆開鋪平，以便在紙板上爬行。

　　爬到最後轉角處時用電筒一照，忽然發現原來陽台底下的排水管沒有接好，留下了約十多公分的空隙，從屋簷順著排水管流下來的雨水都流到了牆板上，日積月累，把轉角的木板腐蝕了約六、七十公分，靠近水泥處的右上方腐蝕了一個大洞。這時才讓我恍然

大悟，原來動物是從這裡進入屋頂的。

　　既然找到了問題，只好想辦法去修補它。爬到最裡面，只能坐在地上挖開腐爛的木板、量尺寸、找材料、鋸、釘、補、接，下午用了約三個多鐘頭，終於把腐蝕的木頭挖掉，外面釘上了四塊木板，總算把漏洞填了起來。

　　然後把上面的水管拉下來，與下面的連接起來；看到自己的成果，真的好高興！滿身都是灰塵與蜘蛛網，也不在意了。

　　當我把陽台上面的排水管往下拉，試圖把它接上時，發現除了無法套緊外，還發現陽台上面又少了一段，下面雖然接起來了，但是上面卻還缺了一大截，唉！

　　最後，只好到 RONA 裝修工具店去買排水管，自己用剪刀裁減切割，然後把它套上去，並且買了防水膠布把接縫包起來，才算大功告成。

　　做完之後，喘了一口大氣，做個長工真不容易！不過，也有不少成就感——從沒學過木工及水電，卻也能解決不算小的問題。就只是彎腰爬到陽台底下去，卻不是人人願意的事，省錢還在其次，最主要的還是，請來的工匠未必能夠「立刻」幫你做。

　　這種興奮的成就感，是無法用修理費的高低去衡量的！

這只是陽台底下的入口處，裡面還更矮呢！　　木板接縫處腐蝕的圓洞。

10.2 我們的傻勁，怎能沒有她

　　有一天晚上，突然颳起了大風，把後院一棵枯樹吹倒，壓塌了我家三個月前剛做好的鐵網圍欄。看到那壓倒的慘狀，讓我難過了好一陣子，心想「怎麼辦呢？」

　　據說，那陣風讓溫哥華市區有近千戶停電。

仔細想：

· 打電話給整理花園的園丁，請他來幫忙鋸樹，並且整修圍欄。
· 到工具商去借電鋸，自己來把它鋸斷，然後買材料自己修理看看。
· 向隔鄰借工具，因為常看到他自己修補屋頂，建後院的工具間。
· 請對面鄰居過來看看，問他有什麼好主意，甚至出點錢請他來幫忙。

　　由於那幾天都在下雨，所以一直都在想，也沒有想到具體的解決辦法。下午沒下雨了，於是與太太相約，到後院去看看。等我們穿好雨靴，披上夾克走到圍欄前面，看到了鐵網被枯樹壓倒的實際情形。

　　那棵枯樹居然有十多公尺高，直徑約有三十多公分寬，把圍欄轉角處的兩側，壓塌了好幾公尺長，看來受損不輕。

枯樹壓倒圍欄。

試試看：

　　第二天上午略有晴意，我好奇地穿上工作服，戴上手套，順便拿了手鋸子與斧頭，看到底這些工具是否派得上用場。仔細端詳了

一下手鋸，約略只比枯樹直徑長了十來公分，看來似乎還可以用，於是嘗試著用手鋸在枯樹上鋸了兩下，又鋸了幾分鐘，發現還滿順利，居然鋸斷了五分之一。

「只要再鋸它三、四十分鐘，不就可以把它鋸斷了嗎？」我一面想，就毫不猶豫地繼續鋸著。鋸了四十分鐘之後發現，才鋸了三分之二，但已經腰痠臂痛手發麻了！

「自己能做得下去嗎？要不要找人幫忙呢？」接著又想：「再咬個牙，撐一下看看吧！」於是又接著鋸。約一個小時後，終於鋸斷了！高興的情形，真難以言喻。靜靜地望著鋸斷的枯樹，發呆了好一陣子。

要堅持：我用盡了力，想把鋸斷的那一截樹幹，推到被壓倒的圍籬外面去，但即使那一截只有整棵樹的三分之一，卻怎麼也推不動，只好作罷，回去請太太幫忙。

「一、二、三、推！」推的時候，當然是我們倆同時往外推。我特別把太座推的動作拍下來，讓大家看看這棵枯樹、圍欄，與周邊環境的關聯。

鋸斷樹幹。鋸子與樹幹的粗細比例，以及枯樹斷面。

我們一面喊，一面用力推，在太太跟我齊心合力之下，居然推動了！推了三、四次之後，竟把那一大段枯樹從壓倒的鐵網上，推到圍牆以外。這時候，我們倆相視而笑，興奮之情，難以任何文字去形容。

「你滿有勁的嘛！」我高興地讚賞她。因為平常在玩推碰遊

太太幫忙推。

戲時，她怎麼也推不過我，可是這次，沒有她還真不行。不只是很行，甚至更深深地體會出：「對我而言，沒有她，還真不行！」是我平時低估了她。

鋸斷了一截，另外的三分之二更長，鋸了半小時，還不到三分之一。「大不了再鋸它一個小時！」我想。於是第三天趁著沒下雨，就又繼續鋸。但這段枯樹除了更粗、更潮濕之外，手鋸也顯得更小、更難用得上力了。

沒想到這一回用了三次，共兩個小時，才完全鋸斷。鋸完之後，同樣，還是兩個人合力把更長更重的一段，平推了出去。

讓我們不只有大功告成之感，甚至有「什麼都難不倒我們」的感覺。

我們對剩下的鐵網修補工作，更多了不少信心，事實上也更有趣。原因是，鐵網彎了可以慢慢地用力拉直，壓彎了的鋁製立柱與橫梁，是利用後院樹林裡兩棵大樹把它拉直的。

成就感：最後的修補工作，就難不倒我了！鐵絲、鉗子、剪子、手套等，平時都隨時在用，只是低處要彎腰、高處要把手舉過頭頂，用力拉時還要頭與肩緊緊地頂著鋁柱，才能夠用鐵絲穿入網孔，接著把它扭緊。

沒想到，我們這一老一婦，只憑藉了簡單的手工具，靠著一股傻勁，用了四次的時間，終於把壓倒的鐵網圍欄修復完成了。

整修過後的欄杆，看起來跟新的一樣吧！

「真沒想到，我們做到

修圍欄，後續展開的修復工作。

了！我們真了不起！」

修復完成後的圍欄，以及圍欄內外的兩截枯樹幹。

這些照片，只是修復過程中的三分之一。在這篇文章中用了較多的照片，主要是想介紹修復時的艱辛、耐心、就地取材的用心以及夫妻通力合作去完成「既不屬於我們的工作，又未必我們該動手」的粗重活。

更值得一提的是，太太不但幫我做粗重的推拉樹幹工作，而且有空檔時還隨時拍照，記錄了我們努力的成果。

完成了圍欄的修復工作，讓我想到，在人生中，怎能界定、如何界定、由誰界定什麼事情「必須」是我們「應該」做的？又有哪些事情，「不應該」我們去做呢？

看到被我們的雙手恢復了原狀的圍欄，我倆都不約而同地展現出滿足而得意的微笑。

10.3 櫻，我好愛你

　　我們不應該因為對別人或陌生事物的不了解，或者在不「盡如人意」時，就決定「不喜歡」，甚至「除之洩憤」。因為不了解而不喜歡的人或事，未必沒有其特殊的存在價值！

　　原屋主種植在後院的櫻花樹，曾經被我用了三個小時給「腰斬」了，主要是因為十八年來，只看到樹葉茂密，卻花朵稀疏，若不仔細看幾乎不知道是櫻花樹。

　　尤其在秋季來臨時，滿院都是落葉，前一天剛掃完一半，第二天又撒落滿院。每次掃落葉時，都會鬱悶地自語著：「難道這棵樹的存在，只是讓我來掃落葉，當做運動？」

　　因為樹已經既高又大，如果鋸下來的枝幹不做切割或綑綁，每週負責清運「庭院枝葉」的專車就不會收取。所以我就把修剪及鋸斷了的七、八根樹枝，各約兩公尺長的上半截，拖曳到後院的林間，以「廢物利用」的方式，埋在與鄰居交界處，當做簡單的圍籬。

攔腰鋸斷的櫻花樹幹。

　　第二年春天，到後院的林間去整理圍籬及落葉時，忽然發現埋在地上那七、八根被鋸斷的櫻花樹枝上，居然開了不少朵櫻花，仔細觀察後發覺，每一根樹枝都有好幾個枝條，正綻放著那迷人的花朵，讓我感到驚奇。

櫻花樹枝插在松樹茂密的林地中，綻放的花朵之一。

讓我更驚訝的是，後院林間的陽光並不充足，雨水也無法直接澆灌到截斷了的枝幹底部，而且埋在地下的部分，也不過是三十公分左右疏鬆的表土裡，根本沒想到她仍能存活。看了這種現象，不但讓我驚訝，更讓我讚佩不已。

當我注視著那些花朵時，好像聽到了枝幹的吶喊聲：「即使我們被砍斷了，也還是要開出花朵來證明給

鋸下的櫻花樹枝，埋在後院林地間做了圍籬。

你看！」

　　於是就把這些奇蹟式的畫面都拍攝下來，一則仔細地觀察，二則跟家人與朋友們分享。

　　還不只如此，同一年五月以後，我們發現，被「腰斬」了的樹幹下半截，在光禿的樹幹上居然又冒出了嫩芽，後來還長出了細枝及寬闊的樹葉。

　　好像我又聽到了她堅毅的呼喊：「看！無論你之前是怎麼對待我的，我現在還不是又站起來啦！今後，我還會長得更高更茂盛的！」

　　後院幽暗林間那些奇蹟式的花朵，以及主幹下半截冒出來的枝葉，讓我既高興又欽佩。本來覺得這棵櫻樹只會長葉不會開花，而今看來，是因為我對這棵樹並不完全了解，才會覺得鄰居的櫻花都開花滿樹，而誤以為自己這棵不大會開花。

　　事實上，很多會開花的樹，未必長出很多的樹葉。同樣，樹葉多花朵少的樹，說不定花朵較大、花色較豔、花形較美。這就是她們不同的特色。

　　於是，這讓我想到「人心不同，各如其面」這句話，我們不應該因為對別人與陌生事物的不了解，或者在不「盡如人意」時，就決定「不喜歡」，甚至「除之洩憤」。

　　因為不了解而不喜歡的人或事，未必沒有其特殊的存在價值！

　　想到這裡，讓我不由自主地對著努力竄出細枝嫩葉的櫻樹，懇切地說：「櫻，我好愛你！」

430

10.4 搶救百合

　　為了要讓庭院多一些花卉，幾乎每年都要花點錢到花圃去買些多年生與一年生的花卉。日子久了，前後院的花卉就越來越多。再加上原屋主種植了不少多年生花樹，每年春天開始直到九月，每個月都有特定的花卉開放，讓九千平方英呎的庭園，變成了高貴林小鎮西林高地（Westwood Plateau）上的「石家花園」。

　　看到了加拿大東部專業花圃的促銷廣告，讓我覺得庭院中還缺了「百合花」，於是便郵購了三種百合，每一種買了兩至三顆球根，共種植了八株百合。

　　第二年春天，不但從地面上鑽出了嫩芽，而且逐漸長高，變成「樹狀」，而且開出了不同花色的鮮豔花朵。尤其，把它們種植在後院小餐廳的窗前，開花的一個月左右，隨時都可以觀賞到豔麗的花朵，聞到撲鼻的香氣。

　　可是，第三年的春天，忽然在前後院發現了「地鼠」，牠們把草坪挖了好幾個洞，最可惡的是，把很多「球根類」的花卉，如鬱金香、風信子以及百合的球根都吃掉了。原本種植的八株香水百合，只發現了一株有嫩芽冒出地面，其餘的都不見了。

　　這時忽然想到了一個辦法，何不把這株剛發芽的百合

多株齊綻。

移植到鐵網裡加以保護，讓她免於「鼠災」？於是立刻尋找適合的
材料及地點，開始了移植的準備工作。

單株多朵多苞。　　　　　　　　　　自製的方形鐵網及預定移植的位置。

　　沒想到，經過小心的移植、悉心的澆灌，最後居然連嫩芽都乾
枯了，白忙了春、夏兩個季節，讓我好難過。那麼美、那麼高、那
麼香、經過幾千公里郵購的百合，居然只開了一年。

　　平常我就有個「什麼都不想丟」的習慣，也許別人認為是「怪
毛病」。就因為有這個習慣，才沒把它丟掉，甚至把這株珍貴的百合，
在秋冬季節放到屋簷底下，並且在花盆上蓋滿了厚厚的落葉。只能
說是「死馬當作活馬醫」了。

　　到了春天，奇蹟出現了！這株百合居然冒出了嫩芽！經過夏季
的溫暖陽光、定期澆水與必要的施肥等照顧，唯一的百合日漸長得
亭亭玉立，沒過多久長出了一大串花苞，後來終於又開出了美豔又
迷人的花朵。

　　由於要從獨立屋搬到山下的公寓，實在捨不得就此把這棵樹狀
的香水百合放棄，於是趁著百合嫩芽剛冒出來，就選了一個較大的
花盆，並動手把嫩芽的最底部挖出來，盡量保持原來的土質，移到

花盆裡。

　　搬到公寓後的第二年春天，放在陽台上的那棵百合樹，又溢滿香氣地綻放了。

　　坐在臥室內，看著陽台上正在盡情綻放的美豔百合，嗅著濃濃的花香，喝杯香茶，品味著果香，真是一大享受。這已經是 2015 年的七月，搬到公寓的第二年。

公寓大樓陽台上的香水百合。

　　現在想來，這次為搶救百合所做的努力太值得了！雖然當時挖地、買盆栽土、移植等都花了不少時間，可是「竭盡全力，永不放棄」所得到的結果，卻早已抵銷了當時的辛勞與汗水。

10.5 常客黑熊

看到《世界日報》加西新聞，對近日來黑熊經常出現在溫哥華市郊的報導，使我聯想到晨泳好友所說，在家中後院看到黑熊的情景。可見，雖然冬季早已來臨，是野生動物及黑熊的冬眠時期，但是由於氣溫升高以及山林周圍的過度開發，使得黑熊的生存環境也隨著起了變化。本來不容易在冬季看到的黑熊，也頻頻出現在住家附近。

對於住在溫哥華高貴林山區的我家來說，常聽鄰居說，曾見過黑熊在住家前後院出現，甚至還建議要共同建立圍牆。但是經與另一位從加拿大東部搬來的鄰居 Allen 討論時，他認為沒有必要建圍牆，甚至強調，即使建了圍牆，黑熊也能夠輕易地爬過來。而且，黑熊的出現，是要找東西吃，只要你家沒有足以引誘野生動物過來的食物，牠很可能就不會來。

聽了 Allen 的說法，再加上當時我一直也沒看過熊到我家後院來，所以建造圍牆的事情，也就沒有下文了。

就在一個夏天的中午，我與內人終於第一次看到了黑熊。那是我們剛從超市回家，在遠處用遙控器打開車庫門時，突然看到一隻黑色的動物，牠聽到車庫開門的聲音而匆忙地往後院跑，這時我們才發現是一隻黑熊。於是趕緊跑到屋內，拿起相機把牠拍攝下來。雖然已經拍到，可是由於距離過遠，只拍到了遠處的背影。

從那次開始，不但使我感覺到黑熊已經離我們愈來愈近，甚至八月底的一個下午，午睡後突然發現後院的蘋果樹倒了，樹上所結約一百個快要成熟的蘋果，完全消失殆盡。當時我猜想可能是被熊吃掉了，但是內人卻認為也許是被鄰居的孩子摘走了，要不然怎會

一個都不剩？我無可奈何地只好再把蘋果樹撐起來，把半折斷的樹幹用木架撐住。

第二年的八月開始，後院的李子樹、梨樹以及蘋果樹，都結實纍纍。除只有李子樹是在八月底成熟外，蘋果仍只有五、六分熟度，而梨樹上的梨又少又青，距離採收的時間還早，並不擔心被野生動物吃掉。但由於前一年，蘋果樹曾疑似被黑熊推倒，所有果實瞬間消失，所以我倒是對蘋果樹較有戒心。每次在後院做完修剪或施肥之後，都會到蘋果樹下用鼻子聞聞，是否已經發散出果香味道。據說，只要有果類成熟，就會發出香味，尤其是黑熊這種野生動物，很遠都會聞得到而不辭遙遠地來吃。到了九月初，蘋果仍然只有七分熟，我也相信黑熊不會這樣早就來吃，於是也就疏忽了防熊。

直到有一天下午，我與內人剛從花圃買新的果樹回來，打開車庫門後，兩個人立刻把彎曲放在車座位裡的梨樹小心翼翼地拿出來。這時剛好家門口的垃圾已經收過，於是我把梨樹暫時放在門口，先把垃圾桶收進車庫，本想把梨樹搬到後院之後，再回來關車庫門，這也是以往買花買樹後的習慣動作。

「老公，不得了啦，趕快過來！」我還沒把垃圾袋放好，內人就一面從屋內跑到車庫，一面驚慌地大聲喊著：「你看，一隻大黑熊正在後院吃我們的蘋果！還好，你還沒到後院去，可把我嚇死了！」

原來內人進入屋內時，就先聽了一通電話留言，聽完留言內容才知道是隔壁鄰居 Allen 打過來的電話。他告訴我們有一隻黑熊，正在吃我們的蘋果，而且提醒我們要小心。於是內人趕快往後院看，結果，看到那隻黑熊仍然在大快朵頤地吃著。我也不管垃圾桶是否放好，跟著內人跑進屋內，抓起相機，拍下了在後院吃蘋果的大黑熊。

總算看到確實是熊吃掉了我們的蘋果。我一面照相，一面怪聲喊叫，希望把熊嚇走。然而只見黑熊慢慢地抬起頭來，嘴裡仍然在嚼食蘋果，隱約還可以看到蘋果的汁液從嘴邊留下來。

黑熊在吃我家後院的蘋果。

「趕快把鍋子拿過來，大聲敲響！」我似乎記得有人說過，關於與熊遭遇時的處置方式之一，就是製造各種聲音，於是我一面把玻璃窗打開，一面叫內人咚咚地敲鍋蓋。結果，這次黑熊仍然只是漫不經心地抬頭看看我們，便又繼續牠的新鮮蘋果大餐。

拍完熊吃蘋果的相片，我就立刻回電話給隔壁的老 Allen 致謝。從他口中得知，去年來吃我家蘋果的熊有兩隻，所以才把蘋果吃得光光的，而今年這隻黑熊大約才兩歲。他還說：「雖然我已經八十多歲了，但如果熊看到我在外面，我的肉仍然會比蘋果好吃。既然你家有蘋果，就讓牠盡量吃吧！等牠吃習慣了，就等於這些熊是你養的，或者當作是熊的好鄰居吧！」掛下電話，我心想，我與內人未必會這樣瀟灑吧！

黑熊離開後約一小時，我到蘋果樹旁查看了一下。除樹頂上還有十來個尚未成熟的蘋果外，其他約八分熟的蘋果，都已經被吃光。本想把剩下的幾個蘋果摘下來自己吃，但是一想，摘下來也是青的，又不能立刻吃，乾脆還是不摘算了，就把它都留給熊吃吧！說不定哪一天熊再來吃時，讓我們把牠的吃相看個夠，可以在生活中多增加一些野趣，只是平時在後院整理花園時要格外小心了。

查看完蘋果樹後反而想到，何不把剛買的梨樹種在蘋果樹附近，兩三年後，看看熊到底要選蘋果吃，還是選梨吃。因為剛好也有一位遠處的朋友告訴我們說，她家前院的新世紀梨，被熊吃掉了大半。

原來熊不只是吃蘋果，這樣看來，與熊為鄰的，就不只是我家了。

另一次黑熊光臨，剛好有幾位朋友在靠近後院的小餐廳打麻將，忽然看到黑熊跑到了窗前，引得大家立刻停止打牌，改看黑熊的動靜，這次我還把牠的動態錄製下來。

當黑熊出沒的秋季，黑熊主要是出來覓食，只要是能吃的牠都不會放棄，除了樹上的蘋果外，我家的李子也曾是牠們的最愛。有一次我剛好在陽台外面修剪李樹，忽然耳邊聽到鄰屋旁有怪聲音，爬下梯子一看，看見了黑熊正在杜鵑花叢繞著走，我趕緊輕輕地滑下梯子，爬入陽台，走進屋內。果然，黑熊走到李子樹下，但由於李子還沒接近成熟，所以牠便轉身走開了。

然而，沒有多久，接近李子成熟時，牠又現身了。但是，這次卻是在夜晚，把我們的李樹折斷，地上掉落了不少被黑熊吃剩的李子。

其實，黑熊下山覓食也存在著相當大的風險。由於住宅地區的開發越來越多，野生動物的生存空間逐漸減少，使牠們覓食的地方也越來越接近住宅區，一旦跟居民正面相對，大多還是居民受到傷害。然而，最後往往因為危害到居民生命安全，而使黑熊遭到環保人員射殺。

向我們凝視的黑熊。

基於這個理由，最後我還是把庭院內矮小的蘋果樹移除了，同時也在後院裝設了圍欄，至少降低了對野生動物的誘惑，更減少了牠們過於接近人群的機會。

10.6 庭院野生動物園

　　「庭院」，是指住在獨立屋且具有前後花園的自家院落，而「庭園」，在規模上似乎就大得多了，所以我還是保守一點，把自家院落稱為「庭院」──雖然它涵蓋了九千平方英呎的前後院和占約四分之一的保護林地。

　　至於「野生動物園」，是因為在我家的前後院及林地上，經常能看到一些野生動物，牠們或漫遊、或急馳、或飛翔、或小佇，讓生活中增添了不少野趣，住在這裡，就彷彿置身在一座小型動物園裡。

　　住了二十年的庭院，不但喜歡上了庭院裡的各種花卉，也更喜歡上了不定時出沒在庭院前後及周圍的一些野生動物。即使有些野生動物如松鼠、地鼠或浣熊，偶爾還會鑽入天花板，咬破了水管或電線，但畢竟牠們也是為了要找個比較好的庇護所。大體來說，牠們都是相當溫馴的，甚至人們還要怕牠們呢！

　　由於住在山上，居民的庭院都是開放式的，無論前院還是後院，也無分是否有林地或小溪，只要是有動物在覓食，牠們總是任自遨遊，走到哪裡就找到哪裡，找到哪裡就吃到哪裡，直到吃飽，或直到牠們想回洞穴。

　　我家庭院裡經常看到的野生動物，大致有下面幾種：

- **鹿**：分不出到底是梅花鹿還是馴鹿，只覺得牠們看起來好溫馴，即使你走近，最多也只是抬頭凝望你幾眼，接著就繼續遊動覓食。牠們最喜歡吃的就是植物的嫩芽，玫瑰花苞是牠們的最愛。有一次，鹿竟把我家前院的所有玫瑰花苞都吃光了，讓我們好心疼啊！

後院漫步的鹿。

- **土狼**：土狼大多在黃昏或夜晚出沒。在一個夏季黃昏，我們正在
  陽台上乘涼，忽然看到後院接近林地的邊緣出現了好幾隻土狼，
  看來牠們都很小心謹慎，只要聽到人聲或人語，牠們就不會輕易
  接近住處。尤其，土狼喜歡群體行動，很少有單隻出現的。

  土狼的另一個特色則是，牠們最愛侵害比牠們小的動物，有時，
  牠們會圍攻一隻小狗，或者是落單了的幼童。

土狼覓食時，另一隻則在守望。

• **蜂鳥**：據說，蜂鳥是世界上飛得最快的鳥，顏色漂亮而且身軀也最小，要想用普通的相機，以平常的攝影方法捕捉牠的影像相當困難。我家陽台的窗沿上，曾經掛過專門吸引蜂鳥的蜂蜜餌盤，可是每次看到牠一面飛，一面吸食蜜糖時，都是來去匆匆，稍縱即逝。

有一天，忽然在門口走廊的地上發現了一隻奄奄一息的蜂鳥，可能是因為不小心飛進屋頂的玻璃天窗，怎麼也飛不出去，而在玻璃上撞來撞去，最後精疲力竭而掉落在地上。我把牠捧起來，餵食了一些蜂蜜，大約半小時左右，牠竟然恢復生機，快速揮動翅膀後就又飛走了，而且還盤旋了好幾圈呢！

昏迷的蜂鳥，可能是從走廊玻璃天窗掉落在地上的。

• **知更鳥**：庭院裡的知更鳥特別多，雖然也像麻雀一樣，在院子裡的草地上跳來跳去，四處尋找昆蟲或蚯蚓吃，但體型要比麻雀大很多，而且羽毛的顏色也比較鮮豔。這種在北美常見的鳥類，曾在我們的庭院生活中，扮演了相當特殊的角色。也許是因為我家庭院草坪漂亮，花木繁茂，提供的生存空間較好所致，所以知更鳥曾經多次在我家築巢，舉凡屋簷下、紫藤枝幹間、杜鵑花叢、李子樹頂、

庭院樹叢中的知更鳥巢。

車庫旁的茶花樹叢，都曾是知更鳥哺育下一代的家。

仔細觀察後發現，鳥類的護犢親情不亞於人類，牠們產卵之後及孵卵期間，絕對不容許第三者走近鳥巢。我們每次進出家門，或者在庭院澆花，甚至在修剪花木時，只要接近鳥巢，牠們就會從我們的頭頂呼嘯飛過，

知更鳥在草地上與我們對望。

對我們構成威脅。最初，根本不知道牠們為何如此，多次之後才發現，原來鳥巢就在身旁，當我們暫時躲開一下時，鳥爸媽們仍然躲在屋頂，監視著我們的動向。

- 浣熊：浣熊的出沒，也是以覓食為主，而且大多在白天出現。常到我家的浣熊，主要是來吃後院及陽台上的李子，每逢八月底左右，牠們就會從四面八方而來，有些單獨，有些成群結

從隔壁鄰居家過來的浣熊隊伍。

隊地，順著陽台的欄杆往李子樹上爬，吃個夠。

我對浣熊，始終是敬而遠之，因為牠們看起來有點恐怖，有一次我想用竹竿驅趕牠們，牠們居然向我齜牙咧嘴的，由於害怕被咬傷，於是只好與牠們和平共處，每年秋初成熟的李子，都要算上牠們一份。另外，松鼠也是隨處可見的野生動物，而且還曾多次鑽到屋頂，其中有兩次居然還咬破了水管，對我們來說，松鼠是一種製造麻煩的小動物。

　　庭院裡除了上述的一些野生動物外，最初幾年還經常看到藍鳥，可是近年來卻很少見到了，而且與牠們的互動比較少。另外也會偶爾看到啄木鳥、野兔、蝴蝶等，但遇見的機會就更少了！

　　加拿大，算是野生動物的天堂，政府有法律明文規定，不得任意捕殺或傷害；即使是餵養，也會受到處罰。因此，住在有私人庭院的加國公民，都會盡量保護野生動物，也正因為如此，任何野生動物看到路人不會懼怕，甚至在公路上開車遇見牠們時，都要禮讓三分呢！

人，生老病死都只在一個地方，

還是要雲遊五湖四海任逍遙？

為什麼總有些人寧願遠走他鄉，

但卻又始終惦念著故鄉？

又怎麼會把他鄉視為異鄉，

卻又把異鄉當故鄉？

無論是在故鄉還是他鄉，誰都有自己的故事，

可是，久居他鄉及異鄉人們的故事，

總會有點不一樣，甚至充滿了感慨、思緒、愁緒與國族離緒……

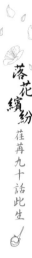

11.1 好體貼的老公

　　無論是夫妻或同事，只要雙方都多一些寬厚、通融與諒解，就什麼問題都不會發生。

　　一位在工作上認識的朋友，預定要讓兒子出國遊學一年。太太捨不得十六、七歲的兒子單獨遠渡重洋，先生又因職務較高、工作繁忙而無法陪同，所以太太只好放棄了工作，陪著兒子出國了。

　　出國一年屆滿，太太帶了兒子學成歸國，先生除親自到機場接機外，見面後更是親切有加。

　　「一年以來家裡面都好嗎？」在回家的路上，太太關心地問。

　　「都很好，你就盡量放心吧！」先生肯定地說。

　　等車開到家樓下，太太抬頭看了看已經離開一年的家，同時也看到了陽台曬衣架上，掛滿了她的衣服，內心感到既溫馨又高興。「先生知道我要回來，連我的衣服都洗好了！」內心的喜悅，溢於言表。

　　等回到家中一切安頓就緒後，她到陽台去拿要換洗的衣服。

　　「啊呀！」她突然驚叫一聲。

　　原來掛在曬衣架上的那些衣服，是她出國時忘記拿下來的，臨上飛機前，她還曾叮嚀先生，回家時要幫她收下來。結果……

　　這也是一輩子的夫妻，他們都很恩愛。夫妻之間，總會有一個人什麼都管，管得很開心，而且管得無微不至；另一個人，則可以只管某些事情，其他事情可以什麼都不管，而且還相處得水乳交融。

　　只要負責承擔的一方沒有怨言，就會平安無事的度此一生。

　　這不是很好嗎？

11.2 可憐與體貼

夫妻之間或企業內，對上司、對主管、對同仁等，真的要特別重視對方在「溝通認知」上的感受，才不至於使「好意」反而變成「誤解」。

早晨七點半左右我睡醒時，已經看到內人正背對著我專注地看網路新聞。

「你幾點鐘起來的？」我睡眼惺忪地問她。

「六點多吧！」她頭也沒回，輕緩地說：「我本來想在床邊打開熱水瓶喝水的，結果還是到隔壁的客房去喝的，主要是看你睡得好香，不敢把你吵醒。」

因為那個熱水瓶是旅行用的，一定先要按下中間的按鈕，水才能往外流，每次按下按鈕時，都會聽到喀嚓一聲。

「好可憐呢！」我同情地說，心想：「連喝水都不能坐在自己床邊的椅子上。」

「哼！」她有點不耐地說：「你都不會說一句『好體貼』！」

我愣著了……

我是以同情的口吻說「好可憐！」，她卻覺得我這樣說對她不夠體貼。

「好體貼」與「好可憐」之間，只有兩個字之差，在溝通時的認知上、感受上、結果上，居然有這麼大的差異。

可見，夫妻之間尚且如此，在企業內擔任人資工作，對上司、對部門主管、對同仁等，真的要特別重視對方在「溝通認知」上的

感受，才不至於使「好意」反而變成「誤解」。

更重要的是，我們在語言文字的選擇上，取決於運用的時機與情境，如果慎重細心一點，或能減少難以預期的誤解。

從這個實例上，自己到底應該說「好體貼」，還是「好可憐」呢？相信你比我更清楚！

11.3 到底應該怎麼說

　　電話響了，太太說：「你去接！」

　　幾乎每次有電話來，太太都讓我來接，一方面她懶得講英文，另方面也比較內向。

　　「親愛的顧客您好，本店將於二月十六日上午九點到下午五點，對會員客戶特價一天，所有店內產品一律六折優待，而且從十一點開始，每小時有摸彩一次。希望您不要錯過這次的好機會！」原來是推銷廣告。

　　「是誰來的電話，你只聽不講？」太太好奇的問。

　　「就是妳常去買衣服的那家服裝店，下週五打六折，還有摸獎。」我就把大概情形跟她說了一下，順便問她：「要不要去看看？」

　　「下禮拜五？」她猶豫了一下說：「還是不去吧！」

　　「你看！」我打趣著說：「有買新衣的機會，先生不但把推銷廣告跟太太說，還鼓勵太太去買呢！這種先生多好！」

　　「你算了吧！」她不以為然地說：「應該說，這種太太多好，先生讓她去買新衣服，太太都不去！」

　　我聽了之後，立刻愣著了。心想，居然好心沒好報，不但不領情，還被訓了一頓。

　　「這種說法也對呀！為什麼不把功勞順手讓給太太呢？」繼而一想，何不站在她的立場往好處想。

　　為人處事，真的很不容易。要建立良好的人際關係，要提升自己的修養及素質，即使是很簡單的一句話，也需要認真地去思考與推敲，人與人之間才能塑造出和諧的關係。

　　要做得恰到好處，真的很不容易呢！

11.4 誰再來晚餐

對於好吃的、好看的、好聽的、工作上有好表現的同事，不僅要「好在心裡」，更要把讚美適時地「掛在嘴邊」。這樣做，不只是對他人成就的立刻認同，尤其是一種出自內心的正面回饋呢！

每次我們這些晨泳的好朋友們在餐廳聚會時，都會對餐廳的菜色或口味挑三揀四的，因為幾乎每一位家庭主婦都是廚房中的高手。

但是提到麵食時，我都會說，太太做的麵食很拿手，而且平時又願意做。尤其，每次我們自己好奇地到外面的麵食餐廳用餐時，幾乎都會感覺到失望，所以經常在家裡做些麵食存放在冰箱裡，不但可以隨時拿出來吃，更常在朋友臨時來吃便飯時派上用場。所吃的當然也都是拿手的麵食，如水餃、蒸餃、包子、韭菜盒、蔥油餅等。

有一次，一位剛從美國搬到溫哥華的老朋友，下午拜訪了我們的鄰居後，突然打電話說要到我家聊聊天，我們當然歡迎，也剛好可以歡敘別情。

聊到六點多了，仍然興致很高，朋友並沒有離開的樣子，於是我就商請內人留他們夫婦在家吃飯，內人臨時準備了韭菜盒、綠豆稀飯、炒泡菜和炒酸豆角。

從開始吃飯，到吃完為止，他們夫婦倆就一直讚不絕口地說：「好吃，真好吃！韭菜盒的餡真香！」

朋友離開後，內人興奮地說：「下次什麼時候，要再請誰來晚餐呢？」

「為什麼呢？」我驚訝地問。

「你一天到晚到處吹牛，說自家做得好吃，你看剛才別人一面

吃，一面讚不絕口，但是在家中卻從來沒聽你主動說過一句『好吃』的話，當然要多請別人來家吃飯，才有成就感哪！」

這時我才想到，以前每逢內人做了新菜，都會問我一句：「好不好吃？」每次她問完，我都會很高興地說：「好吃，真好吃！」

「既然好吃，你怎麼都不主動說一聲呢？」每次我說完，她都是噘著嘴，有點責備地說。

從美國剛搬到溫哥華的那對夫婦，剛好又提醒了我，對於好吃的、好看的、好聽的、工作上有好表現的同事，不僅要「好在心裡」，更要把讚美適時地「掛在嘴邊」。這樣做，不只是對他人成就的立刻認同，尤其是一種出自內心的正面回饋呢！

11.5 空手「搶銀行」：「嘗試」無所不能

　　最近由於好朋友要出國一段時間，除了家裡需要照顧外，他們正在讀九年級（國三）小女兒的功課也需要協助，於是希望我們住到他家幫忙照料。好朋友有需要，我一向樂意幫忙，因此，立刻就答應了。

　　女孩上學之後，我們經常到附近不同的街巷散步，一則健身，二則藉此熟悉這邊的住家環境、建築風格、公共設施，甚至是市場商號。這次出去散步，照例只想在附近的巷弄走走，除了帶鑰匙，當然身上不會帶任何證件或金錢。

　　因為天氣好，走路的興致也高，居然無意間繞到了市區。凡是走到街上，內人都會到服裝店逛逛，而且幾乎每次都不會空手而回。這次，她又看中了一件衣服。

　　「我看到了一件很適合的 T-Shirt，買下來好吧？」內人說。

　　「我們沒帶錢哪！」我提醒她。當然我也有點不想買。

　　「旁邊有我們開戶銀行的分行，何不到銀行去試試看？」看來她很認真呢。

　　「別開玩笑了！」我調侃著回答她：「存摺沒帶，任何身分證件也沒有，那怎麼行，你想搶銀行？」

　　「試試看嘛！」她有點急了。同時，就拉著我往銀行走去。

　　「我們出來散步，沒帶任何證件，但是我們急著想用錢，能不能讓我們只提五十加元？」我誠懇地向櫃台小姐說。

　　她看了看我，猶豫了一下，又瞧了我太太一眼，問著：「請告

訴我你的姓名全名好嗎？我試試看。」看來，她有點想幫忙。

我把姓名告訴了她，她在電腦銀幕上查閱著，接著又問我：「你住家電話幾號呢？」我也跟她說了。

「好的，可以，請稍等。」我聽了以後出乎意外地高興。同時，她連提款單都幫我填好了，只要簽個名。

錢拿到了，像是奇蹟。真沒想到！

「不去嘗試，怎知道行不通！」這是我以往在工作上最喜歡講的一句話。今天，自己更印證了「嘗試」的企圖與結果。

這種水準的客戶服務，在國內，真不知道哪天才能做得到？

11.6 舊愛勝新歡

　　「舊的不去，新的不來」這句話該做反向修正了，看來，我們「喜新厭舊」的習慣，似乎也該改為「舊愛勝新歡」才對。

　　幾年前的春節，兒子送給我一台新的富士 FinePix 500 數位相機。這幾年來，用它拍了不下數千張精美照片，有些照片還曾在部落格上獲得「精選」。當然，更讓我們留下了不少甜美而難忘的生活記憶。

　　有一次，忽然數位相機的感應線圈出了問題，拍照對焦時，取景視窗看到的是五色雜陳，拍出來的照片更像是抽象畫，對於喜歡照相的我來說，沒有相機實在是一件痛苦的事。於是到處詢問、查詢、求救，根據照相館專業人士的說法，修理或更換感應器的價錢，幾乎跟買一台新相機差不多。

　　在買與不買之間，讓我很難抉擇，到底要買靈巧的小型相機，還是買比 FinePix 500 更好的單眼相機呢？

　　正在猶豫不決之際，忽然想到我還有一台二十多年前買的傳統手動 Canon 單眼相機，「何不拿出來用用看？」我想。因為舊相機已經被束之高閣有十來年之久了。

　　當我拿出相機一看，裡面還有未照完的膠捲，底片的感光度是富士 400，於是很快地把它照完，並立刻拿去沖洗，看看老舊相機中的過期底片能拍出什麼樣的相片。

　　照片沖洗出來之後竟出乎意外地發現，過期好幾年的底片，居然還能沖洗出不錯的照片。照片的拍攝日期早已不記得了，看來雖顏色略有退色，花苞及花朵卻仍鮮豔。

　　於是，興奮地又去買了兩捲四百度的底片，繼續體驗完全手動

拍攝照片的樂趣。調焦距、調速度、調距離、調光圈，逐一重新操作，居然拍出了令人驚喜的美景。下面的照片，就是新買底片之後，用 Canon AT-1 標準鏡頭 FD 50mm 1:1.4 拍攝的。

舊式膠捲拍出的李子花朵。　　　　　　　　後院的鬱金香。

　　另外，後院香水百合的嫩芽，在老相機的鏡頭下，也顯得相當出色。

香水百合的嫩芽。

　　看到這些照片，決定不再買新的數位相機。同時我認為，「舊的不去，新的不來」這句話該做反向修正了，我們「喜新厭舊」的

習慣，似乎也該改為「舊愛勝新歡」才對。

　　書架上，隔一段時間就會增加一、兩本新書，然而，舊書能完全看完的畢竟不多，甚至有不少新書，也只看過幾頁而已。那些舊書，何曾喊冤？

　　每次去超市，都會買些肉類、蔬菜、水果等，可是，只要翻動冰箱或冷凍庫就會發現，裡面有不少東西，半年以上都沒動過。怎麼不先把冰箱裡面的東西消耗掉，就一直在買新的呢？

　　我們常看到這句話：「人生最重要的就是老妻、老友、老狗」。

　　現在，我要加上一個：「老相機」！

11.7 仲夏登峰祖孫情

2012 年八月初，兒孫們來看我們時，曾特別安排了在溫哥華著名滑雪勝地惠斯勒（Whistler）五天的深度旅遊。因為孫子與孫女從來沒有看過雪，為了讓兒孫們可以更痛快地看雪、賞雪、玩雪，同時也想把兒孫來訪的精彩照片早點跟住在西安的妹妹分享，因此，我們購買了全程的纜車票，包括了驚險刺激的「登頂直達纜車」（Peak Express）。

在炎夏要想看到雪，當然要到緯度較高的山上，前往山上大多是搭乘纜車。在加拿大，幾乎每個大都市都有這種滑雪勝地。在曾經舉辦過冬季奧運的溫哥華，無論在滑雪設施或交通上，都達到世界水準，才能獲得肯定。

纜車道的規畫十分完善，由於夏季沒有滑雪，所以純為「觀光」用的纜車，除有廂型纜車載送遊客上下山之外，另還可從山上轉乘連接惠斯勒山（Whistler Mountain）和黑梳山（Blackcomb Mountain）的「峰頂纜車」（Peak 2 Peak）或直達惠斯勒山頂的「登頂直達纜車」（Peak Express）。這兩條纜車路線既高又陡更險，工程相當浩大，景色也更迷人。

由於登頂直達纜車不是廂型，只有座椅、腳踏板及前面的橫桿，坐在上面時只有緊握橫桿，別無其它安全設置，因此膽小的人甚至還不敢坐。孫女跟我及內人坐同一車，她剛滿六歲，身高勉強合格。纜車向上爬升，只見高聳的樹頂不斷在我們腳下越過，孫女興奮地一直喊叫著，而且還跟後面纜車上的父母打招呼，我和太太好擔心她是因為緊張才一直喊叫，所以只好緊緊地抓著她。

　　到達山頂後，我們先拍了一張合照，然後才分頭到自己喜愛的
雪地玩雪。

太太跟孫女在登頂纜車上。

　　孩子們玩雪的激動，可以從他們的呼喊、驚訝及興奮的表情中
看到，距離雪地再遠也不怕、玩雪時再冷也不覺得、雪地再滑也不
擔心。

　　「下次一定要戴防水手套，玩個夠！」小孫子玩雪玩了一段時
間之後，覺得手被凍僵了，不
得不停止，一面站起來擺個拍
照的姿勢，一面跟我說。

　　從峰頂到山巔，是這個滑
雪勝地的最高點，可以瞭望整
個滑雪場及飲食服務區，頂上
還特別用石塊建造了 2010 冬

我們在「惠斯勒」山上的全家福。

奧標誌。下山前，我們又抓住了
這個難得的機會，在冬奧標誌前
拍照留念。

下山時，我們乘坐「峰頂纜
車」，孫女斬釘截鐵地說：「我
還要再來！」當然，我們的全家
福就是最好的見證。

玩雪好開心。

溫哥華最高、最值得留念的全家福。

11.8 遊樂場上的老玩伴

　　面對陌生的事物，如果從來沒有嘗試過，在嘗試的過程中，也沒有適當的引導、示範及練習，肯定會在恐懼中收場，甚至還會造成將來的排斥。

　　每次孫子們過來玩，他們最喜歡的地方就是兒童遊樂場。除了住家旁小學的遊樂場以外，幾乎每到一個公園，都想到公園裡的兒童遊樂場去玩玩。全家老小都喜歡的遊樂設施，反而是這個大轉輪，看，大人幫孩子們推著轉，孩子們就樂翻了！

遊樂場上好開心。

照例，早晨還等不及吃早飯，也等不及穿好衣服，就拉著爺爺帶他們去遊樂場玩。說也奇怪，由於我們經常都是開車經過住家旁小學的遊樂場，或者只在運動場上散步，既沒專門到遊樂場去玩，也沒有靠近去看，這次帶他們來玩時，居然發現裡面煥然一新，也增加了不少遊樂設施。

　　由此可見，距你最近的地方，未必就是足能引起注意的地方，除非它的重要性跟你息息相關。

　　小孫女最喜歡盪鞦韆，而且每次第一個玩的遊樂器材一定是盪鞦韆。當然，既想盪得高，高了又害怕，所以媽媽總是當推手，讓她高興得大聲驚叫，也讓她開心大笑。

　　小孫子雖然比妹妹大四歲，可是他的膽量卻沒有妹妹大，他通常選一些比較簡單且安全性較低的器材。這次，他選了旋轉的大碗，懶懶地躺在碗裡，笑呵呵地喊著：「再推快一點！」

奶奶幫康康推著旋轉大碗。

　　一個半小時，小孫女已經玩過了好幾種設施，小孫子不是常跟妹妹搗亂，就是在旁邊說風涼話。他最得意的事情就是，一面看著

妹妹玩，一面不停地說著：「我是這個遊樂場的播報員，現在請看她下一個垂直溜滑梯的表演。」

他們在玩時，剛好看到一個跟孫女一樣大的小女孩，吃力地爬到吊架上，兩隻手交互前進，沒幾秒鐘就爬到對面。

「恩恩，你看，她爬得好快，你也試試看吧！」我們都慫恿她去爬，然而怎麼說她也不去，雖然我把她抱到上面，她也只是呼喊著要下來，即使我抱著她爬，她仍然依賴著我的力量，害怕地直喊著要下來。

由此可見，面對陌生的事物，如果從來沒有嘗試過，在嘗試的過程中，也沒有適當的引導、示範及練習，肯定會在恐懼中收場，甚至還會造成將來的排斥。

「其實，家長們可以站得遠一點看就夠了，不必緊靠在一旁幫她、抱她、拉她。」我剛把她放下，旁邊一位先生跟我說：「你這樣反而讓她失去了自我摸索及體驗的機會。」

「對呀，我們怎麼都沒想到呢？」我們只怕她摔下來，只顧溺愛而緊緊地跟在旁邊，甚至還拉著、抱著、推著的。

玩伴爺爺及害怕的恩恩。

11.9 露營帳篷不露營

小孫子前年到溫哥華來時就說過,下次暑假過來時一定要住露營帳篷。結果,我們在前一年的秋天就把帳篷買好了。

她們上週到達後,有好幾天都是陰雨,孫子孫女什麼地方都不想去,一心一意地只是想著要搭帳篷露營。

兩天大雨後,後院的草地溼答答的,不但帳篷四周難以固定,而且底下要多墊點東西才不會太濕。嘗試過之後,最後決定把帳篷搭在陽台上。

我自己搭帳篷還是第一次,所以看了很久的說明書之後才開始搭撐。為使孩子們有參與感,也讓他們幫忙搭建。

帳篷搭好之後,孫子及孫女都高興極了,第一件事就是先把一堆玩具放進帳篷。我問他們:「把那麼多玩具放進帳篷,晚上怎麼睡呀?」

「我要搭帳篷,本來就是要在裡面玩的!」他們胸有成竹地說:「在墊被上玩玩具,好好玩呢!而且看得更清楚!」

「既然這樣,我也想進來玩你們的玩具。」說著,我們也都鑽進了露營帳篷。

他們還沒來溫哥華以前,我和太太還一直在討論,到底帳篷要架設在後院的樹林裡,還是草地上,原來他們只是想在帳篷裡玩玩具,而不是晚上在裡面露營。

這到底是孩子對帳篷的好奇與創意,還是我們腦子裡對帳篷的刻板印象?

搭帳篷開心地玩。

11.10 祖孫連心

　　奶奶跟六歲半的小孫子康康，半年多沒見面，祖孫顯得特別親暱，甚至每逢週末都要跟奶奶一起睡覺，而且剛到週一，嘴裡就不斷的碎碎念著：「今天是禮拜一，再等四天我又要跟奶奶睡了。」

　　康康會跟奶奶一起睡覺，最初是因為他晚上睡覺經常踢被子，因而也常常感冒咳嗽。後來經過幾天跟奶奶一起睡之後，感冒的次數果然減少了。

　　雖然康康大多都還是自己一個人睡，可是無分夜晚或清晨，他只要有咳嗽，奶奶都會聽得到，而且還會立刻過去幫他蓋被子。

祖孫連心。

　　平常出去玩，康康也常常黏在奶奶身邊撒嬌。例如，之前全家去兆豐農場玩，第二天清早，康康就拉著奶奶去看門前池塘裡的錦鯉，然後就一直陪著奶奶聊天。從照片上就可以看出，這祖孫倆，多開心，多親近！

　　相處了兩個多月後終於又要離開一段時間。在機場送行時，康康眼睛裡的淚水，幾乎就要奪眶而出了。你看，康康多麼依依不捨！

康康捨不得奶奶。

　　照片有點模糊，也可能是受到他們依依離情的影響吧！

「我怎麼沒聽見康康咳嗽的聲音？」清晨起床時，奶奶在床上驚訝地叫著說。

「啊！原來我不在台灣，當然聽不見了！」奶奶望望四周景物，終於發現了！

落花繽紛

荏苒九十話此生

11.11 最珍貴的父親節禮物

在溫哥華，父親節當天，收到兒子的信，要比任何禮物都重要。

親愛的老爸

父親節快樂！

剛剛您還在睡午覺，不好意思吵醒您。就只好先請老媽轉告！

今年的父親節感覺很特別，還是第一次收到賀卡呢！兩個小朋友都各畫了卡片給我。這讓我感覺到，這次去溫哥華，不只是家庭團聚而已，更把我跟小朋友的關係也修復了。尤其，也感覺到他們又長大了很多。

即使是很多的陳年往事，但在父親節這天仍很樂意再次提起。您從最早帶著我打桌球、羽毛球、游泳，又讓我學鋼琴，更曾讓我參加各種夏令營，在唸書方面也不斷給我引導、鼓勵、支持我一路唸到碩士，選擇工作到換工作、甚至選擇對象結婚、買房子等都給了我好多幫助。到現在還協助我如何與小孩相處，我該跟您學習的事情還好多好多呢！

也因為這樣，我已經聽您的建議，每天跑操場都在進步，今天已經跑完了六圈呢！不是內圈喔！我也要跟您一樣好好保養，給孩子們又長、又久、又好的支持！

在這個特別日子，我們雖分隔兩地，卻絲毫不減我對您的感謝。

祝您，父親節快樂，健康平安！

您的兒子，2013 年 8 月 8 日

收到了他的父親節祝賀，讓我也深有所感地給他發了這樣的一

份電子郵件：

　　貼心的柏修

　　看了你的父親節祝賀，感到既高興又驕傲，因為這是今年收到最有價值的一封信及祝賀。謝謝你這麼貼心！

　　孩子們給你的賀卡色彩豐富，相當有創意，讓我覺得他們也真的長大不少；當然，也多靠瑾慧的悉心教導。

　　說到往年讓你盡量參加各種活動，都在啟發不同領域的興趣及能力。也許當時你們未必樂意接受，到成年以後才逐漸感到它的益處。因此，趕緊讓康恩參加一些益智、藝文，或技能方面的課外活動，至少可以開拓生活空間與視野，也可以讓瑾慧有更多時間照顧她媽媽。

　　很高興看到你持續運動的習慣。我要補充的是，只要持之以恆，每天跑五圈左右就可以了，無需太多，因為運動過度也會造成勞累與膝蓋磨損的。

　　謝謝你的關心，經過了長途飛行之後已經休息了一個多星期，我們已經恢復了平常的生活，前天也開始了照常的游泳。明天去看家醫，了解檢查結果。不過，我自己也知道得差不多了。應該還好，不必煩心！

　　　　　　　　　　　　　　　　　　　　老爸

11.12 貓咪與輕煙

養兒育女本來就是在還債，等債務還清了，自己也就像一縷輕煙，只有有心的子女才看得見。任何事只有自求多福了！

一天下午，剛好想去看看多年老友阿昌，主要是想知道他在秋末怎樣修剪果樹，以便讓第二年能結較多的果實。

談到阿昌，可以說他是個處在「全年無休」狀態的人，我們隨時去，他隨時在家。有時，如果按門鈴沒人接應，我們也經常會直接走到後院，因為他家面對著庭院的客廳、餐廳或書房，都可以看得到他。

奇怪的是，這次除按了三次電鈴仍然沒有回應外，即使到了後院也仍然找不到人。於是我與內人就直接到後院的蘋果樹下，去看他的蘋果樹修剪情形。

結果發現，他的蘋果樹不但還沒有修剪，樹上還掛著不少鮮紅的蘋果。順手採摘了兩個，味道甜脆。因為蘋果已經很熟，在我們一面看樹，一面採著吃時，不小心也碰掉了幾個，為免浪費就把掉落在地上的蘋果捧在雙手，準備一併帶回去，等回家後再打電話給他。

正當我們要離開後院時，看到屋內有人影走動著，原來是阿昌的父親到廚房拿東西，同時他也看到了我們。

「伯父您好！好久沒見了呢！」我們跟老伯見過很多次，也有好幾次在他家吃飯及烤肉，所以我親切地問他：「只有您在家？阿昌他們呢？」

「我不知道哇！他們到哪裡去，向來都不跟我說的。」他手中拿著個小盤子，盤子裡好像有一塊蛋糕似的，聲音低沉緩慢地說：「我

好像聽到有電鈴響，要去開門時又不響了。要不要進來坐？」

「不要了，謝謝您。」於是我就把手裡的蘋果給他看，並補充說：「我是來看你家蘋果樹的，今年你們結了不少蘋果，而且還很好吃呢！您嚐過自己家的蘋果了吧？」說著我便拿了兩個蘋果給他。

「這是我們家的蘋果嗎？」他一面端詳著我送到面前的蘋果，一面半信半疑地說：「我根本不知道我們家還有這樣好的蘋果，九十多歲的人了，誰還願意理我？」在他的口吻中，流露出深沉的淒涼與孤獨。

「不會啦，也許阿昌他們認為自己後院的蘋果不好吃，才沒拿給您吃呢！」我趕忙幫阿昌解釋，同時還拿了兩三個給他。

「怎麼不會？這幾年來，好像家裡沒有我這個人似的。」

「昨天下午你到哪裡去了？你家的蘋果幾乎都被我摘光了！」第二天，我給阿昌打電話時跟他開玩笑說。

「我並沒出門，也許當時我正在樓上跟女兒商量，要怎樣領養一隻貓咪吧！」他解釋說：「我女兒好像聽到有電鈴在響，我似乎沒聽得很清楚，所以也就沒去管它了！」

講完電話，使我感觸良深。而且不斷地想：「如果將來我也像阿昌他爹這樣，我真的不想活到他這個年紀。活到連貓咪都比自己重要，生命已經失去它的意義。」

「聽說，老伯父喪偶後有不少人幫他介紹對象，他都推掉了，理由是要全心把阿昌他們兄弟們照顧好。」內人看我靜思不語，她也感嘆地說：「養兒育女本來就是在還債，等債務還清了，自己也就像一縷輕煙，只有有心的子女才看得見。任何事只有自求多福了！」

說的也是，父女在樓上專心地談論領養貓咪，爺爺的存在自然會視而不見，電鈴響聲當然更無須關注了。

內人所說的「一縷輕煙」，倒是滿有詩意的，可是無論如何，也引不起我的詩興。

11.13 我的癌症「畢業」感言

只要自己樂觀，堅持，沒有任何事情可以戰勝你！

我畢業了！！

2010 年的六月，我在不知不覺中參加了「癌症俱樂部」，因為經過了泌尿科專科醫生的切片檢查，他告訴我說：「你患了攝護腺癌，我將立刻把所有檢驗資料發到癌症中心，該中心將於收到資料後，會指派適當醫生先研讀相關資料，約兩個月左右就會通知你如何治療。」

癌症專科醫師通知我看診時，是在 2010 年 8 月，除告訴我確認是第一期 A（Stage one - A）之外，也隨即展開了一系列的治療，其中包括了先吃藥三個月，盡量把癌細胞的範圍縮小，接著於十一月起開始接受三十七次的放射治療。週一至週五每天去醫院。

在放射治療之前，醫生必需先要拍攝攝護腺內的患癌部位，並且從肛門深入儀器，進行手術，把一個小小的金屬片放到患癌部位的中心點，當作放射治療時的指標。在手術開始前，醫生曾把詳細過程跟我解釋，而進

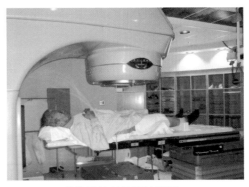

我接受放射治療的情形。

行手術時，醫生則開始跟我聊天，問我以前曾擔任過什麼工作？最大的樂趣是什麼？當我正說得津津有味時，醫生打斷了我的話題跟我說：「植入金屬片的手術已經完成了，從今開始，你已經是個富有之人，因為那個金屬片是純金的呢！」

在這種情境下完成了本來令人驚恐的植入手術，讓我對醫生、護士們的手術技巧感到欽佩。無痛、快速、分散病患的注意力！

在三十七次的放射治療過程中，確實讓我體驗到罹患癌症在心靈上及身體上所造成的損傷。然而，我更知道，痛苦、消沉、沮喪，並無濟於事，只有坦然面對！

2011年一月初放射治療全部完成後，又繼續接受每四個月一次的注射治療。最後一次注射是我把針藥帶去台灣，於二月底在榮總注射的。

在第二次的年度複診時，癌症醫生跟我說：「恭喜你，你畢業了！今後不需要每年再來複診，只要每半年抽血檢驗PSA一次，交由家庭醫生處理即可！」我聽了當然高興，因為我一直都「樂觀」地認為，那也許是泌尿專科醫生的「誤診」呢！

在最後一次的放射治療後，治療師還特別跟我合照，當做畢業證書一樣的紀念。

當然，最重要的還是要跟最關心、關愛、關注我的親朋好友們說：「感謝你們對我的關愛及支持，請你們完全放心，我會更愛你們的！」

只要自己樂觀，堅持，沒有任何事情可以戰勝你！

我與放射治療師Merilin的合影，因為我們已經成為朋友。

11.14 義工我愛你

　　我不大記得「義工」這個名詞從什麼時候出現，只記得約十多年前，曾認識過幾位義工朋友，從那時開始，我就對義工產生了好感。

　　到了加拿大，對義工有了比較深入的了解。高中生、家庭主婦、在職員工、退休人士、宗教團體等都投身義工行列，但除了退休及宗教人士們的投入視為「奉獻」之外，其餘幾乎都把擔任義工的經歷當作重要的求學、求職的「條件」之一。因此，募捐靠義工、義賣有義工，舉辦活動、選舉拉票、舉辦奧運等，都需要不少義工的投入。

　　因為罹患前列腺癌，醫生抱著「除瘤務盡」的想法，於是安排我做放射治療，連續 37 次，持續七週。

　　於是，我的問題來了——住家至醫院開車需要 50 分鐘，路線不熟，又逢初冬，多雨天寒，雖然最初幾次都是搭公車及捷運前往醫院，可總不是長久之計。

　　向醫院服務台提到時間安排的困難時，他們告訴我可以打電話給「駕駛義工」，請他們接送。跟內人討論之後，我硬著頭皮打電話過去，之後「駕駛義工」回電，並且告訴我，週一上午 11 時到我家來接我去醫院。

　　當天來接我的人名叫 June，是一位已退休十年的女士，她擔任駕駛義工已經七年。在往返的路上，她跟我聊著輕鬆的生活話題，讓我在車上不覺得枯燥。從那次以後，都是由駕駛義工接送我往返醫院。

　　有時，他們一次接送兩三位病患，送我們到醫院之後，再等大

家全部治療完畢，又同車分別送回。

　　讓我感到既貼心又溫馨的，就是他們從不用「病患」來稱呼我，而以「客戶」代替。他們不但開車十分小心，甚至還幫病患開車門，協助病患上下車。有一位義工駕駛還在車上準備了小板凳，方便矮小者上下車。

　　最讓我感動的就是，他們的年齡除了只有一、兩位不到 65 歲以外，其餘都是 70 歲以上。

　　接送我次數最多的一位，名叫 Victor，他已經 76 歲，又高又胖，還是個殘障者。我們下車後，他要把車開到停車場，手持拐杖，歪瘸地走回來；等我們都治療完成，他請我們在門口等，自己又一瘸一瘸地走回停車場，把車開過來接我們。

　　他這種不顧自己殘障，熱誠助人的精神，又豈止是「感動」二字能表達於萬一。

　　我好愛你們，可佩可敬的駕駛義工們！

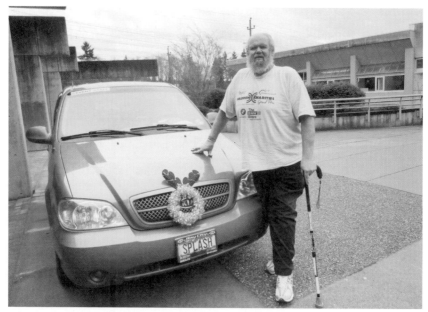

接送癌症「客戶」的義工駕駛之一 Victor。

11.15 防癌募款義工的感受

　　四月分的水仙花，是「加拿大癌症協會」的標誌，因此，四月也是加拿大的「抗癌活動專月」。在這個月分中，最主要的活動就是全國各地都展開募捐運動。

　　由於我在三年前曾經罹患攝護腺癌，經過一年多的診斷、放射治療、藥物治療，才能順利痊癒。尤其是在放射治療過程中，受到了高齡義工每週五天的專車接送，更讓我下定決心做某種回饋，一方面開始買彩券，中大獎後可以為醫院添購義工專車，另方面則找機會充當義工。買獎券，畢竟中獎的運氣太少，只好盡快找尋擔任義工的機會。

　　於是，四月初「抗癌活動專月」開始，我就立刻去登記擔任募捐志工，很快地也收到了防癌協會當地分會的通知，讓我在半個月內完成住家附近一條街四十戶鄰居的募款。興奮之餘，我還把這個消息發布到臉書的動態上，當然也希望藉此能把募款的範圍加以延伸。

防癌協會的義工識別證。

收到通知後，感到十分興奮，然後開始想，要怎麼去募捐，要怎樣安排時間，開場白要怎麼說……？開始募捐前，還列了一張拜訪清單，而且在一週前就先準備了一份「通知單」，說明我是誰，前往拜訪的日期及時間，拜訪的目的，還註明了只需要三十分鐘的時間等。

擔任募款義工那天的天氣還不錯，募款也相當順利，大致說來，成果還算滿意。在前往募捐的過程中，碰到了幾件很特殊的現象，讓我印象相當深刻：

1. 當我把自己要做募款義工的消息發表在臉書上時，第二天就有好朋友打電話給我，要捐款兩百加元，讓我好感動。因為他過兩天就要出國，所以我趕緊搭車前往去拿支票。

2. 一位住在風景秀麗的白石鎮網友，除了自己認捐之外，還在當地向好友幫我募集了很多捐款。因此，我要找機會幫他們的子女送一份心靈上的小禮物。

3. 募捐的第三天，我預定訪問的幾家已經訪問過了，在我轉頭回家時，忽然有一部車停在我前面的人行道旁。當我走到車旁邊時，看到開車的女士把車窗搖下來，跟我說：「我知道，你預定明天才到我家，今天剛好我準備好了支票，先拿給你。」我客氣地謝謝她說：「謝謝你，我幫你開收據！」她揮揮手表示不用，接著就開車離開了。我拿著支票，感動地在原地佇立了好一陣子。

4. 在四十個鄰居中，居然約有六家，曾有家人罹患癌症，甚至因癌症而過世。然而，他們都毫不猶豫地捐款了。我致謝之後，都會親切地說一聲感謝。

5. 有一位遠東地區來的移民，家中只有一位約三十歲的年輕人在家，他說：「大人不在家，能不能把電話留下來，我們再打給你？」我當然說可以。但是還沒等我離開，他卻把我叫回來說：「不用打

電話了，我找了一些零錢給你。」我趕緊說：「真謝謝你！」我把零錢接過來一看，原來是兩個 0.25 元的硬幣……。

　　一個星期的防癌義工募款活動下來，感到收穫滿滿，不但募集了我自己認為滿意的金額，也體認到擔任義工期間所付出的精力，尤其感受到了東西方文化實質上的差異。

　　事後我下定了決心，將來我還要擔任類似的義工，而且還要持續下去。募款金額的多寡是一回事，募款過程中學到的經驗才更重要！

11.16 我的八十歲生日

　　在 2010 年的七月中旬，收到了妹妹從西安傳過來的一封電子郵件及電子賀卡。她說：「二哥，生日快樂！你是我們家的壽星，衷心地祝福你，幸福百歲，康健年年！」當晚我就立刻回信給她，並且高興而誠懇地跟她表示，她的祝賀，是從最遠的地方傳過來的，也是最珍貴的祝賀，足能使我永記在心。

　　這本來都是私事，我跟內人對私事的處理原則就是「別人不問不說」。現在既然妹妹早已知道，而且每次都會按時祝賀，除讓人感到溫馨外，更讓我想把這件「私事」中的樂趣，分享出來。

　　其實，早在半年前，兒子就開始問我，八十歲的生日準備怎麼慶祝。我跟往常一樣，漫不經心地跟他說：「隨便過，照常地輕鬆過吧！」但他卻堅持地說：「這次可不一樣，我們會全家都去溫哥華為你祝賀，讓我想想看，等確定了再跟你說吧！」

　　更特別的是，我的生日跟我們結婚紀念日的日期只相差十天左右，本就想藉著兒女、孫子們齊聚溫哥華時合併慶祝，沒想到兒女還做了個意想不到的安排。他們讓我邀請晨泳好友來家裡，打算把這次的生日擴大舉辦，甚至還為前來參加的朋友準備了一份紀念品——計步器。

　　紀念品預定在家庭式的餐宴中送給大家，但在聚餐前並不說明任何具體理由，只說：「我們又有一段時間沒聚了，哪天到我們家聚一聚，來個 Pot luck（就是每一家帶個拿手菜，主人多準備幾道菜、湯類、飲料及水果）吧？」接著就順水推舟地說：「選日子不如撞日子，下個禮拜六或者禮拜天好嗎？藉機會又可以品嘗你家美食了！」這樣做，主要是希望這次的生日聚會跟平常的聚餐一樣，

避免贈送禮品。這是在國外的習慣，我們也覺得這樣比較輕鬆自然。

我的八十歲生日紀念品。

在家中跟晨泳好友們用餐前，當兒子宣布給我過生日，並且分送特別準備的小禮物時，大家都不約而同地為我舉杯祝賀。

開始取用自助餐點。

　　兒女們也事先預定了商場內最具知名度的照相館，拍攝了好幾套具有專業性的全家福，我比較喜歡這一張。

　　當然，我們也在自己的庭院、客廳、餐廳都拍攝了紀念照，但是，我還是比較喜歡在自家庭院拍的這一張，因為大家都充滿了活力。

部分好友選在陽台上用餐。

在 Sears 拍的全家福之一，現在 Sears 攝影已經關閉。

在後院拍攝的全家福之一。

　　生日，尤其是八十歲的生日，家人把它看成了家庭中的一件大事，這時才覺得自己真的老了，除了感覺時間飛快，歲月不饒人之外，在朋友的祝賀下，在兒孫溫馨的團聚之下，也覺得倍感珍惜。

　　當然，回顧青年戰亂時期的歲月，再追憶幾十年的企業生活，能夠歡度八十歲生日，還是要抱持感恩的心緒，感念往日助我、勉我、教導啟發我的親朋好友，尤其是愛我的另一半，今日擁有的一切，都該歸功於她。

　　想到這裡，這次生日的最大感觸，應該是對人生的「滿意」，及對家庭現況的「滿足」了。

11.17 給我的一世情人：我們倆的節日

我們的想法與作法，未必一定要跟別人一樣。既然自己認為是有意義的事，別人不想做，為什麼我也不做？

羅曼蒂克的意義，是沒有任何確切的文字可以描述的；羅曼蒂克的境界，卻可以用各種方式分享。

以往，我們的結婚紀念日或者是情人節，都會兩個人單獨找個喜歡的餐廳，感性地吃一餐，然後拍個合照。就以 2013 年的情人節來說，我們就臨時起意地去了以前曾去過的印度餐廳用餐，為恐麻煩鄰座，我們居然放棄了合照，而以「互相拍照」留念。互相拍照，也剛好符合了我們結婚「互相關照」的四十多年生活。

無論是農曆的情人節，還是西洋的情人節，甚至是結婚紀念日，我們都會推掉朋友的邀約，兩個人找個寧靜而特殊的地方，低調地且悠閒地自己過。不管是在哪裡過，或者是怎麼過的，都是快樂的、美好的、有意義的、有紀念價值的。

而 2015 年的情人節，我們本來決定晚上要到外面吃飯，可是前兩天剛好有朋友送給我們一大把紅根韭菜，於是她在上午就開始摘菜。

「冰庫裡還有沒有豬絞肉？」我想到，我們晚上何

我和麵，她調餡。

不自己包豬肉韭菜餡水餃。

「有哇，幹嘛？」太太回問。

「我來和麵，乾脆我們晚上吃韭菜水餃好吧？」她立刻爽快地同意了。於是，我就開始和麵、揉麵，把包韭菜豬肉水餃當作我們過情人節的方式。

另外，在我們某一個結婚紀念日那天，天氣很好，又涼爽舒適宜人，我忽然想到腳指甲太長了，於是跟她說：「太太，我想剪腳指甲呢！」

「要不要我幫忙？」她立刻就回應說。

「當然好！」我高興地說：「外面的光線比較亮，要不要去陽台上剪？」

於是，我翹起大腳丫，她低頭開始幫我剪。已經是結婚四十多年的糟老頭，太太居然還像結婚初期那樣體貼，這不就是一輩子都是情人嗎？

還有一次的結婚紀念日，她剛看過電視烹飪節目中，廚師介紹的一道北方麵食——「剪刀麵」，於是她就興沖沖地說：「今天我來做個剪刀麵，當作我們的情人節午餐好不好？」我怎麼可能會說「不好」呢？

這些，都是我們歡度屬於自己節日的一部分而已。我想，我們既然是社會的一分子，或多或少也融入了各式各樣的「社交網路世界」中，既然是這樣，何不把它發表出來，讓更多的人分享、體認、仿效、品評，甚至是妒忌？

我也認為：「我們的想法與作法，未必一定要跟別人一樣」，尤其，既然自己認為是有意義的事，「別人不想做，為什麼我也不做？」

就在我的這種想法下，讓別人輕易地看到了我們的私事，希望每個有心人，在屬於你們的特別日子裡，也都能享受這份平淡中的美好。

我們的結婚紀念日。一輩子的情人幫我剪腳指甲,像老太爺
一樣的享受啊!

她做剪刀麵。

11.18 泳出青春，延緩衰老

住在國外最普遍的一種現象就是「土不親人親」。在最重視多元文化的加拿大，無論是哪個國家的移民，很容易從言談舉止或衣著上自然地辨識出來，繼而用各種方式設法聚集在一起。從台灣過來的，很快地就跟台灣移民混得水乳交融，其他如韓國、伊朗、香港、中國大陸、印度等也都是一樣。

更有趣的是，還會進一步地因為興趣或其他關係，而建立出各種特殊團體，例如下面這張照片裡的成員，就包括了中、港、台三地移民的組合。這些人都是在游泳池的休閒活動過程中認識的，由於興趣相同，活動的時間也相同，而且還有共通話題，在年齡上更十分接近，久而久之，很自然地就變成了既相識又相知的好朋友了。

既然成了好朋友，活動的空間就不限於游泳池了。有時是不定期的聚餐，有時到不同的景區郊遊烤肉，還有一段時間是每月舉辦慶生會。初期，不定期的聚餐比較多，幾乎每一家都有個自己的庭院、陽台，甚至莊園，於是每一家帶各自的拿手菜，到不同家庭去吃吃喝喝、說說唱唱、跑跑鬧鬧、打打麻將，或者是去海濱沙灘健行，開心地度過一天。

搭捷運出外飲茶的部分泳友們。

經過了二十來年的交往，隨著時空與環境的變遷，有些好朋友開始搬家到美國，有些因子女工作關係而遷移到其他省分地區，另

有些人則回流台灣、港澳，更有些因為年紀或健康原因而在家靜養，而使參加上述聚會的人數越來越少。

　　而今，只有每天或經常到游泳池報到的十多個家庭，仍然保持了固定的聚會。每週二，早晨游泳之後，大家固定到附近的「富豪海鮮酒家」茶敘。每次聚餐的人數大多都是八至十四人不等，若因特殊事故沒去游泳，也可以只參加餐敘。萬一有誰既沒去游泳，也沒來午餐，泳友們肯定會打電話追蹤查詢。就這樣，泳池的互動與午餐的約定也顯示了：「我的健康狀態很好，既能游得動，又能吃得下！」午餐間，自始至終每次都是笑聲不斷，除了對彼此的關心之外，談論的不外乎健康、政局、衣著、哪家餐廳又推出了新菜單、誰家上週有親友探訪、誰要出國旅遊等等。

泳友每週餐敘。

　　別看這些平均近八十歲的老先生、老太太們，大家除了用電話聯繫之外，也還在微信建立了一個群組，互相交換信息。這個群組的名稱叫做「泳出青春」，意思是說，「只要天天游泳，肯定找回青春」，藉著這個名稱，盡量讓自己的老化延緩。只可惜，至今算

起來，參加餐會的人數最多也不過兩桌左右，不再有十多年前四、五桌的熱鬧盛況，令人頗有「知交半零落」之感。

我呢，雖然是「泳出青春」群組的一員，這個微信群組當初也是由我建立的，但漸漸地，我自己既不可能天天去游泳，也未必每次都去會餐，畢竟自己還有比他們更多、而且更多樣化的事情等著我。至少，泳友之中沒有人像我這樣幾乎每天都坐在電腦前，花幾個小時的時間，上網看專業期刊、寫自己的著作、編輯照片，偶爾突發奇想地在臉書、推特、IG、LINE、HR 專業網頁、skype 等平台上舞文弄墨。

此外，我也會在特定的情況下，參加當地社團活動或「長青俱樂部」（50+ / Senior Community）舉辦的專題演講、參訪、餐敘、旅遊等，讓自己的生活領域更開闊、更充實，而且更有意義，不因為年事日高而把自己侷限在固定而僵化的生活習慣中，這也應該算是我已經「泳出」了人生的另一個「青春」吧！

部分泳友，在泳池展現青春活力。

11.19 友情、親情、鄉情、國族情，都是情

生在哪裡、活在哪裡、死在哪裡，都不重要！

關鍵是活在哪裡、怎麼活的、活得怎樣？

只要能活得自在、活得充實、活出自己，其他什麼都不重要了！

　　每個人，都因為家庭背景、教育專業及社會環境，對自己的未來產生了不同的認知，進而孕育出不同的理想，為要達成理想，於是設定了生活目標、工作目標，甚至人生的目標。

　　簡單地說，所有的目標無非都圍繞著一個最基本的主題：過好日、生活小康或富裕、人格受到尊重，並且生命有尊嚴。正如馬斯洛的「需求理論」所說，生活的基本需求得到滿足之後，還要逐步提升並尋求社會需求、被尊重的需求以及自我實現需求的滿足。

　　在台灣，自 1980 年代以後，一般社會大眾早已脫離了只為生活的「基本需求」層面，而大多已經提升到社會、心理或自我實現等較高層次的需求。所以，不但涵養出廣闊的視野與國際觀，也藉著出國旅遊增長見識，印證所知跟所見之間的差距。據我所知，台灣移民國外的風氣，自 1980 年代以後，也由於國民視野的提升及國內外政治環境的變遷與差異，移民潮如雨後春筍。

　　動念想要移民，主要是 1988 年第一次回中國大陸探親以後開始。從 1948 年少小離家至 1988 年重返出生地，不但父母都已早逝，而且明明是自己的出生地，卻被視為「台胞」，而且台灣的政客又把我當成「大陸豬」，在心靈上受到相當大的打擊，因而尋求更適合生

存的國度。

　　1994 年全家申請加拿大移民後，第二年初就獲得批准，並要求於一年內報到。因為申請當時，兒子正服預官役而未獲批准，但允許於退役後快速申請，可是他退役後，剛巧在熱戀中而延後，最後因結婚而放棄。所以，最終只有我及內人跟女兒開始了移民生活。

　　由於我一生都是靠固定薪水過日子，既無巨額財產為後盾，又無豐厚積蓄，申請移民時也已經六十四歲，所以經過詳細評估之後，以「自僱移民」項目申請，憑藉著年輕時「求生存，靠魄力，憑毅力」的精神，做為遠渡重洋謀生的本錢。

　　移民成功之後，最初十年是靠「空中飛人」返台擔任自由顧問的收入，並且出售台北的房產，而把溫哥華房貸繳清，並幫女兒完成學業；爾後十年，則意想不到地享受到了當地的養老福利，使生活維持了小康的程度。在整體生活環境及生活品質上，都覺得相當適應，只有「好山好水好開心」，卻絲毫沒有某些人所感受到的「好山好水好無聊」感觸，這也是至今移民二十五年來，越來越喜歡加拿大的主要原因。

　　我的人生觀與價值觀似乎較為接近歐美思想，所以我覺得小康生活足可甘之如飴。但是，從十九歲到台灣至六十五歲移民，畢竟在台灣生活了近半個世紀，所有親友、同學、同事大多都在台灣，而且兄弟妹妹及侄孫輩都在大陸，所以，定期回台灣與不定期回大陸探親訪友，成了空中飛人的常態。

　　移民二十多年以來，幾乎每年或隔年都會回台灣，在飛機上十多個小時的越洋空中旅程中，最初感到好奇、享受，可是七十多歲以後，開始感覺到在調整時差上、體力上、精神上，都有點力不從心了。可喜的是，即使經歷了長途飛行的勞頓，在與親友見面歡聚的剎那，幾乎所有的旅途疲困都忘得一乾二淨。

　　大致來說，二十多年「空中飛人」的生活即使是苦樂參半，在

老友情、同事情、親子情的精神層面，仍然是樂趣多於辛苦的。舉例來說：

- **譯電班同學會：**這是從 1956 年就開始舉辦的同學聚會，因為大家都歷經了從士官兵轉為軍官的「轉型期」，而且都是二十幾歲就開始結識，因此大家感情濃厚，每次同學會都出席踴躍。我也擔任了六十多年的活動召集人且兼任攝影，所以不同年代及不同活動的照片，甚至已經可以編成畫冊。相關照片前文已經刊出兩張，因此在這一篇裡就不再放上相片。

- **飛利浦老同事聚會：**從 1976 年開始相識、相交、相處，且多年來始終保持聯繫的幾十位好友，幾乎每次返台我們都會見面，甚至包括眷屬。這樣的聚會又可因平時相處的情形區分為好幾種，而規模最大的則為每年十月底固定聚會的「飛友會」，涵蓋了從 1976 年起的各部門、各階層、不同年分加入公司的同仁，人數達百餘人。由於我也是當初的發起人之一，所以只要有空都會參加，如果無法如期返台，則只好參加當年舉辦的郊遊活動，與老同事共話當年。

　　當然，每次返台時，也會有好幾次飛利浦同事的小型聚會，足證友情深遠而可貴，惦念老友，也是吸引移居海外的我定期回台的動力之一。

飛利浦老同事的早期聚會。

飛利浦同事及家屬的小型聚會。

・**人資協會活動**：這些是屬於人力資源管理專業的朋友，既然是創始人之一，成立初期曾經投入了相當的精力，而且也主持過政府的專案，跟各委員會同仁之間都建立了深厚的情誼，所以只要機會適當，總會抽空參加的。就像自己親手栽種的果樹或花卉，即使已經交棒而不再親身澆水或施肥，但是必要的關心、關注與關愛之情，卻永遠不會減少的。

參加協會年會的我。

- **偶爾參加的專題演講、企業參訪、人力資源同好的聚會：**與人資專業有關的參訪活動或聯誼性質的聚會，也是充實退休生活及每次返台時，十分樂意參加的活動。

圓山飯店人資密道之旅。

- **年節家人團聚：**原則上，我們返台的季節大多都是安排在秋冬季，並且順便過春節，即使未必每年都回台過年，至少隔一年總要回去，畢竟有長輩岳父母及子孫們在台灣，讓我們總是期盼著定期與他們相聚。

- **兒子的畢業典禮及婚禮：**兒子在我們移民三年後研究所畢業了，在加國的夏季從不出國的我們，特別在炎熱的六月前往台南成大，分享他的學

兒子柏修的結婚典禮。

業成就。當然,兒子的婚禮也是石家的大事,我們當然也欣然返國,協助安排完成他的終身大事。

‧**孫子出生的喜悅:**自己隻身來台,在台灣有了第三代,雀躍的心情難以言喻,當然是迫不及待地盡早回來探視。尤其,孫子居然早產約三個月,在醫院的加護病房住院期間,每天只有特定時間才能探訪,直到體重達到最低標準才能出院。由於當時兒子夫婦都在上班,出院時還是由我簽字把孫子抱回家的。

孫子剛出院回家時,由於兒媳婦的育嬰假尚未獲准,於是剛開始時由我們倆照顧,為了讓兒子、兒媳第二天能有精神上班,晚上也由我和內人輪流餵奶及哄睡。孫子大一點時,我們也趁著兒子夫婦有特別需要時,經常帶著他去百貨公司的遊樂場玩,幫他買點他喜歡吃的東西。

我抱孫子康康出病房回家時,那是 2002 年的 2 月 24 日。

‧**孫女的出生:**孫女,是在 2006 年三月出生,我們當然又專程回台探望新生命,並幫忙照料孫子。有

我們吃的冰棒比孫子都多呢!

時也為了讓兒媳多休息,由我們倆幫孫女餵奶、洗澡,雖然辛苦,但卻讓我們從中享受了不少樂趣。

在孫子及孫女出生的那幾年,幾乎每年都會回台灣去看望他們,一則讓整個家庭享受天倫之樂,二則含飴弄孫的樂趣更能消弭搭機往返的疲困。

為了想看兒孫，第二年接著又搭機回台，看著孫子、孫女健康成長的情形，內心充滿了前所未有的喜悅。

其他在台親人的大事，當然都是隨時趕回台灣，諸如岳父跌傷住院、2007 年七月炎暑岳父病逝、外甥女的訂婚等，都會及時參與。只是，移民十五年以後，由於年齡及健康因素，返台的頻率逐漸減少，若非必要，有時約每兩年返台過年一次。還好，

孫女恩恩滿月時的全家福，第一個祖孫三代的全家福，那是 2006 年的 4 月 25 日。

祖孫樂，笑哈哈。

凡是我們預定不會回台灣的那年，兒孫們都會特別安排在暑假全家到溫哥華度假，甚至也曾安排過岳父母及親家公夫婦，分別到加國旅遊。

嚴格地說，無論住在哪裡：

・誰都希望跟自己的親人們朝夕相處在同一個地方。

・誰會願意長期搭機長途跋涉，離開自己生活了幾十年的地方？

・誰又願意無緣無故地離開多年相處的至親好友？

・誰願意妻離子散地各奔他鄉？為什麼？

上面這些疑問，除了家人之外，有多少政府官員會用心去解決眾多移民的「為什麼？」

國父　孫中山先生曾說過：「政治，是眾人之事。」我不想談政治，也沒有資格談政治，但是總可以探討、評估、決定屬於我自己的切身問題吧！至少，可以尋找並選擇住在人格尊嚴能受到尊重的地方吧！

　　轉眼間移民即屆二十五年，居然過得頗有「倒吃甘蔗」的感覺。人生中能有多少個二十五年呢？尤其是到了晚年，又有什麼理由一定要持續地離鄉背井下去呢？

　　我的答案是：有，當然有！

　　如果把出生的地方稱為「故鄉」，那麼長期居住的地方就該稱為「他鄉」，而移居國外的居所，一般人稱為「異鄉」。

　　而今，我已經逐漸「把故鄉當他鄉」、「把他鄉變異鄉」，進而「把異鄉變故鄉」了！

　　當然，內心深處的鄉情、友情、親情、家國民族情，卻永遠不會因為時空阻隔而淡化，因為都轉化為網路情懷了。

　　在當今這個瞬息萬變的時代，生在哪裡、活在哪裡、死在哪裡，都已經不重要了，關鍵是活在哪裡、怎麼活法、活得怎樣？

　　因此，只要能活得自在、活得充實、活出自己，要比其他什麼都更重要！

12 琴瑟餘音金石情

感時花濺淚，恨別鳥驚心（杜甫）

　　這個篇章，主要是個人生命中生老病死的縮影。四十八年和諧、美好、互敬、互愛的婚姻生活，涵蘊了軍旅生涯後期的動力，更積攢了幾十年外商企業活動的能量與魄力，真可謂算得上是「琴瑟和鳴」。

　　畢竟，世事不可能永遠都一帆風順，所以出其不意地失去了她，讓我突然有「琴碎弦斷」的感覺。

　　雖然我還是要堅強地活下去，至少要說出自己跟她在各種病痛中深切的感受、感觸、感想。對我們來說，雖然已經為時已晚，甚至有點追悔莫及，可是卻仍抱一線希望，盼望對各年齡層親朋好友的生活與健康略盡棉力。

　　上面的標題只用了唐朝詩人杜甫〈春望〉中的兩句。經過對該詩的查考，還是想把這首詩完整地寫出來，因為太符合我個人對家國、身世、現況等的情愫了：

　　國破山河在，城春草木深。感時花濺淚，恨別鳥驚心。

　　烽火連三月，家書抵萬金。白頭搔更短，渾欲不勝簪。

12.1 誤入「劫徑」

捷徑,經常表示有「快速」與「捷足先登」的意味。但有時候卻未必。

有些場合、有些時候,我們會下意識地、不知不覺地去尋求捷徑,也許是貪圖方便、也許是為了解決立即性的問題。然而所尋求的捷徑,是否真的是捷徑呢?除先要把路徑看清楚外,其餘只有當看到結果時才知道。

例如2012年四月底的一個週六下午,我跟內人趁著雨後的陽光,出門到不遠的學校運動場散步。這個散步地點,是我們十幾年來最常去的地方,對那裡的地形、距離、風景、角落等,都太熟悉了。

可是,我們剛要走到運動場的走道時,因為想避開迎面吹來的強風,臨時少走了幾步路,沒有走水泥路,而逕自從路邊的草地斜坡走下去。還沒走兩三步,內人突然大叫一聲,接著就在那小斜坡上滑倒了,因為我們只顧聊天,沒有注意到草地濕滑。

第二天去看急診時,醫生說是右腳踝骨折,必須先打石膏,休養一週後再去看骨科專科醫生。

內人半條腿打石膏期間,除了她上下樓梯需要拐杖及我的協助外,連平時的三餐都由我負責,而且做好

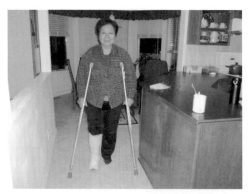

她雖然有笑容,可是心裡面卻很懊惱。

了之後,還要送到樓上給她吃,吃完以後再把餐具收下來清洗。

我唯一的感覺就是:平常飯來張口,偶爾間還要挑鹹揀淡,現

在輪到自己動手時，除了連怎麼切菜都不知道外，炒菜時更不知道到底先炒肉絲還是先炒青菜，真是糗透了！

內人最嘔的則是，明明這幾天都是陽光普照，偏偏卻得要窩在家裡。

「就是因為少走了這麼幾步，就慘到這種地步，真不值得！」我一面洗碗，心裡面不斷地嘀咕。

表面看起來是「捷徑」，真正挑了這個捷徑，反而讓我們進入了「劫徑」，因為沒把路面看清楚，結果反而欲速不達。

生活中，很多事情似乎都是如此，工作上、學習上、管理上、生命中，又何嘗不是如此！

12.2「久病成良醫」的迷思與感悟

　　人生就是這樣，年輕時都是「不遺餘力」地在工作上拼搏，到了中年又「殫精竭慮」地追求工作與生活品質的均衡，到了老年才又「驀然回首」，發覺自己人生不但已經「芳華不在」，而且往日各種夢想碎落片片。尤其在自己及家人的健康不斷出現紅燈時的茫然與力不從心，讓餘生蒙上了陰影，這時除了依賴醫生，更要靠自己！

　　根據醫學的報導，人，自從出生開始，各種不同的疾病就開始接踵而來，只是我們大多都不大關心，也未必承認。總覺得自己活得日正當中，什麼都不在乎地在飲食上享盡口福、恣意吃喝、在工作上日以繼夜地拼命、在娛樂休閒上通宵達旦、在運動競賽中拼死拼活地去拿獎牌，或者為了不斷創造更佳紀錄，即使偶有疲困也不當回事，直到發現疾病才開始「逐漸」關心健康，甚至總還不信邪地認為：「小毛病啦！自己還年輕，能撐就撐吧！」就是在這種心態下，小毛病與慢性病接踵而來，且有日益加重的現象。

　　我們常聽說「久病成良醫」這句話，甚至自己也某種程度地堅信不疑！其實，這句話很值得商榷，因為不但醫藥科技也跟管理科學一樣，都在不斷的推陳出新，而且不同醫院、不同科別、不同經驗的醫生，對同一種疾病的診斷及用藥都會有相當差距。因此，「久病成良醫」只能說是在健康知識及醫療過程上略知一二而已，因為對自己所患染的疾病累積了較多醫療經驗，進而比醫師更能知道在什麼狀況下要去看病、跟醫生提出什麼問題、藥品有哪些副作用而已。至於醫生給你的答案，既不能不信，又難能全信。

　　就以我的健康狀況來說，很多朋友都認為：「看起來你這麼壯，

不是很健康嗎？」其實，我的毛病也不少，而且還都不容易看得出來，例如：

- **牙病三十年**：二十年前就曾有系統的治療過牙周病，也開過刀，更做過半口假牙。雖然爾後也免不了偶有蛀牙，可是六、七年前就至少碰到過國內外的好幾個牙醫，都曾多次警告，說我有某幾顆牙已經晃動需要拔掉，我都說：「再觀察一段時間吧」而給拖延過去了。事實上，直到現在那幾顆牙都仍然完好。我是否該相信牙醫的建議呢？因為我曾聽從牙醫的建議而誤拔了好幾顆牙，所以，看牙醫或任何醫生，最好也要「貨比三家」。

- **頭暈目眩的內耳不平衡**：四十年前在職場上打拼時，經常每天要開好幾個會，會後還要趕辦自己分內的工作。同級的主管們大多都比我小約二十來歲，所以我得付出更多的精力，才能避免跟他們之間有任何差距。結果，有好幾次工作中頭昏嘔吐，天旋地轉，根本無法工作。據了解，那是三半規管失衡所造成，經過鐵路醫院的多次專業深入檢查，卻都絲毫找不出症候。退休後偶而也曾經發作過幾次，都是在臥床休息兩天之後自然恢復的。「經驗告訴我」，發作的唯一原因就是「勞累」造成的，只要連續兩天晚睡，或者心急趕著把事情完成，肯定會發作。在國外也曾看過好幾次耳科醫生，卻仍然找不出原因，只是檢測聽力而已。

- **動脈血管問題**：大約在 2012 年，有一次跟家人逛百貨公司時，忽然感覺到雙腿雙腳輕飄飄的，走路明顯不穩，一直持續了好多天。當年求醫的過程頗具傳奇性：

　　＊看過了神經外科、神經內科、骨科、風濕關節科等，但都找不出原因。

　　＊忽然在好奇的驅使下去網路查詢發現，可能是「動脈血管」的問題，需要看「心臟內科」。經醫生診斷、多次檢測與斷層掃描之後，確定是膝下至腳部的動脈血管有阻塞現象。

＊聽了醫生的建議先做「導管打通」，在打通過程中又發現「因為下肢血管較細，無法裝支架」而只能打通。可是，還不到一年，居然又開始行動不便，走不到百公尺便腿部脹痛。後來從網路醫學知識中得知，「導管打通甚至裝了支架」，仍只是「治標」，半年或一年後仍會再犯，但是當時醫生並沒跟我這樣說。

＊也曾去國外的大醫院找答案，醫生認為成因主要是「老化、運動少」，所以建議盡量多運動，不讓它持續惡化。還有醫生認為，仍可再打通，看能維持多久就算多久。後來也曾在網路上看過一種另類療法，但同樣也無法治本。因此我決定，除了持續走路運動外，不再看任何動脈血管科的醫生，因為他們的建議都「莫衷一是」。

另外，也在莫名其妙的情況下，在 2010 年開始吃降血壓藥至今，因為那時剛好是秋冬之交，準備要到大陸探親前夕，血壓略顯不穩定，唯恐受天氣影響突然發生意外，於是開始服用降血壓藥。後來，也因為動脈血管阻塞的問題，醫生開了降膽固醇以及血液稀釋的藥物。

究竟我有沒有高血壓？定期檢驗結果顯示，膽固醇正常，但是卻還是要繼續吃降膽固醇的藥，血液稀釋的藥，真的對動脈血管阻塞有用嗎？我真的不知道，畢竟我不是醫生，也不可能當醫生，這就是病人的宿命吧！

看過這麼多醫生，最終的結果仍然是「自己的健康，除了自己，誰都幫不了忙。醫生，也是聽了你對病情的陳述，加以必要的判斷，給你治療的建議。至於接受與否，還要看自己對病情的真正了解。」

最近一次去看動脈血管專科醫生時，醫生又再一次把動脈血管阻塞歸因於「老化」，「老化」這兩個字的結論，讓我聽了之後只好啞口無言，因為老化是沒有任何藥方可以醫治的，除了認命，又能怎樣?!

所以，儘管你對自己的病況比醫生都清楚，卻永遠不可能「久病成良醫」的！

12.3 喝水都會胖的她：「久病成良醫」的困惑

　　「最好的醫院是自己的家，最好的健康藥品在自己的廚房！」這是網路上經常看到的健康警語，可是，每一個人的家庭都不一樣，所以家庭內成員的健康也都有差別。

　　網路上還流行著另外一句話：「我們每個人的健康，都掌握在自己的手裡！」可是，很多時候，我們自己真的無法完全掌握到自己的健康，因為先天條件與後天環境的影響，很多事都是自己無法掌控的，就以太太她的情況來說：

- **可怕的糖尿病：**大約是在 2009 年初，檢查確認患有糖尿病，主要原因是「遺傳與肥胖」。可是，當我們討論要減肥時，太太的說法是：「即使只喝水也會胖」。所以這些年來，飲食方面只有盡量避免吃含糖食物，運動方面則靠散步及游泳來降低風險，同時也必須要用藥物控制。這也是引起爾後其他與免疫系統有關疾病的原因。

- **S 狀脊椎側彎起伏的疼痛：**她的脊椎側彎遠因約在 1980 年代，因為參加有氧舞蹈時過於激烈，扭傷了腰部所致，而且平時又喜歡翹二郎腿坐，近因則是 1991 年夏季連夜協助我的碩士論文問卷統計，致使她因脊椎疼痛而急診住院。當時醫生建議開刀，但是由於有歌星李佩菁脊椎手術失敗的先例，而讓我們卻步。自 1995 年移民至溫哥華後，都是靠游泳使脊椎疼痛沒有再發病，直到 2015 年在泳池內單手垂吊時，不小心拉傷右肩，使她無法再游泳。唯一能夠維持脊椎「不惡化」的條件消失之後，側彎的程度就每況

愈下，連平日散步都無法超過百公尺。再經過醫師診斷，因年齡及惡化的狀況，大約每年會再彎一公分，這時既不可能開刀矯正，又無法恢復正常運動。每逢脊椎壓到神經時，只能靠止痛藥減痛。脊椎側彎造成了她在運動上的限制，加上食物進入身體後，熱量無法有效燃燒，使糖尿病改善的機會更少。

• **小腿跌傷的後遺症**：由於 2012 年去運動場散步途中，不小心滑倒而跌裂右小腿，讓她兩個星期都裹著石膏待在家中，之後又靠拐杖度過了兩個星期。或許是因為近一個月都沒有好好運動，使她在腿傷痊癒後也無法行走太遠，游泳也開始怕水。2014 年夏天搬到公寓之後，她也只是在大樓後院散步幾十公尺當作運動而已。小腿跌傷的意外對她日後的健康影響甚鉅，頗有「屋漏偏逢連夜雨」之感。跌傷，學到了經驗；防病，要靠自己。

• **突發的心律不整**：自從小腿跌傷骨折起，因為運動日減，平常散步時經常感到上氣不接下氣，時而胸悶。經過家庭醫生轉介而去看心臟專科醫生時，還以急診處理了整整半天。檢查結果是「心律不整」，也發現有心血管阻塞現象，此後就不斷地跑醫院的心臟科。2012 年的 12 月，在溫哥華裝了第一個心臟支架，兩年後又在榮總裝了第二次支架，2015 年的 10 月又因為同一血管阻塞，而在溫哥華總醫院第三次裝支架。裝完支架，醫生說，今後如果再有心血管阻塞現象，就要做需要開胸的「搭橋或繞道手術」了。她聽了之後，經常為了害怕開胸手術而擔心，甚至影響了平常的生活節奏。在心臟病的治療及生活上的維護療養，有幾件值得一提的事情：

　　＊多次重複檢查必要嗎：心電圖、攜帶式 24 小時偵測、心臟攝影、斷層掃描等，大約幾個月就做一次，有時是醫生建議，有時也是我們為了確定病況向醫生提出請求。其實，上述檢查有些是可以省略的，尤其她在注射流感疫苗時都會怕，每次只要看到針頭，就

已經冒冷汗了。所以，如果不是完全必要，即使是醫生建議，有些檢查是可以略過的。這些年來，我的唯一感觸就是：沒病也因檢查而得病，真的不值得，又很後悔。

　　＊**換醫生與換醫院的迷思：**為了治療心臟問題，她至少看了三個醫院的四個心臟專科醫生。除了溫哥華總醫院外，也在當地醫院看診過，這是因為兩次支架手術在不同的醫院所致。至於去榮總，似乎是可有可無的，最後去馬偕，完全是因為她聽了朋友的意見。其實，每換一個醫院或醫生，都會按照「既定的程序，做按部就班的檢查」。因此，對檢查的恐懼及副作用傷害，也可能是使病情日益惡化的原因之一。

　　＊**醫生、護士、藥劑師對藥品的不同意見：**家庭醫生的處方藥，只針對一般病症；心臟內科專科的處方，則完全是針對檢測結果及病況所開的藥；而心臟外科手術的處方，則又參照手術前後狀況及心臟內科已經開的處方來開藥，彼此之間較不會衝突。可是在我們多次因為手術而換藥以及到藥房取藥時，會有醫生或藥劑師驚訝地說：「有了血液稀釋藥，這種 Plavix 就重複了，我們很少看到這種現象。」經過幾次這樣的說法和建議後，我們也覺得能少吃藥當然最好，經過跟醫生討論，家醫認為維持不變，當地心臟科醫生覺得有理，溫哥華總院醫師覺得可以再觀察一段時間。後來，在當地心臟科醫師的幾次複診後，認為已經沒有惡化的現象，而把 Plavix 取消，但把血液稀釋藥的劑量增加。

　　事實上，藥品的種類及劑量，都是針對病況的輕重及手術的複雜性或可能的後遺症而開的藥方，除了當事人的主治醫生外，其他任何醫生、護士、藥師，都不應該表示任何意見，以免影響病情的發展。這是我最大的感觸，也是太太過世之後，在不同的心境下多次回想的結果。甚至她的突發性嚴重中風，說不定也是因為藥品劑量的變更而引起的！

- **右肺的的良性腫瘤：**有一段時間，由於常常在晚上或不知不覺地會咳嗽，於是就請教家庭醫生，當然，先從照 X 光片開始。檢查後發現右肺下方有個約半公分的黑影，轉介到專科醫生檢查時，醫生認為很小，每年繼續觀察追蹤就可以了。第二年，正常。第三年長大了一點。這時，就給我們及專科醫生都出了個難題：「到底要不予理會，還是早點切除，免得長得更大演變成惡性腫瘤。」

「如果你是我的家人，無論是良性還是惡性，我會傾向於早點切除。不過，即使決定要切除，一定先要徵詢心臟專科醫生的意見，因為要考慮到心臟負荷及糖尿病可能的副作用。」討論了幾個月，再一次複查後，胸腔科的主治醫師這樣跟我們說。聽了他的話，我們已經有幾分動心，但是只要提到動手術，太太都會懼怕，於是當時只說回家再考慮一下。

幾個月之後，因為正好回台灣過年及探訪親友，順便抽空又去了台北榮總的胸腔科掛號，一方面想再加以確認病況，另方面認為如果動手術，在台灣住院至少在語言上比較習慣。可是萬萬沒想到，看診當天，醫生就建議把發現的腫瘤立刻切除，而且安排下週就住院。這時，我們都慌了手腳，回到家跟家人認真地討論之後，決定還是不這麼匆促地就去住院開刀。我們最主要的理由是：胸腔科醫生既沒做進一步的肺功能檢查，也沒有提到先要徵詢心臟科的檢查意見，也許住到醫院之後會有會診，可是我們為這種突然的建議嚇壞了，還是決定回到溫哥華去做手術。溫哥華總醫院的胸腔科主任在手術前，又經過了好幾次的肺功能檢查及心臟科的會診，認為接受手術是安全的，所以就在 2016 年的 9 月 16 日住院兩天後便順利切除腫瘤，且手術完之後，主治醫師還立刻從手術室的另一端，開心地跟我說："No cancer!"

雖然只是微創手術，而且經過化驗只是良性腫瘤，但仍在她的前胸及後背各留下了兩個傷口，當然也又一次傷了元氣，讓本來就

虛弱的身體，更是雪上加霜。

　　「這次的肺部腫瘤切除手術，是不是真的有必要？」雖然都過去了，可是事後想來，腦子裡仍然充滿了問號：「難道國內外的醫院都有『手術市場化』的趨勢？」我是不是想太多了？

- **看似突然的嚴重中風**：在 2018 年四月廿九日的凌晨，我們剛從台灣回到溫哥華的第五天，她突然中風。雖然立即手術打通腦血管瘀血，但只清醒了幾個小時，終因腦血管瘀血造成右腦壞死，使情況持續惡化，昏迷指數每小時都在降低。在無法開腦手術的情況下，於五月三日下午七點二十分，坐在她的病床前，眼睜睜看著她從呼吸緩慢，到停止了呼吸。

　　悲痛欲絕之餘，至今我仍不斷地想著，我們一直都在關注著她的心臟病、糖尿病、嚴重的脊椎側彎，怎麼也沒料到會「中風」，更驚訝於突然的中風有這麼嚴重。這些日子以來，我甚至還歸納出她突然中風的「十大原因」，其中有幾項提供給每個家庭及子女們參考，盼望能認真地觀察家中長者的各種病情發展、生活上的異常、身體上的特殊信號等「隱性」現象：

- 可能是藥量變更的問題：所以任何病症的處方藥，藥量千萬不能輕易變更或增減！
- 對身體不適的過於隱忍：身體疼痛或難過，不到無法忍受，她絕不會說，說不定中風現象在幾天前就已經開始。
- 過於勞累嗎：二月分在過年以前去香港玩了一週，因為她說幾十年沒去香港了，四月分還坐著輪椅跟我去北京看親戚。是她已經早有預感嗎？為什麼這些都是她主動提出的呢？
- 去機場途中，因為我跟兒子關於孫子們的管教意見不同發脾氣導致的嗎？
- 還是因為吃了安眠藥，藥性發作跟中風兩者混在一起？
- 一定要盡量讓「病人自己」記住藥名、藥量、用藥時間，不要幫

他（她）。

• ……

　　以上所提出的各種「隱性現象」，是否就是我們「久病成良醫」的經驗與教訓呢？我不知道，甚至感到疑惑，尤其感到茫然無助……。

　　至今我仍然在想，即使真的是中風，在醫院裡一定要做「腦部導管」打通瘀血嗎？

　　除此之外，難道沒有藥物或別的方法可以消除或稀釋腦部瘀血？

　　然而，一切都過去了，也完全無法補救了。

　　但是我一定要讓子女、親友、同事們知道我對「久病成良醫」的認知，千萬別「自以為是」地忽視了家人疾病的任何「隱性徵兆」，儘快尋求不同的治療途徑——即使是專科醫生的建議，接受與否，也要在最困惑的時候想想，是否仍有其他「替代方案」！

12.4 不測風雲

2018 年的四月廿九日凌晨，我們剛從台灣搭機回到溫哥華的第五天，大約在午夜一點多，我起來上洗手間時，忽然看到客廳的燈還亮著，原來是太太仍在看她的平板電腦。

「已經都超過半夜了，你怎麼還不睡呢？」我睡眼惺忪地問她。她說，睡不著。

「你沒吃安眠藥嗎？」我又問了一聲，因為我知道，她大約每週都會有一、兩次，因為半夜睡不著而吃半顆安眠藥。她的回答是：「我找不到安眠藥了！」

我到床前她的床頭櫃上，把安眠藥交給她，接著又倒頭入睡了，但是在睡夢中，突然聽到了撲通一聲，當我驚醒後發現，她躺在床底下。我問她，怎麼回事？她說，上床睡覺時屁股坐空了。

我立刻開燈，繞到她的床邊，只見她平躺在地，眼睛緊閉。這時已經是清晨兩點多了，距離吃過安眠藥一個多小時，估計她可能吃藥後仍然在看電腦，直到藥效發作才回床上睡覺。這是過去的經驗，因為她曾跟我說過，曾經有兩次，吃過安眠藥之後，看完電腦上床前在洗手間的馬桶上就睡著了。

我問她哪裡不舒服，她只說想睡，我想扶她上床，但她手軟無力，好不容易拉她坐起來後，又靠在床邊。我跟她說，叫救護車吧！她說沒事，先別叫吧！我又持續想辦法扶她上床，結果都是扶了一半，她就又躺下去。

「是不是安眠藥發作了，讓你一直想睡？」我好奇地問，而且提醒她：「以後吃過安眠藥後，就別再看電腦了，免得危險，弄到在哪裡跌倒都不知道。」說完，我只好把棉被墊在她身下，讓她暫

時躺在地上，因為我實在無法扶她到床上。

　　等了幾分鐘之後，看著她兩手想抓著床櫃起來，我覺得實在不對勁，已經折騰了半個多小時，不能再拖了。於是想到了先打電話給樓下一位好心的張姓鄰居，想請她上來看看，能否幫我把她扶上床。可是鄰居上來之後，檢查了一下太太的手腳情況，懷疑有中風現象。

　　我聽了嚇一跳，怎麼我從來就沒想到有中風的可能?!於是趕緊叫救護車，立刻把她送到醫院。從她兩點四十分掉下床，到三點半救護車趕到，送到醫院後立刻展開急救，五點多就開始了診斷與安排打通腦部中風的瘀血手術。

　　手術及恢復時間約三個小時，清醒後回到病房，已經是中午。從中午到下午四、五點以前，她十分清醒，護理人員每個小時也都會用各種方法檢測她的語言及四肢反應能力。但在這幾個小時中，她很少睜開眼睛，不過我們就像往常在家裡的互動一樣，跟我說笑，甚至還不斷地提醒我一些事情，例如：

・要多拖地板，以免地上有沙子。

・要在洗澡後，也要把浴室清洗一遍，我們洗過澡了，也要幫浴室洗澡。

・用電爐燒水或煮湯時，別走遠。

・不要太晚睡。

・不要過於勞累。

・要勤刮鬍子。

・……

　　我拉著她的手，輕輕地跟她說：「好好養病吧！現在幹嘛還要提那麼多以前曾提過的瑣事！」

　　事後想來，是不是那個時候她已經知道了自己的病情並不樂觀，趁著清醒，想再次叮嚀我，那些我在家裡經常忽略的事情？若真如

此，雖然那是互動最多的幾個小時，但又何嘗不是生離死別的最後幾個小時？

可是，下午五點以後，我發現她的語速逐漸緩慢，護理人員定時來檢測時，她的反應也逐漸遲緩，神智知覺也沒那麼清醒，我開始感到奇怪，為什麼手術之後幾個小時反而越來越昏迷？

經過跟護士討論，決定請專科醫生來了解現況，在下班時間，緊急安排專科的手術醫生很不容易，然而醫生還是很快就趕到了。醫生看過之後也覺得詫異，於是把本來預定第二天才要再做的斷層掃描，提前到晚間九點多。可是，掃描檢查後過了好幾個小時，卻一直都等不到醫生的檢查結果，等到大約清晨三點，醫生才說，要等上午九點上班時，跟腦專科醫生會診。

跟腦科醫生會診的結果是，昨天打通腦部血栓的手術是成功的，不過有部分腦部及微血管的瘀血阻塞使右腦約四分之一有腦死現象，唯一的辦法就是做開腦手術，把腦部的血管打通，讓腦壓降低，但是已經腦死的部分，是否能夠恢復，要看動腦手術後腦部「正常細胞恢復的情形而定」。

在這種狀況下，是否要進行腦部手術，就要看家屬是否同意了。這時，我只好跟剛從鄰省搭機趕回的女兒商量，且立刻跟台灣的兒孫們用視頻討論是否要進行手術。結果一致認為，即使手術後有某種傷殘的可能，我們都可以承擔。於是告知腦科醫生，我們同意進行開腦手術，醫生也很乾脆，決定當天中午十二點左右就進行手術。

我們在既難過又焦躁的心情下，輪流守護在病床旁，等到下午一點，仍然沒看到醫生及護士們關於手術方面的準備。我跟護士請教過之後，護士才跟我說，腦神經科醫生、腦外科醫生及急診室主任剛做過會診，認為這種開腦手術相當危險，在手術過程中，也許會有下列幾種可能：其一，擔心會在手術中二度中風，那會更嚴重；其二，無法確定手術後能否使已經腦死的部分恢復正常，進而影響

到視覺或知覺能否恢復；其三，擔心會在手術中因引起其他併發症而失去生命。聽到這個結果，我們都嚇呆了，只好跟醫生說，讓我們全家好好討論一下再決定。

隔天下午兩點多，兒孫們也都從台灣趕到，他們除了趕緊跟她說說話之外，也只能握著她的手，觸摸她略有知覺的臉部及腿部。即使她知道兒孫們都來到她的身旁，她卻從未睜開眼、說不出一個字、手也無法抬起，知覺上似乎相當緩慢，且近乎沒有反應，更不用說回答問題了。

「爺爺不要哭！」我暗自哭泣時，孫子康康說。這段期間，只有四月三十日中午，女兒柏齊從卡加利趕來，握住她的手時，女兒感覺到她有用力地回握，爾後就「眼睛閉得更緊、嘴角更張不開」、靜靜地躺著……。

全家根據她這幾天的病況發展，深入地討論了醫生會診後的結果與開腦手術可能造成的後遺症，並且評估這些後遺症對她及家人日後可能造成的影響。

討論的結果是：如果決定做開腦手術，無論發生哪一種可能性，都對她不利。針對可能「二度中風」，我們絲毫無法預測；對於手術中可能因併發症而導致死亡，也只能聽天由命。我們所能準備與因應的，僅有針對第二種可能性所造成的結果，但我們都曾看過許多半身不遂、失去視力，甚至終生癱瘓，成為植物人的例子，雖然無法預料手術的結果如何，但可以預見的是，對她及整個家庭都將是一場漫長而痛苦的災難，而最受折磨的，應該還是傷殘後的她。

經過這樣的討論與分析之後，我們都傾向不做開腦手術。可是問題又來了：「如果不做開腦手術，病況的發展又會如何呢？」這個問題，只有靠醫生去解答了。

「不做開腦手術的話，有兩種可能：第一，在持續地治療與用藥過程中，也許腦血管功能逐漸恢復，至於恢復的狀況如何，醫院

預定明天（五月二日）清晨再做一次腦部斷層掃描進行了解，但臨床上，腦部壞死的部分復原的可能性較小；第二，如果昏迷指數越來越低，腦血管及腦功能恢復的可能性就不大。」這就是醫生給我們的答覆。最後又回到了原點：要不要立刻決定開腦手術？

我們又先後跟急診室主任做過幾次交流，對各種可能又分析了很久，誰都不忍心眼睜睜地把全家都如此鍾愛的人撒手不管，可是每個人的內心也都很清楚，動手術所造成的災難肯定會大於不動手術。

在無可奈何的情況下，全家一致決定不做開腦手術，只有寄望於藥物治療使腦部逐漸恢復的奇蹟。全家在嘆息中祈禱，也在祈禱中懷抱著最後希望。

醫生知道了我們的決定之後，很快地就從急診病房轉到了安寧病房，持續接受治療，期待有轉好的可能與機會。

12.5 安寧病床旁的哭泣與冥想

淚眼問花花不語，亂紅飛過鞦韆去（歐陽脩）

回想起來，自從 2018 年四月廿九日凌晨兩點多，把太太送至急診室及送進手術室，直到當天中午 11：30，我跟鄰居張小姐兩人都在緊張中毫無睡意，只有在手術後的恢復期間，我才想到請鄰居回家休息，由我自己照顧，同時也已經知道，女兒隔天就會趕到。

太太從恢復室回到急救病房後，她似乎只清醒過幾個小時而已。我靠在她病床前的那幾個小時，起初還能講話、張眼，我還跟兒子在微信上說：「媽媽有好轉，你可以晚點再來。」沒想到，晚上六、七點以後，她的情況反而越來越差，我以為她是累了，然而：

· 她握住我的手搖來搖去。

· 她打著我的手掌，我讓她用力，她就用力打了幾下。

· 她的手，順著我的手臂往上撫摸，我就把她的手拉到我的臉上。

· 「摸摸看，我今天有沒有割草（刮鬍子）？」我問她，她沒有回答。回想起來，其實那時她已經不能說話了呀！因為我問她：「如果有割草就點頭，沒割草就搖頭！」她搖頭了。

· 偶爾間，她把雙手輪流舉起擺動，我問她有什麼事嗎？她說：「我要運動一下呀！」

我開始偷偷地哭泣，好像這就是「我即將失去她的預感啊……。」

這些點點滴滴，應該是我這一生中，跟她肢體溝通的最後幾個小時吧……！

還好，樓下的鄰居回去休息後，上午又回來幫我。這時，我終

於可以有個稍事休息的時刻。護士還特別幫我安排到一間小型會議室，讓我可以關上門真正地休息一下。我把門一關上，立刻就嚎啕大哭了一場，之後終於睡了兩個小時。

下午，趁著女兒趕到，請熱心的鄰居張小姐回去，就由女兒接班。

五月一日，也就是從急救病房轉到安寧病房的第一天，太太的呼吸正常而均勻，只是像植物人一樣地昏迷著。她似乎可以聽到我們的談話，孫子、孫女唱歌給她聽時，也會感覺到她眼中有淚水流下來，女兒跟兒媳則不斷地幫她按摩雙腿及手臂。我坐在病床旁的長椅子上，兒子緊抱著我，哭了好一陣子……。

上午九點多，游泳的朋友們也都知道了詳情。我們每年經常在一起過生日的李大哥夫婦是第一位來看她的；下午則有余先生夫婦及陳太太跟兩個女兒前來探視。看到她安靜地躺在病床上，既沒有知覺，也沒有回應，他們都哭得比我還傷心，只是沒哭出聲而已！

泳友們離開之後，我跟家人說：「我去洗手間。」上過洗手間之後，我暫時躲到一個稍為僻靜的休息座椅上，痛哭流涕不止。

"Are you all right?" 一位社工老婦人問我。我說 "All right, thank you."

"Someone in here?" 她又問。我遲疑了一下說 "No."一面回答，一面讓淚水一直流過臉頰，不去擦它，也不管旁人看了之後的印象與感覺。

全家在病房中輪流待了一整天，到了下午五點多，兒孫餓了、女兒累了、我更是又累又餓，於是請護士幫忙照顧一段時間，我們全家都出去晚餐，大約兩個小時後回來。

這是我三天以來的第一次正式晚餐，我點了太太喜歡吃的烤乳鴿、翡翠玉子豆腐、乾炒牛河。一面吃，一面跟大家說，這是媽媽最喜歡吃的幾道菜，多麼希望她也跟我們一起吃……。

在還沒上菜之前以及用餐過程中，我的話都不多，不時地在餐

巾紙上寫下幾個字，兒子說他看不懂，我說那些都是密碼。其實，那些都是她在手術後清醒的那幾個小時中，不斷提醒我的幾件事：要多拖地板、洗澡後也要把浴室清洗、燒水或煮湯時別走遠、不要太晚睡、不要過於勞累、要勤刮鬍子……。

兒子不忍心看我過於勞累，所以他決定今晚不讓我去醫院陪她，而由他來陪媽媽。

晚上，我雖然很早上床，可是只睡了半小時就醒了。十點半睡著了之後，十二點多就又醒了，翻來覆去地躺在床上一直想著：

- **可能中風的時間**：她到底是凌晨兩點多從床上摔下來後才中風的，還是凌晨一點多吃了安眠藥後到上床前這段時間，就已經發生腦中風？雖然自己不舒服，但是她不想讓我知道，不想把我叫醒？

- **到底是安眠藥還是中風**：為什麼當她掉下床後，我花了二十分鐘左右只想到協助她上床，而沒「觀察到」她為什麼手腳無力，連支撐著爬起來的力量都沒有？

- **腦科醫生說話不算話**：本來跟腦科醫生已經談好，要在中午十二點進行腦部手術，為什麼後來腦科醫生不出面，而由 ICU 主任醫生跟我說，經過跟腦科及神經科醫生評估之後認為，不適合做腦部手術？是否因為第一次的腦部導管手術其實並不成功，而造成腦微血管仍然堵塞，使腦死更加嚴重？還是因為我曾提過是否需要轉院而冒犯了醫生？

- **我忽略了她睡不著的現象嗎？**為什麼她週末及週日晚上都睡不著，在客廳看平板，而我卻沒有去仔細觀察她的狀態，只顧著自己按時去睡？

- **飛機上的異常現象**：為什麼這次回溫哥華的飛機上，她一直在玩電腦遊戲，連續玩了三個多小時，我卻沒有警覺到有任何異常，而提醒她起來走動？

- **下飛機後的行李短缺**：我們一共帶了五件行李，可是直到出海關

時，才發現漏掉了一個箱子，我花了一個小時電話聯繫拿回行李箱的細節。是否那時我太緊張、又責怪她怎麼不提醒我行李少了？是否我們兩次在入境大廳上下樓讓她更累？因為事後回想起來，那時她的神情相當木訥。

- **是因為我的生氣嗎？**是不是因為從台北到機場的途中，由於我跟兒子討論到孫輩的管教時，因她插嘴而藉此發脾氣，就開始引起了她的症狀？

- **她是否有所預感？**為什麼她忽然主動提出想再去一次二十多年沒去過的香港？另外，原本她不想再去北京的，可是三月分在台灣想報名參加長江三峽團額滿後，又決定去北京探親八天，即使是坐著輪椅？

- **難道真是因為抗凝血藥劑量的變更而忘記：**是否因為先前醫生減少了一種她的抗凝血藥，但增加另一種藥物的劑量，可是沒有及時提醒她增量所致？

- **一定要做微創手術，拿出瘀血嗎？**還是在急救中可以用藥物治療而無需做導管手術？

- ……

想了一大堆為什麼，一直想到午夜兩點多，就是睡不著，所以乾脆起來，不要睡了。說不定我這段無法入睡的時間，剛好她也正在跟病痛纏鬥，而關心我是否睡得好？甚至正在等著我去陪她，讓我去跟她重複一下她對我的各種叮嚀。

又讓我想起，就在她中風的前兩天，還在廚房裡忙了好久，特別做了好多東西給我吃。是否在她發病前就有了不適的徵兆，盡量幫我多做點東西吃？可是我偏偏就沒注意到。有時，她在睡前碰碰我，拉拉我的手，好像有話要說，但卻又沒說，這是否在暗示或顯示了某種依依之情，我居然都沒發現……。

事後從網路上瀏覽發現，或許她的病症屬於變異性很大的「缺

血性中風」，因為這種病症可以快到發作數分鐘就很嚴重，也可能拖延一、兩天才慢慢惡化。

五月二日一整天，是全家「團聚在她病床的時刻」，目的是期望唯一的「奇蹟」出現——讓她腦部的水腫依靠藥物有所控制。大家都圍繞在她的病床前跟她說話、幫她按摩、為她唱歌、播放孫子孫女們以往念唐詩的錄音，她似乎真的聽到了呢！

「關於不實施開腦手術，我們的決定錯了嗎？」看著監控系統銀幕上她的心跳、血壓高低起伏的變化，我一直在想……。

五月二日晚上，換成女兒陪她，她說，她跟媽媽說了好多話……。

五月三日上午，我們決定讓孩子們留在家裡，只有我跟兒女在她身邊，跟他輪流講講話，給她播放她最喜歡的歌曲、音樂、節目。可是，「奇蹟一直沒有出現」，她的昏迷指數反而每況愈下……。

醫生跟我們又開了兩次會，第二次明確地跟我們說：「目前，都在用藥物及必要的營養，僅僅在維持她的呼吸以及她逐漸喪失的知覺……」還強調：「如果情況沒有好轉，明天不會再做腦部斷層掃描，因為整天下來，還沒看到明顯的改善。」

最後，醫生的建議是「拿掉鼻胃管、停止嗎啡止痛注射、不再抽痰、不再測試她的手腳知覺，讓她不再接受任何痛苦，原因是：我們都可以看到抽痰時她那痛苦的表情、測試知覺時用力壓迫給她的痛楚……。讓她自己決定什麼時候自然的恢復，或者跟世間告別……。」多麼令人痛徹心扉的建議！

明明知道這是預期中的結果，可是我們還不想放棄。還是跟醫生說：「讓我們再想想……」

在病床前，眼看著心愛的人生命垂危，呼吸漸漸微弱，而且每次呼吸的間隔似乎越來越久，真不是滋味……

我，緊盯著銀幕上起伏的變化、聽著顯示器上不時傳出的警示

聲，內心深處刺痛不已……真是沉痛的時刻！

五月三日下午六點開始，坐在她的病床邊，數著她每分鐘呼吸的次數。我昏昏欲睡地望著她，張著嘴，呼吸漸漸緩慢，一分鐘不超過七次。

忽然間，聽不到她的呼吸聲，她停止了呼吸，那是五月三日的下午七點二十分啊……

「妳走了，我該怎麼辦？」在兒孫面前，我趴在她的胸前放聲痛哭不已……

她，曾帶給石家老少無限溫馨與喜悅的人……

她，陪伴了我四十八年的情人，我一輩子的愛人：段錦陵，願我們來生再續牽手情。

12.6 迷信，迷思：病人的悲哀

任何事情，似乎都沒有「絕對的永恆」啊！

「沒有經過在深夜痛哭的人，沒有資格談人生」——高秉涵

　　人，畢竟還是思想動物，而且在人生經歷的過程中，對於不同的遭遇，也都充滿了各種複雜的感情、情緒、或是情節。太太過世的這段日子裡，腦子裡總是浮現出各式各樣的思緒，有時這種思緒包括了遐想、冥想、迷思，甚至還有迷信。

　　我是個從來不迷信的人，但對於太太無預警的中風，而且突然過世，不知道是出於難捨、自責，還是怪老天對我的不公平，居然在冥想中讓我也開始有點迷信了。對我這個一生「不迷信、不信邪」的人來說，下面的幾件事到底是「迷思」還是「迷信」呢？

- **不能回頭**：太太過世前一年，由於岳母辭世，我們到太平間去探望她，離開時，工作人員提醒「不要回頭」。是不是因為我想大致估算一下裡面停了多少待葬的往生者，而略回頭了一下的緣故呢？

- **她的願望都已滿足**：她一直很想去日本，但由於我不想去，所以一直都沒機會前往。2017 年的春天，在兒子的安排下，我們幫她推著輪椅，去東京看了櫻花。2018 年三月初，還到小巨蛋去聽了期待已久的「民歌演唱會」，也是兒子偶爾聽了她的願望，而私下去訂票的，而且還坐在很好的位置。難道真的是心願已了，此生無憾了？

- **告別之旅**：三月底我們本想報名參加長江三峽旅遊，但因人數額滿作罷，她自己臨時決定去北京，難道也是對親人們的告別之旅？

- **一年之內的禁忌**：北京老家的堂弟連和說：「家鄉黃元井的習俗是：清明之後不適合掃墓，最多到祖墳旁去看看繞個圈，而且堂弟媳婦也剛過世一百天……」，是不是因為四月分我帶了親人們去墳前祭拜造成的呢？果真這樣，不幸應該落到我的頭上啊！

- **中風的徵兆**：從台北回到溫哥華，她說：「感覺上時差比以前明顯加重。」她週五、週六都睡不著，在凌晨時還在看電腦，是不是那也是發病的徵兆呢？

越想越難過，不知不覺地已經淚流滿面，這時，更體會到在網路上看到的那句話：「沒有淚奔過的人，絕對體會不到淚奔的感觸啊！就像是摻著眼淚吃著豆沙粽一樣啊！」在她離開後兩個禮拜的某一個凌晨，我有了這樣的感觸。

更感到難以釋懷的是，人，最好不要生病，一旦生病就只好認了。無論是自己去醫院，還是「被送去醫院」，只要是「進去」，能否出得來、什麼時候出來、怎麼出來、出來之後是什麼樣子，你必須「認命」。因為：

- **你必須要信任醫生**：你碰到的醫生，你必須「信任」他（她）說的、他做的，但是誰又能保證他們每次都百分之百地成功？何況他們永遠不會「認錯」。

- **你必須要遵從護士的工作標準**：護理人員固然有她們的「標準作業程序」，可是如果程序中有 10 個動作，你未必知道誰做到了 9 個、誰做到了 7 個、誰又只做到了 5 個，甚至更少，只有當你 24 小時守在病床前，而且真正仔細觀察時才會知道。這是良心、道德、責任，可是良心、道德與責任，由誰去衡量呢？護士們在固定的時間內，會來做例行的睜眼、語言及運動反應測試，也會來量血壓、測血糖、清空尿袋等常規性的工作，但當我問她們：「她為什麼一直在摸右眼角？」、「她為什麼眼睛越來越睜不開？」、「她講話的聲音怎麼越來越微弱？」護士們總是不回答，也不去

找答案！大概因為那是醫生的事吧！

住進了醫院，只能任醫護人員擺布，這也是病人與家屬的無奈。四月三十日下午約兩點左右吧，我在鄰居張小姐讓我去休息兩個小時後回來，我問張小姐：「她的情形還好吧？」太太聽到了我的聲音之後，就在急診病床上拼命掙扎，被綁著的手臂用盡全力抽動，身體也不斷躁動，好像想要掙脫被送上「行刑台的枷鎖」。

那位叫 Julie 的資深老護士，立刻把我趕出病房，護士說太太因為聽到了我的聲音，所以表現得那麼激動，但是這樣對病人是很危險的。

這時我忽然想到，她之所以拼命掙扎，或許是當天早上我在病床旁，跟腦科醫生討論是否要做開腦手術時，讓她聽到了「可以做開腦手術」的初步決定，而感到極端恐懼。平時她連「量測血糖」都會緊張地閉上眼睛，之前我們在討論到心臟可能需要進行開胸式「搭橋」或「繞道」手術時，更是讓她膽戰心驚。

因此我完全可以理解她「拼命掙扎」的理由！連心臟手術都怕，開腦，簡直更是「要她的命啊！」當然要掙扎。當時，我只能「被迫住嘴」！站在病床前，無助地望著她流淚，總比被趕走好吧！

那時，我已經意識到「永遠訣別的時刻不遠了……」

那時，又何嘗不是她「連告別都說不出的最痛楚時刻……」

我做了什麼孽，讓我們受這樣殘酷的懲罰！

人生，大多都是到了「最無助」的時刻，才自然地想到去「祈求、祈禱、期望有奇蹟發生」，祈求誰呢？上蒼、神明、神醫？為什麼平常不隨時隨地對自己、對親人的各種情況儘早警醒？

人，真是「自尋苦惱」，總是會「去記事情」而不去忘記往事……

無論你想說什麼、說多少，反正已經走了的人「已經聽不見了」，只是讓活著的人瞎忙……

看來，任何事情，似乎都沒有「絕對的永恆」啊！

12.7 面對死亡

上蒼不只讓我們享受人間的安逸與樂趣，也讓世人透過遺憾、挫折、痛苦與悲泣，讓我們更加懂得什麼是「珍惜」？「怎樣去珍惜」？

生命的消失，宛如一縷輕煙，一絲薄霧，一陣清風。不久以前，她還曾精力十足地跟我嬉戲、談笑，可是現在，她卻消失得無影無蹤。曾經帶給我們全家及至親好友們無限溫馨歡樂的她，已經在親人的祝福與鮮花的陪伴下，永遠離開了我們，在可以瞭望高速公路的另一個世界安息了。

她暫時安息的地方。

　　活生生的一個人突然消失，確實是太突然了，若不是發生在自己身上，局外人實在難以體會箇中感受。但是，從另外一個角度來看，這未嘗不是她的福氣，因為在瀕臨腦死，失去視覺、語言及運動能力的情況下，即使再動腦部手術，醫生也無法確定手術後能恢復到何種程度。如果癱瘓在床度過餘生，對她來說豈不是更殘酷的折磨？

　　雖然，對我們而言，做出這樣的決定是艱難的，但她若有自主表達能力，相信也會支持我們。我時常在想，當自己所愛的人離開的那一天，是否代表她想要教會我們的東西，已經教完了呢？

　　她，跟我度過了幸福恬淡的四十八年婚姻生活，也算是度過了多彩的一生。她，瀟灑地走了，留給我的卻是一連串的疑問、驚恐、絕望、傷痛、沉思、冥想與警醒：

・死亡，看似醫生及家屬殘忍決定下的殘酷結局，是否也是另一個未知的開始呢？惟有死亡，才能真正切斷對藥物、醫療、手術等的各種依賴，不再勉強維持生命的存在。我們是否可以把死亡看做人生下一個階段的重生與獨立呢？

・既然恐懼與憂傷無法使人更堅強，既然幸福無法取捨又不能預借或透支，為何不用曾經擁有的愛的光輝，照亮屈指可數的餘年！

・對往生者的任何遺憾、愧疚、自責，一方面似乎是在折磨自己，另方面也代表了內心世界對她持續保留的追懷。生命中曾經擁有的喜樂，生活中曾經享受過的情趣，甚至在病痛中相互扶持的情感，都將永不磨滅地陪伴著未來孤獨的日子：是痛楚，也是教訓！

・希望把思念與追懷，當作維繫生命下一階段的兩顆種籽。只要她的音容與笑貌還駐留在內心深處，死亡，就只能算是「形式上的分離」。凡是來到我們生命中的每一個人，都會讓我們學到一些無法預料的經驗或教訓，問題在於當事人是否接納而已，這算不算是上蒼巧思下的安排呢?!上蒼不只讓我們享受人間的安逸與樂

趣，也讓世人透過遺憾、挫折、痛苦與悲泣，讓我們更加懂得什麼是「珍惜」？「怎樣去珍惜」？

．我們常說：「盡人事，聽天命。」看來它的原意應該是先「盡人事」而後「聽天命」。由於我們永遠找不出「盡人事」的標準或理想程度，所以在不得不「聽天命」的時候，只有謙虛地自責，把一切責任都攬在自己頭上，這又何嘗不是因為感悟而產生的另一個「自我成長」呢？

．最近在網路上看到一些「如何面對死亡」的報導，其中有幾句話真是「如出我心」啊！讓我感受最深的兩句就是：「死人沒有今天，但活人未必都有明天；活著，是因為暫時沒有死！」以及「人生有挫折與痛苦，才有覺悟；因此，挫折帶來的覺悟，反而是一種福氣。」

　　所以，在挫折與感悟之後所學到的，應該是：「在生活中，除了要為自己而活以外，更要找出自己未來最可能且最適切的『活法』，因為我們都無法決定自己會什麼時候死、怎麼死，所以只有孤注一擲地確定自己怎麼活下去的方法或技巧，才能夠好好活下去！」

12.8 生生動動

在人生中的重大挫折與感悟之後，所學到的應該是：

「在生活中除了要為自己而活以外，更要找出自己未來最可能且最適切的『活法』，因為我們都無法決定自己會什麼時候死、怎麼死，所以只有孤注一擲地確立自己怎麼活下去的方法或技巧，才能夠好好地活下去──為自己，更要為自己所鍾愛的人！」

「生生動動」，主要是想在生命的脈動中、生活的悸動中與生涯的躍動中，找出最適宜的生存方式。我要持續地尋找、探索與調適──在生命最脆弱、最孤獨的時刻！

在浩瀚的宇宙中，生命確實像是一陣風、一陣雨、一場雪、或者是突然來去的冰雹，它們無論是長久或是短暫，總會停歇；不管強弱、大小、厚薄，也都有終止的時候；不管對大地所帶來的是滋潤、狂流或禍患，也不致於超過他所涵養的能量。這就像是生命周期中規律的脈動，又何嘗不像是生活中高低起伏的悸動、生涯中時而平穩又時而激烈的躍動呢？

微風吹拂，傳送花粉時，它為各種不同的花、果注入了生命的胚胎，但是我們往往忽視了它的貢獻，卻在它吹倒房屋、樹木、村舍時，詛咒它的狂暴。對風而言，這是多麼有欠公允？

雨、雪、冰雹的產生與脈動，對人類所帶來的甘霖或災難，又何嘗不是如此？

把風、雨、雪、雹等，跟我們的生命做比喻，是因為在生命的歷程中，也同樣充滿了各種悲喜，有些胎死腹中，有些卻平安長大；有的英年早逝，有些卻能壽終正寢。既然這些都是無可避免的事實，

我們就無需嘆息生命的短暫，也沒有必要慨嘆世事無常，更不需要覺得「人生苦短」。生命本來就是這樣——這是正常的脈動，也是應有的悸動，更是規律中又偶爾會反常的變動啊！

我的人生，就是交織在這些脈動、悸動與躍動的過程中，走過了千千萬萬個有風、有雨、有雪、有冰雹的日子。雖然曾經在辛勤、煎熬、痛苦、掙扎與哭泣中度過，但是每經過一次脈動，都使生命更為充實；每一次悸動之後，也為生活塗染出另一幅更美好的圖畫。在職場中每隔五年左右就發生一次的大小躍動，也為生涯的進程增添了一層又厚、又高、又穩的基石。

就這樣，在戰場上的槍林彈雨中倖存，在工作的競技場中愈挫愈勇，在人生澎湃洶湧的浪濤中，面對、迎接、調適、挑戰，並設法跨越人生中各式各樣的變遷。

其實，這就是人生，躍動的人生、悸動的人生、多采多姿的人生。

遭遇挫折時固然曾經沮喪，略有所成時，卻也像是乘風破浪。偶爾間雖會怨尤責難，但大多仍抱持了知足、讚賞、欣然、投入、奉獻的心態，在風、雨、雪、雹中，繼續歌頌這生生動動的人生。就像風霜雨雪中，飄落在原野大地上的花朵，它們堅毅地飄著、飄著，任憑萬物無動於衷，或是感嘆它的繽紛……。

「生生動動」，主要是想在生命的脈動中、生活的悸動中與生涯的躍動中，找出最適合的生存方式。我要持續地尋找、探索與調適——在生命最脆弱、最孤獨的時刻！

後記

　　有些多產作家，每年可以出版十多本著作，或者至少每年出版一本著作。

　　而我這本多元、綜合、混搭，且具回憶錄性質的《落花繽紛》，從 1955 年開始舞文弄墨，在軍中「居無定所」及「食無定時」的情況下，以「心無旁騖」的專注心態持續寫作。在 1971 年就有了出書的構想，爾後又陸續地用鉛筆、鋼筆、原子筆、機械式電動打字機，以及近年來的桌上電腦、筆記型電腦及平板電腦，撰寫了在軍中積累的磨練、企業及生命中不同階段的體認、經驗及感觸，直到今天才算正式完成書稿。

　　《落花繽紛》，包括了：

- 〈點點滴滴皆童年〉、〈金門情懷〉的純文藝散文。
- 對人生一直抱持著的炙熱情愫，如〈泉湧詩情〉的現代新詩。
- 以戰地記者筆觸，完成了生死邊緣剎那的傳真，如〈槍林彈雨中的年華〉。
- 在晨昏雨夜中或操練拼搏中，用敘述文體寫出的〈軍涯規劃的萌芽〉及〈雜牌文官二十年〉。
- 以企業理論與實務的現身說法，提出了〈馳騁職涯大半生〉及〈管理智慧〉。
- 用二十年勤耕的園丁心態所記錄的片段，是〈庭園之樂拾零〉。
- 涵蓋了人生中不可或缺的男歡女愛、兒女私情、他鄉成故鄉的飄零以及年近九十餘生淒楚的遭遇，如〈我出嫁前後的半個世紀〉、〈楓華加國情〉以及〈琴瑟餘音金石情〉。

　　由於篇幅所限，歷年發表在報刊雜誌上，屬於一般管理及人力

資源管理各功能的文章，原預定放在「下篇」，但已經無法容納，只好看看將來是否有機會出版了。

至於純屬國內外旅遊、休閒生活上的文章，也因為性質各異，完全沒有列入。不過，加拿大的洛磯山脈，我們居然造訪了六次之多，而且最近一次 2017 年還是搭乘豪華火車前往的，充分證明我們對洛磯山脈及深度旅遊的熱愛程度。

各篇章中所包括的照片，除僅偶標註作者個人或家屬姓名外，其他親朋好友大多都沒標註姓名。對讀者而言，若屬相知同好，自然一目了然；若以前從未謀面，即使標註，卻仍然陌生。

關於文中提到的地名、長官或同事姓名、某些事件的內容詳情與年月日期，由於跨越一個甲子以上而未必全然精確，或略有出入，還請相知好友們不吝指正，以便將來再版時更正或補充。

自費出版，是因為知道，自己既不是知名作家，出版公司也必然以銷路為主要考量。即使在人力資源管理上投入了畢生精力略具知名度，而今似乎也正如落日餘暉，對於出版業者未必具吸引力。所以，倒不如以完全自費，且以「發揮餘熱」的態度，把書中尚能有助於後起精英的淺見，分享給需要的社會大眾。

這本書，本來預定在四月出版，然而卻因為內容的不斷增刪、文體與錯別字的持續精緻化、尺寸開數的多次變換、版型設計的數次更改，以及封面設計的多次討論，而使出版日期一延再延，直到十月底才定案出版。

延遲出版的最大遺憾，就是在出版日期方面愧對兩位推薦序老師的期望及讀者與好友們的期待。

最大的感觸就是，如果在把書稿送至出版公司以前，就先把書稿的性質、篇章以及內容多寡做明確的界定，當可避免印刷尺寸的變更所引起的改版困擾，以及版型設計變更而造成時間的延宕。

最大的收穫則是，書稿的結構、內文的風格、錯別字及標點符

號的多次校正，不僅改進了自己在文字運用上的水準，尤其強化了這本書的整體品質。

　　而今，熱切地希望這本書對期待已久的好友及讀者們，在工作上和生活中，既能帶給你春天水仙及鬱金香的燦爛奪目，又能奉上秋楓飄落處處及秋實纍纍的收穫。

石銳 謹識於 2020 年 10 月